Business Negotiation and Etiquette

商务谈判与礼仪

(第2版)

田晖 编著

清华大学出版社
北京

内 容 简 介

本书较为系统地介绍了商务谈判与礼仪的理论知识和实战技巧,具体包括商务谈判的准备、商务谈判的开局、商务谈判的磋商、商务谈判僵局的处理、商务谈判的结束与签约、商务谈判兵法谋略、网上商务谈判、文化差异与国际商务谈判、商务谈判礼仪、商务谈判礼节、国际商务礼仪方面的理论知识与实战技巧。

全书以学生需求为中心,以实用为导向:按照"知—懂—习—用"的逻辑设计各部分内容;紧扣时代脉搏,广泛选取新颖题材。兼具趣味性与生动性:每章以课前"剧透"、导入案例及相关问题"破冰",练习题中引入视频案例,既能激发学习者的兴趣,又能加深其对所学知识、技巧的直观感受。融知识性、思想性与实战性于一体:每章以与课前"剧透"相呼应的"课后拓展"题结束,从知识、技巧的介绍到名言分享,再到课后实战题的设计,体现了知识性、思想性与实战性的有机统一。

本书既可用作高等院校国际经济与贸易、市场营销、金融、会计、财务管理、电子商务及保险学等专业的教材,也可用作商务人士的学习参考书和企业培训用书。

本书封面贴有清华大学出版社防伪标签,无标签者不得销售。
版权所有,侵权必究。举报: 010-62782989, beiqinquan@tup.tsinghua.edu.cn。

图书在版编目(CIP)数据

商务谈判与礼仪 / 田晖编著. -- 2版. -- 北京:清华大学出版社,2025.1.(2025.6重印)
(21世纪经济管理新形态教材). -- ISBN 978-7-302-67772-7
Ⅰ. F715.4
中国国家版本馆 CIP 数据核字第 20240TB199 号

责任编辑:王　青
封面设计:李召霞
责任校对:宋玉莲
责任印制:丛怀宇

出版发行:清华大学出版社
网　　址:https://www.tup.com.cn, https://www.wqxuetang.com
地　　址:北京清华大学学研大厦A座　　　邮　编:100084
社 总 机:010-83470000　　　邮　购:010-62786544
投稿与读者服务:010-62776969, c-service@tup.tsinghua.edu.cn
质量反馈:010-62772015, zhiliang@tup.tsinghua.edu.cn
印 装 者:三河市科茂嘉荣印务有限公司
经　　销:全国新华书店
开　　本:185mm×260mm　　印　张:20.5　　字　数:469千字
版　　次:2021年3月第1版　2025年1月第2版　　印　次:2025年6月第2次印刷
定　　价:65.00元

产品编号:106616-01

作者简介

田晖,管理科学与工程专业博士,中南大学商学院教授、硕士生导师,中南大学商学院开放型经济研究中心副主任及中南大学一流本科专业"国际经济与贸易"专业负责人;美国俄亥俄州立大学访问学者;教育部学位中心论文评审专家;全国大学生商务谈判大赛资深评委;《系统工程》英语编辑。主要从事国际商务与贸易、跨国公司投融资、跨文化管理、企业文化、人力资源与组织行为学等领域的研究。

在《科学学研究》、《国际贸易问题》、《经济经纬》、《经济纵横》、《亚太经济》、《东北亚论坛》、Sustainable Development、Environmental Science and Pollution Research、International Journal of Economics、Finance and Management Sciences 等国内外刊物上发表论文六十余篇,其中有数篇文章被人大复印资料全文转载并被《新华文摘》摘登;出版教材、专著和合著数部;主持国家级、省部级课题数十项,其中包括国家社科基金、教育部规划基金、湖南省社科基金和湖南省科技厅软科学研究计划项目。

担任 EMBA、MBA、专业硕士和本科生教学工作。2017—2023 年连续 7 年获得"全国大学生商务谈判大赛总决赛优秀指导教师"称号。多次获得"鑫恒""世纪海翔"和"东岭集团"等企业奖励基金优秀教师奖,以及中南大学本科教学优秀质量奖。将创新、创业理念融入教学中,指导学生参加各项创新、创业和商务谈判大赛,并取得了优异的成绩。其中,所指导的数名学生在创新、创业大赛中获得省级、国家级奖项近 10 项;所指导的 40 多名学生在全国大学生商务谈判大赛中获得特等奖 1 项、一等奖 14 项、二等奖 13 项、三等奖 9 项、优秀奖数项。

2013 年 6 月获得由英国 RtCatch 中国区总部授予的人力资源量化管理分析师(7 级绿丝带)专业认证书。担任河南黄河旋风股份有限公司战略顾问委员会顾问、三一众创孵化器创业导师、湖南汇鸿经贸有限公司战略顾问及厦门恒德胜石化有限公司等单位的培训专家与顾问。近年来外事活动与教育培训所涉及的对象主要来自美国、英国、澳大利亚、俄罗斯、蒙古、荷兰、印度尼西亚、泰国、刚果金和赤道几内亚等国家。

FOREWORD 前言

非常荣幸地为您呈现《商务谈判与礼仪》的最新版本。自本教材首次出版以来,编者收到了来自广大读者和教育工作者的宝贵意见,这些意见为教材的再版提供了改进和更新的方向。

随着科技的发展,全球的经济交往越来越密切,商务谈判与礼仪的重要性日益凸显。无论是在国际舞台上的大型跨国企业,还是在地方市场中的中小企业,都需要通过商务人士展现得体的礼仪塑造良好的企业形象,通过有效的谈判达成合作,从而实现共赢。鉴于此,编者致力于将《商务谈判与礼仪》打磨成一本具有实用性和前沿性的教材,以帮助广大读者掌握商务谈判的基本原理与实务,谈判各阶段的策略、技巧与谋略,系统的礼仪、礼节知识以及不同文化成员的谈判风格等,从而为他们从事商务谈判及其他商务交流活动提供有益的指导。

为了确保《商务谈判与礼仪》的实用性与前沿性,需要不断地从教学实践和现实世界中提炼新的素材。所以,本教材经历两次印刷后,编者便着手修订工作。

第二版教材保留了第一版教材的以下特色:

1. 以学生需求为中心,以实用为导向

在教材的使用过程中,编者广泛听取学生的意见,并鼓励他们提供新的素材和修改建议。第一版教材从2021年3月至今,在中南大学本科生和MBA学生中被连续使用。在教学过程中根据学生的反馈意见,不断打磨、修改第一版的文稿,以最大限度满足读者的需求。

2. 紧扣时代脉搏,广泛选取新颖题材

本教材除了从国内外相关文献和互联网上选取经典案例外,还挖掘了与现实贴近的时政要闻中的相关素材,并将之改编成案例融入教材中。同时,编者还从热播电视剧中精选与各章内容相关的片段,以案例分析的形式呈现给读者。为了顺应数字经济时代的需求,本教材系统地介绍了网上谈判知识、技巧(第八章),如电话、微信和视频谈判的礼节等。此外,本教材立足"一带一路"建设的现实需求,在第九章和第十二章分别介绍了"一带一路"沿线主要国家(地区)的谈判风格与商务礼俗禁忌等内容。

在选材方面,注重内容的新颖性、题材的广泛性。在使用过程中,本教材内容得到了不断的调整和更新。除了新颖性外,题材具有广泛性:从内容上看,有商品谈判、投资谈判、技术谈判、服务贸易谈判;从地域上看,本教材囊括了国内、国际商务谈判与礼仪方面的内容;从谈判流程上看,全书涵盖了谈判准备、开局、磋商、僵局的处理、签约等每一环节的知识、技巧及礼仪。此外，本教材还比较系统地介绍了商务谈判兵法谋略的运用和破招技巧。

3. 兼具趣味性与生动性

每章以课前"剧透"、导入案例及相关问题"破冰"，练习题中引入视频案例，不仅能激发学习者的兴趣与互动的积极性，而且能加深他们对所学知识、技巧的直观感受，从而增加教材的趣味性与生动性。

4. 融知识性、思想性与实战性于一体

各章内容都是按照循序渐进的原则精心设计的，每章以与课前"剧透"相呼应的"课后拓展"结束，从知识、技巧的介绍到名言分享，从案例分析到实战题型的设计，各部分内容环环相扣，耐人寻味，有利于学习者拓展知识、启迪思想、提高实战能力。

在本次再版前，编者对教材内容进行了更新和修订。在第一版的基础上对部分语言进行了润色，更新了部分案例，例如：将第62页的案例3.4"孟晚舟拒不'认罪'"更新为"中美新一轮经贸会谈"；更新了第168页的案例8.1"政府采购推行网上公开竞价"的内容；将第178页的案例8.3"未收到的汇款"更新为"真假账户"；将第304页的视频案例《马云拜访以色列总理》替换为《亲爱的翻译官》中的商务接待片段；对第304页课后拓展的模拟情景也作了调整。同时还美化了排版，如将第8页图1.1商务谈判的类型改成表格。此外，还更正了少量错别字和部分案例来源的网址。

与教材配套的教辅材料包括各章的PPT和习题集，每章练习题包括单选题、多选题和判断题。这些教辅材料都可通过扫二维码的形式获取，这样方便读者即学即练，也为各位同仁的教学提供便利。

本教材是在研校级课题(2022KCSZ041)的前期成果，也是湖南省研究生教育教学改革研究项目(2019JGZD014)、校级及省级教育教学改革项目(2019CG042)的后期成果。在此谨向提供资助的湖南省教育厅和中南大学表示感谢！

本教材的顺利再版还与学生们的大力支持分不开。感谢中南大学商学院提出宝贵修订意见的所有国贸专业本科生和MBA学生。特别感谢编者指导的研究生团队的秦佳奇、张丹丹、郭明、程新如、袁思雨、王婷、张俊鹏、郑梦桐和曾涵资(排名不分先后)。感谢香港中文大学(深圳)的研究生楚恬思、中南大学公共管理学院的本科生何佳或和海南大学的本科生田思易。

目前，商务谈判与礼仪领域的专家、学者取得的成果不胜枚举，为本教材的编写与修订提供了宝贵的借鉴，恕无法一一列举，在此向他们一一致敬，并表示由衷的感谢！

感谢清华大学出版社的大力支持！感谢为本书的再版辛勤付出的工作人员！

最后，衷心感谢所有读者和教育工作者的支持。你们的支持是激励编者不断改进和完善本教材的动力！

"没有最好，只有更好"！尽管经过多轮修改，本教材仍会存在一些不足之处甚至错误之处，恳请各位读者不吝赐教，以便编者未来持续优化本教材。

田晖于中南大学商学院江湾楼
2024年5月20日

CONTENTS 目录

第一章 商务谈判概论 1

   第一节 商务谈判的内涵 3
      一、商务谈判的定义 3
      二、商务谈判的构成要素 3
      三、商务谈判的特征 5
      四、商务谈判的作用 7
   第二节 商务谈判的类型 7
      一、个体谈判与集体谈判 8
      二、横向谈判与纵向谈判 8
      三、国内谈判与国际谈判 9
      四、商品贸易谈判与非商品贸易谈判 9
      五、主场谈判、客场谈判与中立地谈判 14
      六、立场型谈判、让步型谈判与原则型谈判 15
      七、面对面谈判、书面谈判与网络谈判 17
   第三节 商务谈判的原则与评价标准 19
      一、商务谈判的原则 19
      二、商务谈判的评价标准 20
   第四节 当代商务谈判理论 21
      一、马斯洛的需求层次理论 21
      二、奥尔德弗的 ERG 理论 23
      三、尼尔伦伯格的谈判需要理论 23
   本章小结 24
   本章关键术语 24
   巩固练习 25

第二章 商务谈判的准备 28

   第一节 商务谈判的人员准备 30
      一、谈判人员的甄选 30
      二、谈判团队的组建 33

　　　　三、谈判人员的管理 ··· 34
　　第二节　商务谈判的信息准备 ·· 37
　　　　一、谈判信息的收集渠道 ··· 37
　　　　二、谈判信息的收集方法 ··· 38
　　　　三、谈判信息的类型及内容 ·· 39
　　　　四、谈判信息的处理 ·· 42
　　第三节　商务谈判方案的制定 ·· 43
　　　　一、谈判目标的确定 ·· 43
　　　　二、谈判议程的安排 ·· 44
　　　　三、谈判策略的制定 ·· 47
　　　　四、应急预案的制定 ·· 47
　　第四节　模拟商务谈判 ··· 48
　　　　一、模拟商务谈判的作用 ··· 48
　　　　二、模拟商务谈判的方法 ··· 48
　　　　三、模拟商务谈判的注意事项 ·· 49
　　本章小结 ··· 50
　　本章关键术语 ··· 51
　　巩固练习 ··· 51

第三章　商务谈判的开局 ·· 54
　　第一节　商务谈判开局概述 ·· 56
　　　　一、开局的行为表现 ·· 56
　　　　二、开局的主要任务 ·· 57
　　　　三、开局的注意事项 ·· 62
　　第二节　商务谈判开局策略 ·· 63
　　　　一、开局策略的类型 ·· 63
　　　　二、选择开局策略的依据 ··· 65
　　本章小结 ··· 66
　　本章关键术语 ··· 66
　　巩固练习 ··· 67

第四章　商务谈判的磋商 ·· 69
　　第一节　报价 ··· 71
　　　　一、报价的原则与技巧 ··· 71
　　　　二、报价的影响因素 ·· 73
　　　　三、报价的形式与方式 ··· 74
　　　　四、报价的顺序 ··· 75
　　　　五、报价的策略 ··· 76
　　第二节　讨价还价 ·· 77

　　　　　一、讨价 ·· 78
　　　　　二、还价 ·· 80
　　　　　三、讨价还价策略 ·· 82
　　第三节　让步 ··· 87
　　　　　一、让步原则与要求 ··· 88
　　　　　二、让步方式 ··· 89
　　　　　三、让步策略 ··· 91
　　本章小结 ·· 97
　　本章关键术语 ··· 98
　　巩固练习 ·· 99

第五章　商务谈判僵局的处理 ··· 102
　　第一节　商务谈判僵局概述 ·· 104
　　　　　一、商务谈判僵局的含义及类型 ··· 104
　　　　　二、商务谈判僵局的特征及成因 ··· 105
　　　　　三、商务谈判僵局的处理原则 ·· 108
　　第二节　商务谈判僵局的利用与制造 ·· 109
　　　　　一、谈判僵局的利用 ·· 109
　　　　　二、谈判僵局的制造 ·· 111
　　第三节　商务谈判僵局的破解 ·· 113
　　　　　一、休会 ··· 113
　　　　　二、升格 ··· 114
　　　　　三、改变环境 ·· 115
　　　　　四、借助外力 ·· 115
　　　　　五、方案替代 ·· 115
　　　　　六、有效退让 ·· 116
　　　　　七、其他 ··· 116
　　本章小结 ·· 117
　　本章关键术语 ··· 117
　　巩固练习 ·· 118

第六章　商务谈判的结束与签约 ··· 120
　　第一节　商务谈判结束的契机 ·· 122
　　　　　一、谈判结束时间的确定 ··· 122
　　　　　二、最终意图的表达与洞察 ··· 123
　　　　　三、友善态度的保持 ·· 123
　　　　　四、"分手"时机的把握 ·· 124
　　第二节　商务谈判结束的判定标准 ··· 124

　　　　一、交易条件 ·· 124
　　　　二、谈判时间 ·· 125
　　　　三、谈判策略 ·· 126
　　　　四、终结信号 ·· 126
　　第三节　商务谈判结束的方式 ·· 127
　　　　一、成交 ·· 127
　　　　二、中止 ·· 127
　　　　三、破裂 ·· 128
　　第四节　商务谈判结束的技巧 ·· 129
　　　　一、促成交易的条件 ··· 129
　　　　二、有效结束谈判的方法 ··· 130
　　第五节　商务谈判的签约 ·· 133
　　　　一、签约前的准备工作 ·· 133
　　　　二、合同的撰写、签订与生效 ··· 135
　　　　三、签约后的工作 ··· 139
　　本章小结 ·· 140
　　本章关键术语 ·· 140
　　巩固练习 ·· 141

第七章　商务谈判兵法谋略 ·· 143

　　第一节　商务谈判兵法谋略概述 ··· 144
　　　　一、商务谈判兵法谋略的含义 ··· 145
　　　　二、商务谈判兵法谋略的目的 ··· 145
　　　　三、商务谈判兵法谋略的特征 ··· 145
　　第二节　商务谈判兵法谋略的运用及破解 ································· 147
　　　　一、攻心战的运用及破解 ··· 147
　　　　二、蘑菇战的运用及破解 ··· 149
　　　　三、影子战的运用及破解 ··· 151
　　　　四、其他谋略的运用及破解 ··· 152
　　第三节　运用与破解商务谈判兵法谋略的基本要求 ···················· 155
　　　　一、制定合理的谈判谋略 ··· 155
　　　　二、洞察谈判对手的心理 ··· 156
　　　　三、培养谈判所需的谋略思维 ··· 157
　　　　四、汲取中国传统文化中的谋略智慧 ·································· 159
　　本章小结 ·· 160
　　本章关键术语 ·· 160
　　巩固练习 ·· 161

第八章　网上商务谈判 164

第一节　网上商务谈判概述 166
一、网上商务谈判的定义 166
二、网上商务谈判的发展历程 166
三、网上商务谈判的优缺点 167
四、网上商务谈判的形式 169

第二节　网上商务谈判的主要阶段 175
一、网上商务谈判主要阶段的特点 175
二、网上商务谈判主要阶段的任务 177

第三节　网上商务谈判策略与法则 183
一、网上商务谈判策略 184
二、网上商务谈判法则 187

本章小结 188
本章关键术语 189
巩固练习 189

第九章　文化差异与国际商务谈判 191

第一节　国际商务谈判中的文化差异 192
一、主要文化差异 193
二、国际商务谈判中文化差异的应对 197

第二节　主要国家(地区)的文化特征及谈判风格 199
一、"一带一路"沿线主要国家(地区)的文化特征及谈判风格 200
二、其他主要国家(地区)的文化特征及谈判风格 204

本章小结 218
本章关键术语 219
巩固练习 219

第十章　商务谈判礼仪 222

第一节　商务谈判礼仪概述 223
一、商务谈判礼仪的含义 224
二、商务谈判礼仪的特征 224
三、商务谈判礼仪的作用 225

第二节　个人形象礼仪 226
一、言谈礼仪 226
二、举止礼仪 229
三、服饰礼仪 230
四、仪容礼仪 234

第三节　社交与签约礼仪 ········· 235
　　一、接待礼仪 ········· 235
　　二、介绍礼仪 ········· 242
　　三、宴请与舞会礼仪 ········· 244
　　四、签约礼仪 ········· 248
本章小结 ········· 252
本章关键术语 ········· 252
巩固练习 ········· 253

第十一章　商务谈判礼节 ········· 255

第一节　直接会谈礼节 ········· 257
　　一、拜访礼节 ········· 257
　　二、见面礼节 ········· 259
　　三、馈赠礼节 ········· 269
第二节　间接洽谈礼节 ········· 274
　　一、电话洽谈礼节 ········· 274
　　二、网络洽谈礼节 ········· 277
本章小结 ········· 280
本章关键术语 ········· 281
巩固练习 ········· 281

第十二章　国际商务礼仪 ········· 284

第一节　国际商务交往的基本原则 ········· 286
　　一、国家利益至上 ········· 286
　　二、求同存异 ········· 286
　　三、诚实守信 ········· 287
　　四、不卑不亢 ········· 287
　　五、相处有度 ········· 288
　　六、不宜先为 ········· 288
　　七、尊重隐私 ········· 288
　　八、女士优先 ········· 288
　　九、入乡随俗 ········· 288
　　十、爱护环境 ········· 289
第二节　国际商务接待礼仪 ········· 289
　　一、国际商务接待原则 ········· 289
　　二、国际商务接待过程中的礼仪 ········· 291
　　三、国际商务接待礼仪注意事项 ········· 292
第三节　国际商务出访礼仪 ········· 293

- 一、出访原则 …………………………………………………………… 293
- 二、出访准备 …………………………………………………………… 294
- 三、出访不同地点的礼仪 ……………………………………………… 294
- 四、国际商务出访注意事项 …………………………………………… 295

第四节　主要国家(地区)的商务礼俗禁忌 …………………………………… 296
- 一、"一带一路"沿线主要国家(地区)的商务礼俗禁忌 ……………… 296
- 二、其他主要国家(地区)的商务礼俗禁忌 …………………………… 298

本章小结 …………………………………………………………………………… 302
本章关键术语 ……………………………………………………………………… 303
巩固练习 …………………………………………………………………………… 303

参考文献 ……………………………………………………………………………… 306

第一章 商务谈判概论

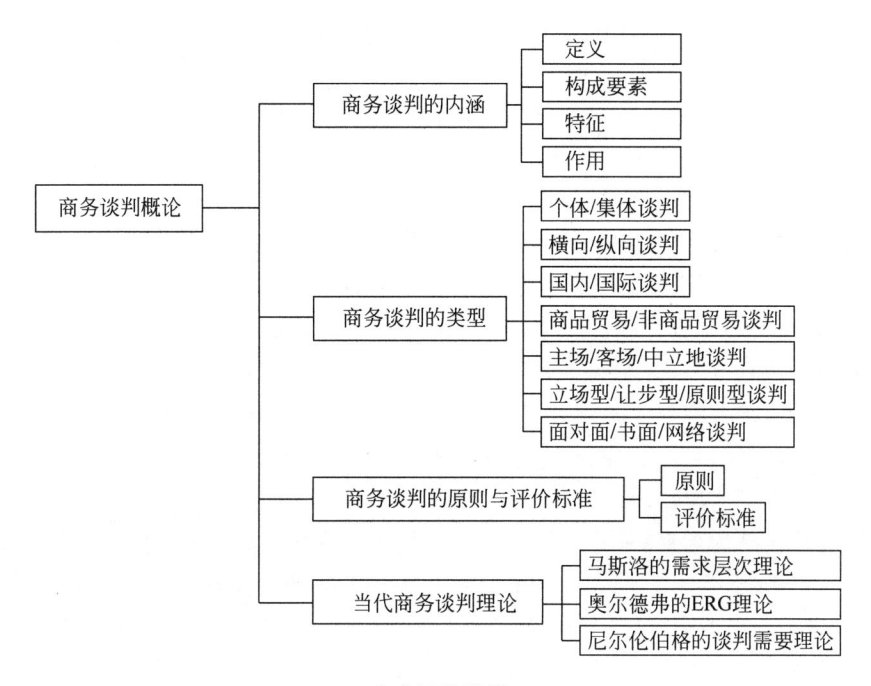

本章思维导图

【主要目标】

(1) 明确商务谈判的定义和构成要素,了解商务谈判的主要特征和作用;

(2) 了解不同类型的商务谈判及其特征;

(3) 明确商务谈判的主要原则及评价标准,正确评判商务谈判结果;

(4) 了解当代商务谈判相关理论,掌握马斯洛需求层次理论及其在商务谈判中的应用。

课前"剧透"

【"剧透"片段】 在美剧《小谢尔顿》(Young Sheldon)中外婆(Meemaw)要带着外孙子谢尔顿(Sheldon)和外孙女米西(Missy)去草坪上卖老物件。外婆教他俩如何讨价还价,两个孩子现学现卖,顺势为自己的工钱与外婆展开了谈判。

扫描二维码观看短视频后回答问题：
1. 从视频中你学到了关于谈判的哪些知识？
2. 你对商务谈判有何认识？

导入案例

中国入世谈判：中美之间的较量

中国入世谈判是多边贸易体制史上最艰难的一次较量，在世界谈判史上也极为罕见。1999年11月15日，中美谈判进入最后阶段。经过多年谈判，好解决的都已经解决，沉淀下来的是双方互不让步的几个难题，所以谈起来格外艰难。双方此时的分歧已经非常清晰：美方要求在保险和电信行业拥有持股51%的权利、取消化肥的专营贸易、拥有15年的反倾销条款和特殊保障条款以及音像制品的出版和发行权利。这天上午10点，朱镕基总理来到谈判现场亲自谈判。

朱镕基总理："在前天的会见中，我对我们之间有重大分歧的问题作了明确的表态，只能到这个程度了，我们能做的让步就那么多了……昨天中国的最高层领导人召开会议，作出了让步，现在不可能再作让步了……如果今天因为这些小问题达不成协议，就是放弃了一个历史性的机会，今后不可能再有了。如果能接受我们的条件，就可以达成历史性的协议，实现双赢，其他问题本着互谅互让的原则解决。能不能签字，希望明确表态，这不是最后通牒。我与斯珀林先生相比，平常脾气要大得多，但我没有对你们发火，可江主席也没有这个耐心了。"

经过随后几轮的磋商，最终朱镕基亲自拍板了日后备受争议的"特殊保障条款"15年的期限。这一条款，换来了美方不再要求对电信和保险行业持股超过51%的妥协。在音像方面，中国承诺日后每年进口20部美国电影，但驳回了美方在中国出版、制作、发行音像制品以及对电影院控股的要求……经过六天六夜的艰苦谈判，中美终于签署了中国入世双边协定。

案例节选自：会见巴尔舍夫斯基等时的谈话（1999年11月15日）//朱镕基讲话实录：第三卷[M]. 北京：人民出版社，2012.

问题：如何理解商务谈判？在现代社会商务谈判有何作用？

谈判是解决分歧、化解矛盾、平衡利益的必然选择。在上述案例中，中美双方之所以能达成共识，是因为双方在坚持自己利益的同时还适当顾及对方的利益。谈判促成了中国加入世界贸易组织（简称入世）。入世后中国与世界各国的经济贸易往来愈加频繁，谈判的作用也日益凸显。

谈判广泛存在于社会活动与日常生活之中，大到国与国之间的政治、经济、军事交往，小到企业间、个人间的沟通与合作，都离不开谈判。谈判也是一门古老的艺术，很多历史事件都与谈判相关。早在春秋战国时期苏秦、张仪凭三寸不烂之舌，成合纵连横之动；晏子出使楚国，扬国威而不辱使命；蔺相如大义凛然，据理力争能完璧归赵；诸葛亮舌战群儒，促成吴蜀联盟；宋真宗凭借澶渊之盟平息辽宋多年战火。商务谈判是在商品经济条件下产生和发展起来的，已经成为现代社会经济生活必不可少的组成部分。随着社会的发展，谈判已经成为商务活动中一个重要的"战略制高点"。因此，学会谈判是在当今社会立身处世的必备技能之一。

第一节 商务谈判的内涵

商务谈判已深入社会生活的各个领域，如为了成交一笔买卖而进行的业务洽谈，为了达成互利、互助或合作经营的协议而进行的讨论磋商，为了解决某项争端或改善与某个外部组织的关系而进行的交涉、协商和调解等。本节主要介绍商务谈判的定义、构成要素、特征和作用，旨在对商务谈判有初步的认知。

一、商务谈判的定义

《新华字典》将"谈"定义为"彼此对话、讨论"，将"判"解释为"评断"。可见，"谈"意味着过程，"判"意味着结果。谈判在《现代汉语词典》中的含义为：有关各方就需要解决的重大问题进行的会谈。哈佛商学院（Harvard Business School）的教科书《谈判力》（Getting to Yes）中写道："所谓谈判，是利益相关方或多方为寻求共识而进行的沟通与协调活动。"美国谈判专家伊沃·昂特（Ivo Ante）认为："谈判是日常生活的一部分，它可以像伙伴一样与对手合作，共同寻找能够满足双方需求的解决方案。"

可见，一般意义上的谈判是指参与各方为了改变和建立新的社会关系，使各方获得一定利益而采取的某种协调的行为过程。谈判各方之间具有一定的联系、拥有各自的需求，并且各自的需求必须通过谈判互相得到满足。谈判有广义和狭义之分：广义的谈判是指正式场合下的谈判，以及其他一切协商、交涉、商量和磋商等行为；狭义的谈判仅仅是指正式场合下的谈判。商务谈判是谈判的一种。商务谈判中的"商务"也有广义与狭义之分：广义的商务泛指各种交换活动，包括在市场主体之间发生的一切有形商品和无形服务的交换以及商业合作活动；狭义的商务指商品的买卖交易行为。商务谈判是一种经济谈判，指两个或两个以上从事商务活动的组织或个人，为寻求和达到自身的经济利益目标，彼此进行交流、阐述意愿、协调关系、磋商协议，最终设法达成一致意见的行为和过程。商务谈判一般包括商品销售、工程承包、技术贸易、劳务合作、合资合作、融资谈判等经济实体或个人利益的经济现象。

二、商务谈判的构成要素

商务谈判的构成要素是指商务谈判活动的必要因素。一般认为，商务谈判的构成要素主要包括谈判主体、谈判客体和谈判环境。

（一）谈判主体

谈判主体，即参与谈判的当事人，是谈判的主要要素，起着至关重要的作用。根据谈判的需要,谈判主体可以是一个人,也可以是两个人或两个人以上的组织。一般而言,谈判主体应该是经济法人的代表或授权代理人,即所有参与商务谈判的当事人都必须依法具有法人资格,保证谈判内容的有效性。谈判主体包括两类:关系主体和行为主体。关系主体是在商务谈判中既能以自身名义参与谈判,又能独立承担谈判后果的法人或自然人;行为主体是有权参与谈判并能通过自身的努力完成谈判任务的谈判代表,即实际参加谈判的人。因此,关系主体和行为主体既有相同点又有不同点。

1. 关系主体与行为主体的联系

(1) 关系主体的行为和意志都需要通过谈判的行为人来进行或表示,不存在仅有关系主体而没有行为主体的谈判。

(2) 当谈判一方为自然人时,如果自然人不委托他人代表自己进行谈判,那么该自然人不仅是谈判的关系主体,也是谈判的行为主体,即自然人实际参与谈判并应该承担相应的后果。

(3) 当谈判的关系主体与行为主体不一致时,也就意味着谈判的关系主体会授权给行为主体,通过委托行为主体进行谈判。这时,只有当行为主体在关系主体授权的合理范围内正确反映关系主体的意志时,才能认定谈判行为是有效的,关系主体才会因此承担本次谈判产生的后果。

2. 关系主体与行为主体的区别

(1) 谈判的关系主体与行为主体的区别主要在于是否承担谈判后果,关系主体对谈判的后果直接负责,而行为主体不一定对谈判的后果负责。当且仅当行为主体是关系主体时,该行为主体才承担谈判的后果。

(2) 谈判的行为主体必须是除限制行为能力人之外的自然人。谈判的关系主体则不同,它既可以是自然人又可以是国家及其部门、经济组织或其他社会团体。

(二) 谈判客体

谈判客体,又称谈判标的、议题,即商务谈判双方共同关注并希望解决的问题,它是谈判的核心内容。谈判客体的最大特征在于它不是凭空产生的或由谈判单方决定的,而是具有双方共同性的特点。虽然商务谈判中对谈判客体几乎没有限制,正所谓"一切皆可谈",但是只有涉及谈判双方共同关心的内容才可以成为谈判议题,即谈判客体是由双方谈判主体共同决定的。

人是商务谈判的第一类客体,该谈判客体的主要特点是具有可说服性。可说服性是人成为谈判客体的主要标志。议题是商务谈判的第二类客体。议题是指各种有关利益诉求的内容结合在一起,形成在商务谈判过程中需要沟通协商的具体问题,其最大的特点是统一性。

(三) 谈判环境

谈判环境也就是进行商务谈判的客观条件。任何商务谈判都不可能孤立地进行,而是在一定客观环境下进行的。即使是相同的谈判主体和相同的谈判客体,随着谈判环境的变化,商务谈判的结果也会发生变化。因此,谈判环境对商务谈判的发生、进展及结局均有重要的影响,是谈判中不可忽视的重要因素。

商务谈判环境可以分为外部环境和内部环境两大类。外部环境包括政治环境、经济环境、文化环境和自然环境等;内部环境包括组织环境和人员背景等。商务谈判环境在商务谈判中起着重要作用,因此在进行商务谈判前,谈判主体应该对谈判环境进行分析,也就是对影响商务谈判的所有因素的相关信息进行收集、整理、评价,这是商务谈判策划的依据,也是商务谈判中不可或缺的步骤。

三、商务谈判的特征

商务谈判作为谈判的一种类型,既有谈判的共性,又具备一些独有的特征。下面介绍商务谈判的几个主要特征。

(一)以经济利益为目的

不同类型的谈判,其目的也是不同的:外交谈判关注的主要是国家利益;政治谈判涉及的是政党和团体的核心利益;军事谈判关心的是敌对方是否影响本国的安全利益。虽然这些谈判最后或多或少都涉及经济利益,但获取经济利益并不是其最初或直接目的。

相较其他类型的谈判,商务谈判的目的非常明确,最终是以获得可靠的经济利益为基本目的。在商务谈判过程中,谈判主体通常是以获取的经济利益的多少来评价商务谈判的成功程度。因此,在商务谈判中,谈判人员会充分运用各种技巧和策略进行谈判,以追求经济利益的最大化。商务谈判中买方最大的经济利益是以最低的成本获得满意的产品或服务,而卖方最大的经济利益则是以最高的利润售出自己的产品或服务。

(二)以价值谈判为核心

谈判各方的需求和利益来源于许多方面,因此商务谈判涉及的因素很多,但价值普遍是商务谈判最为核心的内容。价值之所以在商务谈判中有着不可动摇的核心地位,是因为商务谈判追求的是经济利益最大化。因为价格在一定程度上等同于价值,价格能简易地计算出各方在谈判中的得失和利益,从而直接反映各方在谈判中的诉求。因此,大部分情况下谈判人围绕价格展开谈判,以坚守己方的根本利益。但是谈判结果的判断不应局限于价格,而应拓宽思维范畴,努力从价值的其他方面获利。例如,若谈判对手不愿在价格上让步,己方就可以通过争取售后服务来弥补高价格造成的利益损失。

(三)以互利互惠为导向

商务谈判是双方在遵循市场经济规律的前提下自愿互通有无的行为,是互利互惠的过程。谈判双方不论实力强弱和组织大小,在市场经济的条件下,相互的关系和谈判地位都是平等的。在商务谈判中,谈判双方要严格遵循"你卖我买"的原则,在"互惠""公平"的基础上进行。只有商务谈判一方愿意"给出",同时另一方愿意"取回",才能进行商务谈判。当然,谈判双方分得的利益可能会受谈判双方所在组织的实力和谈判实力的影响,各自分配的利益不可能是绝对平均的,得到的满足程度也不可能一样。但是从双方都能通过谈判得到各自利益的满足这一点来看,商务谈判是互利互惠的,相反,只有利他性或只有利己性的谈判是根本不可能成功的。当然,商务谈判人员不能无限制地满足自己的利益。商务谈判有一个临界点,即达成协议的最低要求。商务谈判人员在追求自己利益的同时,不能无视对方的利益诉求,特别是对方的最低利益诉求,否则会迫使对方退出,使自己已经到手的利益丧失殆尽。当对方利益接近临界点时,必须保持警觉,毅然决断,以免过犹不及。

(四)注重合同的严密性与准确性

商务谈判的结果一般通过双方签订协议或者合同体现,合同条款反映各方的权利和义务,因此合同条款的严密性与准确性是保障谈判各方获得各种利益的先决条件。谈判人员要特别注重合同的严密性与准确性,即注意谈判对手在条款措辞或表述技巧上是否完整、严密、准确、合理、合法,因为稍有不慎就有可能掉进陷阱,可能会把到手的利益丧失殆尽,甚至付出惨重的代价。尤其是国际商务谈判涉及多个国家或地区之间的交易,存在国际贸易、国际结算、国际保险、国际运输等一系列问题,谈判人员在签订协议或者合同时需以国际商法为准则,掌握对方所在国家的法律条款,明确国际经济组织的各种规范和国际法,更加重视合同的严密性与准确性。

(五)兼具科学性与艺术性

谈判就像走钢丝,充满刺激、悬念和满足感。商务谈判是一门科学(但不同于自然科学),也是一门艺术。商务谈判的科学性主要体现在谈判方式、谈判方法和谈判策略等方面。随着社会经济发展和社会文明的演进,商务活动的舞台在不断扩展,流通的规模、结构、内容也越来越复杂,商务谈判的方式也就必须科学化。很多商务谈判内容本身便具有科学性。例如,引进大型设备谈判和技术贸易、工程招标谈判等,其科学性都很强。如果谈判人员不懂与谈判内容相关的科学技术常识、商务惯例和有关术语,在谈判中不注意谈判方法的科学性,就很难使谈判取得成功。即使有些谈判不涉及科学技术较强的内容,也都会涉及哲学、心理学、社会学、语言学、公共关系学、运筹学、逻辑学、计算机等科学知识和科学方法,善于运用这些科学知识和方法有助于谈判的成功。此外,商务谈判中一些策略的运用也是谈判科学性的重要体现。

商务谈判的艺术性体现在语言的表达和谈判技巧的运用上。通过语言的表达可以建立良好的人际关系,把握对方的情感,在适当的时机通过情感说服对方,达到谈判目的;通过谈判技巧的运用可以灵活地引导谈判对手,减少谈判阻力,促成谈判的成功。英国谈判学家马什说:"所谓谈判,是指相关各方为了自身的目的,在一项涉及各方利益的事务中进行磋商,并通过调整各自提出的条件,最终达成一项各方都较为满意的协议的不断协调的过程。"这就是说谈判过程中,要善于运用有说服力的语言艺术,向对方说明自己的观点和意见,将自己的观点和意见逐步灌输进对方的头脑中,促使双方结合彼此的利益需求,调整相关策略和要求条件,以达成一致协议。

（六）兼具竞争性与合作性

商务谈判双方的冲突源于双方追逐的利益差异，因此在整个谈判过程中，双方都会积极地维护自己的利益，希望在谈判中获得尽可能多的利益，这是谈判竞争性的一面。然而，这种竞争性并非完全对立的，当谈判双方立场不同时，为了达成双方满意的协议，谈判的每一方都必须采取合作的态度，作出适当的让步，放弃自身的某些利益，进而达成合作。因此，谈判不是单纯追求自身利益需要的过程，而是双方通过不断地调整各自的需要而相互接近，最终达成一致意见的过程。通过谈判达成的协议应该对双方都有利，各方的基本利益从中得到了保障，这是谈判合作性的一面，可以说合作也是谈判的前提和手段。

案例 1.1：威廉的销售谈判

四、商务谈判的作用

商务谈判本质上是一种商榷活动，是实现商品交易的必需环节。了解商务谈判的作用，有助于加深对商务谈判的认识和强化对商务谈判的运用。商务谈判的主要作用如下。

（一）加强经济实体的联系

经济实体包括个人、机构、企业、集团等各类市场经济实体。世界就是一个大舞台，而谈判就是连接不同微观经济实体的桥梁。代表不同经济实体的人们每天会以不同的角色在不同的场所参与商务谈判，如销售商与消费者、老板与员工及招标者与投标者等，他们都通过谈判加强双方的联系。

（二）促进商品的流通

在整个经济社会中，要开展商品的生产、加工、包装、运输、销售等运营活动，商务谈判是必不可少的环节。在市场经济条件下，商品经济主张等价交换，排斥一切特权干预，于是商务谈判就成为市场经济的重要产物，成为衡量商品价值和达成交易的手段。总而言之，商务谈判可以促进有形和无形商品的流通，在中观层面也具有不可忽视的作用。

（三）推动国家贸易的发展

国际商务谈判还可以促进一国发展对外贸易，参与国际分工，开拓国际市场。当然，在进行国际商务谈判之前，谈判人员必须了解各国的法律、民俗、惯例和谈判对手的谈判风格，掌握并灵活运用商务谈判的技巧和规则，这样才能在国际商贸活动中把握主动，促进交易的进行，推动国家贸易的发展。

第二节 商务谈判的类型

谈判可以按不同的标准、从不同的角度进行分类。不同类型的谈判，其准备工作、运作、应采用的策略不尽相同。了解谈判的类型有助于谈判获得成功，否则谈判将会是盲目、无效益的。根据不同的分类标准,可以将谈判分为不同类型,常见的谈判类型如表1.1所示。

表 1.1 商务谈判的类型

划分方式	按规模划分	个体谈判	划分方式	按内容划分	商品贸易谈判
		集体谈判			非商品贸易谈判
	按方式划分	横向谈判		按态度划分	立场型谈判
		纵向谈判			让步型谈判
	按所在国家或地区划分	国内谈判			原则型谈判
		国际谈判		按沟通方式划分	面对面谈判
	按所在地划分	主场谈判			书面谈判
		客场谈判			网络谈判
		中立地谈判		其他类型	

一、个体谈判与集体谈判

按照参加谈判人员的规模,可以将谈判分为个体谈判和集体谈判。

如果谈判当事人中只有一个人从头到尾进行谈判,则是个体谈判;如果谈判双方当事人各有两人或以上,则是集体谈判。此外,根据参与谈判的人员数量,谈判可分为大型谈判(12人以上)、中型谈判(4~12人)、小型谈判(4人以下)。

二、横向谈判与纵向谈判

按照谈判方式的不同,可以将谈判分为横向谈判和纵向谈判。

(一) 横向谈判

横向谈判是指确定谈判需要协商的主要议题后,首先讨论事前确定的焦点问题,如果对特定焦点问题存在矛盾或意见不一致,则把这一问题放在后面,先讨论其他问题。待其他问题确定之后,再有针对性地解决遗留问题,直到所有内容都谈妥为止。

例如,一项产品交易谈判,双方确定价格、质量、运输、保险、索赔等几项主要内容后,开始就价格进行磋商。如果价格确定不下来,则可以把这一问题放在后面,继续讨论商品质量和数量等其他问题。等这些问题解决之后,再回过头来讨论价格。横向谈判的核心在于变通、灵活,只要有利于谈判的进展,谈判方都同意,谈判的议题可以随时调整顺序。也可以把与本次谈判相关的议题汇集起来,与谈判方共同研究,使协商的议题之间有一个让步的余地,这对解决问题很有帮助。

横向谈判具有自身的优点,具体包括:横向谈判的议程灵活,方法多样;不过分拘泥于议程所确定的谈判内容,只要有利于双方的沟通与交流,可以采取任何形式;方便多项议题同时讨论,有利于找出变通的解决办法;有利于更好地发挥谈判人员的创造力、想象力,更好地运用谈判策略和谈判技巧。

横向谈判也存在缺点:横向谈判可能促使双方进一步讨价还价,容易使谈判双方做对等让步；谈判人员很容易纠结于细枝末节的问题,而忽略了主要问题。

（二）纵向谈判

纵向谈判是指在确定谈判的主要议题后,逐一讨论每一个焦点问题,讨论一个问题并解决一个问题,直到谈判结束。例如,在资金借贷谈判中,谈判内容涉及货币种类、金额、利率、贷款期限、担保、还款及宽限期等问题,如果双方在货币上不能达成一致,就不能谈其他条款。只有谈妥货币种类之后,才依次讨论金额、利率、贷款期限、担保和还款等其他问题。

纵向谈判方式的优点包括：程序明确,把复杂问题简单化；每次只谈一个问题,讨论详尽,解决彻底；避免多头牵制、议而不决的弊病；适用于原则性谈判。但是这种谈判方式也存在一些不足：议题设置过于严格,不利于双方沟通交流；讨论议题时谈判方不能相互迁就,当其中一个问题陷入僵局后,其他问题很难得到解决；无法充分发挥谈判人员的创造力和想象力,不能灵活地处理谈判问题。

至于采用哪一种形式,主要根据谈判的内容、复杂程度,以及谈判双方的规模来确定。一般情况下,大规模谈判或者参与谈判方超过两个的谈判通常采用横向谈判的形式；而较小、业务简单,特别是双方已有过合作历史的谈判,则可采用纵向谈判的方式。此外,东方人倾向于横向谈判方式,而以美国人为代表的西方人则偏爱纵向谈判。

三、国内谈判与国际谈判

商务谈判根据谈判参与方所在的国家或地区可分为国内谈判与国际谈判。国内谈判是指谈判参与者都在同一个国家内。国际谈判是指谈判参与者来自两个或两个以上国家或地区。二者的区别在于谈判背景有很大的差异。国际商务谈判与国内商务谈判之间有如下联系：

（1）国际商务谈判属于商务谈判的一部分,是国内商务谈判的拓展和延伸。国际商务谈判是指国际商务活动中诸多利益不同的谈判方,为达成特定交易目标,就交易的多种条件进行谈判的过程。

（2）国际商务谈判不但具有一般商务谈判的特点,而且具有国际经济活动的特殊性,如以国际商法为原则、政治性强、谈判的难度大等。

（3）国际商务谈判的内容涉及商务与技术方面的问题,还包括法律与政策问题,是一项政策性、策略性、技术性和专业性很强的工作。国际商务谈判的结果决定着合同条款的具体内容,从而决定合同双方当事人的权利和义务,因此买卖双方都很重视商务谈判这项重要的活动。

四、商品贸易谈判与非商品贸易谈判

商务谈判按谈判内容可分为商品贸易谈判和非商品贸易谈判。商品贸易谈判是指双方就商品的销售和购进条件进行的谈判。非商品贸易谈判是指商品贸易以外的其他贸易谈判。

（一）商品贸易谈判

1. 商品贸易谈判的类型

（1）农副产品购销谈判。农副产品购销谈判是在以农副产品为谈判对象，就买卖双方的权利和义务进行谈判的基础上进行的。农副产品种类繁多，包括水果、蔬菜、副食品、棉花、家禽等。这些商品不仅是人们生活的必需品，也是一些工业生产不可缺少的原材料。因此，这一领域的谈判随处可见，在我国的经济生活中占据重要的地位。

（2）工矿产品购销谈判。工矿产品购销谈判是在工矿产品谈判各方权利、义务谈判的基础上进行的，是生产、供应、销售与全国各部门活跃经济之间最基本的沟通形式。

2. 商品贸易谈判的内容

商品贸易谈判的内容是以商品为中心的，主要包括商品的品质、数量、包装、运输、保险、检验、价格、结算支付方式、索赔和仲裁，以及不可抗力等条款。

（1）商品的品质。商品品质是指商品的内在质量和外观形态。这往往是交易双方最关心的问题，也是洽谈的主要问题。商品品质取决于商品本身的自然属性，其内在质量具体表现在商品的化学成分、生物学特征及其物理、机械性能等方面；其外在形态具体表现为商品的造型、结构、色泽、味觉等技术指标或特征。

（2）商品的数量。商品的数量是商务谈判的主要内容。成交商品数量的多少不仅关系卖方的销售计划和买方的采购计划能否完成，而且关系商品的价格。同一货币支付后所购买的商品数量越多，说明这种商品越便宜，因此商品的数量直接影响交易双方的经济利益。

（3）商品包装。在商品交易中，除了散装货、裸装货外，绝大多数商品都需要包装。包装具有宣传商品、保护商品、便于储运、方便消费的作用。近年来，随着我国市场竞争日趋激烈，各企业为了提高自己的竞争能力，扩大销路，已改变了过去传统的"一等产品，三级包装"的包装方法。市场上商品包装样式不仅变化快，而且设计的档次越来越高，由此看来，包装也是商品交易的重要内容。为了使双方满意，商务谈判人员必须精通包装材料、包装形式、装潢设计、运输包装标志等方面的知识。

（4）商品的运输。在商品交易中，卖方向买方收取货款是以交付货物为条件的，所以运输方式、运输费用及交货地点依然是商务谈判的重要内容。目前，在国内贸易中主要采用铁路运输、公路运输、水路运输、自运和托运等方式；对外贸易中主要采用海运、航运、托运和租运等方式。谈判中应根据运输条件、市场需求、运输距离、运输工具、码头、车站、港口和机场等设施，以及货物的自然属性和气候条件做综合分析，明确装运条件、交货费用和交货日期。

（5）保险。保险是以投保人交纳的保险费集中组成保险基金用来补偿因意外事故或自然灾害所造成的经济损失，或对个人因死亡伤残给予物质保障的一种方法。我们这里所指的保险主要是货物保险。货物保险的主要内容包括贸易双方的保险责任，明确办理保险手续和支付保险费用的承担者。

(6)商品检验。商品检验是对交易商品的品种、质量、数量、包装等项目按照合同规定的标准进行检查或鉴定。通过检验,由有关检验部门出具证明,作为买卖双方交接货物、支付货款和处理索赔的依据。商品检验主要包括商品检验权、检验机构、检验内容、检验证书、检验时间、检验地点、检验方法和检验标准。

(7)商品价格。商品价格是商务谈判中最重要的内容,其高低直接影响贸易双方的经济利益。商品价格是否合理是决定商务谈判成败的重要条件。

谈判人员在针对商品价格进行谈判时需要注意以下几点:首先,谈判人员应当熟悉成本核算,根据价格的高低,估算对方利润,从而有针对性地讨价还价;还应该在商品品质的基础上,货比三家,确定合理价格。其次,商品的价格还受市场供求状况的影响,谈判人员应根据商品在市场上现在和将来的需求状况进行分析,确定商品交易价格时应考虑该商品的市场生命周期、市场定位、市场购买力等因素,同时还要确定价格发生变动时的处理办法。再次,竞争者的经营策略也会直接影响商品交易的价格,谈判人员在价格谈判时要密切关注市场竞争状况。最后,各国在不同时期有关价格方面的政策、法令、作价原则,也会影响交易双方有关价格的谈判。买卖双方在谈判时应遵守国家的价格政策、法令,并依照政策、法令来确定价格形式、价格变动幅度和利润率。

值得注意的是,在国际商务谈判中谈判双方还应明确规定使用何种结算货币和货币单位进行交易。一般来讲,出口贸易要争取采用"硬通货",进口贸易则要力求使用"软货币"或在结算期内不会升值的货币。总之,要注意所采用货币的安全性及币值的稳定性、可兑换性。

(8)结算支付方式。在商品贸易中,货款的结算与支付是一个重要问题,直接关系交易双方的利益,影响双方的生存与发展。在商务谈判中应注意货款结算支付的方式、期限、地点等。

(9)索赔和仲裁。在商品交易中,买卖双方经常会因彼此的权利和义务产生争议,并由此引起索赔和仲裁等情况的发生。为了使争议得到妥善处理,买卖双方在洽谈交易中应充分针对引发争议后所出现的索赔和仲裁事项进行商谈,并做出明确的规定。此外,对于不可抗力因素对合同履行产生影响的状况,也要做出规定。

3. 商品贸易谈判的特点

与其他商务谈判相比,商品贸易谈判具有以下特点:

(1)复杂程度相对较小。首先,大部分商品都有通用的技术标准;其次,大多数交易是重复性的;最后,谈判主要是关于实物商品的权利和义务。因此,商品贸易谈判没有非商品贸易谈判那么复杂。

(2)条款比较全面。商品买卖是商品交易的基本形式,商品买卖谈判也是商务谈判的基本形式。在商品销售的谈判中,通常包括货物的谈判,如标的物、质量、数量、包装、检验等;法律方面的谈判,如不可抗力、仲裁、法律适用等。在这些内容中,谈判人员习惯上把货物部分和商业部分的条款作为主要条款,它们属于交易的个别条款;其他条款则作为通用条款。总之,这些内容涉及货物交易的各个方面和环节,不能忽视,以免将来发生纠纷。此外,商品销售谈判的条款和条件往往可以作为其他商务谈判的基础。

案例 1.2

美国韦格曼斯公司与中国汇源集团有限公司的谈判

美国一直是中国浓缩苹果汁最大的海外市场。美国韦格曼斯公司(Wegmans)是美国最大的超市(杂货)连锁店,年销售额达1 200亿美元,希望在全球找到稳定且质优价廉的供货商。2018年7月,韦格曼斯公司中国区采购负责人刘总来到中国汇源集团有限公司位于北京的总部。汇源集团浓缩果汁事业部的负责人张经理接待了他。张经理安排专人陪同刘总考察苹果种植基地和现代化的浓缩果汁加工厂。刘总对加工设备很满意,并说会向美国总部提交洽谈报告。一周后,美国韦格曼斯公司总裁率代表团到中国汇源集团做进一步交流,最终通过谈判达成如下结果:

经过几轮磋商,美国韦格曼斯公司最终向中国汇源集团有限公司采购酸度值在2.8以上的特级浓缩苹果汁6万吨,采购酸度为1.8～2.8的一级浓缩苹果汁10万吨。在国际市场上酸度被用作浓缩苹果汁售价的一个重要标准,酸度越高维生素C含量越高,售价也就越高。采购价格为特级1 900美元/吨、一级1 800美元/吨。包装使用铁箱,以减少在终端地点对外包装进行再处理的费用。付款及结算方式为信用证,程序繁杂但风险低。

案例来源:根据MBA学员提供的真实案例改编。

上面的案例属于商品贸易谈判,涉及商品的品质、数量、包装、价格、结算支付方式五项内容,商品的品质体现为特级和一级浓缩苹果汁,数量分别为6万吨和10万吨,价格分别为1 900美元/吨和1 800美元/吨,采用的是铁箱包装和信用证结算方式。从上述案例我们可以了解商品贸易谈判应该包含的基本内容。

(二)非商品贸易谈判

非商品贸易谈判包括技术贸易谈判、工程项目谈判、合资项目谈判和商务纠纷谈判等。

1. 技术贸易谈判

技术贸易谈判是指技术的接受者(买方)与技术的转让者(卖方)之间就形式、内容、质量规定、使用范围、价格条款、转让技术的付款方式进行的谈判,一般涉及双方在转让中的一些权利、责任和义务。技术贸易谈判通常包括有关技术服务、发明专利、工程服务、专有技术、商标和特许权的谈判。值得注意的是,技术的引进和转让是同一过程的两个方面,有进口技术的接受人的地方,就有提供技术的许可人。引入和转让的过程是双方之间的谈判过程。

技术贸易谈判通常分为技术谈判和业务谈判两个部分。技术谈判是双方就技术和设备的名称、型号、规格、技术性能、质量保证、培训、试生产和验收进行的谈判。业务谈判是指双方在价格、付款方式、税金、仲裁和索赔方面的谈判。技术贸易谈判一般包括以下基本内容。

(1) 技术的种类、名称和规格,即技术的标的。技术贸易谈判最基本的内容是讨论技术供应商可以提供哪些技术,进口技术的接受者希望购买哪些技术。

(2) 技术经济条件。由于技术贸易转让的一些技术或研究成果是无形的,很难保留样品作为未来的验收标准,因此双方应对其技术经济参数采取谨慎和负责任的态度。技术转让方应如实介绍情况,技术受让方应认真调查核实,然后把各项技术经济要求和指标详细地写在合同条款中。

(3) 技术转让期限。虽然科技合作的最后期限往往很难准确预测,但仍然有必要设定一个大致的期限,否则很容易产生冲突和纠纷。

(4) 技术商品交换形式。这是双方权利和义务的重要组成部分,也是谈判中不可避免的问题。技术商品交换有两种形式:一种是所有权的转移,买受人付清技术商品的全部价款,有权转售,卖方无权出售或使用该技术,这种形式不太常用;另一种是不转让所有权,购买者只得到所使用的技术产品。

(5) 技术贸易的定价和支付方式。技术商品价格是技术贸易谈判中的关键问题。为了获得更多的利润,转让方所报的价格总是偏高。受让方不会轻易接受报价,往往经过反复谈判,对价格进行比较分析,找出报价中不合理的因素,尽可能压低价格。价格对比是指参与竞争的厂商在同等条件下或与类似技术商品的价格水平比较。价格水平比较主要涉及商业条款和技术条件两个方面。商业条款主要是比较技术贸易的计价条款、支付条款、货币条款和索赔条款。技术条件主要是对技术物资供应范围的大小、技术水平和技术服务数量进行比较。

(6) 责任和义务。转让方在技术贸易谈判中的主要义务是:按合同中规定的时间和进度,完成科学研究或开发工作,在规定的期限内完成科研成果或样品,报告确认合格的科学研究,试生产样品及将所有技术数据和技术鉴定全部交付验收,积极协助和指导技术受让方掌握科技成果,确保技术经济指标的一致,以获得预期的经济效益等。技术受让人的主要义务是:根据协议规定的时间和要求及时为合作项目提供必要的基本材料,分配资金用于科学研究和试验生产,根据合同规定的合作模式为科学研究提供条件和试验生产,根据接收到的科技成果支付报酬。

2. 工程项目谈判

工程项目谈判是指项目使用者与项目承包人之间的商务谈判。工程项目谈判不同于产品交易谈判。从买方和卖方的角度来看,买方是项目的用户,卖方是项目的承包商。工程项目谈判是最复杂的谈判之一。这不仅是因为谈判的内容广泛,还因为谈判往往涉及两个以上的当事人:使用一方当事人,设计一方当事人,签订一方当事人。承包商可以包括分包商、施工单位,用户也可以包括投资者、管理者及其他相关人员。

3. 合资项目谈判

合资项目谈判是指各方为争取各自的经济利益而进行协商和协调的过程。基本上可以分为两个阶段:准备谈判和正式谈判。其中,正式谈判是在磨合过程中实现双方利益的重要阶段,涉及商业、法律、技术等一系列具体问题。正式谈判的基本程序一般包括双方进入角色、开始谈判、确定谈判议程、进行彻底的调查、投标、讨价还价、作出决定和签订合同。

合资项目谈判的内容一般包括以下内容：①企业名称、地址、经营范围和经营规模；②投资总额、注册资本、各方出资比例与出资方式；③合资各方利润和亏损分摊的比例；④合资期限、解散及清算程序；⑤合资企业董事会的组成、职责，高级管理人员的人选和任免；⑥采用的主要技术设备、生产技术及其来源，提交方式；⑦产品销售方式和国内外销售比例；⑧原材料采购方；⑨外汇资金收支平衡的安排；⑩违约处理、争议解决方式等。

4．商务纠纷谈判

商务纠纷谈判的目的是解决双方在合作过程中的矛盾和冲突。这样的争端产生于过去的关系或事件。例如，合同双方因履行合同发生争议而进行谈判。又如，两辆车的司机就碰撞的责任和赔偿等问题进行协商。

五、主场谈判、客场谈判与中立地谈判

根据商务谈判所在地不同，可将商务谈判分为主场谈判、客场谈判和中立地谈判。

（一）主场谈判

主场谈判是指在己方所在地进行的谈判。一般主场谈判由己方组织，因此己方会占据"地利"优势，也给己方带来了诸多便利，如熟悉的工作和生活环境、利于谈判的各项准备以及随时可请示上级和与己方人员磋商的便利性等。因此，主场谈判在增强己方谈判人员的自信心、应变能力及应变手段方面均具有天然的优势。如果主方善于利用主场谈判的便利和优势，往往会给谈判带来有利影响。当然，作为东道主，谈判的主方应当礼貌待客，做好谈判的各项准备工作。

（二）客场谈判

客场谈判是指在对方所在地进行的谈判。由于客居他乡，客场谈判人员会受到各种条件的限制，也需要克服种种困难。客场谈判人员面对谈判对手，必须审时度势，认真分析谈判背景，以便正确运用并调整谈判策略，发挥自己的优势，争取满意的谈判结果。

（三）中立地谈判

中立地谈判是指在谈判双方（或各方）以外的地点安排的谈判。中立地谈判可以避免主、客场对谈判的某些影响，为谈判提供良好的环境、营造平等的气氛，但是也可能由于第三方的介入而使谈判各方的关系发生微妙的变化。

以中美贸易磋商为例，美方代表来到北京进行谈判，对于中方来说是主场谈判，对于美方来说则是客场谈判；中方代表团前往华盛顿谈判，对于美方而言是主场谈判，对于中方来说则是客场谈判。2018年6月朝美在任领导人金正恩和特朗普的首次会晤地点选在了新加坡，这场谈判对于双方而言就是中立地谈判。

六、立场型谈判、让步型谈判与原则型谈判

根据谈判双方在谈判中采取的态度,可将商务谈判分为立场型谈判、让步型谈判和原则型谈判。

(一)立场型谈判

立场型谈判,也称硬式谈判,是谈判人员通过意志力的较量,较少顾及或根本不顾及对方的利益,以取得己方胜利的一种立场坚定、主张强硬的谈判方法。立场型谈判的特点为:谈判目标是取得胜利;视对方为对手,各有势力、各提条件;强调各方意愿、观点,立场不能改变,对任何问题都态度强硬。显然,立场型谈判具有明显的局限性,一般应用于以下两种情况:一是一次性交往,这种谈判必然是"一锤子买卖",也就是为取得一次胜利而拿未来的合作做赌注;二是实力悬殊,在这种情况下,己方一般处于绝对优势地位。

案例 1.3

坚决守住底线

自2018年以来中美贸易摩擦愈演愈烈,美方一再向中方施压,在增大中国出口美国的关税额度和力度,打压中国高科技企业的同时,要求中国进一步降低关税,取消迫使美国公司转让技术的政策,还要求放宽对外国企业的市场准入以减少中美贸易逆差。此举是贸易保护主义抬头的行为,违反了世界贸易组织规则,是对多边规则的蔑视和践踏,不利于经济全球化的发展,同时严重侵犯了中国人民的合法权益。面对美方如此行径,中方外交发言人表示:"中国有底气、有信心应对任何贸易投资保护主义做法,中方将采取一切适当措施,坚决捍卫国家和民众利益。希望美方悬崖勒马,否则我们将奉陪到底。"面对中方的强硬态度,美方逐渐"松口",开启与中方一次又一次的协商谈判,在一些问题上逐渐取得建设性的合作意见。

案例来源:美拟对华2 000亿输美商品加征关税 商务部:将反制[EB/OL].中国新闻网.(2018-09-06)http://www.chinanews.com/gn/2018/09-06/8620282.shtml.

在本案例中,美方采用了典型的立场型谈判,即美方对事对人的态度都十分强硬,他们在谈判过程中坚持己方立场、一味追求己方的利益。面对美方的强势打压和棍棒威胁,中方坚决守住底线,强势维护自身合法权益,始终坚定平等对话,展现大国的责任和担当。中美合作是双方根本利益决定的,维护好双边关系既有利于中方,又有利于美方,更有利于整个世界。正如习近平主席所说:"大国更应该有大国的样子,承担大国责任,展现大国担当。中国将继续做世界和平的建设者、全球发展的贡献者、国际秩序的维护者。"[1]这为商务谈判人员如何应对立场型谈判提供了借鉴和参考。

---

[1] 承担大国责任,展现大国担当[EB/OL]. http://politics.people.com.cn/n1/2020/0925/c1001-31874216.html.

（二）让步型谈判

让步型谈判,也称软式关系型谈判,是一种为了保持同对方的某种关系而采取退让与妥协的谈判类型。

让步型谈判的主要特点是:谈判人员通常将对方当朋友;谈判的目标是达成协议或维持某种良好关系,以扩大合作;谈判时只提出自己的最低要求,避免双方冲突,重视彼此间的信任;对人和问题态度温和,不固守自己的正当利益,常用自己的单方面损失来达成谈判。

达成协议的手段一般是屈服于对方的压力,不断向对方让利让步,对方得寸进尺己方也不阻挡,无原则地满足对方的欲望。在这种情况下,己方一般处于劣势地位。

案例 1.4

通用汽车与美国联合汽车工会的谈判

通用汽车公司(简称通用汽车)试图在美国汽车业预期衰退之前采取缩减成本的举措,计划 2019 年内关闭两个零件厂和两个整车厂,通过裁员缩减成本。而美国联合汽车工会(UAW)则要求获得更高的薪酬、更多的工作保障及更好的福利。2019 年 9 月通用汽车与美国联合汽车工会谈判破裂,致使全美 4.8 万名工人罢工抗议。罢工行动导致通用汽车的多家工厂陷入停顿。

谈判悬而难决,且已经对通用汽车造成了伤害。10 月 11 日,通用汽车的股价收于 34.91 美元,较罢工前下跌了 10%。华尔街普遍对通用汽车给出了负面的期望。摩根大通估计,通用汽车工会工人的持续罢工已使该公司第三季度的损失超过 10 亿美元。虽然工会一方也存在一定损失,但 7 亿美元的罢工基金的补贴使工人们始终坚持立场,要求通用汽车做出让步。

为了避免更惨重的损失,通用汽车只能在谈判中做出妥协,于 2019 年 10 月 25 日的谈判中与工会签订协议,约定工会成员获得包括每年 3%～4% 的加薪或一次性奖金,还同意向现有工厂投资 77 亿美元,增加数千个新工作岗位。美国劳工部称,罢工已造成通用汽车逾 20 亿美元的损失。

案例来源:通用汽车工人投票通过最新劳动合同 40 天罢工终落幕[EB/OL].(2019-10-26)http://news.eastday.com/eastday/13news/auto/news/world/20191026/u7ai8881249.html.

在这场长达 40 天罢工的谈判中,通用汽车公司在最初谈判时并未计算好谈判失败双方的代价,匆匆结束了第一轮谈判,致使工人们拉开了罢工序幕。随着罢工战线的拉长,通用汽车公司的损失越来越大,逐渐处于被动地位。如果继续拖下去,后果将不堪设想。为了避免更惨重的损失,通用汽车公司不得不做出妥协,最终签订了令工会满意的协议。通用汽车公司的让步主要是为了增进公司与工人之间的关系,尽快签约让他们复工。显然,通用汽车公司最终选择了让步型谈判。

（三）原则型谈判

原则型谈判，也称价值型谈判，是把谈判双方都看作问题的解决者，既不把对方当朋友，也不当作敌人，而是就事论事，竭力寻求双方的利益共同点、消除分歧，争取双赢结果的谈判方式。双方都有责任和义务妥善解决争议；谈判人员把人与问题分开，以公平的态度参与谈判，不掺杂个人感情。

在谈判中，双方应采用客观标准、科学原则、法律和国际惯例、风俗习惯、传统道德规范和宗教规则来解决分歧。任何一方都不得主观地制定自己的原则和标准，而应以不同的态度对待人和事，以温和的态度对待人，以强硬的态度对待事，按照原则处理事件。

案例1.5：以退为进

七、面对面谈判、书面谈判与网络谈判

根据商务谈判的沟通方式可以将谈判分为面对面谈判、书面谈判和网络谈判。

（一）面对面谈判

面对面谈判，顾名思义就是谈判双方（或多方）直接面对面地就谈判内容进行沟通、磋商和洽谈。日常生活中，大到每日电视、广播和报纸报道的国际国内各类谈判，小到推销员的上门推销、售货员对顾客的商品介绍、顾客与小商贩的讨价还价等，都属于面对面谈判。

面对面谈判方式是最古老、最广泛、最常使用的谈判方式。一般来讲，凡是正规的、重要的、高规格的谈判，都以面对面谈判的方式进行。

1. 面对面谈判的优点

（1）谈判具有较大的灵活性。在正式商务谈判前，谈判双方可以广泛了解市场动态，开展各种市场调研，全面深入了解对方的资金、信誉、谈判风格，制定详细可行的谈判方案。在商务谈判桌上，你甚至可以利用直接面试或私人联系，进一步了解需求、动机、策略和谈判对手的性格，及时、灵活地根据具体情况在谈判进程中调整谈判计划、策略和技巧。

（2）谈判的方式比较规范。面对面谈判是商务谈判各方在谈判桌前就座，营造正规谈判的气氛，使每个参加谈判的人产生一种开始正式谈判的心境，很快进入谈判角色。此外，面对面谈判都是按照开局—讨价还价—达成协议或签订合同的谈判过程进行的，所以它是比较规范的谈判方式。

（3）谈判的内容比较深入细致。面对面谈判方式可使谈判各方反复沟通，便于讨论谈判过程中的关键问题、难点及具体条款，因此谈判的内容更深入、详细，谈判的目标更容易实现。

（4）谈判的形式比较直观。面对面谈判方式下，可以通过对方的言行举止、神情态度、面部表情等推测其心理活动，可以有针对性地采取措施，取得谈判的成功。

（5）有利于建立长久的贸易伙伴关系。由于面对面谈判是通过双方或多方的直接接触进行的，很容易产生感情。特别是谈判后的热点话题或娱乐活动有助于双方增进了解、培养友谊，可以建立长期的贸易伙伴关系。这种关系对谈判协议的实施和未来新一轮谈判具有积极意义。

正是因为面对面谈判或多或少会产生一些感情，谈判人员可以利用这种感情因素来强调自己的谈判条件，使对方难以提出异议，所以谈判成功的可能性高于其他谈判方式。

2. 面对面谈判的缺点

（1）容易被谈判对手了解己方的谈判意图。在面对面谈判中，谈判对手可以从己方谈判人员的行为、语言甚至面部表情来推断己方的最终目标和追求最终目标的坚定程度。

（2）决策时间短。面对面谈判通常需要在谈判期间决定是否订立协议，没有足够的考虑时间，很难充分利用谈判后台人员的智慧，因此要求谈判人员具有较高的决策水平。

（3）费用高。对于面对面的谈判，谈判各方都要支付一定金额的差旅费用或接待费用，从而会增加商务谈判的成本。可以说，面对面谈判是所有谈判方式中最昂贵的。此外，面对面谈判很费时间，客户联系也相对较少。

（二）书面谈判

书面谈判是指谈判双方利用信函、电报、电传等通信工具所进行的谈判。它要求由卖方或买方以函件、电报等载体，将交易要求和条件通知对方，一般应规定对方答复的有效期限。

1. 书面谈判的优点

（1）可灵活选择谈判时间、地点及对象。书面谈判方式可以使双方对问题有比较充足的考虑时间。在谈判过程中有时间同自己的助手、企业领导及决策机构进行讨论和分析，有利于慎重决策。书面谈判一般不需要谈判人员四处奔走，他们可以坐镇企业，向国内外许多单位发出信函、电报，并对不同客户的回电进行分析比较，从中选出对自己最有利的交易对象。

（2）无须考虑双方的身份、地位。由于具体的谈判人员互不见面，代表的是本企业，双方都可不考虑谈判人员的身份，把主要精力集中在交易条件的洽谈上，从而避免因谈判人员的级别、身份不对等而影响谈判的开展和交易的达成。

（3）节省成本。由于书面谈判只花费通信费用，不花费差旅费和招待费，若是利用电子邮件进行谈判，成本几乎为零，因而书面谈判因费用开支较少而大大节省了谈判成本。

2. 书面谈判的缺点

（1）易造成误解。书面谈判多采用信函、电报等方式，文字要求精练，如果文不达意，容易造成双方理解差异，引起争议和纠纷。

（2）难以捕捉对方心理。双方代表不见面，无法通过观察对方的语态、表情、情绪及习惯动作等来判断对方的心理活动，难以运用行为语言技巧达到沟通意见的效果。

（3）可控性差。书面谈判使用的信函、电报需要邮电和交通部门的传递,如果这些部门的设备发生故障,则会影响双方的联系,影响时效,从而丧失交易的时机。

鉴于书面谈判具有上述局限性,所以多适用于双方经常有交易活动的谈判,以及跨地区、跨国界的谈判。

为了发挥书面谈判的作用,使对方了解自己的交易要求,卖方可以把事先印好的具有一定格式的表单寄给客户。表单上应比较详细地列明卖方商品的名称、规格、价格、装运等条件,使客户对卖方的交易意图有一个全面、清楚的了解,避免因文字表达不当而引起误解。同时,谈判双方都要认真、迅速、妥善处理来函和回函,能达成的交易要迅速通知对方,不要贻误时机,即使不能达成的交易也要委婉地及时答复,维护好与客户的关系,"生意不成人情在"。书面谈判最忌讳的是函件处理不及时,也忌讳有求于人时丧失企业的品格,而人求我时冷眼相待,这不仅会影响企业购销活动的持续开展,而且会影响企业的经营作风和商业信誉。

（三）网络谈判

网络谈判是基于互联网等信息化工具,使谈判人员能进行适时交流、互动沟通而进行的谈判。第八章将对网络谈判的特点、优缺点进行详细介绍,所以本节不再赘述。

谈判形式的使用完全取决于对各种谈判形式的掌握,要根据交易的需要和各种谈判形式的特点正确选择谈判形式。在实际工作中,这三种谈判形式不应完全分离,而应结合起来,扬长避短。一般情况下须经书面谈判的交易,在特殊情况下可改为口头谈判。在实际谈判中,商务谈判人员应根据实际需要,正确选择和灵活运用合适的谈判形式。

第三节 商务谈判的原则与评价标准

在竞争激烈的商务谈判活动中,谈判各方都希望获得谈判的胜利,但在谈判中还需要遵守一定的原则。为了真正把握商务谈判的真谛,还需要了解衡量、判断谈判成功的标准。

一、商务谈判的原则

商务谈判的原则是指商务谈判中谈判各方应遵循的指导思想和基本准则。商务谈判的原则是商务谈判内在的、必然的行为规范,是商务谈判的实践总结和制胜规律。因此,认识和把握商务谈判的原则,有助于维护谈判各方的权益,提高谈判的成功率及指导谈判策略的运用。

商务谈判是一种原则性很强的活动,在商务谈判中,谈判人员应遵循以下原则。

（1）平等协商原则。平等协商原则是指谈判双方出于自愿参与谈判,并且在商务谈判中双方处于平等的地位,享有相同的权利,任何一方提出的议案都需要经过对方的认可,或经过各方的协商取得一致方可确立。贯彻平等协商原则,首先要求谈判双方互相尊重,以礼相待,任何一方都不能仗势欺人、以强凌弱,将自己的意志强加于他人。只有坚持平等协商原则,商务谈判才能在互信合作的气氛中顺利进行,才能达到互助互惠的谈判目标。可以说,平等协商原则是商务谈判的基础。

(2) 合法性原则。合法性原则是指独立于谈判各方主观意志之外的,能够被谈判各方接受的,合乎情理又切实可行的准则,即客观标准。它可以是国际惯例、国际标准条款,也可以是道德标准、科学鉴定等。在谈判过程中,制定客观标准的原则是要能给双方平等的机会,确保谈判的合法性。

(3) 互利互惠原则。互利互惠原则是指谈判达成的协议要以能为谈判各方带来较大的利益或减少损失为根本出发点。谈判人员无论是在准备进行商务谈判时,还是在谈判过程中,均应在不损害自身利益的前提下,尽可能替谈判对手着想,主动为对方保留一定的利益。

(4) 求同存异原则。商务谈判的实质就是谈判主体为了实现自身的经济利益目标,通过协商甚至妥协解决涉及各自利益的分歧,从而找到利益的交叉点。这就意味着谈判各方必须坚持求大同存小异的原则,即不纠缠于细枝末节问题,而着眼于双方的共同利益,最终才能实现双赢。

(5) 人事分开原则。人事分开原则,就是在谈判中区分人与问题,把对谈判对手的态度与对讨论的问题区分开来,就事论事,不要因人误事。例如,当谈判出现分歧时,应该"对事不对人",不能相互抱怨、指责,而要通过理性协商解决分歧以提高谈判效率。

(6) 灵活应变原则。商务谈判过程中存在很多不确定因素,因此,要把握灵活性,确保谈判形式、内容、程序和阶段等各方面都有一定的调节空间。变则通,目的在于取得谈判的成功。

二、商务谈判的评价标准

在商务谈判过程中运用策略和技巧固然重要,但评价商务谈判结果成功与否的标准也不容忽视。建立合理的评价标准对制订谈判计划、设定谈判目标和策略有着非常重要的指导作用,会在很大程度上影响商务谈判的结果。在谈判过程中用"标准"进行谈判能避免谈判各方根据自己的利益主观、片面地判断谈判的成败。一般而言,可以从"效益"和"效率"两个方面评价商务谈判结果,具体如下。

(1) 谈判效益。谈判效益是指谈判目标的实现程度。具体来讲,谈判目标的实现程度通过三个方面体现:一是具体的财务目标,即赚多少利润;二是远期的商务目标,如未来几年的合作模式;三是商务关系的维系。商务关系是建立在人际关系基础上的,属于谈判的社会效益,是指商务谈判所产生的社会效果和社会反映。因此,在评价一场谈判成功与否时,不仅要看谈判各方市场份额的划分、出价的高低、资本及风险的分摊、利润的分配等经济指标,而且要看谈判后双方人际关系如何。把人际关系作为评价商务谈判的成败标准,有利于使谈判当事人的谈判哲学提升到一个新的高度。

(2) 谈判效率。谈判效率是指谈判的收益与所费成本之间的比率。谈判的成本包括三项:一是谈判桌上的成本,即谈判的预期收益与实际收益之间的差额;二是谈判过程的成本,即在整个谈判过程中人、财、物和时间等资源的耗费;三是资源占用的机会成本。

第四节 当代商务谈判理论

商务谈判是在商品经济条件下产生和发展起来的,因而具有很强的实践性。最初,人们仅重视商务谈判经验总结而忽视理论研究,导致他们对商务谈判的理解仅局限于感性认识。后来,随着社会经济的发展和人们之间经济交往的日益频繁,商务谈判逐渐成为一门新兴的、融多学科的、实务性强的边缘学科。专家和学者们从实践中提炼出的一套系统的理论,对商务谈判实践具有重要的指导作用。与商务谈判相关的主要代表理论有需要理论、博弈论和公平理论等。本节主要介绍谈判需要理论的主要内容,并阐述如何利用需要理论更好地满足谈判对手的需要,从而获得理想的谈判效果。

一、马斯洛的需求层次理论

(一)马斯洛的需求层次理论的具体内容及特点

马斯洛的需求层次理论(need-hierarchy theory)是人本主义科学的重要理论之一,由美国心理学家亚伯拉罕·马斯洛(Abraham Harold Maslow)于1954年在其代表作——《动机与个性》中提出。书中将人类的需求像阶梯一样从低到高按层次分为五种,分别是生理需求、安全需求、社交需求、尊重需求和自我实现需求。

(1)生理需求(physiological needs)是人类生存和发展最基本的需求,指的是人类为维持生存和繁衍而对衣、食、住、行等各方面的需求。

(2)安全需求(safety needs)也是人类生存的基本需求之一,指的是在生理和心理方面获得保护、免受伤害、拥有安全感的需求。

(3)社交需求,即归属和爱的需求(belongingness and love needs),指的是在给予他人的友谊或接受他人的关怀和爱护时,能融入某些群体并获得这些群体的认可的需求。一般情况下,只有当生理和安全的需求得到满足后,人类才能将社交的需求摆在重要位置。

(4)尊重需求(esteem needs),指的是希望通过获得荣誉、受到他人的尊重、得到他人的赞许,成为有价值的人,进而在社会上获得一定的地位,让他人尊重和承认自己的个性、身份和能力的需求。

(5)自我实现需求(self-actualization needs),是人类最高层次的需求,指的是能够尽可能发挥自己的潜能,力求实现理想和抱负的需求。

具体如图1.1所示。

根据马斯洛需求层次理论,各层次需求之间存在以下关系:

(1)五种需求可以分为高低两级,其中生理需求、安全需求和社交需求都属于低级需

图1.1 马斯洛的需求层次理论

求,这些需求通过外部条件就可以得到满足;而尊重需求和自我实现需求则是高级需求,这些需求必须通过自身因素才能得到满足,并且每个人对高级需求的欲望是无穷无尽的。

(2) 一般而言,人类在某一层次的需求得到满足后,就会向高一层次的需求发展,追求更高一层的需求就成为驱使人类奋斗的动力。相应地,已经得到满足的低层次需求则不足以成为一个激励因素。

(3) 各层次需求之间不但有高低之分,而且有先后之别;只有低一层次的需求获得满足之后,高一层次的需求才会产生。但仍然有可能出现特例。例如,理想主义者坚持"不为五斗米折腰",对于这些人,即使他们的生理、安全等层次需求可能并未得到满足,但仍然会达到尊重以及自我实现需求的高度。

(4) 一个国家多数人的需求层次结构,与该国的经济发展、科技水平、文化习俗及教育程度密切相关。在不发达国家,低级需求占主导的人数比例大;而在发达国家,高级需求占主导的人数比例较大。

(二) 马斯洛的需求层次理论在商务谈判中的应用

谈判的需求类型表现为物质性需求和精神性需求。商务谈判的物质性需求是指对资金、资产、物质资料等的需求,而精神性需求是指对尊重、公正、成就感等的需求。在进行商务谈判时,不仅应该注意对方在物质方面的需求,也应该注意对方在尊重、独立自主、平等方面的需求。

与马斯洛的需求层次理论的需求类型相一致,商务谈判需求也有各种相应的需求表现:谈判人员有较强的安全需求。出于信用安全的考虑,谈判人员通常愿意与老客户打交道,在与新客户打交道时往往会心存顾虑,对其主体资格、财产、资金、信誉等状况会较为关注。谈判人员一般都有很强的尊重需求,得不到应有的尊重往往是导致谈判破裂的原因。有着强烈尊重需求的人,当自尊心受到伤害而感到没面子时,在心理防卫机制的作用下,很可能会出现攻击性的敌意行为或者不愿意继续合作,这会给谈判带来很大的障碍。在谈判中,谈判人员的需求主要表现为对权力、交际和成就的需求。此外,商务谈判人员也有社交、自我实现等方面的需求。值得注意的是,商务谈判需求不仅表现为谈判人员个人的需求,还表现为谈判主体群体或组织的需求。这是商务谈判需求表现得较为特殊的地方。

那么,如何有效地利用马斯洛的需求层次理论投其所好地满足谈判人员的需求呢?应重点注意以下几个方面:

(1) 谈判人员在谈判过程中表现出来的动机、行为和态度,都是受自身需求所驱动的。只有充分了解谈判对手的需求,才能有效地与之沟通,进而推动谈判进程,最终达到预期目的。

(2) 谈判人员的需求分为低级需求和高级需求,其中低级需求容易受外部因素影响,而高级需求来源于精神层面,很难被外界左右。因此,谈判人员不要轻易尝试改变对方的世界观和价值观这种精神层面的信仰,以免造成谈判破裂。

(3) 谈判人员的需求并不是一成不变的,而是随时间、环境的变化而改变。尤其是低级需求,因为低级需求容易受外部环境的影响。因此,谈判人员应充分了解对方成员,并投其所好,以便为己方赢得优势。

总而言之,需求是谈判的心理基础。没有需求,就没有谈判。通过谈判,可以达到满足需求的目的。一方的需求越迫切,越想达成协议,相应地,要取得理想的谈判结果就越困难,而形势对另一方就越有利。从这一点上说,需求程度直接影响谈判的结果。

二、奥尔德弗的 ERG 理论

(一)奥尔德弗的 ERG 理论的具体内容

为探究更接近实际经验的需求理论,耶鲁大学的科雷顿·奥尔德弗(Clayton Alderfer)基于马斯洛的需求层次理论,提出了一种更切实可行的人本主义需要理论。

奥尔德弗认为,人有三种需求——生存需求(existence)、相互关系和谐需求(relatedness)、成长需求(growth),因此,这一理论被称为 ERG 理论。其中,生存需求是指心理与安全的需求;相互关系和谐需求是指有意义的社会人际关系;成长需求是指人类潜能的发展、自尊和自我实现。ERG 理论不仅反映了"满足—上升"的思想,还体现了"挫折—倒退"的含义。"满足—上升"意味着如果一个人在某个层面上满足了需求,他会保持对更高层面需求的追求;而"挫折—倒退"意味着如果一个人满足不了特定水平的需求,他就会减少欲望,即把需求放在较低的层面上。此外,ERG 理论区别于马斯洛需求层次理论的是,他认为需求次序没那么严格,反而可以越级,有时甚至可能有一个或更多的需求。

同时,他还提出了下面三个概念。

(1)需求满足:在同一层次的需求中,当某个需求得不到充分的满足时,通常会产生更强烈的需求愿望。

(2)需求加强:较低层次的需求满足得越充分,对高层次的需求越强烈。

(3)需求受挫:高层次的需求满足程度较低时,低层次需求会迅速扩大和加强。

(二)奥尔德弗的 ERG 理论在商务谈判中的应用

在商务谈判中要想有效地利用奥尔德弗的 ERG 理论必须做好三个方面的准备工作:第一,在进行商务谈判之前,谈判人员要分析、确定对方的需求等级状况,这是决定其谈判行为的首要因素;第二,谈判人员应该了解对方的主导需求,并在巩固己方利益的同时尽力满足对方的主导需求;第三,谈判人员在谈判前期可以合理地拒绝对方的要求,以降低对方的需求,使后期谈判能够更加顺利地进行。

三、尼尔伦伯格的谈判需要理论

(一)尼尔伦伯格的谈判需要理论的具体内容

美国谈判学会主席路德·尼尔伦伯格(Ludd Nierenberg)在总结马斯洛的需求层次理论的基础上,针对谈判进一步提出了谈判需要理论。

谈判需要理论认为,人们各种有意图的行动都对应着特定的需要,而满足需要正是谈判产生的动机。对谈判主体而言,如果不存在某种未被满足的需要,人们就不会走到一起谈判。谈判人员应努力发现与谈判各方相联系的需要,重视驱动对方的各种需要,以选择不同的方法去影响对方的动机。谈判可以划分为三个层次:国家之间的谈判、组织之间的谈判及个人之间的谈判。在前两个层次的谈判中都存在两种需要,即组织(或国家)的需要与个人的需要。谈判人员不仅要重视组织的需要,也要重视个人的需要,通过发现和诱导对方个人的需要,影响其立场、观点,使谈判朝有利于己方的方向发展。

(二)尼尔伦伯格的谈判需要理论在商务谈判中的运用

在商务谈判中,可以利用尼尔伦伯格的谈判需要理论从以下几个方面满足谈判对手的需要:

(1) 生存需要方面,谈判主方应合理安排对方的衣食住行。

(2) 安全需要方面,除身体安全与财产安全外,谈判主方更要注重对方的人格安全(人品、产品质量、信誉等)。

(3) 社交需要方面,建立商务关系的同时,应争取与对方建立和谐的友谊关系,并通过日常的交流维系双方的感情。

(4) 尊重需要方面,谈判过程中应学会肯定、赞美对方,最重要的是尊重对方。

(5) 自我实现需要方面,对于最终谈判结果最好双方都能获得成功感(达到目标)和成就感(自我实现)。

本章小结

商务谈判已成为现代社会中不可或缺的一部分。商务谈判是指两个或两个以上从事商务活动的组织或个人,为寻求和达到自身的经济利益目标,彼此进行交流、阐述意愿、协调关系、磋商协议,最终设法达成一致意见的行为和过程。商务谈判由谈判主体、谈判客体和谈判环境构成。商务谈判的基本特征为以经济利益为目的、以价值谈判为核心、以互利互惠为导向、注重合同的严密性与准确性、兼具科学性与艺术性、兼具竞争性与合作性。

为了灵活地选择不同的谈判方式,谈判人员必须了解不同类型的谈判:个体谈判与集体谈判,横向谈判与纵向谈判,国内谈判与国际谈判,商品贸易谈判与非商品贸易谈判,主场谈判、客场谈判与中立地谈判,立场型谈判、让步型谈判与原则型谈判,面对面谈判、书面谈判与网络谈判。商务谈判是一种原则性很强的活动,谈判人员应遵循平等协商、合法性、互利互惠、求同存异、人事分开和灵活应变的原则。同时,谈判人员应该从谈判效益和效率方面正确评价谈判结果。此外,掌握马斯洛的需求层次理论、奥尔德弗的 ERG 理论和尼尔伦伯格的谈判需要理论能有效提高谈判效率。

本章关键术语

商务谈判　国际商务谈判　谈判主体　谈判客体　谈判需要理论　立场型谈判　让

步型谈判　原则型谈判　横向谈判　纵向谈判　谈判原则与标准　马斯洛需求层次理论　ERG理论

名言分享

1. "人生就是一大张谈判桌,不管喜不喜欢,你已经置身其中了。"
　　——赫伯·寇恩(Herb Cohen)

2. "谈判就像走钢丝,充满刺激、悬念、满足感。既是一门科学(但不同于自然科学),也是一门艺术。"
　　——佚名

3. "谈判是实力与智慧的较量,学识与口才的较量,魅力与演技的较量。"
　　——尼尔伦伯格(Nierenberg)

4. "谈判的目的不是输赢、单赢,而是双赢、多赢。"
　　——佚名

5. 谈判是一种双方致力于说服对方接受其要求时所运用的交换意见的技能。其目的就是要达成一项对双方都有利的协议。
　　——威恩·巴罗(C. Wayne Barlow)和格莱恩·P. 艾森(Glenn P. Eisen)

巩固练习

自学自测　扫描此码

一、简答题

1. 什么是商务谈判？商务谈判具有哪些特征？
2. 举例说明马斯洛需求层次理论在商务谈判中的运用。
3. 横向谈判与纵向谈判有何区别？

二、案例题

1. 当美的"看上"库卡

2016年5月18日,美的集团董事会通过议案拟全面要约收购德国库卡集团。公告一经发布,立即在国外掀起一阵风暴。首先是布鲁塞尔和柏林的高级官员齐声反对,他们认为库卡集团在战略规划上很成功,对欧洲数字行业发展的未来具有至关重要的影响。德国副总理嘉布瑞尔也表示了对此项收购的担忧。还有库卡集团小股东跳出来称中方控制库卡集团将使管理层失去独立性。

在外媒舆论一边倒的紧要关头,美的集团一方面坦诚解释这宗交易对双方的双赢意义，另一方面告知德国政府和大众，中国公司收购不会导致库卡集团内部裁员和核心技术流失。此时"巧遇"国际友人神助攻，其间路透社发表了一篇关于三一重工收购德国普茨迈斯特后成功整合的报道，也起到了一定的安抚作用。

美的集团深刻理解"擒贼先擒王"的道理，集团 CEO 方洪波于 6 月 10 日与库卡集团大股东福伊特(Voith)公司 CEO 休伯特·林哈德会面，双方讨论了美的集团对库卡集团的本次要约收购。林哈德向方洪波询问其是否欢迎福伊特继续作为持有 25% 股份的股东存在。方洪波回答："我认为你们不会(受欢迎)"。之后，福伊特公司在内部会议上达成一致，认为公司继续在美的集团身边作为小股东存在并不具备战略或经济意义，并明确表示计划把持有的库卡集团 25.1% 股份全部出售给美的集团。同时，库卡集团第三大股东弗莱德汉姆·洛(Friedhelm Loh)在接受采访时也暗示，他可能愿意出售其全部股份。

7 月 3 日，库卡集团第一大股东福伊特公司宣布，公司将以大约 12 亿欧元(约合 13 亿美元)向美的集团出售所持有的 25.1% 库卡集团股份。在美的集团承诺保留库卡集团工厂和员工至 2023 年年底后，库卡集团 CEO 表达了对美的集团要约收购的支持。在福伊特集团宣布退出后，其他股东也呈土崩瓦解之势接受了美的集团的要约收购，其中包括第三大股东弗莱德汉姆·洛及其他机构投资者。

在此期间，美的集团再次强调将努力保持库卡集团的独立性，并表示没有订立控制协议或促使其退市的意愿。公告还称，这次签订协议的前提是，库卡集团监事会及执行管理委员会达成一致意见推荐库卡集团股东接受本次要约收购。

7 月 20 日，美的集团公布了最新进展，接受美的集团本次要约收购的股份已达72.18%，收购完成后，美的集团将持有库卡集团 85.69% 的股份。2017 年 1 月 6 日，美的集团完成了要约收购库卡集团股份的交割工作，并已全部支付本次要约收购涉及的款项。至此，美的集团这起全面要约收购画上了圆满的句号。

案例来源：http://news.cheaa.com/2016/0725/484674.shtml.

根据案例回答以下问题：

(1) 本案例的谈判主题、谈判主体和客体各是什么？

(2) 美的集团采用了什么谈判方式？如何评价此次谈判？

(3) 查阅美的集团收购库卡集团的相关背景，利用谈判需要理论分析美的集团是如何满足谈判对手的需要，从而获得理想的谈判效果的。

2. 视频案例：《首席执行官》中的谈判片段

【**案例背景**】 1985 年春，青岛电冰箱厂还是一个欠债 147 万元、濒临倒闭的集体企业。为了使它起死回生，35 岁的新任厂长凌敏第一次踏出国门，去德国科隆为引进利勃公司生产线而展开谈判……

扫描二维码，观看《首席执行官》片头的谈判片段，回答以下问题：

(1) 本视频案例体现了商务谈判的哪些主要特征？

(2) 根据不同的分类标准，该视频案例属于什么谈判类型？

课后拓展

模拟商务谈判

模拟谈判情景：

某大型建筑公司(甲方)准备采购10台挖掘机,收到几个公司的报价。其中三一公司(乙方)的报价是：33万元/台,包括送货、安装以及售后服务。该建筑公司仔细研究了几份价格较低的相似报价后,要求三一公司把价格降低到31万元/台。三一公司的底价是31.5万元/台,如果低于这个单价就会有损失。

请根据以上案例情景,完成下列任务：

(1) 2～4人为一组,分别扮演甲、乙方进行模拟谈判,要求在20分钟内运用你从本章学到的知识和技巧,商定双方满意的价格。

(2) 分享本次模拟谈判所运用的商务谈判知识和技巧。

第二章 商务谈判的准备

```
                                    ┌─ 谈判人员的甄选
                  商务谈判的人员准备 ─┼─ 谈判团队的组建
                                    └─ 谈判人员的管理

                                    ┌─ 谈判信息的收集渠道
                  商务谈判的信息准备 ─┼─ 谈判信息的收集方法
                                    ├─ 谈判信息的类型及内容
                                    └─ 谈判信息的处理
  商务谈判的准备 ─┤
                                    ┌─ 谈判目标的确定
                  商务谈判方案的制定 ─┼─ 谈判议程的安排
                                    ├─ 谈判策略的制定
                                    └─ 应急预案的制定

                                    ┌─ 模拟商务谈判的作用
                  模拟商务谈判 ──────┼─ 模拟商务谈判的方法
                                    └─ 模拟商务谈判的注意事项
```

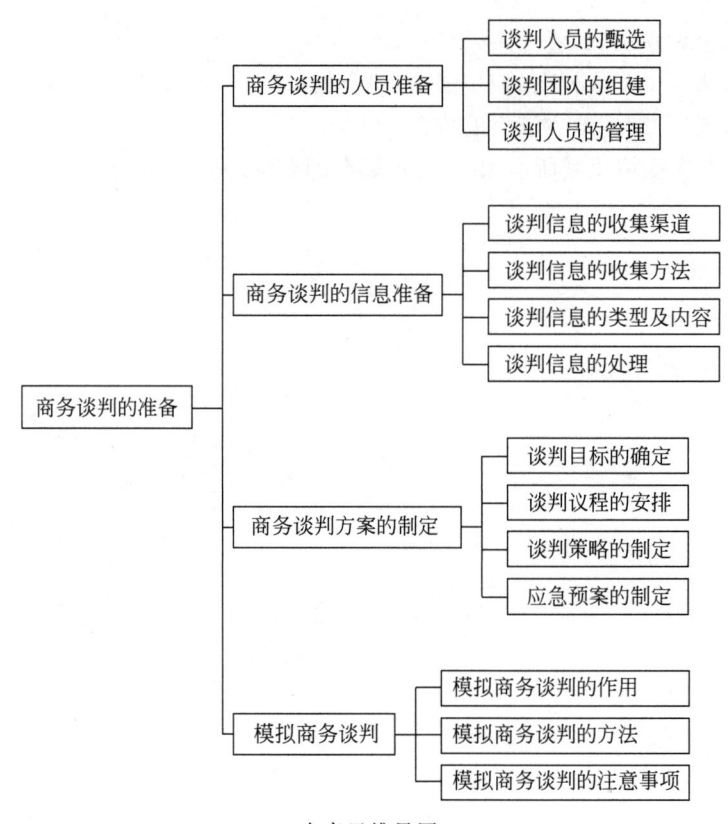

本章思维导图

【主要目标】

(1) 了解商务谈判人员应具备的素质,合理组建谈判团队,明确谈判团队成员之间的分工与合作以及谈判人员的管理;

(2) 掌握商务谈判信息的收集渠道与方法、类型及内容,正确分析和处理商务谈判信息资料;

(3) 掌握商务谈判方案的撰写流程与方案制定的要点;

(4) 了解模拟谈判的作用、方法和注意事项。

课前"剧透"

【"剧透"片段】 小郑是一名猎头,南国集团派他邀请体制内的干部大曲出任该集团的首席执行官(CEO)。小郑即将与大曲进行谈判,为此小郑特意在谈判前做了一系列的调查和准备……

扫描二维码观看短视频后回答下列问题:
(1) 小郑在谈判前做了哪些准备工作?
(2) 怎样做好商务谈判准备?

导入案例

克莱斯勒为何错失一汽?

20世纪80年代我国准备开拓轿车生产市场,以赶上世界轿车技术的发展。1986年国家批准了第一汽车制造厂(以下简称"一汽")生产轿车的计划。一汽的厂领导研究认为,生产轿车首先要解决发动机技术方面的问题,这方面比较领先的是美国克莱斯勒汽车公司(以下简称"克莱斯勒"),于是决定由厂长翟昭杰率团去美国考察。

考察团抵达美国底特律后立即拜访了克莱斯勒。该公司接待非常热情,他们已经获悉一汽要生产轿车的信息,公司总裁艾柯卡亲自带领高级技术人员向中方详细介绍各种发动机的造型与性能。考察团经过比较和讨论,选中了其中一种发动机与克莱斯勒进行谈判。双方都希望能够达成交易,因此谈判比较顺利,很快签署了一汽从克莱斯勒引进这种发动机制造技术和生产线的协议。此外,考察团对该公司制造的轿车车身也很感兴趣,因为该车身比较大气、乘坐舒适、行驶平稳,言定回去商讨后再来谈判引进车身问题。

不久,一汽就开始了克莱斯勒发动机的试生产。该发动机功率较大、耗油相对较少,技术令人满意。之后,厂领导研究决定尽快引进克莱斯勒的轿车车身,委派总经济师吕福源带队再去美国底特律。

然而,这次克莱斯勒的接待虽仍热情,但谈判桌上的态度却迥然不同。他们提出的输出条件相当苛刻,要价也异常高。克莱斯勒知道自己的发动机与车身是适配的,一汽既然已用上了自己的发动机,就不能不用自己的车身,因此有恃无恐,以为在这次交易中可以大捞一把。自然,谈判陷入僵局。吕福源征得厂领导同意后,无奈带队回国。而克莱斯勒则认为,一汽要搞轿车,迟早还会来找他们。

正当一汽进退两难之时,德国大众汽车公司(以下简称"大众")闻讯以参观为名前来寻求商机。董事长哈恩博士在参观中对一汽所具备的生产条件颇为赞叹。在融洽的气氛中,翟昭杰试探性地提出轿车车身生产问题,哈恩立即接过话头,表示愿意为克莱斯勒的发动机量身定制合适的车身。

哈恩回国后不到一个月即打电话给翟昭杰,车身已经完成,并装上了克莱斯勒发动机。大众的认真和效率显示了他们与一汽合作的诚意,翟昭杰决定派吕福源飞赴德国。

此时,美国克莱斯勒也得到了消息,赶紧放下姿态,向一汽提议和解。他们大幅降低了要价并在各项交易条件上作出让步，企图把一汽拉回他们那边。根据吕福源考察大众的汇报和克莱斯勒的最新提案，一汽领导班子对德、美两方的技术、交易条件、合作诚意等进行了综合分析与评估，最后决定选择德国大众作为合作伙伴，并把一汽生产的这种轿车正式定名为奥迪。

两年以后，奥迪轿车进入中国市场，随即风靡全国。

案例来源：陈向军.商务谈判技术[M].武汉：武汉大学出版社，2004.

问题：克莱斯勒在此次谈判中为什么会失败？大众为什么会成功？

在此次谈判中，克莱斯勒谈判团队违背了以前许下的价格优惠的承诺，缺乏诚信，这是其谈判失败的原因之一。导致此次谈判失败更重要的原因在于：他们对中国汽车行业和市场缺乏了解，因而盲目乐观。而大众恰好与之相反，怀着友好合作的态度，以考察为名，认真地调查和了解了一汽的现状和发展，知己知彼，双方很好地把握了对方的需求及心理，从而达成了互惠互利的协议，成功研发了奥迪汽车。从这个案例可以看出，谈判前的准备工作，如谈判团队的组建、谈判信息的准备对谈判的结果起着非常重要的作用。

第一节　商务谈判的人员准备

商务谈判的首要任务是组建谈判团队。谈判成功与否很大程度上取决于谈判人员的素质及其内部的分工与合作。所谓素质，是人的品质与技能的综合体现，是指人们在先天因素的基础上，通过教育和客观实践锻炼形成的，经过有选择、有目标、有阶段的努力训练而产生的结果。只有高素质的谈判人员才能在谈判中做到审时度势、当机立断、进退自如。谈判人员是谈判的行为主体，因此，组建一支高素质的、通力合作的专业化谈判队伍是谈判准备工作中的重要环节。

一、谈判人员的甄选

弗雷斯·查尔斯·艾克尔在《国家如何进行谈判》一书中提到："根据十七、十八世纪的外交规范，一名完美无缺的谈判家应该心智机敏，而且有无限的耐心。能巧言掩饰，但不欺诈行骗；能取信于人，而不轻信于人；能谦恭节制，但又刚毅果敢；能施展魅力，而不为他人所惑；能拥有巨富、藏娇妻，而不为钱财和女色所动。"

如艾克尔所言，要成为一名出色的商务谈判人员绝非易事。通晓专业知识是任何一名商务人员开展工作的基础，对于谈判人员来讲也不例外。具体而言，谈判人员需具备 T 形知识结构，即谈判人员不仅要积累广博的横向知识，而且应储备精深的纵向知识。在甄选谈判人员时，除了身体与心理素质外，还应从以下几个方面全面考察他们的综合素质和能力。

（一）良好的政治素养和道德品质

在涉外谈判中，谈判人员不仅代表国家、企业和个人的经济利益，而且代表国家、企业和个人的形象。因此,谈判人员必须具备良好的政治素养和道德素质,必须积极培育和践行社会主义核心价值观。具体而言,爱国、敬业、诚信、友善是公民基本道德规范,更是谈判人员必须恪守的基本道德准则。

首先,谈判人员要将爱国当作调节个人与祖国关系的行为准则。谈判人员必须能够正确处理国家、企业和个人之间的利益关系,并把国家和企业的利益放在首位。那些收受贿赂,为了私利出卖国家和企业利益的人是不适合谈判的。

其次,谈判人员应具有高尚的职业道德和敬业精神。敬业充分体现了社会主义职业精神。这种职业精神要求谈判人员对待谈判工作应具有强烈的敬业精神,并具有高度的责任感。商务谈判是一种合作与竞争并存的活动。没有百折不挠的进取精神,谈判是很难成功的。

再次,谈判人员应以诚信为本。谈判人员是企业形象的代表,谈判对方对己方企业的印象很可能取决于谈判人员的一言一行,即谈判人员是否诚信会使人联想到企业是否可靠。因此,谈判人员应尽最大可能展示诚信的姿态,以赢得对方对己方人员及其所代表的企业的信赖。

最后,谈判人员的态度要友善。在谈判过程中谈判人员应该与人为善,相互尊重,利用友善的谈判态度增进与初次谈判者的感情,营造和谐的谈判氛围,从而推动相互之间的进一步协作。因此,谈判人员应注重个人日常行为的培养,塑造礼貌友善、通情达理的谈判形象。

(二) 过硬的业务能力

谈判人员应具有扎实的商务专业知识,熟悉国内外相关政策、方针、法规和国际惯例,了解并熟悉每一次谈判所涉及的相关专业内容。商务谈判团队通常由主谈人员、技术人员、财务人员、法律人员等组成。无论谈判的内容是什么,都要各司其职,以满足各自岗位的工作对专业素质的要求。

主谈人员是谈判团队的负责人和谈判的主要发言人,负责领导谈判,其判断和决定直接关系谈判的成败。因此,就专业素质而言,主谈人员应具备较强的组织管理能力、沟通能力、应变能力和外汇兑换能力,要精通管理,足智多谋,处事果断。技术人员必须具有某一技术领域深厚的专业知识,主要负责技术问题的谈判,协助主谈人员对相关产品的技术规格、参数和性能进行分析比较,为谈判提供可靠的技术信息。财务人员应熟悉国际市场情况,熟悉产品价格、交货情况和交易潜在风险,熟悉合同条款、付款方式、信用及财务担保等专业知识。法律人员应精通国际贸易实务、国际市场规则及有关国家的法律法规,擅长处理与合同有关的文件,依法对合同条款进行审查和解释。

谈判团队的成员可以在专业知识方面相互补充,所以没有必要要求每个成员成为多个学科领域的专家。然而,主谈人员应该是高级复合型人才,必须全面地了解法律、市场营销、财务、金融、保险、税收和技术等方面的知识,这样才能引导整个谈判局势,灵活地处理所有方面的问题,带领团队实现谈判的成功。在国际商务谈判中出现了一种新趋势:了解更多知识领域的"通才"型谈判人员更受欢迎,原因在于减少谈判团队的人数可以节省成本,提高谈判效率。

案例 2.1

是什么惹的祸？

内地某厂与香港一家公司通过谈判签订了一项合同,港方公司为该厂提供贷款。该厂提出按当时香港汇丰银行最优惠的贷款月利率 8.7% 计算,合同上却只模糊写着按香港汇丰银行一年内平均的最优惠贷款利率计算。由于该厂有关谈判人员专业知识不精,又缺乏对香港银行利率变化的了解和关注,未提出异议便签订了合同。一年后,港方公司拿来了汇丰银行的最优惠贷款利率,数据显示连续八个月利率都在 12% 以上。按照这个标准,该厂将付出高额利息。由此,该厂要求修改合同,按月利率 8.7% 计算,但港方以合同已生效为由拒绝修改。几经交涉无果,该厂终因不堪负债倒闭。

案例来源:刘宏.国际商务谈判[M].大连:东北财经大学出版社,2012.

从上述案例可知,此次谈判合同的签订对该厂而言是失败的,最终导致其倒闭的根本原因是谈判人员业务素质低下。在商品贸易中,货款的结算与支付是一个重要问题,直接关系交易双方的利益,影响双方的生存与发展。该厂有关谈判人员对香港银行利率变化的知识不够了解,对交易存在的风险情况不明确,对合同条款认知模糊,最终导致该厂不堪负债而倒闭。

(三) 较强的语言表达和理解能力

谈判本身就是一个信息交流和协商的过程。如果双方都能充分理解对方的意图,谈判就能顺利进行。相反,如果双方不能相互理解,甚至产生误解,就很难达成协议,即使达成协议,也会大大降低协议的有效性。因此,一名好的谈判人员必须具有优秀的语言技能,能够有效地表达自己的想法。

商务谈判中准确、生动、幽默的语言可以缓解紧张的谈判气氛,甚至解决冲突,促进谈判的成功。具体来说,谈判人员必须能够清晰、流利、准确地表达自己的观点,陈述谈判的条件和协议的内容,尽量避免使用模棱两可的语句,以免造成歧义甚至误解。谈判人员最好具有一定的外语能力,以便在谈判过程中准确理解谈判对手的意思,消除由于翻译不当造成的误解。除了语言技能,谈判人员还应具备准确理解和分析对方语义的能力。及时准确地了解对方的意图是采取相应对策的前提。此外,谈判人员还要学会正确使用肢体语言,帮助对方了解自己的内心想法,还要学会理解对方的肢体语言,以获取有用的信息。

(四) 良好的礼仪素质

商务礼仪是人们在商务活动中所展现的相互尊重的行为规范,是一个人内在素质和修养的外在体现。在谈判过程中,谈判人员很大程度上会根据对方所展示的礼仪判断其教养、修养及品德,决定是否与其交往和合作。心理学家曾做过一个有趣的实验,让一位男士去 100 家公司洽谈业务。拜访前 50 家公司时,他不修边幅,结果只有 20% 的公司勉强接待了他;拜访后 50 家公司时,他西装革履,结果受到了 80% 的公司的热情接待。可见,商务谈判人员的礼仪素质非常重要,因为它不仅代表谈判人员的个人形象,而且影响其所代表的企业甚至国家在对方心中的形象。因此,良好的礼仪是商务谈判人员的必备素质,商务谈判人员必须从仪容、仪表和仪态等方面全面提升自己的礼仪素质。

(五)通力协作的团队精神

商务谈判是团队项目,它离不开所有团队成员的支持和配合。谈判团队成员应密切配合,在专业知识上相互补充、分工合作,在情感上相互协调、支持信赖。只有这样,团队才能形成合力,拧成一股绳,在谈判桌上争取己方的最大利益。

谈判人员之间的派系之争对谈判极为不利。谈判中最大的危险是让另一方看到或听到团队成员之间的分歧。他们会利用这个机会激化团队成员之间的矛盾,在谈判过程中影响该团队的决策,从而给该团队造成损失。因此,谈判人员必须具有团队精神,摒弃个人恩怨,服从大局,把国家和集体利益放在首位,与团队内的其他成员充分合作。

案例 2.2

与中国谈判的美国团队:合作还是拆台?

美国财政部长姆努钦、贸易代表莱特希泽、首席经济顾问库德洛及贸易顾问纳瓦罗于 2018 年 5 月到访北京,与中国就贸易问题进行磋商。代表美国与中国进行谈判的美方团队内部存在较大矛盾,其中有人希望与中国友好谈判,有人则希望强逼中国让步。

在美方团队前往中国谈判之前,想与中国好好洽谈的美国财政部长姆努钦便单独与中方代表见面进行了商谈。此次商谈中特朗普的白宫贸易顾问纳瓦罗——团队中对华持强硬态度的代表人物——并未露面。不过,按照白宫内部人士的说法,姆努钦作为这次谈判的负责人,与中方负责人见面谈判也是完全符合规章的。然而,纳瓦罗却因此而气炸了,甚至当即就不分场合地满口脏话骂起自己的队友来。美国时政杂志 *Politico* 进一步还原了当时纳瓦罗辱骂姆努钦的场景:两个人在中国政府办公楼的院子里互相冲对方大声嚷嚷,并满嘴脏话。这一爆料也得到了其他美国主流媒体的印证。这次内讧险些导致纳瓦罗被排除在此次中美会谈之外,中美双方的谈判也未取得预期成果,在一些问题上还存在较大分歧。

案例来源:美媒刚曝猛料:与中国谈判的美国团队发生严重内讧[N/OL].环球时报,2018-05-17. https://www.sohu.com/a/231980876_419351.

从上述案例可知,纳瓦罗并不是一个具有团队合作精神的人,跟团来北京谈判期间确实作出了一些不合时宜的举动。该案例表明,在谈判时要以国家和集体的利益为重,不可因为内部争执影响谈判的进程和己方的利益。

二、谈判团队的组建

谈判团队的规模不宜过大,理想的谈判团队人数应该为 4~8 人。谈判人员的数量不能太多，否则在谈判过程中难免会出现内部意见分歧，很难保证所有人员都围绕既定的目标采取一致性行动。4~8人的规模最容易达成共识，最容易控制局面并发挥群体成员的集体力量。然而，一些大型的国际商务谈判需要更为全面的谈判人员，如熟悉商品、金融、交通、国际法、外国民族特征、外国风俗习惯、国际问题等方面问题的专家。这样的谈判团队不仅规模大，而且人数多，但最多不超过12人。

谈判人员通常包括领导人、商务人员、技术人员、财务人员、法律人员、翻译及其他辅助人员。针对不同的谈判内容，应选择恰当的专业方向和人员范围。谈判人员的分工与配合十分重要，包括主谈与辅谈的分工与配合、"台上"和"台下"的分工与配合、"红脸"和"白脸"的分工与配合等。

根据在谈判工作中的作用，谈判人员可以分为以下四类。

1. 主谈人员

主谈人员是指谈判小组的组长或领导人，是谈判小组的核心，是代表一方利益的主要发言人。整个谈判主要由双方的主谈人员进行，他们应当具备丰富的谈判经验，拥有高超的领导协调能力。

2. 专业人员

谈判团队应根据谈判的需要配备相应的专家，选择既专业对口又有实践经验和谈判技巧的人员。根据谈判的内容，专业人员负责的内容大致可以分为四个方面：①业务方面，如确定商品品种、规格、价格，交货时间和方法，风险分担方式等；②技术方面，如商品评价技术标准、质量标准、包装、加工工艺、使用、维护等事项；③法律方面，如起草合同的法律文件，对合同条款进行法律解释等；④财务方面，如确定支付方式、信用担保、证券、资金担保等。有时因为特殊的技术或法律问题还需要雇用其他方面的专家。

3. 翻译人员

在国际商务谈判中，翻译人员是谈判中实际的核心人员。一名优秀的翻译能洞察对方的心理和发言的实质，活跃谈判气氛，为主谈人提供重要信息和建议，同时也可以为己方人员在谈判中出现的失误寻找改正的机会。

4. 其他人员

其他人员是指谈判所必需的人员，如记录员、打字员等，其具体职责是准确、完整、及时地记录谈判内容。一般情况下，上述人员可由一人兼任，也可以指定专人担任。其他人员虽然不是谈判的正式代表，却是谈判组织的工作人员。

三、谈判人员的管理

（一）分工管理

谈判团队组建好之后，需要重视谈判人员的管理工作。为求队伍内部意见统一，应明确分配谈判时各自所扮演的角色。谈判团队成员可以分为三个层次,每一层次的人员都有具体对应的职责。

1. 第一层次的人员的职责

第一层次的人员是谈判小组的领导人或主谈人员,即主谈人,其主要任务是领导谈判队伍,把控全局。根据谈判内容的不同,谈判队伍中的主谈人也会发生变化。商务谈判主谈人的具体职责包括监督谈判程序、把握谈判进程、听取专业人员的说明和建议、协调谈判团队、决定谈判过程中的重要事项、代表单位签约、汇报谈判工作等。

2. 第二层次的人员的职责

第二层次的人员是懂行的专家和专业人员,他们凭自己的专长负责某一方面的工作,是谈判队伍中的主力军。

销售和商务人员的具体职责为:①阐明己方参加谈判的意愿、条件;②弄清对方的意图、条件;③找出双方的分歧或差距;④修改草拟谈判文书的有关条款;⑤向主谈人提出解决专业问题的建议;⑥为最后决策提供专业的论证。

财务人员的具体职责为:①掌握谈判项目的总体财务情况;②了解谈判对方在项目利益方面的期望值指数;③分析、计算修改后的谈判方案所带来的收益变动;④为主谈人提供财务方面的意见、建议;⑤在正式签约前编制有关合同或协议的财务分析表。

法律人员的具体职责为:①确认谈判对方经济组织的法人地位;②在法律许可范围内监督谈判程序;③检查法律文件的准确性和完备性。

此外,国际商务谈判中翻译人员尤为重要,也属于第二层次的人员。通过翻译可以了解与把握对方的心理和发言的实质,既能改善谈判氛围,又能挽救谈判失误。恰当、准确的翻译在增进双方了解、促成合作和维系友谊方面可以发挥相当大的作用。

翻译人员的具体职责为:①专注谈判过程,态度热情诚恳,准确翻译;②如果认为谈判人员的观点或内容有不妥之处,可以提出异议,但是必须以主谈人的意见为准,不能向谈判对方表达个人意见;③谈判对方如有不正确之处,应如实翻译,并告知主谈人予以考虑。

3. 第三层次的人员

第三层次的人员是谈判必需的工作人员,即上文中的其他人员。他们需要准确、完整、及时地记录谈判内容。具体记录内容包括:双方讨论过程中的问题、提出的条件、达成的协议以及谈判人员的表情、用语、习惯等。

(二)激励和约束

激励和约束,即激励和约束主体根据组织目标、人的行为规律,通过各种方式,激发人的动力,使人有一股内在的动力和要求,迸发出积极性、主动性和创造性,同时规范人的行为,朝着激励主体所期望的目标前进的过程。任何一项工作中激励和约束必不可少,在商务谈判中激励和约束显得尤为重要,同时激励和约束机制是商务谈判队伍建设的一项长期任务。激励机制与约束机制有着不同的功能,二者相辅相成,缺一不可。

1. 激励的方法

激励的目的是使商务谈判人员能达到最大的绩效,因此在实际工作中有无激励结果肯定是不一样的。激励的方法是否科学,结果也是不一样的。只有运用科学的激励方法,才能有效地激励商务谈判人员。

激励的具体方法包括:①设计合理的奖酬制度;②及时表扬、表彰、奖赏;③经理或主管与商务谈判人员会谈;④提升职务;⑤提供提升机会。

2. 约束的方法

约束的本质就是对商务谈判人员的行为进行限定,使其符合谈判要求的一种行为控制。这样谈判人员的行为才能始终在预定的轨道上运行。如果没有约束机制,谈判可能会失控。约束机制不但可以有效地使谈判人员不犯错误或少犯错误,还可以防止谈判人员损害国家或企业的利益。

约束的具体方法有责任约束、法律约束、道德约束和行为约束。责任约束是指企业的上级主管部门和综合管理部门对企业,以及企业内部对职工,通过建立一定形式的责任制或制定一系列的规章制度,明确规定企业和职工的职责、任务、权限和完成任务的工作程序等,以规范和限制企业行为的一种约束机能。法律约束是指依照国家制定的经济法规的法律效力,对企业经济行为产生的制约机能。它是企业约束机制的一种重要手段。经济法规中的法律、法令、条例和规定等,一经依法成立,都具有法律约束力,由国家强制力所保障。道德约束受个人思想道德素质和精神文明修养的影响,正确的世界观、人生观、价值观会对个人的思想、行为等有一定的驱动作用,无形中形成对人的一种潜在约束力。行为约束是指为商务谈判人员设置行为规则,违背这一规则就会受到一定的处罚。

案例 2.3

被动的英国 MG 集团谈判团队

中国红星公司与英国 MG 集团就某项交易进行谈判。在谈判开始后,双方人员先是彼此简单地作介绍,随后立即开始技术性的谈判。中场休息时,中方商务人员对英方技术人员称赞道:"您技术娴熟、表述清晰,水平高超,我们就欢迎您这样的专家。"该技术人员很高兴,随口就透露出自己在公司的地位很重要,知道的事情也很多。中方商务人员顺势问道:"贵方主谈人是您的朋友吗?""那还用问,我们常在一起喝酒,这次我与他一起来中国,就是为了协助他谈判。"他回答得很干脆。中方又继续问:"为什么非要您来帮助他呢,没您就不行吗?"英方技术员迟疑了一下:"那倒不是,但这次他必须保证能够成功,这样他回去就可以晋升部长了。"中方随口跟上:"这么讲我也得帮助他了,否则,我将不够朋友。"

通过这番谈话,中方断定对方主谈为了晋升,一定会为谈判的成功全力以赴。于是,在谈判中中方人员就巧妙地施加了一些谈判压力,谨慎地推进谈判进程,最终成功地实现了自身的目标,同时也在一定程度上满足了英方的需求。

案例来源:代桂勇.商务谈判[M].北京:北京理工大学出版社,2014.

从上述案例可知,英方 MG 集团谈判人员在谈判中处于被动地位的主要原因在于公司对谈判团队的选择和管理方面的疏忽。公司应该制定内部信息保密制度,并事先向谈判成员提出严格的纪律要求加以约束。尤其要强调在场下社交活动中,谈判人员不能私自行动,不能随意发挥。在选择谈判人员时,不仅要考虑他们的业务水平,还要注重他们的道德素养,不能选择虚荣心强、警惕性差的人员。

第二节 商务谈判的信息准备

商务谈判的信息准备是指在商务谈判之前,谈判人员有计划、有组织、有目的地收集、分析和整理与谈判活动有密切联系的宏、微观信息,从而为谈判做好准备的过程。商务谈判的信息准备都是围绕提高本方谈判实力展开的,一切影响谈判实力的因素都是谈判信息准备的内容。

案例 2.4

胸有成竹的谈判

我国某冶金公司要向德国购买一套先进设备。在和德商谈判前,我方做了充分的准备,找了大量关于设备的资料,同时熟悉国际市场上的行情,详细调查和分析了这家德国公司的发展历史和经营现状,并根据调查进行了合理估价。

谈判开始,德商报价 230 万美元,经过一番讨价还价后,价格被压至 130 万美元。我方认为仍有还价余地,坚持出价 100 万美元。德商当即表示要终止谈判,扬言要回国。我方谈判人员并无意阻拦,公司内部的其他人有些着急和忧虑,甚至埋怨谈判人员不该这么决绝,压价过低。但我方的谈判人员却胸有成竹,静观其变。果然,一星期以后,德商又主动回来继续谈判。谈判中,我方向德商点明了他们与法国的成交价格,在事实面前,德商不得不让步,最后以 101 万美元达成交易。正如《孙子·谋攻篇》所说:"知彼知己,百战不殆;不知彼而知己,一胜一负;不知彼,不知己,每战必殆。"

案例来源:彭庆武.商务谈判:理论与实务[M].北京:北京交通大学出版社,2014.

我国冶金公司成功谈判的主要原因在于谈判之前其谈判人员通过调查掌握了大量的信息,从而在谈判中镇定自若,掌握了谈判的主动权。因此,谈判前应学会从多种渠道收集可靠、全面的信息和资料,弄清楚谈判所需的不同信息类型,并对收集到的错综复杂的信息进行筛选与整理,为谈判提供准确、全面的依据。

一、谈判信息的收集渠道

要想充分了解谈判对手的情况,一定要通过多种途径收集谈判对手甚至竞争对手的信息和资料，以便在谈判中掌握更多的主动权。谈判信息的收集渠道可以分为正式渠道和非正式渠道。

（一）正式渠道

正式渠道是指通过正式和相对公开的媒介刊载与传递信息的渠道，如报纸杂志、网络公共平台、驻外机构等。

（1）报纸杂志。企业为扩大经营，提高市场竞争力，总会通过各种途径进行宣传，如报纸、杂志、内部刊物、书籍、图片和数字媒体等都可以成为谈判人员获得资料和信息的来源。企业应尽可能多订阅相关报纸杂志，由专人收集、保管和整理，并及时向相关人员汇报。

（2）网络公共平台。网络已成为获取信息的最重要途径之一，通过微信公众号、微博、知乎等当前使用较广泛的社交平台，可以方便快捷地查阅国内外许多公司的信息，包括市场信息、产品信息及其他信息。

（3）驻外机构。我国驻外机构主要有驻外外交代表机关和领事机关、驻外企业、驻外新闻和民间机构等。例如，我国驻当地大使馆、领事馆，商务代办处；中国银行及国内其他金融机构在国外的分支机构；本行业集团或本行业在国外开设的营业部、分支机构等。因为当今世界上许多国家的贸易部门经常将国内或行业内的工商企业的名称、地址、供求商品的种类或业务范围等资料汇编成册，分送给有贸易关系的各国政府的贸易部门或商业团体，以便各国工商机构可以与其取得直接的联系，建立贸易往来。

（4）正式会议。正式会议包括各类商品交易会、展览会、订货会、博览会、可以进行直接商务活动的会议，以及商务报告会、讨论会等。这些是收集资料和了解商情的极佳场所和渠道，所以有条件的外贸部门和企业要尽可能举行或参加这类会议。

（5）官方数据。官方数据主要来自各部门、各企业发布的公开资料，如企业年报、政府工作报告，各国组织、有关地方政府、社会组织的各类统计年鉴或月刊，也包括各大银行或国际组织及国内咨询公司的统计数据和各类报表。通过这种方式，可以获得较为详尽的数据，以便更准确地进行数据分析。

（二）非正式渠道

非正式渠道是指通过组织之间、人与人之间的私人关系而获得信息的渠道。例如，可以通过各种机构，也可以通过老朋友、老客户、留学生、华侨及出国访问者、参观考察者等知情人士了解所需要的信息。因为这些人都是采取实地考察方式，所获得的信息更可靠，更值得信赖。

二、谈判信息的收集方法

谈判信息的收集方法也有多种，主要包括检索调研法、直接调查法和咨询法等，具体如下。

（一）检索调研法

检索调研法是根据现有的资料和数据进行调查、分类、比较和研究，以获得相关信息资料的准备方法。检索调研法收集资料的途径很广，主要包括：①行业协会公开发布的行业信息；②出版社和杂志社提供的书籍、文献、报纸杂志等，如工商企业名录、商业评论和产业研究等；③各专门机构的资料，如政府机关、金融机构、市场信息咨询中心、消费者组织、质量监督机构等提供的公开资料；④谈判对方公司的资料，如经对方专任会计师签字的资产负债表、经营项目、报价单、公司预算财务计划、公司出版物和报告、新闻发布稿、商品目录与商品说明书等。

（二）直接调查法

直接调查法是最为直接的方法，可以获得一手的数据和信息，主要形式包括：①实地调研，直接参观对方的经营场地，如参观对方的公司、工厂等，以了解对方实情；②购买对方的产品进行研究；③从对方的雇员处收集信息；④向与对方有过业务往来的人了解，如对方的客户、供货商；⑤安排非正式的初步洽谈，如通过各种预备性的接触，创造机会，当面了解对方的态度，观察对方的意图。

（三）咨询法

咨询法是指通过咨询的方式从有关咨询机构取得所需要的谈判信息和情报的方法。其中专家咨询法是主要手段之一，它是将专家设定为市场潜在购买者，利用其知识、经验和分析判断能力对价格鉴证标的进行鉴证的一种方法。

三、谈判信息的类型及内容

谈判信息的主要内容可以分为宏观信息、微观信息以及介于二者之间的中观信息，这三大类又可再进行细分，具体内容如下。

（一）宏观信息

确保商务谈判成功的首要条件是分析商务谈判的宏观环境，了解商务谈判的可行性。宏观信息主要包括商务谈判过程中政治环境、经济环境、法律环境、社会人文环境、技术环境和自然环境等方面的信息。

1. 政治环境

政治环境主要涉及外部政治形势和国家政策。政治环境的变化经常对谈判的内容和过程产生重要影响。在国际贸易中，双方都非常重视对政治环境的分析，尤其是国际形势的变化、政治局势是否稳定及政府间的关系如何。了解这方面的情况有助于分析双方在谈判中合作的可能性和前景，以便制定相应的谈判策略。

2. 经济环境

经济环境包括硬环境和软环境。硬环境是指由传播活动所需的物质条件、有形条件之和构筑而成的环境；软环境是指由传播活动所需的非物质条件、无形条件之和构筑而成的环境。经济环境又有大小之分：大环境指的是与谈判内容有关的经济形势的变化情况，如经济周期、国际收支、外贸政策、金融管理等；小环境就是供求关系的状况。经济环境的变化对商务谈判的影响也是显著的，在谈判前应认真了解上述内容及其变化情况，并分析其对谈判的影响。

3. 法律环境

谈判的内容只有符合法律规定才受法律保护。因此，在谈判之前，必须了解与谈判内容相关的法律法规的变化，并分析这些变化对谈判的影响，以便据此确定谈判方案。

4. 社会人文环境

商务谈判涉及与具有不同文化和宗教背景的人打交道，这些人的价值观、伦理道德和风俗习惯都是代代相传的。例如，与外商谈判时，如果对其宗教信仰、风俗习惯和文化背景有一定的了解，将有助于我们正确理解和对待他们的宗教信仰与风俗习惯，促进彼此之间的沟通；了解对方的谈判作风，也有助于我们针对不同对手的风格，施展不同的策略，更好地实现谈判目的。

5. 技术环境

企业的技术进步会改变社会对其产品或服务的需求，从而为企业提供良好的发展机会。相反，如果企业的技术处于相对劣势，则会给企业带来危害。应注意分析对方的技术发展现状、发展结构、技术人员素质和质量、行业组成、产品特点等方面。

6. 自然环境

自然环境是企业生存的基本环境。自然环境的质量不仅影响企业的生产经营活动，而且影响一个国家的经济结构和发展水平，并对经济环境和人口环境产生持续的影响。这种情况主要体现在自然资源、气候、地理位置、地形等方面。

案例 2.5

投资项目谈判为何强调环境治理？

宏图公司最近将推出一个新项目，但可能会污染环境。宏图公司通过宏观环境分析发现，该项目只有合乎政府对环保的要求才有可能获批。为保证项目成功，宏图公司对环保作了如下分析：调查环境现状；预测项目对环境的影响；编制环境保护的措施方案及费用估算；编制"三废"（废气、废渣、废水）治理方案及费用估算。通过分析发现，环境问题可能是宏图公司在与政府进行项目谈判时的重点，因此宏图公司准备通过制定特殊的治理方案来消除环境污染的威胁。当公司谈判代表与当地政府主管官员谈判时，他们拿出了详细的环境治理方案，最终得到了政府对新投资项目的支持。

案例来源：https://max.book118.com/html/2017/0619/116744516.shtm.

表面来看,环境治理会增加宏图公司的成本,但经过分析发现,即使加上环境治理投入,该项目依然是有利润的。因此,宏图公司谈判代表与当地政府主管官员进行谈判。谈判时,公司谈判代表首先拿出了详细的环境治理方案,这一举动充分体现了公司的社会责任感,从而提升了公司的形象、增加了谈判的筹码。可见,商务谈判前的信息收集及宏观环境分析有利于促成谈判目标的实现。

(二) 微观信息

在商务谈判中需掌握一定的微观信息,才能从中发现机会和风险,捕捉达成协议的契机,使谈判活动从无序到有序,进而消除不利于双方的因素,促使双方达成协议。而微观信息主要包括商务谈判过程中谈判对手和企业自身的信息。

1. 谈判对手

(1) 谈判对手的主体资格。谈判对手的主体资格是指能够进行谈判,具有谈判的权利和履行谈判的义务的能力。

(2) 谈判对手的权限。谈判的一个重要法则是不与没有决策权的人谈判。一般来说,对方参与谈判的人员等级越高,权限也就越大。

(3) 对方是否将你作为唯一的谈判对手。如果你是对方唯一的谈判对手,那么对方谈判的诚意和想要达成谈判的热情会高许多;如果对方还有其他谈判对手尚未开始磋商,那么谈判成功的可能性会有所下降,我方需要谨慎给出谈判条件。

(4) 对方的个人情况和单位现状,通常包括谈判对手的声誉及信用度、当前的经营状况与财务状况、习惯采取的付款方式和付款条件、企业管理系统运作状况,以及参与本次谈判的人员情况。还要关注谈判对手对这项业务的重视程度,其所追求的谈判的主要利益和特殊利益、谈判对手对己方的信任程度、限定的最后谈判期限等因素。其中,谈判对手参与本次谈判的人员情况值得详细调查,应重点收集的信息包括:对方谈判队伍的人数、主谈人员、专业人员,以及谈判队伍内部的相互关系;对方谈判队伍成员的个人情况,包括谈判成员的知识、能力、需要、动机、个人目标、信念、爱好与兴趣、家庭状况、个人品质、性格、做事风格、心理类型等。

2. 企业自身

分析企业自身的情况,有利于建立谈判信心,识别企业自身的需求。企业自身情况分析包括:①行业能力。市场竞争能力决定了与对手谈判的结果,即绩效结果。②经济能力。谈判对手所提出的条件,即在物品支付方面的能力。③人力资源能力。谈判结果达成时,人力投入是否充足。④技术能力。技术投入是生产过程中的核心内容,直接决定企业的供应能力,影响合同的履行。充足的材料供应是生产的必要条件,对交货期起决定性的作用。⑤综合能力。这是企业谈判的优势,也是企业实力的证明。

总之,不同的商务谈判在不同的环境下会受到不同因素的影响。环境因素与企业的利益和发展息息相关。因此,在谈判过程中要掌握环境分析的方法,只有正确分析环境信息,才有可能取得谈判的成功。

(三)中观信息

如果没有中观信息作为双方之间沟通的中介,谈判就无法排除许多不确定因素和疑虑,也就无法进一步协商、调整和平衡双方的利益,因此了解中观信息至关重要。中观信息主要是指谈判双方各自所处行业的信息,如行业发展现状、同行业竞争对手、对方行业的潜在合作对象等。

(1)行业发展现状。从整体来看,主要应了解所涉及领域的行业大背景,分析其发展现状和未来趋势,以对其潜力进行预估评判。

(2)同行业竞争对手。收集竞争对手的情况可以有效预估企业的竞争危险系数,更好地为决策的制定和调整提供可行性依据。

案例2.6:"塑胶花大王"的故事

(3)对方行业的潜在合作对象。通过分析对方所处的行业,了解其潜在合作对象,把握对方预留机会大小,有针对性、有余地地进行谈判内容的调整。

四、谈判信息的处理

收集谈判信息后,需要对其进行处理,即通过对信息的筛选、分类、比较和整理,确保信息的可靠性和有效性。一方面,确定资料的真实性与可靠性,去伪存真。在商务谈判前,有些企业和组织故意提供虚假信息,掩盖自己的真实意图。另外,有时收集到的信息可能是片面的、不完全的,这就需要对信息进行筛选、重组和整理,并加以辨别。另一方面,在保证真实、可靠的基础上,结合谈判项目的具体内容,对各种信息进行分类和排序,以确定哪些信息对此次谈判是重要的,哪些是次要的,并在此基础上制定具体的谈判方案和对策。

目前,筛选、整理谈判信息的方法主要有以下四种。

1. 综合加工法

综合加工法是指谈判人员根据谈判决策的信息需求,对所掌握的各种零散信息进行综合处理,提取出有助于解决问题的完整信息。

2. 信息碰撞法

信息碰撞法是将看似不相关的信息创造性地组合在一起产生新的信息,并将其应用于商务谈判的一种方法。

3. 相关推断法

相关推断法是根据因果关系原理,从已知的相关社会经济现象和经济指标的变化中推断出所涉及目标的发展趋势的方法。具体包括以下两种方法:

(1)时间关系判断。某些经济现象在其他一些经济现象发生变化后,一段时间内必然会随之发生相应的变化,这种相关的变化关系被称为时间上的先发关系。

(2)变化方向推断。经济现象不仅具有时间上的引导性、跟随性和并行性,而且表现出变化方向的差异性。两个经济指标的变化方向同步增减的关系称为顺向关系。两个经济指标之间变化方向相反的关系称为逆向关系。通过应用经济现象之间的正向关系和负向关系,可以推断出所涉及谈判目标的发展趋势。如果一个经济现象的趋势是已知的,则可以对另一个经济现象的发展和变化趋势进行分析和定性、定量评价,掌握商务谈判的机会,制订有效的商务谈判计划。

4. 对比类推法

对比类推法主要包括以下具体方法:

(1) 比较国家间相同的经济现象,即研究目标为国外相同指标或类似事件的发展过程,比较和分析其发展趋势,找出它们之间的共同规律、发展情况,并使用国外的经济指标显示其发展趋势。

(2) 比较本国不同地区的相同经济现象,也就是说,比较事物在我国其他地区的发展过程或研究一个地区类似的经济指标,从中找出一些常见的变化规律,从而作出判断。这个类比与国内外对同一事物的类比是一样的,但由于它是对一个国家内部经济变量的类比,所以具有更多的共性,适用性更好。但是,谈判人员也应充分关注本国不同地区经济发展的不平衡,如东西部差距、城乡差距、沿海和内陆地区的差距,制定适合当地情况的商务谈判策略。

(3) 关联产品之间的类推,即把公司拟研发与销售的产品同以往生产的某种在生产条件、最终用途、分销渠道、促销手段等方面有关联性的产品进行对比,以找出拟研发与销售产品的发展变化方向和趋势。这种方法通常用于新产品开发及上市的预测。

需要注意的是,现在网络发达,信息泛滥,在收集信息之前要有针对性和系统性,收集信息后,要做好信息的筛选和整理工作。只有这样才能在谈判桌上灵活地将信息为我所用,否则过多的无用信息会适得其反。此外,对轻易到手的信息要反复确认,辨别其真伪。

第三节 商务谈判方案的制定

在正式谈判之前,不仅需要了解自身状况、谈判对手的实力和谈判环境等,还需要制定周全、明确的谈判方案。所谓谈判方案,是指谈判人员在谈判开始前对谈判目标、议程、策略、应急预案等预先所作的安排。商务谈判方案是商务谈判人员的行动指南,因此商务谈判方案的制定是商务谈判准备阶段非常重要的环节。商务谈判人员只有根据前期收集的信息,制定科学、合理且可行的谈判方案,才能在实际谈判中占据主导地位。

一、谈判目标的确定

谈判目标是指通过谈判要达成的具体且特定的目标,它表明了谈判的方向和目的以及公司对该谈判的期望程度。商务谈判的主要目的是在各方都满意的条件下达成协议,因此,谈判成功的关键是制定具体的谈判目标。谈判目标是在客观条件的约束下,通过主观分析形成的一种期望和决策,是谈判必须争取和追求的基本因素。

谈判目标可以分为理想目标、可行目标、最低目标和战略目标等。理想目标又称为最高目标,即对于己方而言最为有利、获利最大的目标。可行目标即对己方而言仍有利可图,但磋商时稍加让步即可达成交易的目标。最低目标为己方坚守的最后的底线目标,即宁可谈判破裂也不愿放弃的意向目标。战略目标是对企业战略经营活动主要结果的预期。战略目标的设置也是企业目标具体化的表现。战略目标实际上表现为战略期内的总任务,决定着战略重点的选择、战略阶段的划分和战略对策的制定。因此,确定战略目标是制定发展战略的核心。

二、谈判议程的安排

（一）谈判议程的内容

谈判议程的安排对谈判各方来说非常重要。议程本身是一种谈判策略,必须高度重视。谈判议程通常包含谈判时间的安排和谈判主题的确定。谈判议程可以由一方制定,也可以由双方协商。议程包括通则议程和细则议程,前者供谈判人员相互使用,后者仅供己方使用。

1. 通则议程

通则议程是谈判双方使用的日程安排,可以由一方拟定,也可以由双方协商确定。一般来说,通则议程只有在双方协商一致的情况下才能生效。通则议程一般应重点确定下列内容:①谈判总体时间及各阶段时间的安排;②双方谈判讨论的中心议题,尤其是第一阶段谈判的安排;③列入谈判范围的各种问题,以及问题的讨论顺序;④谈判中各种人员的安排;⑤谈判地点及招待事宜。

2. 细则议程

细则议程是指谈判方根据一般规则制定的供自己使用的谈判项目的详细安排。它是谈判方案的具体体现,具有保密性。其内容大致包括:①谈判中口径的统一,如发言的观点、文件资料说明等都应统一说法;②对谈判过程中可能出现的各种情况的对策安排;③己方发言的策略,如何时提出问题、提什么问题、向何人提问、谁来提问、谁来补充、谁来回答对方的问题、谁来反驳对方的提问、什么情况下要求暂时停止谈判等;④谈判人员更换的预先安排;⑤己方谈判时间的策略安排、谈判时间期限。

（二）谈判议题的确定

谈判的议题是双方提出和讨论的各种问题。确定谈判主题,谈判人员首先应明确将提出并讨论哪些问题,同时要确保主要议题包括在关键讨论的范围内,而非关键的问题则可以忽略;其次,要澄清我方各问题之间的联系,以便在谈判进程的各个层次上取得进展;最后,要能够预测对方可能提出的问题,明确对方必须认真对待并努力解决的问题,明确哪些问题可以让步,以换取更大的利益。

案例 2.7

天元物流加纳铁路项目的"有备而谈"

加纳当地时间 2018 年 1 月 8 日,天元物流集团董事长刘钧带领集团基建部相关负责人员,在加纳凯宾斯基酒店会议室同香港金杜律师事务所高级律师及项目负责人山姆(Sam)举行会谈。双方就与加纳铁道部举行首次项目委员会会议相关事项交换意见。刘钧表示将按虚拟会议议程、遵照备忘录意见的大原则进行商谈。

双方根据技术团队出具的可行性研究报告、财务团队出具的财务可行性研究报告商谈项目的具体条款,就项目融资模型、数据模型、计价货币、货币的汇率计算、运营期、特许经营权等相关问题充分交换意见,达成统筹规划、逐项推进的共识,为1月9日与加纳铁道部委员会成员谈判奠定了良好的基础。

案例来源:宁夏天元物流集团有限公司微信公众号。(2018-01-09)https://mp.weixin.qq.com/s?src=11&timestamp=1585722930&ver=2251.

要成为最好的谈判者,关键是什么呢?那就是:准备,准备,再准备。充分做好分析、计划和各方面的准备,谈判起来就容易得多,机会总是留给有准备的人。天元物流集团在与加纳铁道部会谈前做了充分的准备:一方面,董事长刘钧提前组织虚拟会议确定谈判议程、记下备忘录意见;另一方面,技术团队和财务团队都准备了可行性研究报告。这一切为促成双方就项目融资模型、数据模型等多项议题达成共识奠定了良好的基础。

(三)谈判时间的安排

时间安排决定了谈判时间的长度。如果谈判需要分阶段进行,也需要确定阶段和每个阶段所花费的时间。谈判的时间安排是议程的一个重要部分,如果时间安排很仓促、准备不足、仓促应战,在谈判中就难以从容实施各种策略;如果时间线拉得很长,不仅会消耗大量的时间和精力,还可能会因各种环境因素发生的变化而错过一些重要的机会。

1. 应考虑的因素

(1)谈判准备的程度。若谈判准备充分,为避免不必要的变故,应尽早安排谈判。若谈判准备不足,应根据准备所需的时间安排正式谈判的时间,并及时做好准备。

(2)谈判人员的身体和情绪状况。如果参加谈判的人大多是中年人或老年人,应考虑其身体状况是否适合谈判更长的时间。如果不行,则需要把长时间的谈判分成更短的阶段。及时判断谈判人员的情绪状态是否适宜谈判,若不适宜则需要做情绪引导或者更换谈判人员。

(3)市场形势的紧迫性。如果正在讨论的项目与市场形势密切相关,而市场形势千变万化,不允许进行长期谈判,则应尽快进行谈判,不宜拖延。

(4)谈判议题的必要性。对于多个问题的大规模谈判,不可能在短时间内解决问题,所需时间也比较长。对于个别问题的小谈判,没有必要花费很长时间,应力争在短时间内达成一致。

2. 应注意的事项

(1)合理安排每个谈判人员发言的顺序和时间,尤其是关键人物和关键问题。要给对方充分的时间表达意图和提出问题,并在总体时间上留有机动余地,以防发生意外。可以适当安排一些文化活动,以活跃气氛。

（2）谈判议题的时间安排规划问题。对于争议主要焦点，最好在谈判进行了 3/5 时提出，在经过一定程度的交流后，双方有一定的基础便于更好地谈判，同时也不会显得草率。对于不太重要的、容易达成共识的议题可以放在谈判的开始或结束阶段，但大部分时间应花在关键问题的协商上。

（3）严格保密具体谈判期限。如果对方知道谈判的最后期限，就会用各种方法来拖延时间，在谈判最后期限临近时才开始讨论这个话题，迫使对方匆忙接受不满意的结果，从而结束谈判。

（四）谈判场所的选择

谈判双方有主客之别，这不是一般意义上的主动关系和被动关系，而是谈判场所的主客之别。就像在体育运动中，主人和客人的关系会随着场地的变化而变化。一般而言，有四种可供选择的谈判地点：①在谈判双方的任何一方提供的场所，也就是提供方（主方）的主场；②相对而言就是另一方（客方）的客场；③不属于任何一方的场所，包括公共空间（咖啡厅、酒吧、酒店会议室等）以及第三方提供的洽谈场所；④双方在地点上进行不固定的交叉轮换谈判。

在商务谈判中，地点的选择是很微妙的。选择自己的企业作为谈判地点往往会给对方造成压力，这样己方谈判人员会有一定的优势，容易面对，同时可以随时向企业发送报告。因此，有经验的谈判人员会尽量邀请对方到自己的地盘，热情好客可以使他们得到更多的好处，但这也容易受到己方企业人员的影响，因为复杂的接待工作也是对企业的一种考验。选择在对方的地盘谈判可以对对方企业进行面对面的考察，也可以更直观地了解对方的经营状况和综合实力，但是对于己方谈判人员能力的发挥是一种考验，成本相对较高。

案例 2.8

不如意的主场谈判

美国红杉投资公司想要和中国粤达公司合作生产该公司研制的一种新型生物肥料，中方向美方进行了详细介绍，特别强调公司技术十分先进，双方合作后的市场前景无比广阔。两家公司的前期谈判进行得非常顺利，美方提议去公司的生产基地签署协议，双方兴高采烈地来到生产工厂。然而，由于粤达公司只重研发不重生产、包装，公司生产的肥料杂乱地堆在厂区外，上面还落满了灰尘。工人在向美国红杉公司实地介绍产品时，不自觉地用脚踢了一下袋子后说："这就是我们生产的肥料。"美国红杉公司一看大失所望，立即取消了与粤达公司的合作。

案例来源：红杉中国：做最早和最重要的投资人［EB/OL］.微信公众号"中产经济与财富观察".（2018-06-11）. https://mp.weixin.qq.com/s?src=11&timestamp=1585723192&ver=2251.

案例中的粤达公司很想利用主场优势，结果因工厂恶劣的环境给客户留下了不良印象，致使合作失败。主场谈判的优势之一是可以带领客户参观工厂、向他们展示产品等标的实物,但如果工厂环境差,厂房、设备简陋或产品不具备展示实力,则会弄巧成拙。因此,如果选择主场谈判,务必做好充足的准备,将己方最好的状态展示给对方。

三、谈判策略的制定

谈判桌上风云变幻,任何情况都会发生,而谈判又是有时间限制的,不容许无限期地拖延谈判日程。这就要求谈判人员在谈判之前对整个谈判过程中双方可能采取的谈判行为和选择的策略作出预测,并准备相应的对策。因为任何一种预测都可能是错误的,所以谈判人员在谈判前应根据前期收集的信息,对谈判形势和谈判对手进行全面的分析与综合判断,在此基础上制定相应的谈判策略。所谓谈判策略,是指谈判人员为取得预期的谈判目标而采取的措施和手段的总和,是在对各种主客观情况充分估量的基础上拟采取的基本途径和方法。它对谈判成败有直接影响,关系双方当事人的利益和企业的经济效益。恰当地运用谈判策略是商务谈判成功的重要前提。

(一)谈判策略的影响因素

灵活运用谈判策略有利于谈判的顺利进行,也有利于谈判人员实现既定目标和获取利益。谈判策略的确定应考虑:①双方实力的大小;②对方的谈判效力和主谈人员的性格特点;③双方以往的关系;④对方和己方的优势所在;⑤交易本身的重要性;⑥谈判的时间限制;⑦是否有建立持久、友好关系的必要性。

(二)选择谈判策略的原则

商务谈判内容的广泛性和环境的复杂性决定了谈判策略的多样性。为了确保所选策略的可行性和有效性,在制定谈判策略时不仅要考虑具体谈判过程中的所有细节,还需要遵循确保谈判策略实施的基本原则,即求同存异原则、互利互惠原则、人事分离原则和战略一致原则等。前三条原则的具体介绍参见第一章第四节,在此不做赘述。战略一致原则主要指谈判的战略要与企业整体战略保持一致,坚持为企业整体战略服务的宗旨和原则。

四、应急预案的制定

应急预案的制定也是商务谈判方案设计的重要环节,是指预先制定应对实际商务谈判过程中突发事件的方案。制定应急预案的目的是使谈判人员在实际谈判过程中遇到突发事件时能够及时有序地稳住谈判局面,尽快控制谈判走向,减少紧急事件对谈判造成的损失。因此,在制定商务谈判方案时应尽可能全面地考虑谈判过程中可能发生的问题,针对这些突发问题,事先制定应急方案,以明确每位谈判成员在事前、事发、事中和事后各环节所承担的责任、完成任务的方法和具体时间安排。应急预案是谈判人员应对实际谈判过程中突发事件的行动指南,可以为迅速、有效、有序、高效率地开展商务谈判奠定基础,因此是商务谈判方案中不可或缺的内容。

第四节　模拟商务谈判

所谓模拟谈判，就是商务谈判前的彩排，即将谈判小组成员一分为二，一部分人扮演谈判对手，并以对手的立场、观点和作风与另一部分扮演己方者交锋，预演谈判的过程。模拟谈判双方应明确考虑可接受的解决办法和妥协办法，以便明确实际谈判中的重点和难点。

一、模拟商务谈判的作用

在模拟谈判中，谈判人员站在对方角度思考问题，可丰富己方消除双方分歧的建设性思路，有助于不断调整和完善谈判方案。模拟谈判的作用主要表现在以下几个方面：

（1）如果条件允许，谈判人员可以提前到现场进行模拟谈判，为真实谈判做好充分准备，做到胸有成竹。

（2）在模拟谈判中，相互扮演角色可以暴露双方的弱点和一些可能被忽略的问题，及时发现错误的环节和原因，使谈判的准备工作更有针对性。

（3）模拟谈判可以全面、严格地检验谈判方案是否可行，检查谈判方案存在的问题和不足。在发现问题的基础上，及时对原方案进行修改和完善，使其更加实用和有效。

（4）通过模拟谈判，使谈判人员在相互扮演的过程中对自己的角色有更真实的认识，从而训练和提高谈判人员的应变能力，为现场发挥做好心理准备。

总之，模拟谈判的目的是测试谈判的准备是否到位，谈判的安排是否合适，谈判的方案是否合理，找出自己忽视的环节以及自己的优势和劣势，从而提出加强和发挥优势的策略，弥补或掩盖劣势。为此，谈判人员要根据模拟谈判的具体情况，制定谈判小组合作的最佳组合和策略。

二、模拟商务谈判的方法

模拟商务谈判的方法主要有全景模拟法、讨论会模拟法和列表模拟法。

（一）全景模拟法

全景模拟法是在想象整个谈判过程的前提下，由相关人员装扮成不同角色，进行实战演练的模拟谈判方法。这种方法通常适用于涉及重大商业利益的复杂的大型谈判。

采用全景模拟法时，应注意以下两点：

（1）合理想象整个谈判过程。

（2）在谈判过程中尽可能多地扮演角色。一方面，它意味着要考虑可能出现在谈判中的人，并指定合适的人员来模仿他们的行为和功能；另一方面，谈判人员（或其他准备在谈判中扮演重要角色的人）应该在谈判中扮演每一个角色，包括己方、己方的技术人员、财务人员或是法律人员，对手及其技术人员、财务人员或是法律人员。

（二）讨论会模拟法

讨论会模拟法类似于"头脑风暴"，分为两个步骤。第一步，企业组织与其他相关人员举行研讨会,请相关人员根据自己的经验,将企业在谈判中的利益、基本目标和另一方可能采取的战略及其对策列举出来。不管这些观点和意见多么不合常规,没有人会指责他们。相关人员只是如实记录会议情况,向领导汇报以供参考。第二步,针对各种可能的情况和对方可能提出的问题,由谈判小组成员回答对方提出的问题。

(三)列表模拟法

这是最简单的模拟方法,一般适用于小型的常规谈判。具体操作过程如下:

通过对应表格的形式,在表格的一方列出己方经济、技术、人员、策略等方面的优缺点和对方的目标及策略,另一方则相应地列出己方针对这些问题在谈判中所应采取的措施。

案例 2.9

牛律师和马律师之争

牛律师和马律师不仅是大学同学,还是竞争对手。某知名外企欲从马律师和牛律师中选出一位作为公司的常年法律顾问,让二人各提供一份详细的服务方案。两位律师都清楚这家企业具备雄厚的实力,都想争取这个机会,因此对这份法律服务方案的设计格外用心。为了争取到这块"肥肉",牛律师亲自走访调研,对其商业模式、法律风险漏洞进行了详细的调查,废寝忘食地做出了一份为该企业量身定制的法律服务方案。牛律师还尽可能地构思并罗列了一些该企业可能会提出的问题,让自己的同事扮演该企业的总经理,对其进行提问、评论,给出指正意见。马律师也做了一系列的调研并完成了报告,却并没有进行事前模拟。汇报当天,牛律师早早来到客户公司,打开电脑为方案的展示进行模拟预演。在牛律师和马律师展示了服务方案后,马律师在面对该外企总经理尖锐的提问时手足无措,而牛律师却游刃有余。

案例来源:谈判桌上,我把客户信息搞错了[EB/OL].(2018-06-12)https://mp.weixin.qq.com/s?src=11&timestamp=1585724169&ver.

牛律师通过模拟演练预料到了实际谈判中可能出现的情况,这使他在实际谈判中占据绝对的优势地位,最终获得了常年法律顾问的职位。而马律师虽然也做了一系列的调研,却并未模拟与外企总经理进行商务谈判的过程,因此在面对被自己忽略的问题时无法给出针对性的解答,最终输给了牛律师。可见,模拟谈判准备得越充分,谈判成功的可能性就越大。

三、模拟商务谈判的注意事项

模拟谈判的效果直接关系企业在谈判中的实际表现。要想使模拟谈判真正发挥作用,必须注意以下几点。

1. 科学严谨地作出假设

对客观环境的假设所包含的内容最多,范围最大,它涉及人们日常生活中的环境、空间和时间。

对自己的假设包括对自己心理素质的评价、对自己谈判能力的预测、对自己经济实力的评价和对自己谈判策略的评价。

对对手的假设主要是预计对手的谈判水平、对手可能会采用的策略,以及面对己方的策略,对手如何反应等关键性问题。

为了保证假设的科学性,首先,应该请有丰富谈判经验的人提出假设。相对而言,这些人的假设准确性较高,在实际谈判中发生的概率也较高。其次,假设的情况必须以事实为基础。事实越全面,假设的准确性就越高。最后,必须明确,并非所有假设都会发生在实际谈判中,毕竟假设归根结底只是一种推测,带有或然性,若是把或然奉为必然去指导行动,那就是冒险。

2. 严格甄选参与人员

模拟谈判的参与者应该是有专业知识、有丰富经验、有独立见解的人,而不是那些立场不坚定、随波逐流的人。模拟谈判一般需要知识型、前瞻型和现实型人员。同时,由于模拟谈判要求己方人员能够根据不同的情况扮演场上不同的人物,并从所扮演的人物心理出发,尽可能地模仿其在某一特定场合下的行为表现,所以模拟谈判参与人员也应当具有较强的角色扮演能力。

3. 及时分析并总结经验

模拟谈判的目的是总结经验、发现问题、弥补不足、完善方案。因此,在模拟谈判结束后,必须及时、认真地回顾己方人员在谈判中的表现,如对对手策略的反应机敏程度、自身队伍协调配合程度等多方面的表现,在此基础上有针对性地提出改进方案,从而为真正的谈判奠定良好的基础。

本章小结

从某种意义上讲,谈判前的准备工作做得充分与否将直接决定谈判的成败。因此,谈判人员应尽一切可能做好谈判前的准备工作,以便在谈判中拥有更多战胜对手的筹码。

首先,谈判人员的素质,谈判人员之间的分工、协作直接影响谈判的结果,因此谈判人员的甄选、谈判团队的组建、谈判人员的管理对于谈判的成功是非常重要的。

其次,商务谈判信息准备要充分,谈判人员要选择合适的信息收集渠道,采用正确的信息收集方法,全面收集影响商务谈判的各种信息。谈判信息的收集渠道包括正式与非正式渠道,收集方法有检索调研法、直接调查法和咨询法等。谈判信息主要包括宏观信息、微观信息和中观信息。值得注意的是,谈判人员不仅要收集与分析谈判对手的资料,还要在深入分析对方信息的同时,重视谈判信息的整理与保密工作。

再次,制定谈判方案是谈判准备阶段的核心工作。谈判方案的内容包括谈判主题,谈判目标,谈判地点、时间和环境的准备,谈判议程的确定和谈判策略的制定。

最后,进行模拟谈判,这是正式谈判前的"排练"。模拟谈判的主要任务是测试谈判的所有准备工作是否到位：寻找被己方忽视的环节,发现己方的优势和劣势,从而提出加强和发挥优势、弥补或掩盖劣势的策略；制定各项应变措施；制定谈判团队合作的最佳组合和策略。

本章关键术语

谈判人员素质　正式渠道　非正式渠道　宏观信息　微观信息　最高期望目标　可行目标　最低目标　模拟谈判

名言分享

1. "凡事预则立,不预则废。"
   　　　　　　　　　　　　　　　　　　　　——《礼记·中庸》
2. "如果事先缺乏周密的准备,机遇也会毫无用处。"
   　　　　　　　　　　　　　　　　　　　　——托克维尔(Tocqueville)
3. "知彼知己,百战不殆；不知彼而知己,一胜一负；不知彼,不知己,每战必殆。"
   　　　　　　　　　　　　　　　　　　　　——《孙子·谋攻篇》
4. "成功的谈判者必须把剑术大师的机警、速度与艺术大师的敏感和能力融为一体。"
   　　　　　　　　　　　　　　　　　　　　——杰德勒(Gerard)
5. "人们常觉得准备阶段是在浪费时间,只有当真正机会来临,而自己没有能力把握的时候,才能想明白自己平时没有准备才是浪费了时间。"
   　　　　　　　　　　　　　　　　　　　　——罗曼·罗兰(Romain Rolland)

巩固练习

扫描此码　自学自测

一、简答题

1. 谈判人员应该具备哪些素质？
2. 谈判信息有哪些？怎样获取这些信息？
3. 谈判目标可分为哪几个层次？如何定义它们？
4. 模拟谈判的作用是什么？

二、案例题

1. 关于药品准入的谈判：医保局专家的谈判底气从何而来？

2017年4月，人社部公布了44种拟谈判药品的名单。从最终结果来看，谈判的成功率达81.8%。有报道称，谈判现场很安静、很严肃，砍价特别狠，超出企业的预期，一些企业人士满头大汗地扶着墙出来。

从筹备到实施，短短4个月的时间，如何才能谈出成果？深度参与此次谈判工作的中国药科大学教授丁锦希指出，作为药品医保准入的首次国家谈判，许多工作无先例可循，需要借鉴国际经验并结合中国国情作出开创性的制度设计。

据人社部相关负责人和参与谈判工作的专家介绍，在谈判前，医保方的两组专家分别从药物的经济性和医保基金的承受能力两方面进行评估测算。一方面，分析药品的临床价值、周边市场价格、同类药品参比等；另一方面，利用医保运行"大数据"，测算谈判药品纳入目录后对医保基金的影响，在此基础上提出建议，作为谈判的主要依据。

药企方面，则要根据申报清单提交药品信息、药品价格等材料。同时，医保方也会将专家审核评估的结论以及药品进入目录后的支付范围和政策条件反馈给企业，允许企业提出修改意见。

进入谈判阶段，医保机构另行组织谈判专家与企业代表进行价格谈判。药企有两次机会提出报价，如果最低报价比医保预期支付价格高出15%以上，则谈判中止；反之双方可进一步磋商。最终确定的支付标准不能超过医保预计支付标准。

丁锦希说，申报、审核、谈判三者相互独立、相互制约，保障了谈判的公平、科学、合理。可以肯定的是，这次药品准入谈判只是一个开端。百姓期待有更多的刚需药、救命药进入医保目录，将药品谈判机制和制度常规化。

案例来源：药品准入首次国家谈判：2万元一支抗癌药降到7 600元[EB/OL]．(2017-08-07) http://news.163.com/17/0807/08/CR7L8S5B00018AOR.html.

根据上述案例回答以下问题：
(1) 这次药品准入谈判为什么能成功？
(2) 谈判人员在谈判之前应该做好哪些准备工作？

2. 视频案例：《旗袍》中的谈判片段

【案例背景】 1937年卢沟桥事件导致全面抗战的开始，国民党内亲日派头子汪精卫投敌，从此七十六号的建立对国家和人民造成了重大危害。关小姐是一名潜伏的地下党员，她在剧中的代号是"旗袍"，在上海沦陷的岁月里，孤身奋战在汪伪特务机关和日本特务机关，为新四军筹措药品，刺探军情。武田将军是在日本特务机关工作的一名日本军官，较为相信关小姐。一次关小姐为了获取重要情报，特意登门拜访武田将军。

扫描二维码观看《旗袍》的谈判片段并讨论：
(1) 关小姐是怎样获得宝贵信息的？
(2) 从谈判信息收集与管理的角度，谈谈这个视频案例给我们的启示。

课后拓展

商务谈判策划书设计

商务谈判情景：

5～6人一组成立一个创业团队，并给这个团队命名。假设你们团队想在学校附近的街道开个奶茶特许经营加盟店。经过市场调查，你们发现"茶颜悦色"深受学校周边顾客的青睐。现决定与许可方"茶颜悦色"老板谈判特许经营加盟事宜。

请根据以上背景资料制定一份可行的商务谈判策划书。具体步骤如下：

（1）组建谈判团队，并明确分工。

（2）做好信息准备，通过正式和非正式渠道收集信息，并进行市场调研。

（3）根据所得信息和调研数据分析，制定基于现实场景的商务谈判策划书，尽量确保谈判的成功。

（4）进行模拟谈判，调整谈判策划书。

（5）比较模拟前后的谈判策划书，并分享对此次实训活动的体会。

商务谈判策划书的目录如下（仅供参考）：

（1）谈判主题

（2）谈判双方背景

（3）谈判团队人员组成

（4）双方利益及优劣势

（5）谈判目标

（6）程序及策略分析

（7）准备谈判资料

（8）制定紧急预案

（9）附录

第三章 商务谈判的开局

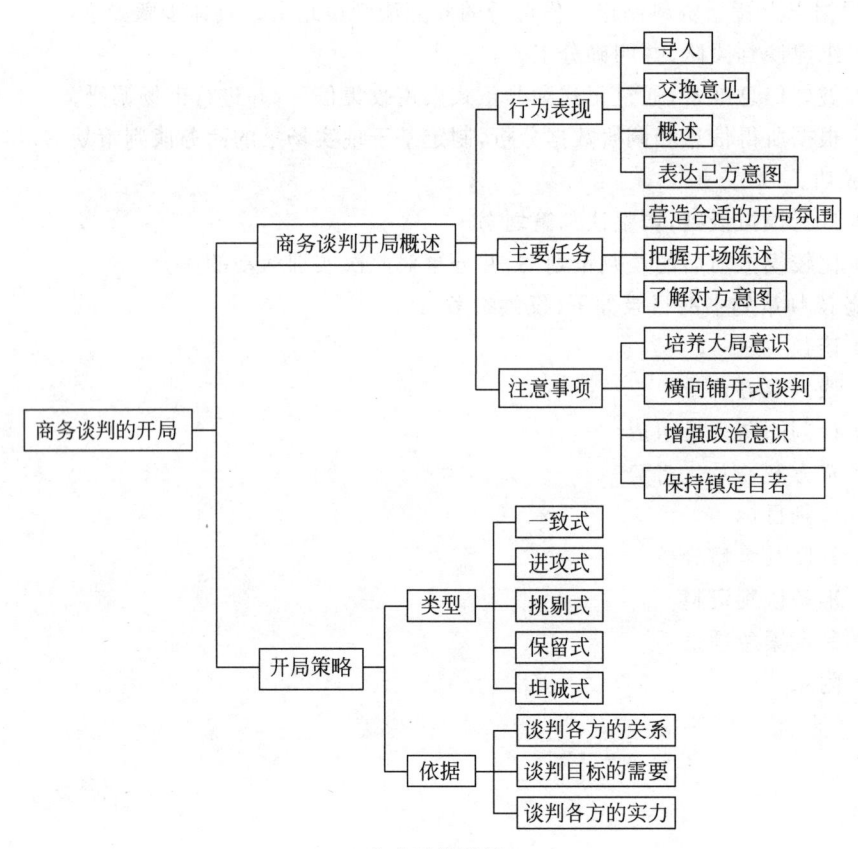

```
商务谈判的开局 ─┬─ 商务谈判开局概述 ─┬─ 行为表现 ─┬─ 导入
              │                  │           ├─ 交换意见
              │                  │           ├─ 概述
              │                  │           └─ 表达己方意图
              │                  │
              │                  ├─ 主要任务 ─┬─ 营造合适的开局氛围
              │                  │           ├─ 把握开场陈述
              │                  │           └─ 了解对方意图
              │                  │
              │                  └─ 注意事项 ─┬─ 培养大局意识
              │                              ├─ 横向铺开式谈判
              │                              ├─ 增强政治意识
              │                              └─ 保持镇定自若
              │
              └─ 开局策略 ─┬─ 类型 ─┬─ 一致式
                          │        ├─ 进攻式
                          │        ├─ 挑剔式
                          │        ├─ 保留式
                          │        └─ 坦诚式
                          │
                          └─ 依据 ─┬─ 谈判各方的关系
                                   ├─ 谈判目标的需要
                                   └─ 谈判各方的实力
```

本章思维导图

【主要目标】

（1）了解谈判人员导入、交换意见、概述和表达己方意图等开局行为表现，明确开局阶段的主要任务：营造合适的开局氛围、把握开场陈述及了解对方意图；

（2）掌握商务谈判的一致式、进攻式、挑剔式、保留式和坦诚式开局策略，并了解这些开局策略的选择依据：谈判各方的关系、实力及谈判目标的需要。

课前"剧透"

【"剧透"片段】　在美剧《纸牌屋》(*House of Cards*)中，弗兰克是一名美国职业政客，正在制定一项很重要的教育法案。而就在此期间，美国某郡一个高中女生因在开车途中取笑"桃子"水塔地标像个屁股，一时分心发生车祸去世，而这个水塔正是弗兰克一直主张禁止改建的。他的政敌利用此事大肆炒作，并怂恿女生父母起诉弗兰克。这严重影响了弗兰克的声誉和教育法案的推进。所以弗兰克决定前往该郡与女生父母商议如何解决这一事件。

扫描二维码观看短视频后回答以下问题：
(1) 本片段中弗兰克营造了一种怎样的谈判氛围？
(2) 为了达到自己的谈判目的，他使用了哪些方法和策略？

导入案例

高先生的开场白

美国华克公司计划在费城建造一座巨大的办公楼，但临近竣工时，提供室内装饰的铜器承包商突然宣布无法及时交货，这意味着整个项目将被延迟。如果延迟交货，华克公司将承担巨额罚款。多次电话谈判无果，华克公司总经理高先生决定亲自前往纽约进行谈判。

高先生一进承包商办公室，便笑着说："您知道吗？我下车后在电话簿中寻找您的地址时，惊讶地发现，您的姓氏十分罕见。在布鲁克林巴尔，您是唯一拥有它的人。""啊？我还真不知道。"高先生的话引起了承包商极大的兴趣，为此承包商还专门查阅了电话簿。"是的，这似乎是一个不寻常的名字，我家大约是在200年前从荷兰搬来纽约的。"接着承包商又继续跟高先生谈论起他的祖先。聊完这些之后，高先生又称赞承包商拥有这么大的工厂。此时，承包商对高先生的态度已经非常友好："这是我花费毕生时间建立的业务，我为此感到骄傲。您想参观车间吗？"高先生欣然前往。参观期间，高先生一再称赞其工厂的组织系统和新机器，这让承包商十分开心，又继续展示自己发明的一些机器。高先生立即问他这些机器如何工作以及它们的工作效率如何。承包商欣然解答。

午餐时间，承包商坚持邀请高先生吃饭。他说："需要铜器的人很多，但是很少有人像您这样对铜器如此感兴趣。"午餐过后，在高先生开口之前，承包商直接指出："现在，让我们开始做生意。我知道您为什么来，请放心，您要的铜制品将按计划送达，虽然这会给我的其他业务带来损失，但我接受。"高先生成功完成了谈判。铜器装饰品及时送达，建筑如期竣工。

案例来源：戴尔·卡耐基. 人性的弱点[M]. 袁玲，译. 北京：中国发展出版社，2008.

问题：高先生成功谈判的秘诀是什么？商务谈判开局的核心任务是什么？

谈判伊始，高先生通过突出承包商姓氏的独特性开场破冰，激发了对方与之分享家族创业史的欲望，营造了和谐的谈判氛围，推动谈判顺利进行，最终达成了令人满意的协议。商务谈判开局阶段的核心任务在于营造谈判气氛，将谈判朝某个方向推进。"良好的开端是成功的一半"，商务谈判开局对谈判的进程和结果起着非常重要的作用。

第一节　商务谈判开局概述

　　商务谈判开局阶段又称谈判的"破冰"阶段。在这个阶段，谈判双方通过简单的寒暄、交流，彼此熟悉、了解，为谈判的正式开始做好铺垫。虽然开局阶段用时较短，讨论的内容只涉及谈判议题和谈判相关程序，但谈判开局气氛的"好""坏"对整个谈判过程的影响非常大。经验证明，在非实质性谈判阶段所营造的氛围会对谈判的全过程产生重要影响。不同的谈判气氛对谈判的影响不同，一种谈判气氛可在不知不觉中将谈判朝着某个方向推进。例如，在互惠谈判模式中，谈判双方应共同努力，寻求互利的谈判结果。因此，在开局阶段谈判人员的核心任务就是营造合适的氛围，为后续的谈判过程打下良好的基础。为此，谈判人员应注意开局各环节的细节、主要任务，选择适当的开局策略。

一、开局的行为表现

　　商务谈判人员在开局阶段的行为包括导入、交换意见、概述和表达己方意图等。

1. 导入

　　开局阶段的导入行为是指谈判人员进入谈判会场时为了"破冰"而进行的寒暄。谈判人员在寒暄时主要以站立交谈为主，以表示对对方的尊重，这也有助于彼此快速熟悉。导入行为一般包括入场、握手、介绍、问候和寒暄等，目的在于了解各方谈判人员的基本资料，包括姓名、职务和在谈判过程中担任的角色等。

2. 交换意见

　　开局阶段的交换意见环节是指谈判各方针对谈判的目标、计划、进度、人员等问题进行交流的过程。英国谈判专家比尔·斯科特（Bill Scott）将其概括为以下的"4P"。

　　（1）目标(Purpose)：阐明谈判各方的意图和需要达成的目标；

　　（2）计划(Plan)：具体指谈判的议程安排，如讨论的议题、各方约定共同遵守的规程等；

　　（3）进度(Pace)：谈判进行的速度，即日程安排；

　　（4）人员(Personnel)：谈判各方对每名成员的正式介绍，包括姓名、职务及在谈判中的作用、地位等。

　　谈判各方在"4P"问题上最理想的沟通方式是在轻松愉快的氛围中讨论各方容易达成共识的话题，如"我们是否同意此次谈判程序？""是的，我同意"。从表面上看，这些话似乎是无关紧要的，但通常这些话最有可能引起谈判对手的积极回答，从而产生一种"一致性"的感觉。如果对方急于求成，在谈判开局阶段就直击实质性问题，己方谈判人员应巧妙地回避对方要求的肯定答复，将话题引到谈判目的和议程上去，以有效防止谈判因彼此追求的目标相去甚远而在开局之初就陷入僵局。

3. 概述

　　开局阶段的概述是指谈判各方简要说明各自的谈判目的和愿望的行为。各方之间进行的初步交流与了解,更侧重系统性和逻辑性。一般而言,商务谈判开局在概述环节的任务有开场陈述和报价两项。开场陈述是谈判各方叙述己方的观点和愿望,并提出建议。在此基础上谈判一方可以进行报价。

4. 表达己方意图

在开局阶段,谈判各方需要明确此次谈判双方共同追求的合作目标,进而根据各自的具体情况,磋商并确定谈判的大体进度和议程,明确需要共同遵守的纪律和共同履行的义务等问题,因此,谈判人员要做好开场陈述。开场陈述可能涉及很多问题,谈判人员要合理使用明示和暗示两种表达方法:在陈述己方意图、利益时采用明示的方法;对于其他问题的陈述则采用暗示的方法,即只做简明扼要的原则性陈述,而非具体陈述。明示的目的在于让谈判对手了解己方的目标、意图、想法等,及早提出存在的问题,以求彻底解决;而暗示的目的则在于使对方能够快速提问。

二、开局的主要任务

在开局阶段,谈判人员的主要任务是营造合适的开局氛围、把握开场陈述以及了解对方意图,以便在后续谈判过程中为己方谋求有利的谈判地位。

(一)营造合适的开局氛围

谈判开局氛围是指谈判双方在接触初期共同营造的气氛。它受谈判参与人员的情绪、态度、行为等因素的影响。谈判氛围的形成与变化直接关系谈判的成败得失,影响谈判的主动权、谈判人员的期望和谈判的方式,甚至影响整个谈判的进展和各方的根本利益。

谈判的开局往往显示了各方谈判的基本态度,关系谈判的基调与发展趋势。任何一种谈判氛围都会对谈判起推动或拖延,有利或不利的作用。因此,对于任何一种谈判氛围都不能简单地评价其优与劣、好与坏。例如,热情、和谐的氛围有助于谈判人员达成一致协议;而对立、紧张的氛围则会将谈判后期推向更严峻的境地。

总之,谈判人员需根据谈判议题、谈判目标及谈判对手底细等具体情况营造合适的开局氛围。

1. 开局氛围的影响因素及其利用

谈判开局氛围对整个谈判过程起着相当重要的影响和制约作用。影响谈判开局氛围的因素包括无声因素和有声因素。

(1)无声因素。无声因素包括谈判人员的面部表情、言谈举止、气质风度和服饰妆容等。谈判人员应充分利用无声因素,营造合适的谈判氛围,重点做好以下工作:

第一,谈判人员应注意表情管理。谈判过程中谈判人员应恰到好处地微笑,既不能面无表情令人难以亲近,也不能过分热情,自降身份。

第二,谈判人员应注意言谈举止,展现个人气质、风度。谈判过程中谈判人员主要通过饱满的精气神、自信的谈吐、诚恳的态度及幽默的交流等来展现个人风采。例如,谈判人员在步入谈判会场时应径直走入,以开诚布公和友好的态度微笑着出现在对方面前,肩膀放松,目光接触谈判对手时表现出真诚、亲切和自信。

第三,谈判人员在正式谈判前应确保自身的服饰妆容整洁无瑕疵。具体而言,谈判人员的服饰应大方,干净整洁,符合自己的身份。式样不能太奇异,颜色不能太鲜艳,尺码不能太离谱。此外,谈判人员还要注意再炎热的天气也不要轻易扯下领带、解开衬衫纽扣、卷起衣袖等,这样的形体动作会给谈判对手一种己方已经厌倦和筋疲力尽的感觉,不利于谈判的继续推进。

(2) 有声因素。有声因素包括谈判人员在交流过程中的话题、寒暄和语气语调等。具体而言,谈判人员应做到以下几点:

第一,谈判人员通常应选择中性话题交流,以缓和气氛,拉近谈判各方的关系。谈判过程中,谈判人员应注意寒暄的话题,行为举止要轻松自然,不要慌张和拘谨,可适当谈论较为轻松随意的话题,如天气变化、旅途见闻、体育赛事、文艺活动、对方的日常旅游经历、以往的友好合作史等,但注意不能涉及个人隐私。

第二,谈判人员应注意手势和触碰行为,握手应毫不迟疑,但不能过于用力。谈判人员在与谈判对手握手时,应注意另一只手最好不要触碰对方身体,因为这样的动作语言通常代表谈判己方权力欲强和精力充沛,容易引起谈判对手的戒心。

第三,谈判人员不仅要注意己方语言表达的内容,更要注意表达时的语气语调,避免因这一疏忽对谈判结果造成不良影响,因为人的感情会不自觉地通过语气语调展现出来。

2. 不同开局氛围及其营造方法

英国谈判学家比尔·斯科特将开局氛围分为四种:冷淡的、对立的、紧张的氛围;松松垮垮的、慢慢腾腾的、旷日持久的氛围;热烈的、积极的、友好的氛围;平静的、严肃的、严谨的氛围。可以将这四类氛围归结为高调氛围、低调氛围和自然氛围。

(1) 高调氛围

高调氛围是指谈判情势比较热烈,谈判各方积极主动,相谈甚欢的气氛。在这种气氛中,各方抱着互谅互让、追求双赢的心态,通过共同努力签订皆大欢喜的协议,将谈判变成一件轻松愉快的事情。营造高调氛围通常有以下几种方法:

① 感情渲染法。感情渲染法是指谈判人员在谈判过程中,通过一个特殊的事件,巧妙地引导、触发谈判对手的情绪共鸣,使其情绪爆发,从而达到营造高调氛围的目的。

② 幽默法。幽默法即通过幽默的谈判方式来消除谈判对手的警惕心理,在谈判过程中选择恰当的时机,采取幽默的交流方式,让对方谈判人员积极参与交谈,从而营造高调的谈判氛围。

③ 诱导法。诱导法是指利用对方感兴趣或引以为傲的话题开场,调动对方的谈话情绪和欲望,从而营造良好的谈判氛围。

④ 称赞法。称赞法是指在恰当的时机,以对方熟悉的事物为话题,不着痕迹地用赞美和恭维来满足对方的虚荣心,从而引起对方的注意和兴趣,并逐渐发现对方意图的谈判方法。谈判人员可以通过赞美对方、激发对方的谈判热情来调动对方情绪,削弱对方的心理防御,从而营造高调氛围。

案例 3.1

高效地进行简单寒暄

东南亚某个国家的中国公司想成为日本某著名电子公司的当地销售代理。双方几次磋商都没有达成协议。在最后一次谈判开始时,中国公司的谈判人员突然发现日本代表喝茶和拿茶杯的姿势很特别,于是立即赞美道:"从喝茶的姿势看,您必定精通茶道,能给我们讲讲吗?"这句赞美让日方代表喜笑颜开,立即兴致勃勃地与中方谈判人员大谈茶道文化。随后正式的谈判中,日方代表一直面带微笑,谈判进行得非常顺利,中国公司如愿获得销售代理权。

案例来源:https://www.jinchutou.com/p-97004804.html.

在上面的案例中,中国公司的谈判人员在谈判过程中采用称赞法,营造高调的谈判氛围,拉近中日双方谈判代表之间的关系,使双方在谈判桌上相谈甚欢,最终扭转了几次磋商未成的局势,如愿获得销售代理权。

(2) 低调氛围

低调氛围意味着谈判过程中整体气氛十分严肃和低沉,谈判双方情绪消极,态度冷淡,不愉快因素构成谈判气氛的主导因素。在这种氛围下,谈判双方的关系并不融洽,双方都抱着寸土必争、寸利不让,尽可能签订使己方利益最大化的协议的态度来参加谈判。营造低调氛围通常有以下几种方法:

① 感情攻击法。感情攻击法是指谈判一方诱导对方产生消极情绪,导致谈判开始时气氛低沉、严肃。采用感情攻击法的谈判方在语言、行为、衣着和表情等方面试图以优越感压倒对方。例如,冷眼相对、无视对方的握手、采用双关言语交谈等。整场谈判呈现一种低调、紧张、剑拔弩张的局面。

② 沉默法。沉默法是以沉默的方式营造低调的谈判氛围,从而增加谈判对手的心理压力的一种方法。需要注意的是,采用沉默法并不意味着谈判人员在谈判过程中一言不发,而是要求谈判人员在谈判过程中避重就轻,对于关键问题避而不谈。谈判人员在用沉默法营造低调氛围时,需要选择恰当的时机,做到有理有据,在必要时保持沉默以迫使对方让步。

③ 疲劳战术法。疲劳战术法是指谈判一方针对某一问题或某几个问题反复陈述,使对方身心疲惫,降低对方的积极性,从而控制对方、迫使对方让步的方法。谈判人员在使用疲劳战术法时需要事先多准备合理问题,以便在谈判过程中达到使谈判对手疲劳的目的。同时,谈判人员在谈判过程中需要仔细斟酌对方的话语,抓住漏洞,迫使对方让步。

④ 指责法。指责法是指谈判一方针对谈判对手的某个错误紧追不舍、严厉指责,让对方产生愧疚心理,进而达到谈判目的的方法。

案例 3.2:特朗普对墨西哥和加拿大的不同态度

(3) 自然氛围

大多数商务谈判的氛围是介于上述二者之间,热烈中包含紧张,对立中存在友好的自然氛围。自然氛围是指谈判各方情绪平稳,谈判氛围既不热烈,也不消沉。自然氛围便于对谈判对手进行摸底,因为谈判各方在自然氛围中传达的信息比在高调氛围和低调氛围中传送的信息准确、真实。营造自然氛围的谈判各方需要注意自己的言谈举止,避免过早陷入谈判僵局。

在对这三种谈判氛围进行选择时,需要具体考虑谈判各方之间的关系以及各方的实力。

(二)把握开场陈述

1. 开场陈述的含义

开场陈述是指在开局阶段,各方就谈判的内容各自陈述观点、立场及建议。开场陈述的目的在于让谈判各方将谈判所要涉及的内容全部展示出来,以便了解彼此对于谈判内容所持的立场与观点,在此基础上就一些分歧分别发表建设性意见或倡议。

2. 开场陈述的内容

开场陈述的内容主要包括己方的立场、己方对问题的理解、针对谈判各方各项建议的回答。在开局陈述时,谈判人员应只阐述己方的立场,不阐述各方的共同利益;只表明自己的利益,不表明关于对方利益的猜测。同时,谈判人员应在事前做好内部沟通,统一己方的观点,避免因己方谈判人员观点不一致而导致削弱己方底气的不利局面;谈判人员应只做原则性阐述,不做具体阐述,且阐述应简明扼要,使对方能够提问;谈判各方应互提建议,既不要过多为己方观点辩护而抨击对方的建议,也不要给对方在某一建议上纠缠不休的机会。

3. 开场陈述的方法

从表达效果来看,开场陈述方法可以分为明示和暗示;从表达形式来看,开场陈述方法又可以分为书面形式和口头形式。

谈判人员在开场陈述时采用何种方式不能一概而论,应根据具体的谈判环境而定。根据内容和形式的不同,向对方提交方案的方式分为以下几种。

(1)提交书面材料,不做口头陈述

这种开场陈述局限性很大,一般只在受谈判规则约束和己方准备把最初提交的书面材料作为最后的交易条件的情况下采用。

一般而言,开场阶段的书面建议应描述建议方对当前谈判内容的意见和立场。这样对方可以提前知晓规划者的意向,从而帮助对方更好地制定谈判策略。

大多数书面文本使用较为正式的表达方式,这可能会降低检验决策的灵活性,甚至影响谈判氛围。

在谈判中,谈判人员很容易因为情感因素对某些交易条件作出妥协和让步,因此,对于弱势一方来说,使用的书面文本越多就越有可能难以充分利用"情感"因素影响对方,也就越有可能处于劣势。在这种情况下,开场陈述采用书面形式就是多余的。

（2）提交书面材料，兼有口头陈述

谈判人员在会谈前将书面材料提交给对方，把复杂的内容用详细的文字表达出来，可以使对方反复阅读书面材料，从而全面理解谈判内容。同时，谈判人员还会辅之以口头陈述，这种"双管齐下"的开局陈述方法可以减少书面文字的生硬性限制，增强谈判的灵活度。

（3）面谈提出交易条件

面谈提出交易条件是指谈判各方在会议前不提交任何书面计划，仅在开幕词中，双方才口头陈述自己的立场和意见。这种方式在谈判中比较常见。

采取该方式具有以下几点优势：

① 灵活程度较高。谈判人员可以根据谈判开始时出现的立场、诚意和具体情况，灵活地改变自己的立场和策略，使谈判氛围更加活跃。

② 能够充分发挥谈判人员的主观能动性。谈判人员以这种方式进行谈判存在许多事先无法预估的问题，大多需要现场发挥。因此，与提交书面材料，不做口头陈述的方式相比，面谈开局更考验谈判人员的临场发挥能力，临场表现得当将处于优势地位，否则就容易陷入被动局面。

③ 可以更好地利用感情因素。一般而言，谈判人员用口头陈述观点、立场比用书面陈述更能充分利用感情因素。谈判人员可以充分利用谈话的内容、语气、声调等因素建立良好的人际关系，使对方不好意思提出异议。

但是这种开场陈述也存在一定的缺陷，具体如下：

① 容易漏掉与问题相关的一些重要信息。采用面谈开局时，通常很难描述复杂的问题。例如，谈判人员在进行口头陈述时，无法使用统计数据和图表等手段解释复杂的问题。

② 容易发生言语冲突，因为口头表达很容易使谈判人员情绪波动。谈判人员一旦情绪失控，可能使整场谈判陷入僵局。

③ 谈判人员在开局时既要使对方看出己方的基本观点和立场，又不能全盘暴露己方的意图，同时还需给予己方谈判人员灵活机动的自主权，这些意图在开场陈述之时通常很难兼顾。

案例 3.3：华西特公司与拉尔公司的开场陈述

（三）了解对方意图

通过开局阶段的交谈，谈判人员应当透过一些表面现象尽可能探测对方的底细，斟酌谈判对手对此次谈判议题的看法、要达到的目标、真正关心的经济利益所在和对方所表现的诚意等。一般而言，谈判人员可以通过以下方法探测对方的底细：

（1）投石问路，该方法的目的在于引起对方对某些问题的反应，进而明晰谈判对手的真实意图。

（2）接纳式倾听，这要求谈判人员在谈判过程中专注对方的谈话，同时根据对方的话题适当发表意见，削弱谈判对手的警惕心理，尽量使其表露更多信息，进而从中探测其谈判意图。

(3) 巧妙提问。谈判人员使用诱发引导方法,向对方提出问题,以启发对方按照己方的思路回答问题,从而摸清对方意图。例如,谈判人员有时可采用佯攻式发问的方式,即运用声东击西、指南打北的方法,言辞激烈地向对方提问,以打乱对方的思路,让对方措手不及,从而摸清对方的谈判意图。

三、开局的注意事项

商务谈判人员在开局阶段要谨记"四个意识"中的政治意识与大局意识,以战略的眼光分析和把握开局阶段的总体发展趋势,认清开局阶段的核心任务以及为此制定的相关谈判策略。具体而言,为了开好局、起好步,商务谈判人员应注意以下事项:

(1) 谈判人员在开场陈述时要简明扼要地表达己方意图,切忌漫无边际地东拉西扯。具体而言,谈判人员应明确所要谈的内容,从整场谈判大局中把握谈判的要点。

(2) 谈判人员应采用横向铺开的谈判方式,即不要把精力只集中在一个问题上,而应自觉从谈判核心任务这一大局出发,把每一个问题都谈深、谈透,使各方都能明确各自的立场。

(3) 谈判人员切忌只注意眼前利益,而应增强政治意识、大局意识,正确处理集体利益和个人利益,明确当前利益与长远利益之间的联系,以及当前谈判任务与总体谈判任务之间的利益关系,以把握后续谈判的方向。

(4) 谈判过程中,谈判人员无论心里如何考虑,都要表现得镇定自若。

案例 3.4

中美新一轮经贸会谈

2021年3月18日至19日,中美高层在美国阿拉斯加州安克雷奇举行战略对话,其间美方在先致开场白时严重超时,并对中国内外政策无理攻击指责,挑起争端。美方作为东道国,未奉行待客之道、不遵守外交礼仪。面对这一情势,中方代表杨洁篪予以正面回击:"美国没有资格居高临下同中国说话,中国人不吃这一套。""美国的这个老毛病要改一改了!"中方在中美高层战略对话中的这番表态字字铿锵、掷地有声,让美方意识到中方早已"今非昔比"。

继2021年中美高层战略对话之后,在中美新一轮经贸谈判中中方再度表态。2023年11月8日至12日,国务院副总理、中美经贸中方牵头人何立峰应邀访美,其间与美国财政部部长耶伦举行数次会谈。双方致力于落实两国元首重要共识,为两国元首旧金山会晤做好经济成果准备,推动中美经贸关系回到健康稳定发展轨道。在谈判开局时,双方就中美经济关系、中美及全球宏观经济、应对全球性挑战和彼此关切等交换意见。在会谈期间,中方明确表达了对美对华双向投资限制、制裁打压中国企业、对华出口管制、对华加征关税等关切,并迫切要求美方切实以实际行动予以回应。而耶伦也称,很高兴有机会与副总理有不少互动,同意有深度和坦诚的讨论,并且重申,美国对中美经济"脱钩"没有兴趣,称这将"造成经济灾难,并且与我们的国家利益背道而驰"。另外,耶伦表示双方应保持有弹性的沟通渠道,不仅是为了安全,而且是为了避免误解和意外升级。耶伦表示希望有机会能再来中国。此次会谈双方也达成了同意加强沟通管控分歧,强调中美不寻求经济"脱钩",共同促进全球经济增长、金融稳定和监管等重要共识。此外,在会谈中,中方表明了对乌克兰危机、巴以冲突的立场。同时,何立峰副总理还进一步与中资、美资企业代表进行了座谈。

案例来源:https://www.gov.cn/yaowen/liebiao/202311/content_6914825.htm。

上面的案例明确展示了中方代表基于平等、友好、互利、共赢的原则与美方进行对话,并牢牢把握政治意识和大局意识,从战略的角度分析了中美经贸关系的走向,坚决反对美方对中方不平等的经济制裁,开诚布公地表明己方的态度与立场,引导中美关系向稳定健康的趋势发展。同时,中方也积极把握了谈判中的主观能动性与主动权,让美方深刻意识到美方对中方的加征关税、投资限制、科技打压等单边制裁只会自食恶果,这并不是美方对中方的单边霸凌,而是中美双方有来有往的经济交锋。中方通过展示己方坚决维护自身利益、面对打压毫不退让的立场与决心,摆明自己的主导地位,为中美达成重要共识做出铺垫,从而进一步掌控中美双方后续经贸谈判的总体发展方向。

第二节 商务谈判开局策略

谈判开局策略是指谈判人员在开局阶段为谋求有利条件和争取谈判主动地位而采取的方法、技巧。谈判开局阶段对整场谈判至关重要,谁在开局谈判中获得控制权,谁就会在后续谈判交锋中占据主导地位。因此,谈判人员应掌握一些常用的开局策略并了解这些策略的运用条件和选择依据。

一、开局策略的类型

谈判开局策略是指谈判人员在谈判开始时寻求有利地位、控制谈判局面而采取的行动方式或手段。常见的开局策略有一致式、进攻式、挑剔式、保留式和坦诚式开局策略。

(一)一致式开局策略

一致式开局策略是指在谈判开始时,为了拉近谈判双方的关系,谈判人员通过"协商"和"肯定"的方式,营造或形成一种"一致"的谈判感觉,使谈判双方在友好、愉快的氛围中不断地将谈判引向更深层次的策略。

采用一致式开局策略的一个重要方法是在谈判开始时通过询问或补充法,诱使谈判对手接受己方的既定安排,从而使双方协商达成一致意见。询问法是指把答案设计成询问对方的问题。补充法即补充对方的意见,使己方的意见成为对方的意见。

案例3.5:奥康集团的谈判之道

（二）进攻式开局策略

进攻式开局策略是指通过语言或行为来表达己方的强势姿态，以获得谈判对手必要的尊重，同时借此制造心理优势，使谈判顺利进行的策略。进攻式开局策略通常只在以下情形中使用：谈判对手故意营造低调气氛，这对己方谈判非常不利，如果不改变这种谈判氛围，将会损害己方的切实利益。

需要注意的是，进攻式开局策略可以扭转不利于己方的低调氛围，将其转化为一种自然的氛围或高调的氛围。然而，进攻式开局策略也可能导致谈判陷入僵局，因此，谈判人员应在恰当的时机选择该策略，以免弄巧成拙。

（三）挑剔式开局策略

挑剔式开局策略是指开局时，谈判一方针对谈判对手的某个错误或礼仪失误严加指责，使其感到内疚，从而营造低调氛围，迫使对方让步的一种策略。

案例 3.6

中国的肉配不上美国的狗？

在中美围绕中国入世的谈判过程中，美方不断设置障碍，许多做法近乎无赖。正如入世谈判代表佟志广所言："美国人就像一个被惯坏了的孩子，跟他们谈判非常困难，他就像一个孩子到理发馆里去剃头，不老老实实坐着，他老动，你得用很大的力气把他按住。"

美方在谈判过程中漫天要价、"极限施压"是家常便饭。一次，双方代表在中方代表龙永图的办公室进行谈判时，一位美方代表提出："凡是美国肉类检查机构检查合格的，应无条件进入中国市场。"龙永图回应道："中国是主权国家，美国肉类一定要检查。"美方代表说："你们没有必要检查，我到你们的肉市场看过，你们那里的肉在美国做狗食标准都不够。"龙永图一听非常愤怒，就拍了桌子说："请你离开我的办公室，你必须给我道歉，我们才能开始下一次谈判。"

谈判到此中止，直到后来美方代表向中方代表道了歉，诚心解释说绝对没有侮辱中国的意思，并讲了他们对狗的观念，谈判才得以顺利进行。

案例来源：https://news.sina.com.cn/c/2019-05-13/doc-ihvhiqax8387960.shtml.

上面的案例中，美方谈判代表说："你们那里的肉在美国做狗食标准都不够。"其真实意图是想通过贬低中国肉类产品的质量，提出"凡是美国肉类检查机构检查合格的，应无条件进入中国市场"的无理要求。显然，美方用了挑剔式开局策略。面对美方的无理挑剔，中方代表当机立断采取进攻式策略进行反击，成功扭转了不利于己方的低调谈判氛围，从而推动了谈判的顺利进行。

本案例中进攻式策略的使用体现了中方代表强烈的民族意识，龙永图不畏当时美国的强势地位，毅然愤起指责美方代表的无理侮辱，有力捍卫了自身的合法利益，从而使低估中方能力和决心的美方代表不得不道歉。

（四）保留式开局策略

保留式开局策略是指在谈判开局时，己方谈判人员针对谈判对手提出的关键性问题不做详细、确切的回答，而是有所保留，从而让对方感觉神秘，吸引对方进入谈判的策略。需要注意的是，保留式开局策略往往适用于低调氛围和自然氛围，而非高调氛围。

案例3.7：小工厂老板的大智慧

（五）坦诚式开局策略

坦诚式开局策略是指谈判己方以开诚布公的方式向对方陈述己方的观点或想法，从而打开谈判局面。坦诚式开局策略比较适合有长期业务合作关系的各方。谈判双方对以往的合作比较满意，且彼此比较了解，因此双方不用过于客套。坦诚式开局策略可以减少很多外交辞令，节省时间，直接坦率地提出己方的观点、要求，更能使对方对己方产生信任感。

坦诚式开局策略可以在各种谈判氛围中使用，这种开局方式能够将低调氛围和自然氛围引向高调氛围。

二、选择开局策略的依据

谈判人员在选择谈判开局策略时应综合考虑各方面的因素，具体应根据谈判各方的关系、谈判目标的需要、谈判各方的实力三方面来选择适当的开局策略。

（一）谈判各方的关系

谈判各方的关系可分为友好、一般和对立三种类型，同时也要考虑双方第一次交往的情况。各方的关系不一样时，选择的谈判开局策略也应不一样。以下列举几种常见情形：

(1) 如果谈判各方有过业务往来，而且关系很好，那么这种友好关系应该是谈判的基础。在这种情况下，开局阶段的气氛应该是温暖、真诚、友好和轻松的。

(2) 如果各方有过业务往来，但关系一般，那么开局的目标是争取营造一种更加友好、和谐的氛围。

(3) 如果各方有过一定的业务往来，但己方谈判人员对对方的印象不佳，那么开局阶段谈判氛围应是严肃、凝重的。

(4) 如果谈判各方人员过去并没有业务往来，那么第一次的交往应力争营造一个真诚、友好的氛围，以淡化和消除彼此的陌生感以及由此带来的防备，为后面的实质性谈判奠定良好的基础。

（二）谈判目标的需要

谈判目标的需要会在很大程度上影响谈判的难易程度、谈判人员需要投入的精力、已有资源的应对能力、要达成的最终目标等。为了先发制人给对方施加某种影响，获得某种开局效果,谈判人员应根据谈判目标有意营造合适的谈判氛围,以掌握谈判的主动权。

(三)谈判各方的实力

谈判各方的实力对比主要包括实力相当与实力不对等两种情况,而不对等中又包括己方处于强势地位和己方处于劣势地位的情况。

(1)当谈判各方实力相当时,谈判人员在开局阶段仍然要力求创造一个友好、轻松、和谐的氛围。

案例 3.8:从 300 万美元到 250 美元

(2)如果己方谈判实力明显强于对方,在开局阶段,己方谈判人员在语言和姿态上既要表现得礼貌友好,又要充分显示己方的自信和气势。

(3)如果己方谈判实力弱于对方,己方谈判人员在语言和姿态上,一方面要表示出友好,积极合作;另一方面也要充满自信,举止沉稳,谈吐大方,确保不被对方轻视。

本章小结

商务谈判开局为实质性谈判拉开序幕,谈判开局的好坏将影响整个谈判的进程。谈判开局的行为表现一般包括导入、交换意见、概述和表达己方意图。

商务谈判开局的核心任务是营造合适的谈判氛围、把握开场陈述及了解对方的意图。谈判氛围分为高调、低调和自然氛围。谈判人员应合理利用有声、无声因素和合适的方法营造契合谈判目标的氛围。营造高调氛围的方法有感情渲染法、幽默法、诱导法和称赞法;营造低调氛围的方法有感情攻击法、沉默法、疲劳战术法和指责法;自然氛围一般不用刻意营造。

谈判正式开始之前需要进行开场陈述,陈述的方式可以是口头陈述,也可以提交书面材料,或两种方式同时进行。开场陈述应抓住谈判主题,把握谈判方向,尽可能快速引导谈判各方进入谈判议题。在议题谈判过程中,谈判人员应透过一些表面现象尽可能地探测对方的底细,通过投石问路、接纳式倾听和巧妙提问等方法了解对方的真实意图。

此外,商务谈判人员在开局阶段要谨记"四个意识"中的政治意识与大局意识,注意相关事项,开好局、起好步。商务谈判开局策略对整个谈判起着至关重要的作用。常用的开局策略包括一致式、进攻式、挑剔式、保留式和坦诚式策略。谈判人员应根据谈判各方之间的关系、谈判目标的需要和谈判各方的实力正确选择这些策略。

本章关键术语

开局 高调氛围 低调氛围 自然氛围 开场陈述 一致式开局策略 进攻式开局策略 挑剔式开局策略 保留式开局策略 坦诚式开局策略

名言分享

1. "开端决定终端,入手决定出手,势能决定动能。"

——牛根生

2. "良好的开端是成功的一半。"

——柏拉图(Plato)

3. "善于在做一件事的开端时识别时机,这是一种极难得的智慧。"

——弗朗西斯·培根(Francis Bacon)

4. "要使别人喜欢你,首先你得改变对人的态度,把精神放得轻松一点,表情自然,笑容可掬,这样别人就会对你产生喜爱的感觉了。"

——戴尔·卡耐基(Dale Carnegie)

5. "称赞不但对人的感情,而且对人的理智也起着很大的作用。"

——列夫·托尔斯泰

巩固练习

自学自测 扫描此码

一、简答题

1. 什么是高调氛围?如何营造高调氛围?
2. 如何做好开场陈述?
3. 常见的开局策略有哪些?
4. 什么是保留式开局策略?请举例说明。

二、案例题

1. 邓小平智斗铁娘子

1982年9月22日,英国首相撒切尔夫人访华,她与邓小平的会谈揭开了香港问题谈判的序幕。9月24日上午,撒切尔夫人先到人民大会堂新疆厅拜会邓颖超。邓颖超早已在门口恭迎。两人是老朋友,故人重逢,谈得十分尽兴。与邓颖超告别后,撒切尔夫人随即到福建厅与邓小平会见。与邓颖超早早在门口恭候的情形不同,福建厅大门紧闭。撒切尔夫人见状虽然心里有些踌躇,但依旧快步向前。快到门口时,福建厅大门才缓缓打开,笑容满面的邓小平与撒切尔夫人握手致意。撒切尔夫人与邓小平寒暄道:"作为现任首相访华,看到您很高兴。"邓小平的回答颇为微妙:"是呀,英国的首相我认识好几个,但我认识的现在都下台了,欢迎您来呀。"宾主就座后,记者尚未退场,两人先是聊了一会儿轻松的话题。他们聊到了川菜,还谈起了在伦敦居住多年的马克思。撒切尔夫人说,马克思写了一部《资本论》,可他恰恰最缺资本。几分钟后,记者被请离会场,会谈闭门进行。

正式会谈一开始,撒切尔夫人就直切主题,在香港问题上始终抱定"有关香港的三个条约仍然有效"的主张。面对英国首相的挑战,邓小平寸步不让。他毫不含糊地指出:"中国在这个问题上没有回旋余地。坦率地讲,主权不是一个可以讨论的问题。"中国和英国就是在这个前提下进行谈判,商讨解决香港问题的方式和方法。会谈中,邓小平重申了新中国成立以来始终不承认19世纪三个不平等条约的一贯立场。谈判最终以英方同意归还香港告终。

案例来源:http://dangshi.people.com.cn/n/2013/0409/c85037-21066351-2.html.

根据案例回答以下问题:
(1) 邓小平和撒切尔夫人营造了怎样的开局氛围?
(2) 为了营造这样的氛围,谈判双方运用了哪些开局策略?

2. 视频案例:《优势合作》片段

【**案例背景**】 视频片段是关于销售经理丹(Dan)的一次销售拜访,他要销售的是杂志的广告版面。丹走进客户卡尔布(Kalb)先生的办公室时,后者正在办公桌前看报纸。为了攻下卡尔布先生,丹可谓费尽心思……

扫描二维码观看《优势合作》中的谈判片段后回答以下问题:
(1) 丹采用了哪些商务谈判开局方法和策略?
(2) 这个案例对你有何启示?

课外拓展

模拟商务谈判

模拟谈判背景:

金穗啤酒集团是一家知名的大型啤酒生产商,旗下的金穗、晶亮两大系列20多个产品深受消费者欢迎。目前该集团正在向大型餐饮企业推广一款升级版啤酒。为此公司派金星啤酒销售副经理到一家可同时容纳4 000人就餐的酒楼去洽谈业务。销售副经理与酒楼采购部王经理的秘书多次沟通,终于获得了与王经理当面洽谈业务的机会。假设你是金穗啤酒集团的销售副经理,秘书安排你和王经理明天上午10:00在酒店会客室见面洽谈。10:30王经理还要参加一个重要会议。为了有效利用这30分钟,为日后的合作打下基础,从与王经理见面的那一刻,你就要设法给王经理留下良好的第一印象。你将如何"叩开王经理的心扉"呢?

请根据以上案例情景,完成以下任务:
(1) 让你的同桌扮演王经理。作为金穗啤酒集团销售副经理,你与王经理进行模拟洽谈。要求运用你在本章所学的知识、方法和策略在10分钟内完成开局阶段的任务。
(2) 根据自身角色体验,谈谈商务谈判开局阶段的重要性。

第四章

商务谈判的磋商

```
商务谈判的磋商
├── 报价
│   ├── 原则与技巧
│   ├── 影响因素
│   ├── 形式与方式
│   ├── 顺序
│   └── 策略
├── 讨价还价
│   ├── 讨价
│   │   ├── 含义与方式
│   │   ├── 原则
│   │   └── 基本方法
│   ├── 还价
│   │   ├── 含义与方式
│   │   ├── 起点的确定
│   │   └── 原则与方法
│   └── 讨价还价策略
│       ├── 故布疑阵
│       ├── 投石问路
│       ├── 抛砖引玉
│       ├── 吹毛求疵
│       ├── 价格诱惑
│       ├── 目标分解
│       ├── 最后通牒
│       ├── 场外交易
│       ├── 私下接触
│       └── 权力有限
└── 让步
    ├── 让步八大原则与要求
    ├── 让步方式
    │   ├── 坚定式
    │   ├── 均衡式
    │   ├── 递增式
    │   ├── 递减式
    │   ├── 有限式
    │   ├── 快速式
    │   ├── 满足式
    │   └── 一次性
    └── 让步策略
        ├── 迫使对方让步策略
        ├── 主动让步策略
        └── 其他让步策略
```

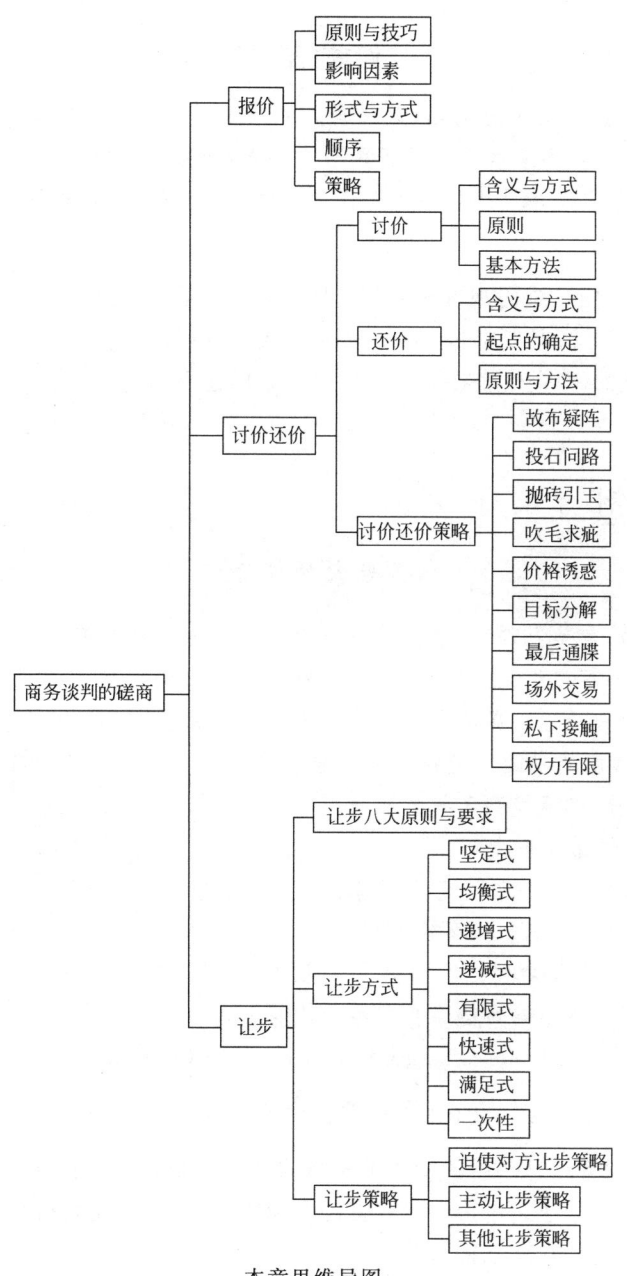

本章思维导图

【主要目标】

（1）了解报价的原则与技巧、影响因素、形式与方式、顺序及常用的报价策略；

（2）了解讨价的含义与方式、原则和方法，还价的含义与方式、还价起点的确定、原则和方法；

（3）掌握故布疑阵、投石问路、抛砖引玉、吹毛求疵、最后通牒、权力有限和场外交易等讨价还价策略；

（4）了解让步的原则、要求及方式，掌握迫使对方让步、主动让步、防范式、阻挡式及对攻式等让步策略。

课前"剧透"

【"剧透"片段】 "4.4元的话，4太多。中国人觉得难听，再降4分钱。4.36，行不行？"……随着2019年国家医保药品目录正式公布，国家医保代表与制药企业代表关于抗糖药物价格的谈判视频在网络热传。医保局专家"灵魂砍价"引来不少点赞。视频虽短，但"剧情"却跌宕起伏。

扫描二维码观看短视频后回答以下问题：
(1) 医保专家是如何与药企代表讨价还价的？
(2) 药企代表在谈判过程中是怎样让步的？

导入案例

专家的报价

有家跨国公司与盖温联系，请他为公司的高级经理办一次有关谈判问题的两小时研讨会。公司董事长事前约见了盖温，征询他对研讨会讨论主题的意见。盖温简要阐述了"对于谈判人员而言最不该做的事是接受对方的第一次出价"的观点。董事长表示赞同，说："这个主题好，能使我的人受益匪浅。"接下来还谈了其他一些细节，董事长让盖温放手去做。临告别时，盖温提到了报酬问题。

董事长问："你想要多少？"

盖温说："通常都是一天一千八百镑。"

盖温心想董事长大概会嫌要价太高。

哪知他回答得很痛快："行！请开发票来。"

至今，盖温还是搞不清该要多少劳务费才算合适。

案例来源：http://m.ishare.iask.sina.com.cn/f/30sS8tCCcYH.html.

问题：为什么盖温至今还不清楚该要多少劳务费？

因为董事长没有经过磋商就接受了盖温的第一次报价。由此可知，价格磋商是谈判的必要过程，谈判者需通过讨价还价获得己方期望的利益，从而获得满足感和成就感。这个案例表明，报价先后顺序也很重要。

第一节 报 价

商务谈判中的报价通常是谈判人员针对交易条件所提出的要求的总称,包括价格、交货期、付款方式、数量、质量、保证条件等。在这些要求中,价格条款是最重要的。

事实上,人们对成交价的期望值经常受对方开价的影响,所以在提出要求和提案时,如何"出牌"就显得格外重要。首先,谈判人员需要遵循报价的基本原则,掌握常用的报价技巧,根据成本、需求、品质、竞争等因素进行报价。其次,谈判人员还需要了解目前国际上通用的两种报价方式——西欧式报价与日本式报价,并根据需要选择书面或口头报价形式。最后,应正确选择报价先后顺序,并适当采用报价时机、报价起点、报价差别和价格分割等策略。由此可见,报价是一门艺术,也是商务谈判人员必须掌握的技能,因此本节将重点介绍有关报价的知识和技巧。

一、报价的原则与技巧

报价标志着商务谈判进入实质性阶段,也标志着双方的物质性要求在谈判桌上的正式"亮相"。因此,谈判人员应熟练掌握报价的原则和技巧,了解报价的影响因素和报价的形式,以便谈判得以顺利进行。

(一)报价的原则

1. 贱买贵卖原则

卖方在初始报价时应尽可能抬高价格,而买方应尽量压低价格。这是报价的首要原则。原因在于以下几个方面:

第一,卖方的开盘价实际上是价格谈判区间的上限。一般情况下,一旦报出了开盘价,卖方就不能再次提高要价。在买方看来,卖方所报的开盘价清楚地表明了他们所追求的最高目标。买方要求卖方在开盘价的基础上作出让步,最终成交价格必须低于开盘价,反之亦然。

第二,开盘价会影响买方对商品或服务的印象和评价。大多数人相信"一分钱,一分货"的观念,所以高价格会让买方对商品或服务质量产生良好的印象,让买方愿意购买自己的商品或服务。

第三,开盘价越高,让步的空间越大。开盘价越高,后续讨价还价的回旋余地也越大,这使谈判各方在谈判中更加灵活,能够做出更加积极的反应,有助于把握交易时机。

第四,经验证明,开盘价对交易价格有实质性的影响。开盘价越高,成交价就越高。这是因为开盘价越高,越有可能与对方就更高的价格水平进行谈判,从而获得更高的交易价格,甚至意想不到的收益。

2. 合情合理原则

开盘价是最高价,但并不意味着可以随意决策、漫天要价。如果报价过高、异于常规,对方会认为己方缺少谈判的诚意,很有可能马上终止谈判,或者"漫天杀价",也有可能针对己方报价中的不合理部分一一提出质疑,迫使己方让步。在这种情况下,即使己方让步,对方仍然会抓住己方不合理的初始报价,穷追不舍,让己方陷入被动局面。因此,开盘价的提出,既要考虑己方能够获得的利益,又要兼顾对方能够接受的限度。在确定报价水平时,报价应当是己方综合所有考量提出的最高价格,即开盘价必须有理有据。

3. 巧妙提问和应答原则

通常一方报价完毕之后,另一方会要求报价方进行报价解释。报价解释即卖方根据商品特征和报价的基础、依据和计算方式对报价进行分析、说明。报价方在解释报价时,应坚持"不问不答、有问必答、避实就虚、能言不书"的原则。所谓不问不答是指报价过程中对方没有提及的问题,己方切忌自作主张过多解释,以防言多有失。有问必答是指谈判对手在针对价格提出疑问时,需要逐一解答,但在解答过程中需要有针对性的技巧,达到避实就虚的效果。避实就虚原指避开敌人的主力,攻击敌人的薄弱环节,这里指谈判过程中谈论问题要回避要害。当对方提出一些刁难问题而己方无法当场给出满意答复时,应巧妙地转移话题,待谈判结束后再好好准备这些问题,以待对方再问起时及时作答,若事后对方不继续追问可不作答。能言不书是指能用口头表达和解释的就不要用文字写下来,因为当己方表达有误时,口头和书面所表达的内容对己方的影响是截然不同的。不过,有些国家的商业习惯是只承认书面信息而不重视口头信息,因此谈判人员要格外注意这些细节问题。

(二) 报价的技巧

在商务谈判的报价过程中,为了使谈判顺利进行,谈判人员还需要掌握一些报价技巧。下面介绍几种常用的报价技巧。

1. 报价的表述应坚定、清晰、完整无误

谈判一方只有报价坚定、清晰、完整才能给对方留下认真、诚恳的印象,欲言又止或者吞吞吐吐都会引起对方的质疑。同时,报价单用词必须准确无误,以免造成误解。除了价格条款外,谈判报告过程中,谈判人员还必须明确规定一系列的交易条件,以防错漏,因为每一个交易条件都涉及双方的利益。

2. 尽量不报整数

尽量不报整数这种报价方式不仅能使人相信定价的精确性,还能满足人们求廉的心理。例如,人们一般认为9.9元比10元便宜。有时虽只有1角钱、1元钱之差,却会给人十分优惠的感觉。此外,谈判人员在讨价还价的过程中,还可将零头作为筹码,"让利"给对方。

3. 移动目标式报价

移动目标式报价是指利用对方对报价的基础没有提出明确的要求这一疏忽而不断寻找新的议题,进行附加报价。

二、报价的影响因素

商务谈判报价阶段的决策不是任意报价一方随意制定的。报价的有效性首先取决于其是否在双方价格谈判的合理范围之内。同时,报价的有效性还受市场供求状况、竞争等多方面因素的制约。总体而言,影响报价的因素大致分为成本因素、需求因素、品质因素、竞争因素、政策因素等,具体如下。

(一)成本因素

成本是影响报价的最基本因素,商品的报价是在成本的基础上加上合理的利润制定的。谈判人员在决定商品的报价时,不仅要考虑现在的成本、未来的成本,以及成本降低的可能性,而且要考虑竞争对手的成本,要依据有关成本资料,恰当地报出商品的价格。

(二)需求因素

需求因素主要是指需求价格弹性,即某种商品的需求量对价格变动的反应灵敏程度。企业在确定商品报价时,必须先确定该商品的需求弹性系数,然后再考虑提高或降低其报价,以求得总收入的增加或者减少。

(三)品质因素

商品的品质是指商品的内在质量和外观形式。商品的品质通常是消费者最关心的问题,也是交谈双方必须商榷的问题。商品的报价必须考虑商品的品质,即要按质报价。

(四)竞争因素

谈判一方的报价容易受到竞争对手商品价格的影响。因此,在商务谈判报价时必须注重竞争对手的价格,特别是竞争对手的报价策略及新的竞争对手的市场进入情况。

(五)政策因素

商品的价格受外界宏观因素的影响,每个国家对产品市场价格的波动范围及波动幅度都有相应的法律法规加以限制。因此,在商务谈判的报价过程中还必须考虑谈判各方所在国的政策因素。

除以上因素外,谈判人员在报价时还要考虑交货期的要求、支付方式、对方的内行程度、对方可能的还价、谈判双方相互信任的程度及合作的前景、交易的次数等因素。

三、报价的形式与方式

（一）报价的形式

按照报价方式的差异，可以将报价分为书面报价和口头报价两种形式。其中，书面报价主要是谈判一方通过提供给谈判对手详细的书面文字进行报价，口头报价则是谈判人员仅以口头叙述进行谈判交易。

1. 书面报价

书面报价是指谈判一方事先提供较详尽的文字材料、数据和图表等，将本企业愿意承担的义务以书面形式表达清楚，使对方能够对报价有充分准备，确保谈判进程更为紧凑。但书面形式在客观上容易成为报价方承担责任的证据，而且与口头报价相比，书面报价缺乏"热情"，显得呆板且缺少弹性。

2. 口头报价

口头报价是指不需要任何书面文件，仅以口头的方式提出交易条件的报价方式，因此具有很大的灵活性。谈判人员可以根据谈判的进程调整和变更谈判战术，先磋商后承担义务，没有义务的约束感。另外，还可以充分利用情感因素，努力发挥个人的谈判特长来促成交易。但口头报价也存在容易偏离主题、阐述不清楚甚至出现错误等弊端。口头报价尤其难以解释一些需要用数字、图表等描述的复杂问题。因此，在实际谈判中谈判人员往往采用以书面报价为主、口头报价为辅的形式。

（二）报价的方式

目前国际上存在两种典型的报价方式：西欧式报价与日本式报价。不同国家的谈判人员对这两种报价方式有不同的偏好。

1. 西欧式报价

西欧式报价又称高价报价或顺向报价，即卖方首先提出留有较大余地的价格，然后根据买卖双方实力的对比和该笔交易的外部竞争状况，通过给予数量折扣、价格折扣、佣金和支付条件等方面的优惠（如延长支付期限、提供信贷优惠等）来逐步软化和接近买方的立场与条件，最终达到成交的目的。实践证明，这种报价方式只要能够稳住买方，使之在给定价格的框架下就各项条件与卖方进行磋商，最后的结果往往对卖方比较有利。欧美国家的谈判人员普遍采用这种高开低走的报价方式。

2. 日本式报价

日本式报价又称低价报价或逆向报价，即卖方将最低价格标在价格表上，以求先引起买方的兴趣，挤走竞争者。这种低价格一般以对卖方最有利的结算条件为前提。而且，在这种低价格交易条件下，很多方面都难以满足买方的需求，如果买方要求改变相关条件，卖方就会相应地提高价格。因此,买卖双方最后的成交价往往高于价格表中的价格。亚洲国家多采用这种低开高走的报价方式。

四、报价的顺序

报价的先后顺序在某种程度上对商务谈判的结果将产生实质性的影响。因为先报价和后报价各有利弊,因而在实际谈判过程中要根据具体情况选择合适的报价顺序。

(一) 先报价的利弊

1. 先报价的好处

先报价能够先声夺人,比反应性报价显得更有力量、更有信心;先报的价格将为以后的讨价还价树立一个界碑;抢先报价可使报价一方占据主动地位,先施影响,并在谈判全过程中持续发挥作用。

2. 先报价的弊端

(1) 限制己方欲望。当己方对市场行情及对手的意图没有足够了解时,贸然先报价,往往难以迅速调整己方策略,从而导致限制自身期望值的后果。

(2) 过早暴露己方"底牌"。先报价的一方由于过早地暴露了己方手中的"底牌",处于明处,为对方暗中组织进攻,逼迫抢先报价一方按对方设定的方向谈判下去提供了方便。

案例 4.1:撒切尔夫人的报价

(二) 后报价的利弊

1. 后报价的好处

在谈判过程中后报价时,对方在明处,己方在暗处,可以根据对方的报价及时修改策略,较晚地暴露己方的意图,以争取最大的利益。具体而言,让对方先报价,己方后报价可以在明确对方的报价后调整己方的报价方案,并且可以挑出对方报价的不合理之处,为己方争取谈判利益。一般来说,出现以下两种情形时采用后报价:一是谈判对手没有充分了解己方商品的优势;二是在谈判之初对方就开始询问价格。

2. 后报价的弊端

后报价者在谈判场上的影响较小,话语权较弱,在谈判场合的控制上较为被动。先报价一旦形成影响,后发制人便成了一句空话。后报价易被对方占据主动,而且大多数情况下必须在对方划定的范围内谈判。

(三) 报价顺序的实际运用

一般来说,在决定报价的先后顺序时,应考虑以下几点:

(1) 当谈判人员自身的实力强于对方,或者在谈判中处于主动地位,尤其是对方对本行业不熟悉时,己方先报价为宜。反之可考虑后报价,以观察对方,了解更多的情况,并适当调整自己的实际期望目标。

（2）如果对方是谈判高手,在谈判过程中谈判人员可以让对方先报价,避免被对方抽丝剥茧,了解己方真实的谈判意图。

（3）在冲突程度较高的谈判场合,谈判人员需谨记"先下手为强",争取在谈判之初占据主动,给对方较大的心理压力。在合作程度较高的场合,谁先出价则无多大关系。因为双方都倾向于寻找彼此满意的解决方案,不会在枝节问题上做过多纠缠。

（4）在报价过程中,谈判人员还需要根据商务谈判惯例决定报价顺序。谈判发起者与应邀者之间一般应由发起者先报价；投标者与招标者之间一般应由投标者先报价；卖方与买方之间一般应由卖方先报价。

五、报价的策略

报价策略是指在谈判过程的不同阶段,为了更好地掌握谈判的主动权,谈判人员根据不同情况所采取的报价方法与技巧。常用的报价策略主要包括报价时机策略、报价起点策略、价格分割策略、报价差别策略和中途变价策略。

（一）报价时机策略

报价时机策略是指在价格谈判中,谈判人员应首先让对方充分了解商品的使用价值及商品能为对方带来的预期收益值,待对方对此产生兴趣后再谈价格问题。实践证明,提出报价的最佳时机,一般是在对方询问价格时。

如果对方在谈判之初就询问价格,谈判人员最好的策略应当是"听而不闻"；若对方坚持即时报价,谈判人员也切忌故意拖延,而应把价格与对方可获得的好处及利益联系起来一起介绍,这种做法往往会取得更好的效果。

（二）报价起点策略

报价起点策略是指这样一种策略：作为卖方时,谈判人员选择较高的起点报价,即"尽可能地报最高价"；作为买方时则选择较低的起点报价,即"尽可能地报最低价"。实践证明,卖方报价越高,则最终的成交价越高；买方报价越低,则最终的成交价越低。

从报价策略的角度看,谈判双方在报价时一般都有虚报的成分,这种做法已成为商务谈判的惯例。谈判双方报价中的"一高一低"策略是合乎情理的,它真实地反映了谈判双方为了寻求各自利益最大化的正常心态。从心理学角度看,谈判双方都有一种要求得到比他们预期更多的心理倾向。

（三）价格分割策略

价格分割策略主要是为了迎合买方的求廉心理,谈判人员在谈判过程中将商品的计量单位细分化,然后按照小的计量单位进行报价。价格分割策略具体分为以下两种形式：

（1）用较小的单位报价,例如,糯米每吨1 000元报成每千克1元,干花每千克100元报成每两5元。

（2）用较小单位商品的价格进行比较,例如："每天少抽一支烟,每天就可订一份×

××报纸""使用这种空调平均每晚只需1度电,1度电只够开着暖风洗1小时的澡"。谈判人员作为卖方报价时采用这种报价策略,能使买方对商品价格产生心理上的优惠感,容易为买方所接受。

案例 4.2

比小不比大

2016年3月23日,杭州土地市场推出了两宗优质宅地,分别是市中心的潮鸣D4-01、05地块和城东的牛田单元R21-29地块。当天,绿城、信达、滨江、大家、金茂首开联合体和地铁万科联合体等16家竞买单位参与报名潮鸣地块的争夺。起拍总价为178 387万元,单价为21 168元/平方米。首轮拍价为21亿元,单价为25 508元/平方米,每平方米地块价格增加量为4 000多元。经过56轮竞价,最终绿城房产以37.35亿元的总价强势竞得潮鸣地块,折合楼面价为45 368元/平方米,溢价率达109.38%,一举刷新杭州宅地楼面价记录。

案例来源:http://www.ce.cn/cysc/fdc/fc/201603/23/t20160323_9754173.shtml。

正如以上案例所述,地块的拍卖以每平方米的价格进行报价,相较以全部地块的总价进行报价容易让购买者产生价格上更优惠的错觉,在竞拍时较小的加价实际上就会使总价发生较大的变化。这在竞拍激烈的情况下更容易刺激购买者报价的积极性。

(四)报价差别策略

由于购买数量、付款方式、交货期限、交货地点、客户性质等方面的不同,同一商品的购销价格也各不相同。因此,买卖双方都应该在考虑不同附加因素的基础上,给出具有一定差异的报价,这就是报价差别策略。例如,对老客户和大批量购买的客户,谈判人员可适当给予价格折扣优惠;对于一次性付款的客户,谈判人员则可以给出相比分期付款和延期付款的用户更多的优惠。

(五)中途变价策略

中途变价策略是指在报价的中途,谈判人员改变原来的报价趋势,从而争取谈判成功的报价方法。改变原来的报价趋势,即买方在一路上涨的报价过程中突然报出一个下降的价格,或者卖方在一路下降的报价过程中突然报出一个上升的价格,从而改变原来的报价趋势,促使对方考虑接受己方的价格。

案例 4.3:皮箱店老板的妙招

第二节 讨价还价

谈判一方报价后,另一方通常不会全盘接受,双方还需经过一番讨价还价才能达成一致意见,实现谈判目标。这是商务谈判过程中最艰苦、最激烈的阶段,因为它直接关系双方的利益得失。讨价经常和还价一起交错进行,在实际谈判中很难区分开,因此人们常常把讨价和还价放在一起讨论,称为"讨价还价"。本节主要介绍讨价还价的含义、方式、原则及策略。

一、讨价

日常商务谈判过程中,谈判一方经常会遇到谈判对手报价与己方预期目标相距甚远的情况,此时为了确保己方利益,通常会采取一系列谈判磋商进行讨价,以期达到让对方改善报价的目的。

(一)讨价的含义与方式

1. 含义

讨价是指在一方报价之后,另一方认为其报价离己方的期望目标太远,而要求报价方重新报价或调整报价的行为。讨价可以是实质性的,也可以是策略性的。策略性讨价的作用是误导对方对己方的判断,改变对方的期望值,并为己方的还价做准备。

2. 方式

一般而言,讨价的方式分为全面讨价、分别讨价和针对性讨价三种。

全面讨价是讨价者根据交易条件全面入手,要求报价者从整体上改变价格,重新报价的方式,常用于复杂交易中的第一次要价。

分别讨价常用于较复杂交易中、对方第一次改善报价之后,或谈判人员不便采用全面讨价方式时。例如,在全面讨价后,谈判人员根据交易内容的不同,按照价格中所含水分的大小,分为水分大、水分中等、水分小三类,再分别讨价;或者在不便全面讨价的情况下,如遇到技术贸易价格,可按具体项目分为技术许可基本费、技术资料费、技术咨询费、人员培训费和设备费等,再分别讨价。

针对性讨价是讨价者有针对性地从交易条款中选择某些条款,要求报价者重新报价的方式。针对性讨价通常适用于针对价格明显不合理和水分较大的个别部分进一步讨价的情形。

(二)讨价的原则

讨价并不意味着谈判人员一味地要求谈判对手改善报价,而是需要谈判人员遵循一定的讨价原则,具体包括以理服人、见好就收、揣摩心理和掌握次数四大原则。

1. 以理服人

以理服人讨价原则是指谈判人员应以尊重对方和说理的方式进行讨价。讨价不是买方的还价,而是启发、诱导卖方自己降价,以便为买方还价做准备。如果此时谈判人员"硬压"对方降价,可能导致谈判过早地陷入僵局,这对买方也不利。因此,谈判人员在讨价过程中尤其是在讨价初期和中期,应保持信赖、平和的态度,充分说理,以理服人,以求最大的获益。即使对"漫天要价"者,也应遵循以理服人的讨价原则。

2. 见好就收

报价过程中谈判人员还需谨记见好就收,一旦讨价使己方获利,便要适可而止,绝不能无期限地拖延下去。因为如果谈判人员不考虑对方对价格的改善,久拖而不还价,一方面说明己方不了解市场行情,进而显现出无知;另一方面则说明己方没有谈判诚意,这样的坚持必然会使谈判破裂。因此,在讨价过程中,只要对方能把价格预计的水分降至40%~50%,己方即可还价。想让对方把所有的水分全部降下来再还价是不可行的,因为对方要留下一部分水分作为自己讨价还价的筹码。

3. 揣摩心理

讨价其实是一种试探对方虚实的行为。买卖双方在讨价过程中都不能贸然行事,而要在揣摩对方心理的基础上探明其真实意图,这就要求谈判人员仔细倾听、察言观色。仔细倾听不仅是谈判人员尊重对方的一种表现,还能让谈判人员捕捉到对方的"言外之意"。例如,在报价太离谱的情况下,报价方的解释往往会出现矛盾,受价方若仔细倾听,就能指出报价的不合理之处。同时,谈判人员还可以通过对方调整价格的幅度和解释,掌握对方的期望值。此时,谈判人员可以在不打断对方话题的情况下,顺着对方话题发问,提出种种假设条件,要求对方回答,以获取还价的有用信息和依据,最终使报价方处于被动局面,甚至做出让步。此外,谈判人员还要善于察言观色,因为敏锐、细致地观察他人的言语、表情、手势、动作及看似不经意的行为,是洞察对方心理、控制对方企图的先决条件。

4. 掌握次数

所谓讨价次数,是指要求报价方改善报价的有效次数,即讨价后对方降价的次数。一般在价格谈判的初始阶段,报价都包括一个策略性的虚报部分,且报价方都有一个愿意保持己方良好形象和与客户之间良好关系的心理。因此,在讨价中对方往往会作出"姿态性的改善"。从心理因素来看,讨价一次,理所应当;讨价两次,可以理解;若再进行第三次讨价,卖方一般不会愿意再改变报价,通常会以各种委婉的方式表示不能再让步,但此时若价格还存在明显不合理的情况,买方不能被卖方的表现和心理因素所迷惑与左右,仍应继续讨价。

(三)讨价的基本方法

1. 举证法

举证法即言之有据地讨价。为了增加讨价的力度,谈判人员往往会列举一些事实作为要求对方调整报价的依据。凡是有说服力的内容都可以作为讨价的证据,常用的例证包括市场的行情、竞争者的价格、对方的成本、过去的交易惯例、产品的质量与性能、研究成果和公认的结论等。

2. 假设法

假设法是指谈判一方以一定的假设条件与谈判对手进行讨价，以期掌握谈判对手的最低心理价位的方法。谈判人员通常以加大购买数量、答应长期合作、给予更优的付款方式等假设法来试探对方的底线。这类假设一般是根据谈判人员能否讨价成功来确定，因此不一定会真正履行。

3. 多次法

多次法是指谈判人员在商务谈判的磋商过程中进行多次讨价的方法。讨价一般是针对谈判对手策略性虚拟价格的水分、虚头进行的，这是买方要求卖方降价、卖方要求买方加价的一种表示。因为在谈判磋商过程中不论是加价还是降价，一般都不可能一步到位，都需要分步实施，最终交易的价格很少是一次谈成的。谈判人员要明确只要每一次讨价的结果都能使交易条件得到改善，即使对方的理由并不都合乎逻辑，只要对己方有利都应接受。

案例 4.4：荷伯的谈判智慧

二、还价

在进行谈判时，为了争取自己的最大利益，双方往往对所提条件斤斤计较、反复争议，于是不断还价的过程便开始了。买卖双方每一次还价不仅影响谈判的进程和成败，很大程度上还决定己方获利的多寡。因此，谈判人员在还价时，不仅要选择正确的方式，还要仔细考虑确定还价起点的相关因素，遵循还价的基本原则，正确使用还价的方法。

（一）还价的含义

还价也称还盘，泛指受盘人对发盘条件不同意或不完全同意而提出修改、限制或增加新条件的做法。大部分情况下，还价是指针对卖方的报价，买方给出的反应性报价，以讨价为基础。卖方首先报价后，买方通常不会全盘接受，而是会根据对方的报价进行讨价。卖方对买方的讨价通常也不会轻易允诺，但为了促成交易，会对报价作出改善。这样经过一次或几次报价之后，买方根据估算的卖方保留价格、己方的理想价格及策略性虚假报价部分，按照既定策略的技巧，提出自己的反应性报价，即作出还价。如果说卖方的报价划定了谈判中讨价还价范围的一个边界，那么买方的还价将划定与其对立的另一个边界。这样一来，买卖双方即在这两条边界所规定的界区内展开激烈的较量。

（二）还价的方式

在还价过程中，谈判人员为确保自己的利益要求和主动地位，应根据交易内容、所报价格及讨价方式，采取与之相适应的还价方式。

按照谈判中还价的依据，还价可以分为按分析比价还价和按分析成本还价两种方式。按分析比价还价是指在己方不了解所谈产品本身的价值时，采用与其相近的产品、同类产品或竞争者产品的价格作参考进行还价。这种还价方式的关键在于所用以参照的商品的可比性及价格的合理性。只有可比价格合理,还价才能使对方信服。

按分析成本还价是指谈判过程中己方谈判人员事先计算出所谈产品的成本,然后在此基础上再加上一定的利润作为依据进行还价。这种还价方式的关键是所计算成本的准确性,成本计算得越准确,还价的说服力就越强。按照谈判中还价的项目,还价方式又分为单项还价、分组还价和总体还价三种。单项还价是指谈判人员按所报价格的最小单位进行还价,或者对个别项目进行还价;分组还价是指谈判人员把谈判对象划分成若干项目,并按各个项目报价中所含水分的多少划分档次,然后逐一还价的方式;总体还价又称"一揽子"还价,是指谈判人员在谈判过程中不分报价中各部分所含水分的差异,均按同一个百分比进行还价。

(三)还价起点的确定

在谈判磋商过程中,还价方式确定后,谈判人员的关键问题是要确定还价的起点。还价起点是指以何种条件进行第一次还价,这是买方第一次公开报出打算成交的条件,其高低直接关系己方的经济利益,也会影响价格谈判的进程和成败。

还价起点的总体要求主要包括两点:一是还价起点要低,力求使己方的还价给对方造成压力,以达到影响或改变对方判断的目的;二是还价起点要接近目标,使对方有接受的可能性,能使价格磋商过程顺利进行。

从量上讲,还价起点的确定包括下面三个参照因素:

(1)报价中的含水量。在价格磋商中,虽然经过讨价,报价方对其报价作出了改善,但改善的程度各不相同。因此,重新报价中的含水量是确定还价起点的第一个因素。对于所含水分较少的报价,谈判人员应确定较高的还价起点,使对方同样感到己方的诚意;对于所含水分较多的报价,或者当对方报价只作出很小的改善便千方百计地要求己方立即还价时,己方谈判人员可以确定相对较低的还价起点,使还价与成交价格的差距与报价中的含水量相当。

(2)与己方目标价格的差距。对方报价与己方期望的成交价格目标之间的差距是确定还价起点的第二个因素。对方报价与己方期望的成交价格目标之间的差距越小,还价起点应越高;对方报价与己方期望的成交价格目标之间的差距越大,还价起点应越低。当然,谈判人员的还价起点无论高低,都要低于己方期望的成交价格,以便为以后的讨价还价留下余地。

(3)准备还价的次数。准备还价的次数是影响还价起点确定的第三个因素。与讨价一样,还价也不能只允许一次。在每次还价增幅已定的情况下,当己方准备还价的次数较少时,还价起点应较高;当己方准备还价的次数较多时,还价起点应较低。同时,谈判人员还应考虑卖方在买方进行价格评价和讨论之后,其价格的改善情况。

(四)还价原则

买方必须针对卖方的报价,并结合讨价过程,对己方准备作出的还价进行周密的筹划。在商务谈判中,要进行有效的还价必须遵循以下原则。

1. 可接受原则

还价要达到后发制人的目的,绝不仅仅是为了形成与对方报价的差异,而是力求给对方造成巨大压力,影响甚至改变对方的期望。同时,谈判人员在还价时还需留有余地,使对方有接受的可能。这是还价总的指导思想。

2. 审慎分析原则

谈判人员在还价之前必须充分掌握对方报价的全部内容和真实意图,作出正确的分析和判断,从中发现对方报价的弱点和突破口,作为己方还价的筹码。在还价之前,买方应设法搞清楚对方报价中的条件哪些是主要的、关键的,哪些是次要的、附加的,哪些是虚假的或诱惑性的,哪些条件仅仅是作为交换筹码提出的。谈判人员只有弄清楚这一切,才能进行科学的还价。

3. 巧设价格范围原则

谈判人员在还价过程中还应认真估算对方的保留价格和对己方的期望值,制定己方还价的起点、理想价格和底线等重要目标。还价应掌握在双方谈判的协议区间内,即谈判双方互为临界点和争取点之间的范围。超过此范围,谈判将难以取得成功。

4. 直接拒绝原则

谈判过程中,如果对方的报价超出谈判协议区间的范围,与己方将要提出的价格条件相距甚远,谈判人员不要草率还价,而应先拒绝对方的报价。必要时谈判一方可以中断谈判,指出对方报价中不合理的部分,使对方在谈判重新开始时另行报价。

(五)还价的方法

在遵循上述原则的基础上,谈判人员可以采用暂缓还价法、低还价法、列表还价法和条件还价法。暂缓还价法是指当对方报价与己方报价差距较大时,谈判人员可以不立即直接还价,而是通过提问、磋商逐步试探对方的底细,待时机成熟时再还价的方法。低还价法则是通过出低价,限制对方的期望,探测对方的反应的一种还价法。使用该方法时,谈判人员要确保还价理由非常充分。列表还价法是一种将价格分为不能让步、可让步、条件让步等具体类型,制成表格的还价方法。条件还价法则是一种以己方让步换对方让步的还价方法。

三、讨价还价策略

讨价还价即议价,在一般情况下,讨价还价是交易双方为解决尚存差距而在单位时间内同时进行讨价还价的行为,它包括了"讨价"与"还价"的多次重复概念和价格谈判的阶段性概念。因磋商前期阶段与后期阶段的谈判内容和目的不同,这两个阶段的讨价还价策略也有所区别。

（一）讨价还价前期阶段的策略

在讨价还价前期阶段，谈判双方磋商的主要目的是相互揣摩心理、了解对方的真正意图和对谈判磋商的态度，因而谈判双方所用策略都要有助于实现这一目的。这一阶段的常用策略有故布疑阵、投石问路、抛砖引玉等。

1. 故布疑阵

故布疑阵是指磋商过程中谈判人员通过不露痕迹地向对方提供大量虚假信息或无用信息而使对方上当，从而取得有利的谈判条件的策略。

运用故布疑阵策略需要两个条件：一是谈判人员需要为对方创造获取机密的有利条件；二是谈判人员要确保对方相信所得信息，并觉得"无意中"得到的情报对他们太重要了，即有惊喜感。二者缺一不可，否则便会弄巧成拙。确保故布疑阵有效性的关键在于，要使一切都做得合乎情理，不能露出一点破绽。不到万不得已，一般不宜采用这种策略。

谈判人员应注意从以下几个方面着手应对该策略：

第一，谈判人员应具备高超的观察力和应变力，不能轻信对方较为明显的失误。同时，谈判人员对己方轻易得来的材料需要持怀疑的态度，在关注对方一举一动的同时，洞察其举动的真实意图，并据此制定灵活有效的应对策略。

第二，谈判人员需要用心收集和准备充足的谈判资料，以便在对方故布疑阵时，以不变应万变，以免落入对方设下的圈套。

第三，若谈判对手急于与己方达成协议，且己方已胜券在握，则可间接揭露对方采用该策略的真实目的，指出在谈判中故意出差错是非常不道德的，不利于双方今后的合作。

2. 投石问路

投石问路是指谈判一方为了摸清对方的虚实，掌握对方的心理，通过不断提问试探对方的底细，以便在谈判中作出正确决策的策略。谈判人员常利用一些能吸引对方或突发性的话题与其交谈，或通过所谓的谣言、秘讯或有意泄密等手段，琢磨和试探对方的态度及反应。

谈判人员在运用此策略时一般提问要多，且要做到虚虚实实，煞有介事；争取让对方难以摸清己方的真实意图；不要使双方陷入"捉迷藏"的境地，进而使问题复杂化。这种策略一般在市场行情不稳定，或是对对方不太了解的情形下运用。

谈判人员在应对谈判对手的投石问路策略时应注意以下几点：只对部分问题作简单必要的回答，不要过早暴露己方的价格目标和真实意图；谈判人员还应注意向对方进行反提问，或提出与对方问题不相干的问题，或干脆利落地向对方询问其交易的真实需求及期望的交易条件；谈判人员还可以要求买方以马上订货作为条件，否则不会对买方的要求进行估价；如果买方准备马上订货，一般会留有余地地对买方的要求进行估价，趁机试探买方的诚意与动机；调查分析买方购货的意图或目的，适当强调交易成功可能对买方产生的利益，以激发买方将购买欲望付诸行动。

案例 4.5

"不经意"的寒暄

日本松下电器公司创始人松下幸之助刚"出道"时,曾遇到过一位精明的批发商。他第一次到东京找这位批发商推销产品,刚一见面,批发商就友善地寒暄道:"我们第一次打交道吧?以前我好像没见过你。"

松下恭敬地回答:"我是第一次来东京,什么都不懂,请多关照。"正是这番极为平常的寒暄答复却使批发商获得了重要的信息:对方原来只是个新手。批发商又问:"你打算以什么价格卖出你的产品?"松下又如实地告知对方:"我的产品每件成本是20元,我准备卖25元。"批发商了解到松下在东京人地两生,又暴露出急于为产品打开销路的愿望,便趁机杀价,"你首次来东京做生意,刚开张应该卖得便宜些。每件20元,如何?"结果,没有经验的松下在这次销售谈判中非常被动。

案例来源:http://tradeinservices.mofcom.gov.cn/article/zhishi/anlijq/201712/51641.html.

东京批发商在寒暄过程中仅通过三个简单的问题就探听到了松下幸之助的底细,从而成功杀价。由该案例可知,即便是短短的几句寒暄,只要问得巧妙,也能获取对方的重要信息。投石问路的关键在于选择合适的"石",提出的假设应该是己方所关心的问题,而且是对方无法拒绝回答的。

3. 抛砖引玉

抛砖引玉的基本做法是谈判人员在对方询价时,先不开价,而是举一两个近期达成交易的案例,如己方与市场上其他商家的交易,给出其成交价,进行价格暗示,反过来请对方出价。运用此策略的目的是将先出价的"球"踢回给对方,为己方争取好价格。

此策略一般在己方不愿意先出价而对方又期望己方先出价的情形下使用。值得注意的是,所举案例的成交价要有利于己方,成交案例与本交易要具有可比性,且需要提供证明材料。有经验的谈判人员一般会千方百计找出对方所提供案例的漏洞或不可比性,坚持要对方先出价,这也是应对抛砖引玉策略的绝招。

4. 吹毛求疵

买方通常会利用吹毛求疵的策略与卖方讨价还价,即对产品和对方的报价尽可能地挑毛病。运用该策略时谈判人员需要掌握好度,否则会给对方留下胡搅蛮缠的印象。谈判一方在向对方提要求时不能过于苛刻、漫无边际,要有针对性、恰如其分,不能与通行做法和惯例相距太远。否则,对方会觉得己方缺乏诚意,以致中断谈判。在谈判中运用这一策略时,谈判人员还要注意:提出的比较苛刻的要求应尽量是对方掌握较少信息与资料的某些方面,或尽量是双方难以用客观标准检验证明的某些方面。否则,对方很容易识破己方的策略,进而采取应对措施。

为避免弄巧成拙,谈判人员在谈判过程中使用吹毛求疵策略时还应注意以下几点:

(1) 充分了解信息。谈判人员需要尽可能掌握对方的真实意图,以便在谈判过程中针对对方的细节信息采取吹毛求疵策略。

(2) 要善待"挑毛病"的顾客。俗话说："褒贬是买家"。买方挑刺的目的是增加讨价还价的筹码，这说明买方有购买的愿望。因此，卖方应努力使买方对己方的产品有信心。

(3) 耐心倾听。耐心倾听能使卖方找出买方那些虚张声势的问题及要求的不合理性，从而趁机反攻。如果买方提出的问题合理，要真诚地与买方私下商谈解决办法。

(4) 对于某些问题和要求，谈判人员要能避重就轻或不予理睬，当对方在无中生有、鸡蛋里面挑骨头时，一定要正面解释，同时可向对方建议一个具体而又彻底的解决办法，不要与对方争论与交易关系不大的问题。此外，谈判人员也可以向对方提出某些虚张声势的问题来增强己方的谈判力量。

5. 价格诱惑

价格诱惑是卖方利用买方担心商品市场价格上涨的心理，诱使对方迅速签订购买协议的策略。价格诱惑的实质是把谈判对手的注意力吸引到价格问题上，使其忽略对其他重要合同条款的讨价还价，进而在这些方面争得让步与优惠。

买方一定要慎重对待价格诱惑，必须坚持做到以下几点：

(1) 计划和具体步骤一经研究确定，就要毫不动摇地执行。在谈判过程中，谈判人员应排除外界的各种干扰，与对方认真磋商所有列出的谈判要点，决不随意迁就。

(2) 买方要根据实际需要确定订货单，不要在价格上被卖方所迷惑，买下一些不需要的辅助产品和配件，同时，切忌受对方时间期限的约束而匆忙作出决定。

(3) 谈判人员在谈判前要做好充分的市场调研，准确把握市场竞争态势和价格走势，不要被对方的价格诱惑所影响。

(4) 买方要反复协商，推敲各种项目合同条款，充分考虑各种利弊关系。签订合同之前，还须再一次确认所有成交条件。在谈判过程中为确保决策正确，谈判人员可以采取及时请示上级、召开谈判小组会议等措施。

6. 目标分解

讨价还价不仅局限于己方让价或者对方让价的问题，对于一些涉及诸多方面的大型谈判项目及技术交易项目，谈判人员可以采用目标分解策略，即把复杂的谈判过程分解成多个方面来进行讨价还价。由于分解后的项目比较具体，买方容易找到还价理由，使自己的还价具有针对性和依据，也更容易为卖方所接受。

案例 4.6

令对方信服的杀价

中国一家公司与德国仪表行业的一家公司进行一项技术引进谈判。德方向中方转让时间继电器的生产技术，价格是 40 万美元。德方依靠技术实力与名牌产品，在转让价格上坚持不让步,双方僵持下来,谈判难以进展。最后中方采取目标分解策略,要求德商就转让技术分项报价。结果,通过对德商分项报价的研究,中方发现德商提供的技术转让明细表上的一种时间继电器石英振子技术,中国国内厂家已经引进并消化吸收,完全可以不再引进。以此为突破口,中方与德方洽商,逐项讨论技术价格,将转让费由40万美元降低到25万美元,取得了较为理想的谈判结果。

案例来源:https://www.docin.com/p-475030711.html.

在上面的案例中,中方谈判人员在谈判出现僵局时及时改变谈判策略,不再局限于整体技术价格,而是向谈判对手提出将整体技术进行分项报价,打乱对方的报价策略,这有利于己方针对该项转让技术的各部分进行有理有据的讨价还价,迫使对方让步,最终以合理的价格获得所需的生产技术。

(二)讨价还价后期阶段的策略

讨价还价后期阶段的策略非常重要,直接影响谈判的成败,因此谈判人员要慎用每一种策略。常用的策略有最后通牒、场外交易、私下接触、权力有限等。

1. 最后通牒

在谈判双方争执不下、对方不愿作出让步时,为了逼迫对方让步,己方可以向对方发出最后通牒。其通常做法是谈判一方给谈判规定最后的期限,如果对方在这个期限内不接受己方的交易条件达成协议,则己方就可以宣布谈判破裂而退出谈判。运用该策略应注意以下几点:

(1)谈判人员知道自己处于一个强有力的地位,特别是这笔交易对对手来讲要比对己方更为重要。这一点是运用该策略的基础和必备条件。

(2)在谈判的最后阶段或最后关键时刻谈判人员才能使用最后通牒策略。对方经过旷日持久的谈判,花费了大量人力、物力、财力和时间,一旦拒绝己方的要求,这些成本将付诸东流。此时对方会因无法负担失去这笔交易所造成的损失而达成协议。

(3)采用最后通牒策略时,谈判人员的言语表达要委婉,给对方留有余地。既要达到目的,又不至于咄咄逼人。例如,谈判人员可以通过给对方思考、讨论或请示的时间等方法减轻其敌意,从而使其自愿降低条件或者不太情愿地接受己方的条件。

(4)谈判人员应拿出一些令人信服的证据(如国家的政策、与其他客户交易的实例或者国际惯例、国际市场行情的现状及趋势,以及国际技术方面的信息等),利用事实说话。

(5)谈判人员在采用最后通牒策略时必须非常坚定、明确、毫不含糊,不让对方存有任何幻想。同时,己方也要做好对方最终不让步而退出谈判的思想准备。值得注意的是,采用这一策略有可能使谈判破裂或者陷入更为严重的僵局,所以谈判人员要视情况而定,在有较大把握或万不得已时才用,切勿滥用该策略。

谈判人员在遇到谈判对手使用最后通牒策略时,应掌握以下技巧,以便有效应对该策略。

(1)谈判人员需要分析并判断对方的最后通牒的真假。

(2)当谈判对手发出最后通牒时,己方人员可以不予理睬,继续谈判,尽力找出一个圆满的解释去反驳对方,从而使对方的通牒陷入不攻自破的局面。

(3) 谈判人员可以摆出准备退出谈判的样子,以此来反侦察对方的真实意图,谈判人员也可以转换话题或改变交易的条件来应对对方的最后通牒。

(4) 谈判人员还可以暗示还有其他货主和顾客,使对方感到激烈竞争的压力,并适时指出谈判破裂将给对方造成的损失。

(5) 谈判人员也可以提醒对方注意使用该策略的后果,还可以要求暂时休会,以便双方静心思考是否要继续谈判。

案例 4.7:长达一年多的劳资纠纷谈判

2. 场外交易

场外交易是指谈判双方将最后遗留的个别问题的分歧放下,离开谈判桌,东道主安排诸如旅游、酒宴等娱乐项目,以缓解谈判气氛,争取达成协议的策略。不过,有些国家的商人忌讳在酒席上谈生意,所以运用该策略时应事先了解谈判对手的风俗习惯,以免弄巧成拙。

3. 私下接触

私下接触是指在谈判过程中,谈判人员有意识地同对手私下接触,一起去娱乐游玩,以期增进双方的了解,建立良好的友谊,促进谈判的顺利进行。这种策略尤其适用于各方的首席代表。一般来说,凡是可以使双方人员一起娱乐消遣的地方都是适当的谈判场所。

4. 权力有限

权力有限是指当双方人员就某些问题进行协商,一方要求对方作出某些让步时,另一方宣称,在这个问题上授权有限,其无权作出这样的让步,或无法更改既定事实的策略。该策略一般是在对方要求条件过高或己方需要对方在后期作出更大让步的情形下使用。

权力有限作为一种策略,只是一种对抗对手的盾牌。"盾牌"的提出要严密,让人难辨真伪。只凭己方的"底牌"来决定是否改变要求、作出让步。运用这一策略时,谈判人员要想撤销盾牌也并不困难,可以说已请示领导同意即可。谈判人员在采用权力有限策略时也需慎重,不要使对方察觉己方没有决策权,不具备谈判的能力;不要让对方失去与己方谈判的诚意和兴趣,以免无法达成有效协议。谈判人员应对该策略的方法包括:在正式谈判开始后,迂回地询问对方是否有拍板定案的权力;要求对方尽快通过电话、电传等方式同其领导联系,尽快解决权力有限的问题。

第三节 让 步

在商务谈判中让步是指谈判一方向对方妥协,降低己方的理想目标和利益要求,向双方期望目标靠拢的谈判过程。在磋商阶段,让步是谈判双方一种必然会发生的行为。如果谈判双方都坚持自己的立场,那么谈判将永远达不成协议。在多轮讨价还价中,谈判双方相互让步,直至双方的期望目标基本上靠近,才能最终实现谈判的目标。让步是一种艺术,真正的谈判高手会以小的让步换取对方极大的满足感,使其珍视所得到的每一次让步,以同等甚至更多的让步予以回报。要做到这一点,必须遵循让步的基本原则和要求,把握让步的基本方式和策略。

一、让步原则与要求

在具体谈判让步过程中,谈判人员需要谨记以下几种让步原则和要求,以便顺利推进谈判。

(一)维护整体利益

让步是在维护整体利益基本不变的前提下作出结构上的调整。让步不能牺牲整体利益,只能让出局部利益。因此,谈判人员在让步前一定要弄清楚可让步和不可让步的问题、让步的最大限度、让步对全局的影响等。简言之,谈判人员要以最小让步换取谈判的成功、以局部利益换取整体利益作为让步的出发点。

(二)选择恰当时机

谈判人员在使用让步策略时千万不能随意,要把握好时机。具体而言,谈判人员让步之前必须经过充分的磋商,当时机成熟时,作出适当的让步,使让步成为"画龙点睛之笔"。一般来说,当对方没有表示出任何退让的可能,让步不会给己方带来相应的利益,也不会增强己方讨价还价的力量,更不会使己方占据主动地位时,己方是不能作出让步的。

(三)以让步换让步

让步必须是有条件的,即己方的让步以对方的让步为条件。让步的代价一定要小于让步所获得的利益。谈判人员在磋商过程中要避免无谓的让步,要用己方的让步换取对方在某些方面的相应让步或优惠,以最终达到"得大于失"的效果。

(四)以小博大

谈判人员要明确对于双方来说,哪些是关键问题,哪些是次要问题。在次要问题上,己方可以考虑主动让步,在关键问题上要力求使对方先让步,也就是说,以己方较小的让步换取对方较大的让步,这样才能争取谈判的主动权,为下一轮谈判增加筹码,增加与对方讨价还价的力量。

(五)勿作交换式让步

在磋商过程中,谈判人员切忌承诺作交换式的让步,即使作出同等程度的让步,双方由此得到的利益也不一定相同。因此,谈判人员不能承诺作相同程度的让步,但可以让对方感到己方虽然没有作出同等让步,但也作出了相应的努力,以同样的诚意作出让步。

(六)让步幅度要适当

谈判人员每次让步都要注意让步的幅度。让步幅度过大,会使对方的期望值迅速提高,导致其提出更高的让步要求,使己方在谈判中陷入被动;让步幅度过小,对方会认为己方没有诚意。同理,让步次数太多或太少都是不利的。因此,在磋商过程中谈判人员一定要步步为营,严格控制让步的幅度和次数,要让对方明白己方的每一点、每一次让步都是来之不易的。

(七)勿轻易让步

在商务谈判中,双方的让步是为了达成协议而必须承担的义务。让步方不仅要让对方清楚己方每一次让步都是重大的,还要使对方感到每一次让步都需付出努力,这样才能提高让步的价值,也才能为获得对方的更大让步打下基础。真正的谈判高手一般会使对方珍惜"来之不易"的让步。

(八)检验让步效果

在谈判过程中,谈判人员每作出一次让步后都要观察对方的反应。具体而言,谈判人员要及时观察并检验对方表现出的态度和行动是否与己方的让步有直接关系、己方的让步对对方产生了多大的影响与说服力、对方是否也作出了相应的让步等。如果己方先作出了让步,那么在对方作出相应的让步之前,不能作第二次让步。

二、让步方式

谈判是双方通过不断让步最终实现价值交换的一个过程。谈判人员既需要把握让步时机,也需要选择合适的让步节奏和幅度。让步的节奏和幅度涉及谈判的整个战略布局,过快的让步节奏和过大的让步幅度都是不可取的。在很多情况下,谈判人员不在乎让步的多少,而在乎这个让步是怎么得到的,因此让步的方式非常重要。根据让步的幅度,可将让步方式分为坚定式、均衡式、递增式、递减式、有限式、快速式、满足式和一次性八种。

下面以卖方的让步方式为例,介绍不同让步方式的特点。假设卖方在原来报价的基础上,总体让步数额为60元,分四次让出,比较典型的让步方式如表4.1所示。

表 4.1 让步次数及让步幅度列表

让步方式	让步次数			
	第一次让步	第二次让步	第三次让步	第四次让步
坚定式	0	0	0	60
均衡式	15	15	15	15
递增式	8	13	17	22
递减式	22	17	13	8
有限式	26	20	12	2
快速式	59	0	0	1
满足式	50	10	−1	+1
一次性	60	0	0	0

(一)坚定式让步

坚定式让步(0、0、0、60)是指谈判人员在让步的最后阶段一次性让出全部可让利益。该让步方式的优点在于：己方在谈判之初坚持寸利不让，最后让出全利，对方有险胜感，会加以珍惜。在这种让步方式中，卖方开始坚持寸利不让，有失去伙伴的危险，同时该方式容易给对方传递缺乏诚意的信息。买方认为卖方妥协的希望极小，因而很容易产生僵局。这种让步方式适合谈判投资少、依赖性低、谈判占优势的一方。

(二)均衡式让步

均衡式让步(15、15、15、15)是一种等额平均的让步方式，该方式鼓励对手继续期待的让步，但会促使买方提第五次让步要求。该方式的优点在于：让步平稳、持久，不让买方轻易占便宜，双方利益均沾下达成协议，且遇到性急或无时间的买方时，能够削弱对方的还价能力，但此方式速度、幅度平稳，给人平淡无奇之感，且效率低、成本高，容易导致对方期待更大的利益。

(三)递增式让步

递增式让步方式(8、13、17、22)是一种每次让利递增的让步方式，也是一种不明智的让步行为。这种让步方式的优点是可以向买方表明己方的诚意，能吸引买方。但该方式最大的缺点是提高对方的期望，强化对方的议价能力。这种让步方式一般适用于谈判出现僵局与危难时。

(四)递减式让步

递减式让步方式(22、17、13、8)是一种每次让利递减的让步方法，这种让步方式可以体现卖方的诚意，显示卖方的立场越来越坚定，有利于坚守底线。该方式的优点是可以使谈判过程顺其自然，易于接受，不会产生失误，有利于与对方进行等价利益交换。但由于让利由大到小，买方能获得的利益越来越小，易形成不好的感觉，且此类谈判惯用方法缺乏一定的新鲜感。这种让步方式适合谈判提议方使用。

(五)有限式让步

有限式让步方式(26、20、12、2)是一种将让步幅度等差递减的让步方式。谈判人员在使用这种方式时，最后一次会让利很小，以此突出己方的让步艰难程度，并试探对方的心理价位。这种让步方式通常适用于久经谈判桌的谈判高手，其优点包括：给人以顺乎自然、无须格外劳神之感，容易为人们所接受；由于让利的过程中采取了一次比一次更为审慎的让步策略，一般不会产生让步上的失误，同时也可以防止对方攫取超限度的利益；这种方式有利于谈判各方在等价交换、利益均沾的条件下达成协议。

(六)快速式让步

快速式让步方式(59、0、0、1)是一种开始作出大幅度让步，后拒绝让步，让对方感到己让到位后再细微让步的让步方式。这种方式让步起点高,显得有诱惑力。谈判人员在大幅让步后仅让微利向对方传递无利可图的信息,使对方满意,成功率高。但这种让步方式也有一定的缺点:谈判人员一开始大幅让步会使强硬的买方认为己方软弱,使其加强攻击性;先让大再让小,对方认为己方诚意不足。因此,这种让步方式适用于合作为主的谈判,是建立在双方互惠互利的基础上的。

(七)满足式让步

满足式让步方式(50、10、-1、+1)是一种从高到低,然后又微高的让步策略。这种让步策略往往可以显示卖方的立场越来越坚定,表示卖方不会轻易让步;同时也是暗示买方前面让步幅度过大,最后再去掉加价因素,让买方有多得的优惠感。

这种让步方式的优点是:可以使对方有回报多的感觉,打消对方进一步期望己方让利的念头,最后谈判人员通过让小利,显示诚意使对方难以拒绝签约。但该让步方式也存在一定的缺点:前两步的退让会显示出己方的软弱,且贪婪的谈判对手会得寸进尺,另外第三步加价遭对方拒绝后,可能会使谈判破裂。因此,这种让步方式一般适合处于劣势,又急于成功的一方使用。

(八)一次性让步

一次性让步方式(60、0、0、0)是一种在起始就让出全部利益的策略。这种让步方式的优点是:谈判人员一开始就亮出所有底牌,有一定的诱惑力,容易打动对方,让对方充分感受己方合作的诚意,以获取信任;同时,能够给对方留下好印象而利于今后的长期合作。但该让步方式也有一定的缺点:一次性大的让步,将使己方失去可获利益,且会向强硬贪婪的对手传递有利可图的信息,使对方得寸进尺。因此,这种让步方式一般适用于处于劣势的一方或双方关系良好的情况。

三、让步策略

在谈判过程中谈判人员除了熟悉一些常用的让步方式外,还需要掌握相应的让步策略,从而懂得在谈判过程中如何迫使对方让步、如何主动让步。

(一)迫使对方让步策略

迫使对方让步的谈判策略是商务谈判中最常用到的,谈判人员通常希望通过该策略使对方在谈判过程中让出己方重视的核心利益,同时己方则让出一些次要的利益。一般而言,迫使对方让步策略通常采用比较强硬的态度,利用较激烈的言语、行为或竞争等方法削弱对方的谈判实力,从而迫使对方让步。迫使对方让步策略具体包括情绪爆发法、激将法和竞争法三种。

1. 情绪爆发法

情绪爆发法是指谈判人员在谈判过程中利用人们在冲突压力下容易退却、逃避的特点,从而"爆发情绪"以逼迫对方让步的一种方法。情绪爆发法分两种:一种是情不自禁地爆发,另一种是有目的地爆发。

情不自禁地爆发是指在谈判过程中,谈判一方的态度和行为引起了另一方的反感,或者是由于一方提出的谈判条件过于苛刻而引起另一方的反感,是自然的、真实的情绪发作;有目的地爆发则是指谈判人员为了达到己方的谈判目的而有意识地进行情绪发作,是一种谈判策略。谈判人员在应用情绪爆发法时必须把握好爆发时机及情感的强烈程度。

谈判对手采用情绪爆发法迫使己方让步时,己方谈判人员应及时采取下列措施:首先,谈判人员应泰然处之,冷静处理;其次,谈判人员可以宣布暂时休会,给对方冷静平息的时间,然后再指出对方行为的无礼之处,重新进行实质性问题的谈判。

2. 激将法

激将法是指谈判人员以话语刺激对方的主谈人或其重要助手,使其感到仍坚持自己的观点和立场会直接损害自己的形象、自尊心、荣誉等,从而动摇或改变其所持的态度和条件的方法。

激将法其实是利用谈判对手的自尊心和逆反心理积极的一面,以"刺激"的方式,激起其不服输情绪,从而说服对方。激将法虽是一种迫使对方让步的很有力的策略,但很容易激怒对方,可能导致谈判僵局或破裂。因此,谈判人员不能滥用激将法,而要在了解对方、环境及条件的基础上,选择合适的时机运用此法。同时,谈判人员在运用激将法时要掌握分寸,不能过急,也不能过缓。过急,欲速则不达;过缓,无法激起对方的好胜心,也就达不到目的。此外,谈判人员还要善于运用话题,不要使用过于激烈的语言,以免因伤害对方的自尊心而导致谈判破裂。

谈判人员在遇到谈判对手采用激将法时应冷静处理,按照己方的谈判规划和流程继续进行,以不变应万变。

案例 4.8

"您真是个大傻瓜!"

日本的知名寿险推销员原一平曾经将目标锁定在一个性格比较孤傲的客户身上。尽管他已经拜访这位客户三次了,但客户却一直对他不理不睬。最后,原一平实在沉不住气了,便对客户说:"您真是个大傻瓜!"客户一听急了:"你说什么,你敢骂我?"原一平立刻笑着对客户说:"您别生气,我只不过是和您开个玩笑而已,千万别当真。只是我觉得有些奇怪,您比利华公司的老板更有钱,可事实表明他的身价却比您高得多。因为他购买了100万元的人寿保险。"不料,这位客户被原一平的话给激怒了,很快就做了个决定——购买200万元的人寿保险。

案例来源:http://shh.cbimc.cn/201404/18/content_106273.

这则案例中,为了让孤傲的客户购买保险,原一平出其不意地"讽刺"客户:"您真是个大傻瓜!",以激发对方保护自尊心的欲望,然后以开玩笑的方式缓和气氛,并通过将其与利华公司的老板相比较,进一步刺激对方,最终让对方购买了 200 万元的人寿保险。原一平成功使用激将法的主要原因在于:他通过三次拜访了解了顾客,在合适的时机,通过合适的语言和比较激发了客户的好胜心。

3. 竞争法

竞争法是谈判人员利用竞争对手给对方造成竞争的局势,使其感受到巨大的竞争压力,从而作出让步的策略。竞争局面可以是真实的,也可以是虚拟的,即借助假象来迷惑对方。制造和利用竞争是迫使对方让步的最有效的武器,为确保该策略的有效性,谈判前谈判人员要多考察几家客商,同时争取与他们接触或谈判,适当透露一些有关竞争对手的情况,在与一家达成协议之前,不要过早结束与其他客商的谈判,以保持竞争局面。

谈判人员在面对谈判对手采用竞争法策略时,要根据不同情况采取不同的应对办法:对于利用招标进行的秘密竞争,要制定周密的、合理的竞标方案,要积极参加竞标;对于背靠背的竞争应尽早退出;对于面对面的竞争,可以只倾听而不表态,不答应对方提出的任何条件,仍按自己的既定条件办事;在做决策时不要轻易受对方提到的所谓竞争的影响。

(二)主动让步策略

主动让步策略是指谈判各方因某个细节问题争执不下时,为了促成谈判成功,谈判一方主动提出让步的策略。主动让步策略具体包括互惠互利、予远利谋近惠和己方丝毫无损三种。

1. 互惠互利策略

互惠互利策略是一种以己方让步换取对方在某一问题上让步的策略。使用该策略的谈判人员需要有开阔的思路和视野,采取恰当的商谈方式、行之有效的应对技巧,以己方让步换对方让步。

案例 4.9

《区域全面经济伙伴关系协定》谈判何以完美收官?

2012 年 11 月东盟 10 国发起《区域全面经济伙伴关系协定》(Regional Comprehensive Economic Partnership,RCEP)谈判,旨在通过削减关税及非关税壁垒,建立一个包括东盟 10 国、中国、日本、韩国、印度、澳大利亚和新西兰在内的 16 国统一市场的自由贸易协定。

RCEP 谈判自 2013 年正式开始至 2019 年 11 月,举行了 3 次领导人会议、19 次部长级会议、28 轮正式谈判。近 3 年谈判主要历程的简单回顾如下:

2017 年 7 月 17 日至 28 日,RCEP 第 19 轮谈判在印度海德拉巴举行。各方继续就货物、服务、投资和规则领域展开深入磋商。

2018 年 4 月 28 日至 5 月 8 日,RCEP 第 22 轮谈判在新加坡举行。在全体会议召开的同时,货物、服务、投资、原产地规则、海关程序与贸易便利化、卫生与植物卫生措施、技术法规与合格评定程序、贸易救济、金融、电信、知识产权、电子商务、法律机制、政府采购等领域都并行举行了工作组会议。各方按照2017年11月首次RCEP领导人会议和2018年3月3日部长会议的指示,继续就货物、服务、投资和规则领域议题展开深入磋商,取得了积极进展。

2019年11月4日,第三次"区域全面经济伙伴关系协定"领导人会议在泰国曼谷闭幕。会后RCEP领导人发布了联合声明。声明表示,RCEP 16个国家中有15个国家已经完成了所有市场准入制度的文本谈判,下一步将进行法律审查以让该协议在2020年正式签署。而印度仍然有许多悬而未决的问题,RCEP各成员国将共同努力,以各方都满意的方式来解决这些问题。

2020年7月5日,印度新闻网站The Print援引政府高级别消息人士的话称,印度已决定不考虑加入任何中国主导的贸易协定,其中就包括《区域全面经济伙伴关系协定》(RCEP)。

2020年8月2日至3日,RCEP部长级会议在北京举行,会议推动谈判取得了重要进展。在市场准入方面,超过2/3的双边市场准入谈判已经结束,剩余谈判内容也在积极推进;在规则谈判方面,新完成金融服务、电信服务、专业服务三项内容,各方已就80%以上的协定文本达成一致,余下规则谈判也接近尾声。

2020年11月15日,《区域全面经济伙伴关系协定》签署仪式以视频方式进行,15个RCEP成员国经贸部长在仪式上正式签署该协定。这场历经31轮磋商、历时8年的谈判终于完美收官,标志着当前世界上人口最多、经贸规模最大、最具发展潜力的自由贸易区正式启航。

案例来源:https://baike.so.com/doc/30057325-31672279.html。

此次RCEP谈判中,中方代表始终谨记习近平总书记一直强调的"坚持合作共赢,把合作共赢理念体现到政治、经济、安全、文化等对外合作的方方面面[①]"理念,坚持开放包容、互利共赢的合作理念,积极与东盟探讨自贸协定升级,在RCEP的基础上探讨实现更高水平的市场准入,打造更加互惠互利、开放包容的中国—东盟经贸关系。由于RCEP各成员国处于不同发展阶段,各方利益诉求不同,对同一问题的立场也不相同,但参加谈判的16国最终却啃下了最难啃的"硬骨头"。原因在于:在谈判过程中,各方秉持互惠互利、合作共赢的发展理念,坚持求同存异、互谅互让,正确处理近期与长期、局部与全局利益的关系,最终各方找到了一个均能接受的利益平衡点。总之,RCEP的签订是成功运用互惠互利策略的典范。

2. 予远利谋近惠策略

予远利谋近惠策略是指己方通过满足未来对方期待的利益要求,避免给予现实让步的谈判策略。谈判人员应根据谈判对手的谈判风格来确定是否采取予远利谋近惠策略。通常当谈判对手重视长久合作利益时,谈判人员可以采取该策略。此时,谈判人员应注重

[①] 习近平出席中央外事工作会议并发表重要讲话[EB/OL]. http://www.xinhuanet.com/politics/2014-11/29/c_1113457723.htm.

与对手沟通长久合作双方可以达到的利益,避免在现实中的让步,要说服对方远利比近利更为重要。

3. 己方丝毫无损策略

己方丝毫无损策略的做法是:在谈判过程中,当对方就某个交易条件要求己方作出让步,其要求的确合理,而己方又不愿在这个问题上作出实质性的让步时,己方谈判人员向对方进行解释并承诺作出优惠保证,以换取对方的理解和让步。该策略满足了对方受人尊重的心理需要,迎合了互相攀比、横向比较的心理,因此在谈判过程中成功率比较高。

该谈判策略主要适用于对方的让步要求合情合理,但己方不愿作出实质性让步的情况。此时,谈判人员应认真地倾听,并适当给予回应,同时还可以作出最优惠待遇的保证。

(三)其他让步策略

在谈判过程中,若谈判对手态度强硬,一味逼迫己方让步,谈判人员可根据具体情况采取防范式、阻挡式和对攻式策略阻止对方进攻,从而使对方让步。这些策略的运用和应对技巧具体运用如下。

1. 防范式策略

防范式策略主要包括先苦后甜、先斩后奏和后发制人三种基本策略。

(1) 先苦后甜。先苦后甜策略是一种谈判人员先用苛刻的虚假条件使对方产生疑虑、压抑、无望等心态,以大幅降低其期望值,然后在实际谈判中逐步给予优惠或让步,使对方满意地签订合同,同时己方能从中获取较大利益的策略。

先苦后甜策略能够有效进行的原因在于:人们对来自外面的刺激信号,总以先入之见作为标准并用其来衡量后入的其他信号。如果先入信号为主,稍加一点甜,则感到很甜。在谈判中,一方先提出许多苛刻条件的做法,恰似先给出一个苦的信号,后来的优惠或让步尽管很小,也会使人感到已经占了很大的便宜,从而愿意在对方要求的条件上作出较大让步。

先苦后甜技巧的有效性是有限的。谈判人员在决定采用这一策略时应特别注意分寸,开始向对方提的要求不能过于苛刻,不能与通行的惯例和做法相距甚远。否则,对方会觉得己方缺乏谈判诚意,从而导致谈判终止。

谈判人员要能及时识破对手使用的先苦后甜策略,采用相应的对策:一是要了解对手的真正需要,根据其需要有的放矢地解决利益冲突;二是针锋相对,退出或拒绝谈判。当对方提出许多苛刻条件时,谈判人员可以针锋相对,表示要退出或拒绝谈判。但值得注意的是,这一招往往在不得已的情况下采用。

(2) 先斩后奏。先斩后奏策略亦称"人质策略",是指在商务谈判中实力较弱的一方通过一些巧妙的办法"先成交,后谈判"而迫使对方让步的策略或技巧。

先斩后奏策略的实质是让对方先付出代价,并以这些代价为"人质",扭转己方实力弱的局面,让对方通过衡量已付出的代价和中止成交所受损失的程度,被动接受既成交易的事实。

在使用该策略时,谈判人员要给出正当的理由,否则就有缺乏商业道德之嫌。谈判人员也要尽量避免"人质"落入他人之手,从而让对方没有"先斩"的机会。

谈判中遇上对手采取"先斩后奏"策略时,谈判人员如果不积极主动地加以反击,就会使自己陷入被动局面;相反,如果谈判人员及时采取应对措施,则会扭转被动局面。首先,谈判人员应做好资信调查,不轻信对方的承诺;其次,谈判人员需要注意不给对方"先斩后奏"的机会,并以牙还牙、针锋相对;最后,谈判人员在必要时还可以采取法律行动。

(3) 后发制人。后发制人策略是指谈判一方在交锋中的前半部分时间里,任凭对方施展各种先声夺人的技巧,己方仅专注地聆听和敷衍应对,并集中精力从中寻找对方的破绽与弱点。在交锋的后期,谈判人员再集中力量针对对方的破绽与弱点展开大举反攻,用防守反击的战术获取决定性的胜利。

该策略一般在对方攻势强盛或己方处于弱势的情形下使用。应用该策略要注意少说多听。另外,己方在占据谈判主动地位的时候,谈判人员要注意适当控制自己的行为,并细心观察对手的反应,做好防御对方反攻的准备。

2. 阻挡式策略

阻挡式策略是指谈判人员在谈判过程中,以"客观存在的因素或制约条件等表示无法满足谈判对手的要求"为由,坚定己方立场,阻挡对方进攻,进而迫使对方让步的策略。阻挡式策略主要包括资源限制、不开先例和最后出价三种。

(1) 资源限制。该策略是指谈判人员利用现有的条件和资源等因素阻止对方进攻。自然环境、人力资源、生产技术要求、时间等因素的限制都可以用来阻止对方的进攻。

(2) 不开先例。开先例是指在谈判中处于优势的一方,为了坚持和实现己方提出的交易条件而用对己有利的先例来约束对方,从而使对方就范,接受己方交易条件的一种技巧。不开先例则是指谈判人员以没有先例为由拒绝对方的过高要求。该策略的基本做法是,己方向对方解释清楚,如果答应对方的要求,就等于开先例,这样会迫使己方今后对其他客户也提供同样的优惠,这是己方所负担不起的。实际上,不开先例是一个用来搪塞和应付对方所提出的不可接受的要求的简便方法。运用该策略时谈判人员要注意,对所提出的交易条件应反复衡量,说明不开先例的事实与理由,表述时态度要诚恳,并可配合使用苦肉计。

在应对该策略时,谈判人员首先应消除先例对己方的种种限制。当对方不开先例时,己方可以向对方说明,其所引用的先例与目前的谈判无任何关系,因为环境或某些条件发生了变化,先例已经变得不再适用。其次,己方还可以告诉对方,如果答应了对方的要求,对己方来讲也是开先例。

(3) 最后出价。最后出价是指谈判一方给出一个最低的价格,告诉对方不准备再进行讨价还价,要么在这个价格上成交,要么谈判破裂。西方谈判界把最后出价形象地描述为"要么干,要么算了吧"。

谈判人员在运用该策略时很容易将谈判对手逼到退无可退的地步,容易出现谈判僵局或直接导致谈判破裂。因此,谈判人员在使用最后出价策略时应慎之又慎。

3．对攻式策略

对攻式策略是指在谈判过程中，己方让步之前向对方提出某些让步要求，将让步作为进攻手段，变被动为主动。对攻式策略主要包括针锋相对、以一换一和开诚布公三种具体策略。

（1）针锋相对。针锋相对策略是指谈判人员针对对方提出的要求和依据，逐一进行反驳，并始终坚持己方的立场不退缩的谈判策略。谈判人员在采取针锋相对策略时应注意，在驳斥对方时不能随心所欲而应围绕主题据理力争，不能偏离话题太远，否则，谈判对手一句"你没听明白"就能化解己方的话锋。

面对谈判对手的针锋相对策略时，己方谈判人员最好的应对方法是以其人之道还治其人之身，同样据理力争，寸步不让。但需要注意的是，谈判人员在此过程中应把握尺度，要明确与对手针锋相对不是目的，而是达成目的的手段。

（2）以一换一。以一换一策略是指在谈判过程中，谈判对手就某个问题要求己方让步时，己方可以把这个问题与另一个问题联系起来，也要求对方在另一个问题上让步，即以让步换让步的一种策略。该让步方式主要适用于谈判对手要求让步的部分与谈判己方的核心利益不符合，此时谈判己方可以在就该问题让步的同时，争取其他方面的利益。

（3）开诚布公。开诚布公谈判策略是指在谈判过程中谈判人员以诚相待、以诚取信，从而唤起谈判对手的共鸣和信任的一种策略。使用开诚布公策略时，谈判人员需要做到语气坚定、态度诚恳、表述明确，显示出坦率。该策略可在己方处于劣势或双方关系较为友好的情况下使用。此外，在使用该策略时，谈判人员还需要充分表现出己方的诚恳坦率，以诚动人，用一开始就作出最大让步的方式来感动对方，促使对方也作出积极回应，拿出相应的诚意。

该策略的优点主要有三个方面：一是比较容易感动对方，使对方也采取积极行动，促成和局；二是可以使对方感到在谈判桌上有一种强烈的信任、合作、友好的气氛，易于交流；三是具有强烈的诱惑力，会给对方留下一步到位、坦诚相见的良好印象，有助于提高谈判效率、降低谈判成本。但该策略容易使对方感到有利可图，继续讨价还价。

案例 4.10：中方何以做到 8 选 3？

本章小结

商务谈判的磋商阶段是利益各方互相交流、讨价还价的阶段。该阶段的策略与技巧比较丰富，因而磋商阶段也是商务谈判最激烈的阶段。磋商阶段是从报价开始的，随之而来的便是讨价、还价、讨价还价环节。在整个磋商过程中，谈判双方需要不断让步，最终才能达到价值交换的目的。

在报价阶段，谈判人员应遵循报价原则，了解报价的影响因素，选择合适的报价形式和顺序,并巧妙地运用报价时机、起点、价格分割、报价差别和中途变价策略。

讨价阶段是谈判人员探听底细的阶段,同样需要遵循基本的原则,运用举证法、假设法和多次法等常见方法。在还价时谈判人员要根据报价中的含水量、己方目标价格和准备还价的次数确定还价的起点,遵循还价原则,有效运用缓还价法、低还价法、列表还价法和条件还价法。

讨价还价阶段是谈判双方激烈角逐的阶段。在这一阶段应根据不同时期选择不同的策略。适合讨价还价前期的策略主要包括故布疑阵、投石问路、抛砖引玉和吹毛求疵等,适合讨价还价后期的策略则包括最后通牒、权力有限和场外交易等。上述策略都与双方的让步密切相连。让步实质上是利益的交换与补偿,因此让步讲究一定的艺术性。首先,谈判人员要遵循让步的基本原则和要求;其次,谈判人员可以根据磋商需要,合理地采用坚定式、均衡式、递增式、递减式、有限式、快速式、满足式和一次性八种让步方式;最后,谈判人员还需要掌握迫使对方让步的主动让步策略及防范式、阻挡式和对攻式等其他让步策略的运用与应对技巧。

本章关键术语

西欧式报价　日本式报价　中途变价策略　讨价还价　投石问路　抛砖引玉　价格诱惑　最后通牒　权力有限　让步方式　互惠互利策略　予远利谋近惠策略　己方丝毫无损策略

名 言 分 享

1. "一个人必须知道该说什么,一个人必须知道什么时候说,一个人必须知道对谁说,一个人必须知道怎么说。"

——彼得·德鲁克(Peter Drucker)

2. "要根据一个人的发问来判断这个人,而不是根据他的答复来判断。"

——伏尔泰(Voltaire)

3. "讲话犹如演奏竖琴:既需要拨弄琴弦奏出音乐,也需要用手按住琴弦不让其出声。"

——霍姆斯(Holmes)

4. "如果一单生意只有自己赚,而对方一点不赚,这样的生意绝对不能干。有钱大家赚,利润大家分享,这样才有人愿意合作。"

——李嘉诚

5. "任何事物都不是十全十美的,一种变化往往要求先退一步,才能再进两步。"

——乔治·奥尼尔(George O'Neil)

巩固练习

一、简答题

1. 简述先报价与后报价的优劣势。
2. 讨价还价后期阶段的策略有哪些？
3. 简述迫使对方让步策略的运用及应对技巧。

二、案例题

1. 红星与蓝天之争

红星公司是国内著名商用车公司，缺乏整车外流场仿真设计(CFB)的软硬件设施及分析经验。经过多重筛选，红星公司欲与蓝天集团合作。由于蓝天集团从未涉足中国市场，红星公司担心项目花费巨资后达不到预期效果，因此希望蓝天集团先免费给红星公司做一次CFB分析，如果合作效果良好，则考虑后续长期合作。蓝天集团亟须通过拓展中国业务来缓解企业财务危机，因此想凭借自身在CFB领域的丰富经验和口碑在中国第一个项目上获得可观的利润。

第一轮价格谈判时，会议地点为红星公司会议室。蓝天集团报价300万欧元，红星公司无法接受。双方各持己见，无法达成统一意见。

第二轮谈判，会议地点定在国内某五星级酒店。外方所有参会人员入住该酒店，会议所产生的一切费用(机票和酒店)均由红星公司承担。会议前一天，红星公司的总经理亲自宴请蓝天集团所有谈判人员。当晚餐桌上，双方相谈甚欢。第二天，谈判开始，外方调整报价，由原先的300万欧元调整为250万欧元。红星公司见此报价心生不爽，但仍面带微笑，且坚持蓝天集团给其免费做一次CFB分析。双方仍僵持不下。谈判间歇，红星公司翻译向蓝天集团解释，250万欧元的报价不符合中国国情，并且"250"在中国另有含义。蓝天集团对中国的国情有所了解，但仍保持欧洲一贯的高姿态，坚持原有的报价，不做让步。由此，双方谈判按下暂停键。

第三轮谈判，由红星公司发出邀请，选择在青岛谈判。一方面红星公司在青岛有厂房，另一方面正值青岛啤酒节。蓝天集团的谈判代表多数为德国人，对啤酒有深厚的感情。此次谈判安排在一个德式风格的酒店里，红星公司最高领导人与蓝天集团最高领导人同时出席，谈判还请来当地政府的一些官员亲临现场。谈判当天上午，红星公司负责人带领蓝天集团代表团参观其青岛的工厂车间。下午谈判正式开始，不等蓝天集团报价，红星公司领导人率先发言，表示此次合作是在当地政府官员见证下的友好合作，希望能顺利达成合作，且红星公司愿意承担此项目中蓝天集团代表往来中国的全部费用。此外，首次合作一旦成功,将会与其签署5年的合同。最后,红星公司表示,如果蓝天集团的价格没有竞争力,我方将与先前联系的俄罗斯方兴源公司签订合同。迫于压力,蓝天集团领导人作出让步:报价调整为240万欧元,且免费为红星公司做一次CFD分析,但是硬件由双方一起采购,并同意培养中方工程师为CFD工程师。但此次合作的成果,双方共享,且蓝天集团有权将相关项目的信息作为后续的宣传资料。双方最后在青岛主管工业的官员的见证下达成了合作。

案例来源:https://wenku.baidu.com/view/d53d407eff00bed5b8f31d4f.html。

根据案例回答以下问题:
(1) 在第二轮谈判过程中,红星公司采用了哪些讨价还价策略使蓝天集团作出让步?
(2) 在第二轮谈判结尾阶段,蓝天集团采用什么策略应对红星公司再降价的要求?如果你是蓝天集团的谈判人员,你会采取何种策略来应对红星公司的降价要求?
(3) 在第三轮谈判过程中,红星公司采用了什么让步策略使蓝天集团答应降价请求?

2. 视频案例:《微微一笑很倾城》

【案例背景】 真亿科技甄总正打算收购肖奈的致一科技。当天,肖奈和于半珊到真亿科技与甄总洽谈合作事宜。但肖奈和甄总的谈判并不顺利,因为甄总和游戏开发部的李总试图用300万元买断致一科技的创意和肖奈的团队。肖奈和于半珊自然不会同意。肖奈委婉地表示会考虑,但他心里却不是这么想的……

扫描二维码观看《微微一笑很倾城》的谈判片段,回答以下问题:
(1) 谈判过程中真亿科技甄总采用的是何种报价策略?
(2) 面对真亿科技甄总的报价,肖奈采用的是何种讨价还价策略?

课外拓展

模 拟 谈 判

模拟谈判情景:

2019年9月6日,网易与阿里巴巴宣布达成战略合作,阿里巴巴集团以20亿美元全资收购网易旗下跨境电商平台考拉。交易完成后,网易考拉将和天猫国际进行具体业务融合与合作。

网易公司CEO丁磊表示,很高兴与阿里巴巴达成合作,这符合网易在新时期的战略选择,有利于各方的长远发展。网易期望考拉能够在阿里巴巴生态体系内持续为用户提供优质的跨境电商服务。网易公司也将继续大力支持网易云音乐的发展,助推中国原创音乐人创作出更好的作品。此外,对于收购是否会带来大幅减员的担忧,网易方面明确表示不会减员。

以游戏和娱乐起家的网易,其电商业务几乎不赚钱。考拉做得再大,也可能见不到真正盈利的希望。考拉海购主要采取品牌直采,天猫国际则是直营业务+平台业务"双轮驱动"。网易考拉和天猫国际合并之后,两家结合各自优势,国内跨境电商之未来或将打开新局面。特别是国际品牌进入中国电商市场,与阿里生态的合作将更为紧密,国际品牌对阿里的重视和依赖程度会大幅提升。

阿里以 20 亿美元价格收购网易考拉,希望能够在跨境电商领域拔得头筹。由阿里收购考拉,网易将获得大量现金流,聚焦主营业务,回归高增长、高利润的状态。不管从哪个方面来说,这都是一桩阿里、网易、考拉三赢的收购。

案例来源:http://finance.eastmoney.com/a/201909111235330913.html.

请根据案例情景,完成以下任务:

(1) 8 名同学组成一个团队,上网收集阿里巴巴收购网易公司的相关资料;

(2) 将团队分为两组,每组 4 人,分别扮演阿里巴巴和网易公司的谈判代表,重点运用在本章所学的谈判策略和技巧进行 20~25 分钟模拟谈判;

(3) 撰写一份模拟谈判实训报告,报告内容包括谈判计划、谈判磋商过程中的主要策略和技巧运用分析以及谈判体会等。

第五章

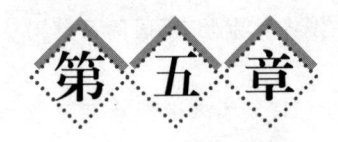

商务谈判僵局的处理

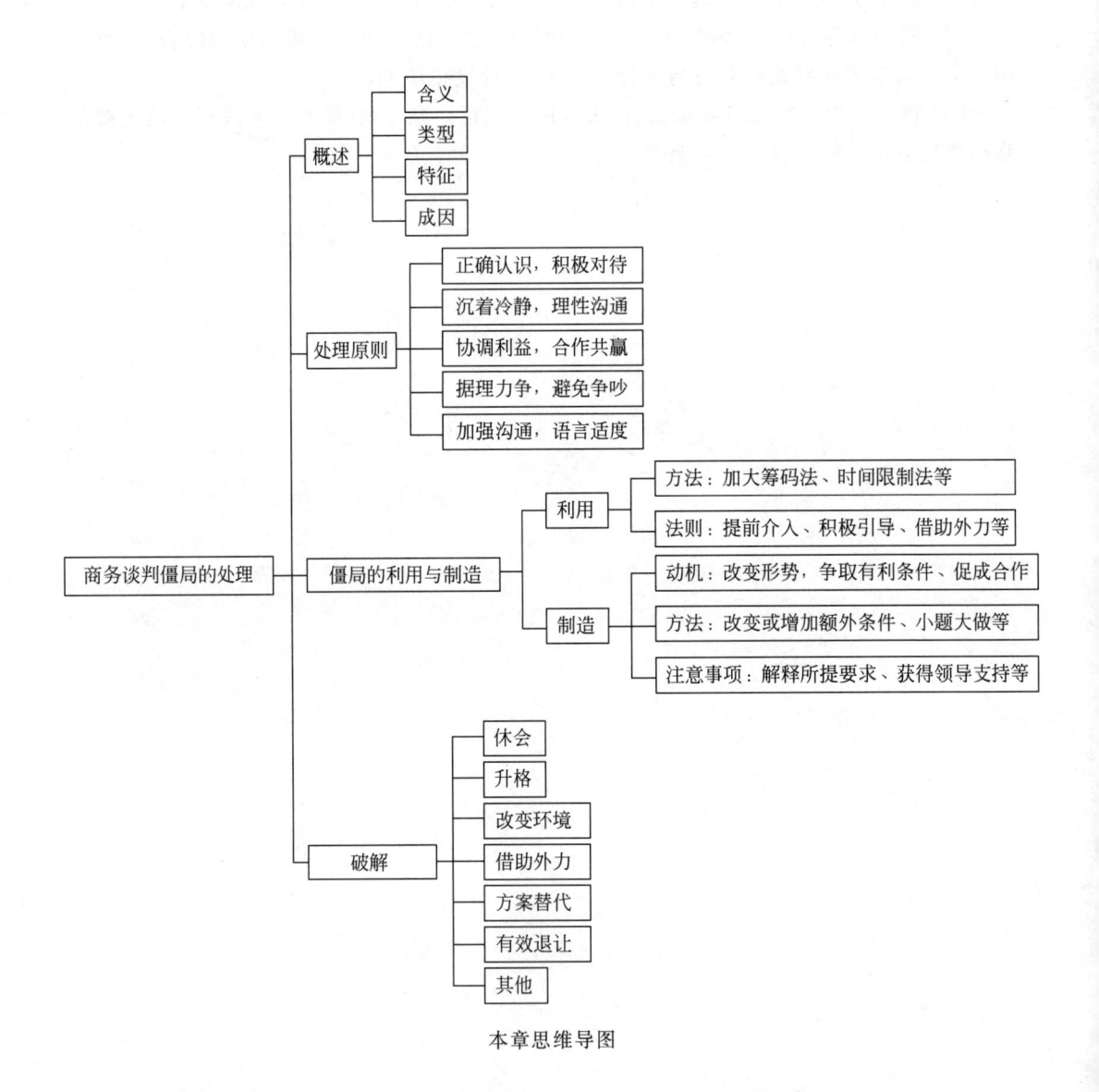

商务谈判僵局的处理
- 概述
  - 含义
  - 类型
  - 特征
  - 成因
- 处理原则
  - 正确认识，积极对待
  - 沉着冷静，理性沟通
  - 协调利益，合作共赢
  - 据理力争，避免争吵
  - 加强沟通，语言适度
- 僵局的利用与制造
  - 利用
    - 方法：加大筹码法、时间限制法等
    - 法则：提前介入、积极引导、借助外力等
  - 制造
    - 动机：改变形势，争取有利条件、促成合作
    - 方法：改变或增加额外条件、小题大做等
    - 注意事项：解释所提要求、获得领导支持等
- 破解
  - 休会
  - 升格
  - 改变环境
  - 借助外力
  - 方案替代
  - 有效退让
  - 其他

本章思维导图

【主要目标】

(1) 了解商务谈判僵局的含义、类型、特征、成因及处理原则；
(2) 掌握谈判僵局的利用方法与法则，了解制造僵局的动机、方法及注意事项；
(3) 掌握休会、升格、改变环境、借助外力、方案替代与有效退让等僵局破解策略。

课前"剧透"

【"剧透"片段】 在影片《中国合伙人》中，成东青、孟晓骏和王阳共同创办与经营的"新梦想"培训学校在中国大获成功，而美国教育考试服务中心向法院起诉"新梦想"侵害其著作权及商标权。双方于是展开了激烈的谈判，不久后谈判便陷入了僵局……

扫描二维码观看视频，分析谈判僵局形成的原因及破解策略。

导入案例

化僵局为赢局

英国欲从加拿大进口肉类产品，但加拿大为了提高肉类产品的价格，暂停了对英国肉类产品的出口。于是，英国与加拿大双方谈判代表就加拿大恢复对英国出口肉类产品相关事宜展开了为期一周的谈判。英国派遣了强势聪明、精力充沛、谈判经验丰富的玛丽为驻加拿大的全权代表。谈判一开始，精明的加拿大谈判代表便开出了一个远高于英方预期的价格，想借此抬高出价后再与作为买方的玛丽讨价还价。而玛丽久经商场考验，对方的这种谈判技巧早就在她的意料之中。玛丽坚持自己的价格不肯让步，双方就价格问题产生分歧，气氛变得非常紧张。英加双方都做好了打持久战的心理准备，因此都不愿轻易让步，于是谈判陷入了僵局。为了打破僵局，玛丽对加拿大代表说："好吧，我只好同意贵方的出价了，但若英国政府不同意，我本人愿意用自己的薪金支付这中间的差额，但由于我薪金不多，所以要分期支付，那恐怕要支付一生了。"面对玛丽这样的谈判对手，加拿大代表无计可施，只好将肉类产品的价格调整到一个双方都能接受的水平。双方最终达成了此次交易。

案例来源：http://www.doc88.com/p-3864258116545.html.

问题：玛丽是怎样打破谈判僵局的？本案例对你有何启示？

在此次谈判中，英方本来处于弱势地位，玛丽意识到：若任凭僵局持续下去，双方将不能达成交易，这将对英方非常不利。于是她选择了"接受"加方开出的高价，但提出了一个附加条件：若英国政府不同意，她本人愿意用自己的薪金支付中间的差额，但需要一生才能付清。显然，用她的工资来支付差额是不可能的。玛丽看似同意了对方的出价，实际上却用了以退为进的方式巧妙地回绝了对方，从而打破僵局、推动谈判顺利进行。这则案例带来的启示是：面对谈判僵局，谈判人员应巧妙地运用商务谈判技巧打破僵局。只有这样，才能变被动为主动，最终实现"双赢"。

第一节　商务谈判僵局概述

在谈判中,谈判双方都想追逐最大化利益,再加上谈判背景、条件等诸多不可控因素的影响,双方对利益的期望或对某些问题的看法难免产生分歧。此时若双方都不愿让步,谈判就会进入僵持状态,即形成僵局。大多数情况下,僵局是谈判双方在面对分歧时不愿妥协而导致的。但有时候,谈判僵局是谈判一方为了增加己方谈判筹码而特意"刁难"对方造成的。谈判僵局会产生两种结果:打破僵局继续谈判或谈判破裂,当然后者是双方都不愿看到的。僵局在商务谈判中十分常见,谈判人员只有正确认识僵局,了解其含义、类型、特征及成因,才能巧妙处理僵局,推动谈判顺利进行。

一、商务谈判僵局的含义及类型

有效利用及破解僵局的前提是正确理解僵局的含义,以清晰地认识其本质。但是,谈判中所形成的僵局并不能一概而论,按照不同的标准可将僵局分为不同的类型,不同的僵局需要采取不同的应对策略。

(一)谈判僵局的含义

在谈判中谈判双方对利益的期望或在某些问题上存在立场和观点的分歧,很难形成共识,而又都不愿作出妥协时,谈判进程就会出现停顿,谈判即进入僵持状态,这种僵持状态就是谈判僵局。僵局在谈判双方争取利益的较量过程中较为常见。例如,在二手房的买卖过程中,由于二手房定价因素难以把握,买卖双方的报价差距过大,往往容易使谈判陷入僵局。又如,中美两国由于在一些比较敏感的议题上存在较大的分歧,在贸易谈判中多次陷入僵局,从而使双方谈判停滞不前。可见,僵局是商务谈判中的一道"坎",谈判双方只有避小异求大同,互有付出以找到双方共同的接受点,才能跨越这道"坎",取得满意的结果。

(二)谈判僵局的类型

商务谈判是冲突与合作辩证统一的过程。在谈判开局—磋商—签约—履约这一系列的过程中,双方不断进行观点与立场的交锋,当双方利益存在冲突且变得无法调和时,谈判僵局便会产生。可以说,只要双方仍在接触,谈判僵局就有可能出现。因此,谈判僵局随时可能发生,且贯穿谈判双方的整个合作过程。当谈判出现僵局时,只有熟知谈判僵局的类型,才能有的放矢地应对和处理僵局。根据不同的分类标准,谈判僵局可分为以下几种类型。

1. 谈判初期僵局、中期僵局和后期僵局

从发展阶段来看,谈判分为初期、中期和后期三个阶段,因此按照谈判发展阶段划分,僵局可分为谈判初期僵局、中期僵局和后期僵局。

在谈判初期,双方还未过多讨论交易内容,该阶段双方的主要任务是彼此熟知、建立融洽关系。在这个过程中,可能会因一方的某些细节问题而引起对方的误解或者因一方准备不够充分而使对方产生不受重视的感觉,进而导致僵局。

在谈判中期,谈判双方进入利益需求较量的实质性阶段,双方就技术、价格、合同条款等内容进行详尽讨论与协商。此时双方间的利益差异会表现得愈发明显、尖锐,因而这一时期最容易出现僵局,同时该僵局也最为频繁多变。在某些情况下,谈判中期僵局会因双方的充分沟通或有效退让得到解决,也会因双方皆不愿作出让步而搁浅或最终导致谈判破裂。

在谈判后期,双方的主要任务是达成协议并签订契约。在此之前,双方已经就技术、价格等关键内容展开详细讨论并达成了一致意见,此时双方需重点对产品的验收、付款方式等细节问题进行商议。与这些细节问题相关的合同条款也很容易引起争议,从而出现谈判后期僵局。但谈判后期僵局不如谈判中期僵局那样难以处理,一般只要一方稍微有所让步,问题便迎刃而解。需要强调的是,虽然谈判到了后期阶段,双方已对实质性内容达成共识,但只要合同没有签订,未明确双方的权利、义务、追偿责任等,谈判僵局仍可能出现,甚至会导致谈判破裂。因此,谈判后期僵局也不容忽视。

2. 协议期僵局和执行期僵局

以合同的签订为时间节点,谈判双方的合作过程分为合同协议期和合同执行期,相应地可将谈判僵局分为协议期僵局和执行期僵局。协议期僵局发生在谈判双方签订合同之前,是指双方在商务谈判磋商过程中因争执或冲突而导致的僵局;执行期僵局发生在谈判双方签订合同之后,是指一方未能按时履行合同契约而导致双方僵持不下或者由于某种不可控因素致使一方无法履行合同条款而引起的僵持局面。

3. 其他类型的僵局

基于不同的谈判内容,谈判僵局的类型也有所不同,即不同的谈判主题会引起不同类型的谈判僵局。一般来讲,技术标准、合同条款、项目价格、交货地点、违约责任等都有可能导致谈判僵局。其中,无论是国内谈判还是国际谈判,价格僵局都最为常见,因为价格是谈判双方最关注,也是最敏感的因素,极易引发双方的分歧和冲突。

二、商务谈判僵局的特征及成因

谈判僵局的出现通常伴有显著的特征,同时,形成僵局的原因有主、客观等因素,谈判人员只有深刻分析僵局的特征及成因,才能将僵局转化为赢局。

(一)谈判僵局的特征

僵局的出现意味着谈判进入最困难、紧张的阶段,此时,谈判双方着手洽谈实质性问题,通过交流更多的信息,明确各自的需求、意图和目标。"报价"往往成为此阶段的洽谈焦点。可以说,谈判双方进入真正对抗和实力较量的阶段后,交锋与冲突便不会停息。具体而言,谈判僵局具有以下主要特征:

（1）利益难割舍。在谈判僵局出现时，双方仍希望最大化自身利益，而且这些利益对于双方而言都是极具诱惑力且难以抗拒的。

（2）立场难靠近。在谈判僵局中，双方似乎很难找到协调双方或某方立场的方法，同时双方立场任何微妙的变化都有可能导致僵持不下的局面，从而增加谈判难度。

（3）条件难替代。在谈判僵局中，双方已最大限度地作出了让步，双方的预期目标也可能处于"最底线"水平，此时某一方的退让以另一方条件的更改为前提。

（二）谈判僵局的成因

僵局的出现并不意味着谈判的破裂，但它会对谈判进程产生重要的影响。一旦发生僵局，谈判双方必须迅速处理僵局，否则谈判将无法顺利进行，甚至走向破裂。要想迅速破解僵局，谈判人员必须认真剖析僵局的成因，才能进一步采取相应的策略和技巧，重新回到谈判桌上来。谈判僵局的成因主要包括：谈判一方故意制造僵局，谈判双方立场、观点对立，谈判人员素质低下和行为失误，偶发因素的干扰，沟通障碍和利益合理要求的差距等主客观因素。

1. 谈判一方故意制造僵局

谈判一方为提高己方的谈判地位、突出谈判优势，故意在谈判桌上抛出难题、扰乱局面，甚至通过引起争吵的方式引发对方的不满，从而迫使对方让步，谋求更多的利益。谈判人员故意制造僵局的情况包括：谈判人员在过去的谈判中上过当、吃过亏，因此想通过制造僵局来报复对方；谈判人员处于十分不利的地位，想通过给对方制造麻烦来改变谈判局面，同时其认为即使改变不了现有局势，也不会蒙受损失。

2. 谈判双方立场、观点对立

谈判看似是双方基于共同利益需求而展开的商务活动，但实际上是双方关于立场、观点不断切磋和交锋的过程。在这一过程中，如果双方各自立场或观点对立，很容易各持己见、排斥对方，导致双方将注意力放在立场而非共同利益上。此时，谈判在很大程度上就会变成双方意志力的较量。谈判双方在立场上关注得越多，就越不注重协调双方利益，双方也就都不会作出让步，甚至会以退出谈判相要挟。这些情况都会导致谈判僵局的产生，不仅会拖延谈判时间，而且会增加达成协议的难度，容易使谈判一方或双方丧失谈判信心与兴趣。

3. 谈判人员素质低下和行为失误

谈判人员的素质也是影响谈判进程的重要因素。一方面，谈判人员的职业习惯、专业知识、受教育程度、个人能力等存在差异，这些差异很容易使双方产生分歧，从而导致僵局；另一方面，谈判人员行为的失误往往会引起对方的不满，使其产生强烈的抵触和对抗情绪，使谈判陷入僵局。例如，在课前"剧透"部分《中国合伙人》的视频片段中，美方代表说："听闻你出身不好，你创办的学校竟然可以把数十万名中国学生送到美国，对他们来说你可能是个英雄，但对我而言，你只是个窃贼。"正是这些侮辱性的不当言辞激怒了中方代表,引起中方的不满,使谈判陷入了僵局。此外,当谈判人员喜欢自我表现,怕承担责任以及不恰当地使用隐瞒真相、最后通牒等手段时也极易形成僵局。

4. 偶发因素的干扰

在商务谈判过程中有可能出现一些偶然发生的情况,当这些情况涉及谈判某一方的利益得失时,谈判就会由于这些偶发因素的干扰而陷入僵局。例如,在谈判期间客观环境骤变时,谈判一方如果按照原有条件谈判就会蒙受损失,出于利益考量,其会推翻已有的谈判条件,但这不免会引起对方的不满,进而导致谈判陷入僵局。

5. 沟通障碍

谈判是双方进行信息沟通的过程,在这个过程中存在许多干扰和扭曲信息传递的因素,容易造成信息沟通受阻或失真,形成沟通障碍,从而使谈判陷入僵局。所谓沟通障碍,是指谈判双方在交流彼此的观点、洽商合作意向和交易条件的过程中,由于主观或客观因素所造成的理解障碍。很多沟通障碍是由于谈判双方之间的各种差异造成的,主要表现为:由文化、语言、知识结构等文化背景和受教育程度差异所造成的理解偏差;由心理、性格差异所造成的情感障碍;由表达能力、表达方式的差异所造成的传播障碍等。此外,沟通环节中缺乏反馈、信息编码不当或聆听不专心都有可能造成沟通障碍,从而使谈判陷入僵局。

案例5.1:莫名终止的谈判

6. 利益合理要求的差距

商务谈判在本质上是一个双方追逐各自利益最大化的过程。为了寻求合作,双方都会表现出十分友好、坦诚与积极的态度,但是如果双方的预期收益存在较大差距,尤其是关于价格的预期相距甚远,谈判便会搁浅,从而陷入僵局。

案例 5.2

多哈回合贸易谈判中的利益争端几时休

多哈回合贸易谈判是世界贸易组织于2001年11月在卡塔尔首都多哈举行的新一轮多边贸易谈判。该贸易谈判涵盖大约20个议题,其中农业和非农产品市场准入被认为是世界贸易组织成员分歧最集中的两个议题。这两个议题不解决,其他议题的谈判便无法取得进展。

为推动多哈回合谈判的进程,2006年6月,世界贸易组织149个成员在日内瓦再次举行谈判。但如同过去几年历次会议一样,无论是发达经济体还是发展中经济体,各方都坚守自己的立场,拒绝作出妥协,最终导致这场至关重要的谈判以失败告终。多哈回合谈判的基本目标是使美国、欧盟和日本等世界上最富有的国家取消农产品补贴,以换取发展中国家同意对发达国家农产品的市场准入,然而发达国家拒绝削减农业补贴,发展中国家也拒绝降低关税。在这场僵局中,相互对峙的两个主角一个是美国,一个是以印度和巴西为首的20个发展中国家,也就是所谓的"20国集团"(G20)。双方的对抗气氛一直相当激烈,导致谈判多次濒临破裂的边缘。议程原定于2005年1月1日前全面结束谈判,但至2005年年底各国仍未能达成协议,最终世界贸易组织总理事会于2006年7月22日正式批准中止谈判。

为协调各成员立场,2006年9月10日,美国、欧盟和日本等发达国家的代表与"20国协调组"的代表在巴西里约热内卢举行对话会议,与会代表皆同意尽快恢复多哈回合谈判。11月16日,世界贸易组织贸易谈判委员会召开多哈回合谈判中止以来的首次全体会议,与会代表一致同意恢复多哈回合谈判的技术性讨论,为谈判的全面恢复做好准备。

2008年7月21日,来自35个世界贸易组织主要成员的贸易部和农业部部长在日内瓦聚会,试图在一周内就多哈回合谈判中的农业和非农产品市场准入问题取得突破。但几天来,谈判难以取得进展,原定一周的会期被迫延长。

目前,多哈回合谈判正处在"软重启"或"试探性重启"状态。

案例来源:https://baike.baidu.com/item/%E5%A4%9A%E5%93%88%E5%9B%9E%E5%90%88%E8%B4%B8%E6%98%93%E8%B0%88%E5%88%A4/7102189。

多哈回合谈判实际上是由发达经济体和发展中经济体之间的利益分歧引起的。欧美等发达国家的主要目标是进一步打开发展中国家的工业品和服务市场,而发展中国家则希望欧美降低农业补贴并开放农业市场。显然,发达国家和发展中国家在利益要求上存在较大差距,所以很难达成一项平衡的协议,使各方均得到好处而又尽量避免损失。而双方越是坚持己方的利益,谈判就越容易陷入僵局。因此,多哈回合谈判双方应坚持求同存异、合作共赢的原则,这不仅能打破各国长期存在的谈判僵局,而且有利于全球经济稳定。合作共赢不仅是社会主义核心价值观的追求,也是国际社会利益的真实诉求,更是推动构建人类命运体的立足点。

三、商务谈判僵局的处理原则

导致商务谈判僵局的根本原因是双方利益的冲突,打破僵局推动谈判顺利进行的关键在于平衡双方利益。为此谈判人员在处理僵局时应正视僵局,并遵循下列原则。

(一)正确认识,积极对待

许多谈判人员认为谈判僵局一旦出现,谈判将面临失败,所以采取消极逃避的态度。因为多数谈判人员在谈判开始前就希望整个谈判能按照计划有条不紊地进行,所以在谈判过程中,他们为避免僵局的出现,试图作出让步,一旦出现僵局便会丧失谈判的信心和耐心,甚至慌了阵脚。虽然僵局对双方来说都是不利的,但是一味地逃避或退让只会损害己方的利益,相反如果能够正确认识僵局,并积极对待,僵局便能迎刃而解。

(二)沉着冷静,理性沟通

商务谈判僵局的出现将会导致双方情绪有所起伏,如果处理不好,前期付出的努力都将白费。此时,谈判人员应理性应对僵局所带来的负面情绪,做到沉着冷静,正确分析僵局的成因,谨慎选择一个对于双方来说都相对公平、易于实施的方案,通过理性沟通不断扭转僵持的局面。

(三)协调利益,合作共赢

"今天的人类比以往任何时候都更有条件朝和平与发展的目标迈进,而合作共赢就是实现这一目标的现实途径。"[①]这句话也道出了商务谈判的核心本质和最终目的。如果谈判双方不遵循协调利益、合作共赢的原则,那么僵局将很容易发生,也极易导致谈判破裂。因此,谈判双方应将谈判视为一个合作的过程,需要充分协调双方之间的利益,共同寻找满足双方需求的解决方案,以避免僵局或谈判终止的出现,最终实现双赢。

(四)据理力争,避免争吵

出现谈判僵局时,争吵只会激化双方的矛盾,使局势变得更为严峻,甚至导致谈判的破裂。因此,谈判人员应通过据理力争而非与对方争吵解决分歧。谈判人员必须具备较强的情绪控制能力和审时度势的能力,通过不断观察对方的心理、神态和行为采取相应的策略来破解僵局。

(五)加强沟通,语言适度

出现谈判僵局时,谈判双方不应采取逃避的态度,互相置之不理,而应加强彼此的沟通与交流,不断协调双方的利益。在沟通过程中,谈判人员应注意语言的适用性、艺术性与科学性,向对方表达己方的谈判诚意,同时在谈判过程中,谈判人员也应积极倾听对方的诉求并予以回应,使对方产生备受尊重的感觉。

案例 5.3:瞬时值还是平均值?

第二节　商务谈判僵局的利用与制造

如前所述,谈判僵局的出现并不代表谈判的破裂,谈判人员应将僵局视为谈判过程中一个不可避免的环节,理性、积极地看待僵局。谈判高手不仅能有效地利用僵局,还善于制造僵局,通过解决难题、扭转局势,使谈判渐入"柳暗花明"的佳境,最终达成协议。

一、谈判僵局的利用

不论谈判僵局是主观原因还是客观原因造成的,谈判人员都不应对谈判失去信心,而应积极面对并有效利用谈判僵局。谈判僵局的合理利用将会给谈判人员带来转机:一是可以提高己方的谈判优势,扭转谈判局势;二是为己方争取更为有利的谈判条件。僵局的利用方法及法则具体如下。

---

① 构建以合作共赢为核心的新型国际关系(习近平总书记在莫斯科国际关系学院发表重要讲话)[EB/OL]. http://theory.people.com.cn/n1/2016/0620/c40531-28457048.html.

(一)僵局的利用方法

常见的僵局的利用方法有加大筹码法、时间限制法、无赖勒索法和人道主义法等。

1．加大筹码法

谈判双方即使在实力上势均力敌,但在某一谈判主题上也可能存在相对弱势的一方。在出现谈判僵局时,相对弱势的一方可趁势将对方想要谋求的利益与其余因素捆绑在一起,以增加谈判筹码,扭转谈判局面,打破双方实力的不均衡,使谈判继续进行。

2．时间限制法

谈判人员可以采用时间限制法来利用僵局。这一方法是指谈判一方了解对方的大致时间规划,以及对方经不住时间压力等情况,通过突然提出终止谈判期限,给对方突然袭击,以逼迫对方达成协议。该方法的使用不仅能使对方为僵局导致的利益问题而焦虑,也能使其感受到时间的压迫,最终不得不屈服。

3．无赖勒索法

无赖勒索法是指在商务谈判僵局中,谈判一方自觉没有依傍,或者在对方最想得到己方"相对优势"的资源上使用不理性的战术,如"同归于尽",迫使对方缓和气氛,作出让步。这种方法适用于因利益差距过大或谈判规则不合理而引发的僵局。这种方法使用次数有限,若处理不当,非但不能利用僵局,反而会导致谈判破裂。

4．人道主义法

人道主义法是指在出现谈判僵局时,一方可以利用道德、信仰、人性等手段,将人道主义与引发僵局的谈判主题挂钩,迫使对方让步,从而打破僵局。例如,两辆车在会车时互不相让,但若其中一位司机说车上有病人要送去抢救,可想而知另一位司机很有可能妥协。使用这种方法前,谈判人员必须详细分析双方在地域、文化、价值观和思维方式等方面的差异。当这些差异导致僵局时,谈判人员可以采用这一方法利用僵局,为己方谋求更大利益。

(二)僵局的利用法则

要想有效利用僵局,谈判人员应遵循以下三大法则:

(1)提前介入,争取主动权。谈判人员不应在谈判僵局形成后才采取行动,而应在谈判开始前就准备好相应的处理方案,特别是在谈判策略的制定、人员安排等方面都要考虑产生僵局的可能性。谈判人员只有根据谈判局势提前介入,才能在出现僵局时为己方争取主动权。

(2)积极引导,施加影响。一旦出现谈判僵局,谈判人员不能坐以待毙,因为谈判双方如果都采取这样的态度,谈判最终将会中止或破裂。此时谈判人员应积极配合,一旦一方产生消极态度,另一方谈判人员应积极引导,努力改变对方的消极态度,推动谈判正常进行。

(3)借助外力,重点突破。谈判人员在利用谈判僵局时不仅要采取积极主动的态度,而且要灵活地借助外部力量或时间等其他因素,因为这有助于更好地利用谈判僵局。谈判人员也可从对方的薄弱环节着手,进行重点突破,破解僵局。在多数情况下,无论谈判对方多么强大,其谈判技巧多么娴熟,只要谈判人员善于察言观色,做到知己知彼,总能够找到对方的"软肋",从而找到谈判僵局的突破点。

二、谈判僵局的制造

在谈判过程中,谈判一方有时会刻意给对方抛出难题,打乱谈判的正常节奏,制造僵持局面,通过给对方造成压力为己方争取时间和创造优势。此时,谈判人员是在主动制造僵局,这种刻意制造的僵局属于策略性僵局。商务谈判人员首先要明确制造僵局的动机,然后才能采用有效的方法策略性地制造僵局。谈判人员在制造僵局时还需注意相关事项。

(一)制造僵局的动机

1. 改变当前的谈判形势

处于不利地位的一方在没有能力与对方抗衡时,为了提高自身的谈判地位,经常通过制造僵局来达到预期目标,实现利益最大化。这是处于不利地位的一方制造僵局的主要动机。

2. 争取有利的谈判条件

有些谈判目标在双方势均力敌时很难达到,为争取更为有利的谈判条件,谈判人员可能会通过制造僵局的方式使对方在僵局压力下降低预期收益。降低对方的预期收益后,谈判人员会采用折中的方式结束谈判,从而为己方争取更有利的谈判条件。这是处于平等地位的谈判人员制造僵局的主要动机。

3. 促成双方的理性合作

制造僵局虽然会导致谈判被迫暂停,但此时双方都有机会重新审视各自谈判的出发点,进而谋求双方的共同利益。如果双方都愿意采取措施弥补现存的利益差距,那么谈判结果也将符合原本的谈判目的,从而增加谈判成功的可能性。即使有可能导致谈判破裂,也可避免非理性合作,同时有利于双方增加了解、增进信任,为日后合作打下基础。这是具有诚意合作的谈判人员制造僵局的主要动机。

(二)制造僵局的方法

制造僵局的常用方法是向对方提出较高的要求,要求对方全面接受己方的谈判条件,即使对方在部分交易条件上作出让步,己方也执意坚持所提出的条件。谈判人员通常可以采用突然抬价、拒绝让步等改变或增加额外条件的方式制造僵局。例如,谈判人员在整个谈判过程中始终抱有强硬的态度,以己方初始的谈判目标作为双方达成协议的条件,拒绝作出让步,通过引起对方不满的方式制造僵局,实现自身利益最大化。此外,谈判人员还可以通过小题大做、沉默和结盟等方式制造僵局。

（三）制造僵局的注意事项

有效制造僵局的前提是对方已为谈判花费了不少的时间与精力，不会轻易退出谈判。僵局具有不确定性，在制造僵局之前，谈判人员应仔细权衡僵局对双方造成的影响，重点应注意以下事项：

（1）僵局制造方应考虑己方是否有顺利破解僵局的能力。如果无法运用己方能控制的措施破解僵局，则不应该制造僵局，否则制造僵局不仅不能扭转局势，反而会导致谈判破裂。

（2）僵局制造方所提的要求应略高于对方的交易条件，若所提条件过高，谈判将会破裂。

（3）僵局制造方应对己方重新提出的要求加以解释，说明其合理性，这样才能充分说服对方，促使对方接受己方的要求。

（4）僵局制造方在制造僵局之前应确保得到己方高层领导的支持，在得不到领导支持的情况下制造僵局是十分危险的。

案例 5.4

内部冲突下的预谋

在中美两家公司关于投资事宜的一次会谈上，美方依仗其先进的技术条件、高效率的运作团队及富含市场潜力的产品，在谈判开始前就对中方采取进攻策略，并提出了一系列苛刻的交易条件。面对美方的强势进攻，中方谈判人员坚决不肯让步，谈判因此陷入僵局。这时，美方谈判团队中出现严重分歧，一位较为年轻的谈判人员直言不讳地说："我认为中方的顾忌是客观且现实的，我们应该再三考虑他们提出的条件。"美方主谈人火冒三丈，立刻站起来，指着那名谈判人员说："你最好马上离开谈判会场！"那名谈判人员默不作声，在上级的施压下只好离开谈判场地。这时谈判局面变得更为紧张，面临随时破裂的风险。美方另一名谈判人员说："他说得也不无道理，我们可以再商榷一下"。美方小声讨论后，降低了原先苛刻的条件，中方见美方有所让步，便也作出了一定程度的让步，双方最终达成共识。

案例来源：http://www.book118.com.

在以上案例中，美方首先通过提出苛刻条件，故意制造谈判僵局，然后利用内部人员的分歧来加剧这一紧张局势。随后美方再通过另一名内部人员打圆场，降低原先苛刻的条件，从而使中方作出一定程度的让步，最终达成共识。不难看出，美方在谈判开始之前就策划了制造和破解僵局的策略。由此可见：僵局制造方一定要提前做好制造和破解僵局的准备，只有这样才能提升己方对谈判的把控能力，从而有效利用这一策略性僵局，实现己方的谈判目标。

第三节　商务谈判僵局的破解

虽然谈判人员都不希望出现僵局,但僵局在谈判中常常不可避免。僵局并不代表谈判进入死胡同,罗杰·道森也曾说过:"千万不要混淆僵局和死胡同。谈判过程中很少会出现死胡同,所以当你以为自己遇到死胡同时,你很可能只是遇到了僵局。"商务谈判僵局处理得成功与否,在根本上取决于谈判人员的经验、直觉、应变能力等因素。从这种意义上讲,僵局的破解是谈判科学性与艺术性相结合的产物。因此只要谈判人员能够及时、有效地运用策略和技巧,僵局是有可能迎刃而解的。常用的僵局破解策略如下。

一、休会

休会是指在谈判出现僵局或难以解决的问题时,将谈判暂时中止,双方休息一段时间之后再就之前未解决的问题进行谈判的一种策略。休会策略不仅能使谈判双方在精力和体力上得到一定的恢复,还能缓解谈判僵持的局面,推动谈判的顺利进行。

案例 5.5

给僵局按下暂停键

一名美籍华人与山东某公司就大蒜出口事宜展开谈判。在首轮谈判中,中方报价每千克 0.72 美元,而美方出价每千克 0.70 美元。双方均认为自己的价格足够合理,且都不愿意作出让步,谈判因此陷入僵局。此时,中方主谈建议道:"我们暂时休会吧?"双方由此进入休会阶段。

在休会期间,中方考虑到此时正是大蒜收成的好时期,再加上大蒜有一定的新鲜维持期,此时若不及时出售,很难再卖上好价钱。另外,由于美元兑人民币的汇率呈现不稳定的趋势,现在及时售出也不一定是件坏事。于是中方决定将价格下降至每千克 0.70 美元,这样的价格虽然比其他省份稍微低点,但也属于市场行情可接受的价格。

双方于是进行第二轮谈判,但是让中方所不解的是,在其提出降价之前,美方竟然将价格增加到了每千克 0.71 美元,这让中方谈判人员大吃一惊。经了解才发现,原来在美国生活的华侨有很多,喜欢吃蒜的中国人都喜欢蒜味浓一点的大蒜,所以即使中方卖的价格略微高点,但是能够满足目标顾客的需求,最后也能卖个好价钱。最终,双方以每千克 0.71 美元的价格成交。

案例来源:https://wenku.baidu.com/view/7241ca06763231126edb1198.html。

在首轮谈判的休会阶段,通过冷静思考影响价格的主要因素后,这名美籍华人与山东某公司双方都决定适当让步,最终促成了交易的达成。"我们暂时休会"这句暗语就像一个暂停键,能使谈判双方从现有严肃紧张的僵持局面中摆脱出来。谈判人员可利用休会阶段理性思考未达成共识的问题,权衡解决方案的利弊,选择恰当的策略与技巧,从而推动谈判的进程,提高谈判成功率。

二、升格

当谈判僵局出现时,谈判人员出于谈判目标、上级所施加的压力等因素的影响会愈发坚持己方的谈判立场与观点,同时谈判人员因权力有限可能无法及时作出重大决定,这时可以采用升格策略,即由谈判中的一方或双方的上级领导参与谈判,以打破僵局,从而在客观上使谈判级别上升——升格,故将该策略命名为"谈判升格"。

谈判人员要想有效使用升格策略,必须注意以下事项。

(1) 选择合适的时机:请领导出场的时机和出场的方式要得当。

(2) 明确谈判目标:在领导出场前要向领导汇报谈判形势及拟实现的谈判目标,这是"谈判升格"策略的成败关键。

(3) 准备谈判材料:以简明扼要的形式在领导准备出场前;提供谈判双方的主要观点和论据。

(4) 避免频繁升格:在同一项目或交易的谈判中,领导出场次数过多会降低己方主谈人员的地位,一方面会削弱己方谈判人员的信心,另一方面也会助长对方的傲气。

(5) 避免领导走题:避免出场的领导不进入谈判角色,言不切题,不符合已有的谈判安排。

案例 5.6

"告别"晚宴背后的契机

中国某公司计划购买电视机用的调谐器生产技术和相关设备,遂与日本某公司展开谈判。双方在技术水平及设备选型上很快达成了协议,但却因技术费用、技术指导费用与设备费用僵持不下。日方主谈便以"打道回府"为由向中方施压,中方则强硬表示:"日方可以结束谈判回国,这是其权力;不过,出于礼貌,日方是否应向中方领导告个别?"迫于此,日方接受了"告别"的建议。

在告别晚宴之前,中方主谈向公司领导汇报了谈判态势,并与领导议定了最终成交方案。在晚宴上,中方领导对日方所做的一切表示感谢,依次举杯敬酒,逐一答谢,却只字不提双方的谈判分歧。待到尾声时,中方领导才询问日方何时启程。日方代表顺势回应,同时也表达了对于此次合作的诚意与渴望。中方领导听罢,诚恳提议:"专家的技术指导费用,按日方价计,但往返机票由日方承担;技术费用,双方对半承担;设备问题较复杂,双方专家逐台评估,实事求是地定价,共同解决设备价格分歧。"日方见中方领导的建议较为公平,便接受了该提议。次日,双方人员在客观分析设备性能和市场行情的基础上,就设备价格达成一致意见,最终促成了这笔交易。

案例来源:http://www.managershare.com/wiki/%E8%B0%88%E5%88%A4%E5%8D%87%E6%A0%BC%E7%AD%96%E7%95%A5.

在上述案例中，中方主谈有效地利用升格策略打破了僵局，使谈判得以顺利进行。此次"升格"策略奏效的关键在于：中方采用了双方都可接受的方式——"告别"晚宴，成功地安排对方"会谈"己方领导，使谈判自然升级；中方领导选择合适的时机，诚恳地与日方主动沟通，双方在轻松的氛围中充分交流，带着合作的诚意协调双方利益，最终达成共识。

三、改变环境

改变环境策略是指在一定程度上改变谈判双方之前所处的谈判环境，以破解僵局。这主要体现在：谈判的主方主动提议开展一些娱乐休闲活动，如游览自然风光、名胜古迹等活动，使双方从紧张、严肃的谈判气氛中解脱出来，从而以一种轻松愉快的方式进一步磋商造成僵局的某些条件，使谈判有实质性的进展。

四、借助外力

借助外力策略是指在谈判中双方僵持不下，迟迟没有进展时，一方通过借助中间人的方式调节现场气氛，使双方有所让步，进而打破僵局的策略。当出现因双方严重对峙而形成的僵局时，由于沟通障碍的出现，谈判人员的任何举动、行为和态度都极易使对方产生消极、敌意等反应。因此，在此时借助外力能有效打破僵局。

这里的外力即第三方力量，既可以是中间人也可以是某些机构。应当注意的是，谈判人员所选择的中间人应具有一定的权威性，并且为双方所熟知。同时，所选取的中间人应在处理僵局时公平、客观地对待双方，只有这样中间人才能起到打破僵局的作用。

五、方案替代

谈判过程中的协商方案并不是一成不变的，有时可以使用备用方案，对协商方案中引起利益冲突的部分进行替换。这就要求谈判人员积极寻求能够同时满足双方利益的多种方案，常用做法如下：

（1）另选谈判时间。在谈判陷入僵局后，谈判双方另外确定时间重新商议较为复杂的问题，往往能取得较好的效果。这可以给谈判双方更多的时间全面了解和认识问题，同时也能缓解当前尴尬的气氛。

（2）改变售后服务方式。在这一过程中谈判人员可以适当减少不必要的烦琐手续，以免日后产生相关售后服务问题。

（3）改变承担风险的方式、时限和程度。在合作得失不明确的前提下，讨论责任及损失的问题往往会让双方争论不止。在谈判过程中，谈判人员需要着重讨论双方在未来的合作中如何分享利益这一问题，这样有利于双方在利益平衡上达成一致。

（4）营造合作气氛，寻找共同利益。合则共赢，斗则俱伤。谈判人员应努力营造"齐心协力、合作共赢"的良好氛围，竭力寻找双方的利益共同点。在谈判场外，谈判双方的核心人员应加强沟通、紧密联系，这有利于尽快打破僵局。

（5）改变付款的方式和时限。在不影响谈判局面和成交总金额的情况下，增加定金、缩短付款时限，以及采用不同付款方式的策略将有助于打破谈判僵局。

六、有效退让

有效退让策略在商务谈判中尤为重要且应用广泛。有效退让策略是指在谈判接近失败的情况下,谈判一方在一定范围内以合适的方式作出让步,促成谈判局势的转变的策略。在实际的商务谈判中,僵局是不可避免的,谈判人员应在全面了解整体谈判情况、双方相关利益的基础上,灵活运用多种策略,通过在某些方面的退让来换取其他方面的利益,以促成谈判。谈判人员要善于发掘让步空间,换位思考,才能有效退让。值得注意的是,有效退让策略要以不损害己方的根本利益为前提。

案例 5.7:滴滴与优步的"联姻"

七、其他

1. 临阵换将

临阵换将策略即通过更换谈判人员的方法打破谈判僵局。当谈判出现僵局时,如果谈判双方努力协调仍不能达成共识,谈判双方可以在取得对方同意的情况下,更换谈判人员,以缓和谈判气氛。这种策略有利于维护双方良好的合作关系,有助于打破当前僵局。

需要注意的是:更换谈判人员时,作出更换的一方要对另一方委婉地表明意图,以便取得对方的理解;在一般情况下,尽量不要作出换人的决策,以免挫伤在场谈判人员的工作积极性。若是出于迫不得已,谈判后要对被更换人员做好解释工作。

2. 语言激励

当谈判出现僵局时,谈判人员可以通过适当的语言激励使对方作出让步,进而打破僵局。例如,"我们刚刚已经在合同的诸多细节上达成一致,若因这一小小的争执就前功尽弃,岂不是太可惜了?"这一简短的语言看似平淡无奇,却能提醒对方当僵局出现时,不应过多地拘泥于小事,而应及时沟通与协商。谈判人员也可以通过叙述双方以往的合作经历、强调利益共同点来表示双方之间良好的合作关系与合作诚意,消除双方的消极情绪,借此打破僵局。

3. 以硬碰硬

当对方在整个谈判过程中始终保持强硬的态度,己方即使作出让步对方也不依不饶时,己方应采取强硬、坚决的态度予以回击,迫使对方作出合理的让步,以维护己方利益。例如,己方谈判人员可以揭露对方制造僵局的真实意图,此时对方可能会主动降低谈判要求,防止谈判走向破裂。更为强硬的方式是,谈判人员可以通过离开谈判桌,向对方表示己方的愤怒与不满。若对方有意合作,则会出于对自身不当行为的愧疚,主动退让来寻求继续谈判的契机;若对方无意合作,只是一味地施加压力以谋求更多利益,与其达成协议也只会严重损害己方利益,这样的谈判是毫无意义的。

4．调解与仲裁

谈判双方可以采用调解或者仲裁的方式破解僵局。调解是指谈判双方共同选出一名调解人，调解人根据双方的状况制定一份调解方案。若调解方案被双方接受，那么僵局将会化解，但调解不具有法律效力。仲裁是指当调解未果时，谈判人员将协议递送给由仲裁员组成的仲裁庭进行裁决，裁决结果产生后，双方必须按法律规定执行，仲裁具备法律效力。

5．背水一战

当谈判人员认为自身的谈判条件是合理的，无法再作让步，同时又没有替代方案时，可以采用孤注一掷、背水一战的策略，也就是说，将己方条件摆在谈判桌上，明确表示己方已无退路，希望对方能作出让步，否则情愿接受谈判破裂的结局。

本章小结

商务谈判僵局是指双方在商务谈判的过程中，因利益需求差距较大或对某一问题的立场和观点存在分歧，很难形成共识，又都不愿作出让步，而使谈判呈现僵持的局面。谈判僵局的出现将会拖慢谈判进程、降低谈判效率，甚至有可能导致谈判破裂。因此，谈判双方应尽量避免谈判僵局的出现，但谈判僵局一旦出现，双方应采取积极的态度，认真分析僵局的类型及成因。谈判僵局的成因包括：谈判一方故意制造僵局，谈判双方立场或观点对立，谈判人员素质低下和行为失误，偶发因素的干扰，沟通障碍及利益合理要求的差距等主客观因素。处理谈判僵局时，谈判人员应遵循"正确认识、积极对待；沉着冷静、理性沟通；协调利益，合作共赢"等原则。

僵局并非死局，如果利用得好，僵局将会变为赢局，因此谈判人员应有效利用谈判僵局，扭转谈判局势，为己方争取更为有利的谈判条件。利用僵局的常见方法有加大筹码法、时间限制法、无赖勒索法和人道主义法等，同时谈判人员也应掌握利用僵局的三大法则。此外，制造僵局也是谈判人员常采用的一种策略。制造僵局的动机包括：改变当前的谈判形势、争取有利的谈判条件和促进双方的理性合作等。制造僵局常用的方法有改变或增加额外条件、小题大做、沉默和结盟等。

僵局的破解是谈判科学性与艺术性相结合的产物。在破解谈判僵局时，谈判人员应根据具体情况，灵活选择休会、升格、改变环境、借助外力、方案替代和有效退让等策略，以推动谈判进程最终实现"双赢"。

本章关键术语

谈判僵局　协议期僵局　执行期僵局　僵局的利用　僵局的制造　休会　升格　借助外力　方案替代　有效退让

名言分享

1. "态度强硬比态度温和更易造成僵局是毫无疑义的。"
——盖温·肯尼迪(Gavin Kennedy)

2. "外行人在谈判中喜欢与对方竞争,有经验的人则只想解决问题,也因此总能解决问题。"
——尼尔伦伯格

3. "价格不是决定双方成交与否的唯一因素,但却是双方敏感度最高、最容易产生纠结和卡壳的因素。"
——墨非

4. "在谈判过后,很多人会非常懊恼,他们希望谈判能随时暂停,好让自己有时间想一想对方到底是什么意思,然后权衡接下来该说什么,最好能再添加一个回放功能。"
——迈克尔·惠勒(Michael Wheeler)

5. "某种轻巧的幽默,就可以使当时的气氛为之改观,使陷入僵局的悬案豁然解决。"
——大平正芳

巩固练习

自学自测 扫描此码

一、简答题

1. 简述商务谈判僵局形成的原因。
2. 举例说明破解商务谈判僵局的主要策略。
3. 谈谈你对商务谈判僵局的看法。

二、案例题

1. 有力的反击
2. 视频案例:《永不妥协》片段

【案例背景】 在视频案例《永不妥协》(Never Compromise)中,为了给受害者谋求更多的赔偿金额以及得到公开审判PG&E电力公司的机会,艾琳与PG&E电力公司展开了激烈的谈判……

扫描二维码观看《永不妥协》中的谈判片段,回答以下问题:
(1) 艾琳是怎样迫使PG&E电力公司让步的?
(2) 怎样有效利用僵局推动谈判的进程?

课后拓展

模拟商务谈判

模拟谈判案例：

中海油某公司欲从澳大利亚某研发公司引进地层测试仪，双方就该技术交易在 2010—2012 年举行了多次谈判。地层测试仪是石油勘探开发领域的一项核心技术，掌控在斯伦贝谢、哈利伯顿等国外少数几个石油巨头手中。这些公司对中国实行严格的技术封锁，不出售技术和设备，只提供服务，以此来占领中国广阔的市场，赚取高额垄断利润。澳方因缺乏后续研究和开发资金，曾在 2010 年以前主动带着其独立开发的处于国际领先水平的设备来中国寻求合作者，并先后在中国的渤海和南海进行现场作业，效果很好。中方于 2010 年年初到澳方进行全面考察，对该公司的技术设备很满意，于是双方就技术引进事宜进行正式谈判。考虑到这项技术的重要性以及公司未来发展的需要，中方的谈判目标是出高价买断该技术。但澳方坚持只给中方技术使用权，允许中方制造该设备，而技术专利仍掌控在自己手中。澳方不同意将公司赖以生存的核心技术卖掉，委身变成中方的海外子公司或研发机构。双方巨大的原则立场分歧使谈判在一开始就陷入僵局。中方向澳方表明了立场之后，对谈判进行"冷处理"——回国等待。迫于资金短缺的巨大压力，澳方无法拖延谈判时间，2010—2012 年澳方就交易条件多次找中方磋商，试图打破僵局……

请根据以上案例情景，完成下列任务：

（1）两组进行合作，每组 4～5 人，分别扮演中方和澳方进行 15～20 分钟的模拟谈判，允许谈判失败。

（2）让观看模拟谈判的同学对表演组所使用的策略进行点评，然后由表演组派一名代表解读本组为推动谈判顺利进行所采取的谈判策略，并分析谈判成功或失败的原因。

第六章 商务谈判的结束与签约

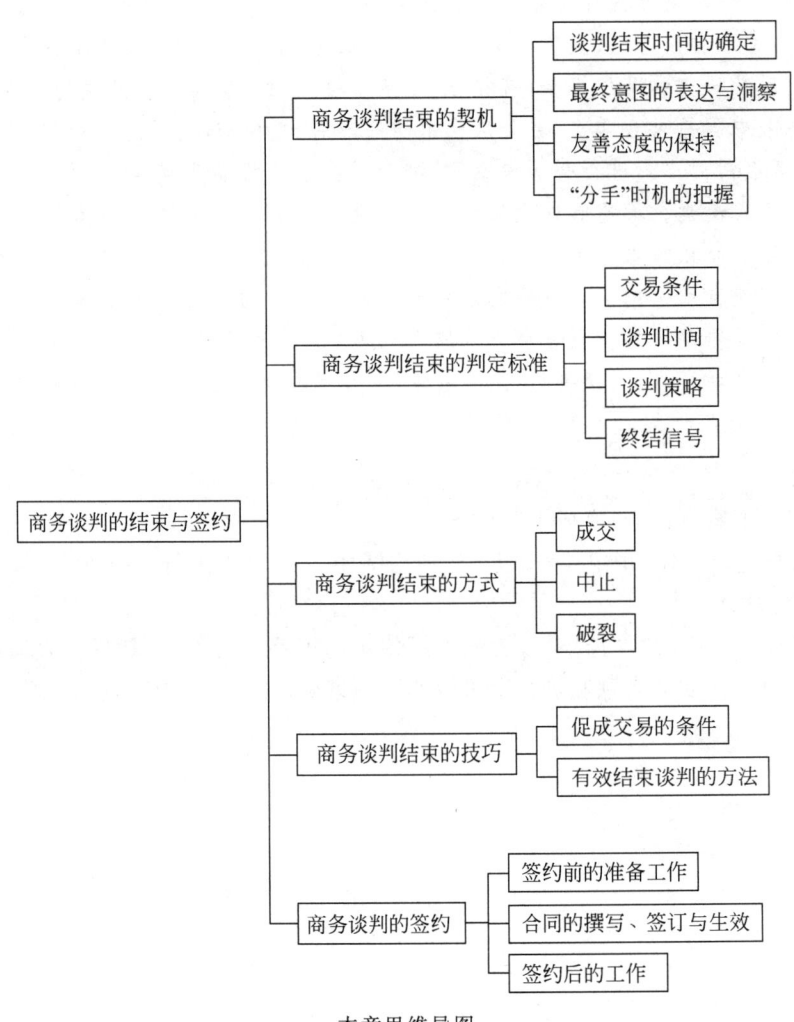

```
                                      ┌─ 谈判结束时间的确定
                    ┌─ 商务谈判结束的契机 ─┼─ 最终意图的表达与洞察
                    │                  ├─ 友善态度的保持
                    │                  └─ "分手"时机的把握
                    │
                    │                    ┌─ 交易条件
                    │                    ├─ 谈判时间
                    ├─ 商务谈判结束的判定标准 ┼─ 谈判策略
                    │                    └─ 终结信号
                    │
商务谈判的结束与签约 ─┤                  ┌─ 成交
                    ├─ 商务谈判结束的方式 ─┼─ 中止
                    │                  └─ 破裂
                    │
                    ├─ 商务谈判结束的技巧 ─┬─ 促成交易的条件
                    │                  └─ 有效结束谈判的方法
                    │
                    │                ┌─ 签约前的准备工作
                    └─ 商务谈判的签约 ─┼─ 合同的撰写、签订与生效
                                     └─ 签约后的工作
```

本章思维导图

【主要目标】

（1）掌握商务谈判结束的契机；准确确定谈判的结束时间，有效表达己方的最终意图并洞察对方的真实意图，保持友善态度，选择适当的结束时机；

（2）学会根据交易条件、谈判时间、谈判策略和终结信号判断商务谈判的结束时机；

(3) 了解成交、中止和破裂三种商务谈判结束的方式;

(4) 了解促成商务谈判的七大条件,掌握比较结束、优待结束、利益结束和渐进结束等常用的终结谈判的方法;

(5) 了解商务谈判签约的前期准备工作、合同的撰写、签订与生效以及签约后的工作等方面的内容,熟悉签约仪式的操作流程。

课前"剧透"

【"剧透"片段】 在电视剧《完美关系》中,投资公司CEA的一名高管对其下属进行性骚扰的劣迹被曝光到网上。CEA正在发起设立5亿元规模的基金,同时该下属也有引诱上司的嫌疑,因此舆论对CEA非常不利。代表CEA的名仕公关公司与代表该下属的DL传播,就赔偿金额问题展开了谈判……

扫描二维码观看短视频,回答下面的问题:
1. 如何评价DL传播与代表CEA的名仕公关公司之间的谈判？双方采用了什么结束谈判的策略？
2. 在商务谈判结束阶段应该注意什么？

导入案例

机灵的法国青年

一位法国人家里有个西瓜农场,种出来的西瓜果香诱人、汁甜肉脆,吸引了许多客户前来预订。考虑到供货量不足的问题,这位农场主人规定只对特定客户销售,不接受其他人的预订。然而还是经常有人打电话向他订购西瓜,但每次都会遭到他的拒绝。

有一天,来了一位20岁左右的青年,他向农场主人表示自己想购买一个西瓜。这位农场主人一口回绝了,但青年却没有立即离开。之后农场主人做什么,这位青年都跟在他的身边,一边跟着一边讲述自己的故事,讲了好几个小时。农场主人听完青年的故事后,开口说:"讲完了吗? 那边的大西瓜给你好了,一个法郎。"青年说:"可是,我只有一毛钱。""一毛钱？"农场主人听了便指着另一个没有成熟的小西瓜说:"那么,给你那边较小的绿色的瓜好吗？""好吧,我就要那个,"青年说,"先生,请您不要把它摘下来,我弟弟一周后就会过来取货。我只管采购,我弟弟才负责接货和运输,我们各尽其责。"

农场主人深感被捉弄、被欺骗,心中不悦的情绪慢慢涌现出来,但他也明白诚信是商人最基本的品质。同时,青年也察觉到农场主人不悦的情绪,于是又继续讲述自己与弟弟具体如何进行分工以及对西瓜的喜爱,并承诺每天会过来给西瓜浇水。农场主人最终被打动,答应把这个西瓜以一毛钱卖给青年。一周后,青年获得了香甜可口的大西瓜。

案例来源: https://wenku.baidu.com/view/6c4dee0f3169a4517723a332.html。

问题:从上述案例可以得到什么启示？

在上述案例中,法国青年虽然遭到明确的拒绝,但谈判并没有结束,该青年并没有放弃,而是一直与老板沟通,然后以"只有这些钱"为由造成既定事实,而后追加对己方有利的条件,最终实现了谈判目标。该案例的关键点是：卖主明确拒绝后,这位年轻人却没有收到"最后期限已到"的信息,而是选择继续与卖主谈判。但是,如果那个"最后期限"真的到来,结局恐怕就截然不同了。

这个案例表明,无论谈判多么艰辛,只要谈判还在进行,谈判人员就不能过早放弃努力。商务谈判中也存在"二八"定律,即80%的内容会放到最后20%的时间内商谈。这也说明,把握商务谈判结束的契机,了解谈判结束的判定标准,掌握谈判结束的方式、策略与技巧对于促成谈判的最后成功有着重要的意义。

第一节　商务谈判结束的契机

在谈判的终局阶段即谈判的最后阶段,谈判双方在先前的谈判中已经表达了自身的利益和观点,提出了一些基本的条件和预案,也作了一定的让步和妥协,这似乎意味着谈判马上就要成功,但是如果不能把握好谈判终局阶段的程序和要点,就不能为己方争取到更多的利益,也不能实现谈判的双赢,甚至双方在最后达成妥协时,会由于急于求成、时机把握不准、情绪波动等原因而导致谈判破裂、前功尽弃。因此,在商务谈判终局阶段,谈判人员要善于把握谈判结束的契机,其秘诀在于：准确确定谈判的结束时间,有效表达己方的最终意图和洞察对手的真实意图,保持友善态度,选择适当的"分手"时机。

一、谈判结束时间的确定

商务谈判的质量往往取决于谈判前所做的准备工作,但谈判结果不仅取决于谈判前的准备、谈判过程中的策划,更取决于对谈判结束时机的把控,这在很大程度上有赖于准确确定谈判结束时间。选择恰当的时机结束商务谈判,可达到事半功倍的效果；反之,错过结束商务谈判的最佳时机可能导致"节外生枝",致使谈判人员毫无意义地拖延谈判,从而丧失成交机会。因此,在谈判终局阶段,谈判人员应明确己方目标的满意域,在这个区域内准确确定结束谈判的合适时间。

一般而言,当谈判对手处于激动状态时他们的兴致往往是最高的,这时双方通常容易达成一个互利互惠的契约。然而,谈判对手不会一直保持高涨的兴致,保持的时间长短也难以确定,因此需要谈判人员具备洞察谈判对手心理变化的能力,准确地把握时机。

具体而言,谈判人员可以通过以下两种方法确定谈判结束时间：

(1) 测试法：对谈判对手稍加测试,窥探对手是否下定决心。如果讨论支付和交易日期的问题时,对手没有打断己方,并期望双方能共同讨论出有利方案,则说明对手有兴致讨论这些问题。尽管这些问题的讨论可能并不会对谈判结果起决定性作用,但可以作为双方谈判已经接近尾声的信号。

(2) 提前确定法：在谈判伊始,可以事先确定谈判的起止时间。谈判人员不会永远精力旺盛,在不同的谈判阶段,谈判人员的精力也不同。事实上,谈判人员的精力是呈"U"形曲线发展的。在谈判开端,谈判双方的精力都很旺盛,但随着时间慢慢流逝,双方的精力都会不断下降,而在谈判结束时,双方又会出现精力充沛的高峰。所以一旦确定了截止时间,谈判人员就会在最后一刻重新振作精神,提出真正有效的解决方案,甚至会作出积极的让步。反之,若没有确切的结束时间,双方将会一直拖延下去,最后也达不到双方的预期目标。

二、最终意图的表达与洞察

在谈判终局阶段,谈判人员除了清楚表达己方的最终意图外,还应正确理解对手透露的最终意图,并采取适当的方式应对。

大多数情况下尤其是在一个要求速战速决的场合,谈判人员一般会通过言语、表情或动作透露最终意图,如可以通过将双臂交叉在胸前,表明己方已经下定决心,条件难以动摇。当然,谈判一方也可以在会议之外试着向对方传递非正式的消息,表明己方将要提出最后建议,这样做实际上是为己方创造最后的机会。值得注意的是,当对己方的选择十分有把握时,语言应简短明了,答复要简明扼要。此外,洞察对方的最终意图非常重要。一般而言,对方一旦表明最终谈判意图,那么最后的谈判期限也就基本上确定下来了。其实,要观察对方是否有想要结束谈判的意图也不是难事。只要谈判人员在谈判过程中察言观色,注意对方说话的方式和面部表情的变化,便可作出正确的判断。如果对方在谈判中出现下面任何一种情况,则说明对方有很大可能已产生了结束谈判的意图:

(1) 对方向你询问交货的时间;
(2) 对方向你打听新旧产品及其他相关产品的价格问题;
(3) 对方对质量和加工提出具体要求,不管他是从正面还是从反面提出这些要求;
(4) 对方让你把价格说得确切一些;
(5) 对方要求你把某些销售条件记录在册;
(6) 对方向你请教产品保养的问题;
(7) 对方要求将报盘的有效期延续几天,以便有时间重新考虑,最后作出决定;
(8) 对方要求实地试用产品;
(9) 对方提出了某些反对意见。

在很多情况下,虽然对方有成交的意愿,但还是会提出一些反对意见。其实,这些反对意见并不见得是真正意义上的反对,而是一种积极的信号,说明其真的想要达成这笔交易。因此,只要谈判人员具备相应的心理学知识,掌握对方心理活动的规律,并通过在谈判结束时全面地观察其言谈举止,就能洞察对方的意图。要想顺利地结束谈判,辨别对方的信号意图是一个非常重要的先决条件。

三、友善态度的保持

在谈判的整个过程中谈判人员都应鼓励对方大胆地发表意见,不能因为对方提出了不合意的想法就责备他们。有些谈判人员会因为在谈判过程中付出了巨大努力但未达成协议而指责对方,这种做法会引起他们的反感,也会降低后续合作的可能性。如果在整个谈判过程中双方都保持友善态度,努力营造和谐的谈判氛围,那么即使这次没有达成交易,彼此友好的关系也将为未来合作创造良好的条件。

四、"分手"时机的把握

很多情况下,谈判的成功都是在最后一分钟取得的。因此,谈判终局的最后一分钟不仅是谈判人员智力的较量,也是毅力、意志和信心的较量。在最后关头,若出现意外情况或当谈判不顺利时,谈判人员不能过早放弃快要取得的成果,而要有一定的忍耐力,要学会巧妙地坚持和等待。对方提出异议可能会使你丧失继续谈判的信心,但是没有到最后一刻,谈判就没有结束,只要谈判还在进行,就要设法说服对方,尽量将其拒绝转变为同意。同时,当对方同意达成交易时,也不能早早离场,否则会给人留下"急功近利"的印象。

案例 6.1:美日谈判双方最后努力的成效

尤其是在对方还在犹豫不决或者极为勉强才同意交易的情况下,这种做法会增加对方的不安和忧虑,最终可能会导致对方撤回同意签订合同的决定。可想而知,这种不适时的"分手"无疑会造成谈判的破裂。

第二节 商务谈判结束的判定标准

商务谈判如下棋,是否该结束,有其自身的规则,也有一定的标志,一旦出现这些标志,就要准备"见好就收"——结束谈判。一般而言,判断谈判结束的标准主要有交易条件、谈判时间、谈判策略和终结信号。

一、交易条件

谈判人员可以根据交易条件,即以双方交易条件达成一致的程度来判断谈判终结与否。当交易条件作为谈判结束的标志时,谈判人员有必要将所有可谈判的条件量化成谈判的量级,即分歧量、成交线与一致化。如果谈判完成了各个层级的条件,就意味着谈判即将结束。

(一)分歧量

分歧量是指双方关于交易条件的分歧程度。谈判双方关于交易条件的分歧主要体现在数量和质量两个层面。从数量层面看,如果双方达成一致的交易条件远多于双方产生分歧的交易条件,即双方就绝大多数的交易条件达成一致,那么谈判可以进入结束阶段,即量变会引发质变;从质量层面看,如果谈判双方在关键问题上达成共识,仅在少数无关痛痒的问题上存在一些分歧,那么谈判也可以进入结束阶段。反之,如果双方没有就多数交易条件达成共识或没有在关键问题上达成一致,则不能判定谈判已进入结束阶段。

(二)成交线

成交线是指谈判人员预先设定的最低价格线。这种方法是指谈判人员在谈判实务中,会预先设定成交线——可接受的最低价格,低于成交线的部分是不能成交的领域,高于成交线的部分是可以交易的领域。若谈判条件高于己方的成交线则可以到达谈判结束的地步；若谈判条件没有达到成交线，则需要继续进行谈判。一般而言，若谈判一方不小心透露了己方的成交线，那么对方会紧紧盯着这一成交线，直到价格接近该成交线，谈判才进入结束阶段。因此，谈判人员无论如何都不要轻易透露己方的成交线，否则会处于极其被动的地位。

（三）一致性

一致性是指谈判双方在全部交易条件上达成一致意见。这种方法涵盖两个要点：一是谈判双方不仅要在关键问题上达成共识，还要在其他问题上持有相同的观点、态度和原则；二是尚未解决的微小问题也需要谈判双方尽力使对方认可。因为微小问题如果处理不得当、不严谨或有歧义，那么谈判双方很可能在达成协议后产生异议，使之前的劳动成果付诸东流。因此，在交易条件达成一致层面，要求谈判双方就所有问题达成一致，才能判定谈判结束阶段的到来。

二、谈判时间

谈判时间包括谈判开始、维持和结束的时间。谈判时间持续得越长，谈判成本也就越高，因此谈判不可能无止境地进行下去。一般而言，谈判各方会事先给己方设定好谈判时间。当谈判时间终止时，谈判会自然而然步入尾声。按时间来判定谈判结束有以下三个标准。

（一）双方约定的谈判时间

双方约定的谈判时间是指在开始谈判前，为了提高谈判效率，节省人力、物力，谈判双方共同确定整个谈判过程所需要的时间，并确定谈判结束的时间。由于谈判时间是双方共同确定的，所以双方都会在约定的时间内结束谈判。

（二）单方限定的谈判时间

单方限定的谈判时间是指谈判一方确定的谈判时间，随着限定的谈判时间的减少，谈判也随之进入结束阶段。单方限定的谈判时间主要起约束己方的作用，可以提高己方的工作效率，而对于对手并不会有很强的约束力。因此，单方限定的谈判时间是可变的，对手可以服从，也可以不服从，具体要看交易条件是否符合其谈判目标。

（三）突发性的时间限定

突发性的时间限定是指双方事先已经约定好了谈判时间，但由于谈判形势突然变化，谈判人员被迫提前或推迟谈判的结束时间。一般而言，当一方遇到突发性问题时，另一方可以在规定时间内继续完成谈判，或者依据对方要求改变谈判结束时间，具体要看己方目标的实现情况。当己方遇到突发性问题时，应视具体情况与对手沟通。如果不得已需提前结束谈判，切忌被对方利用最后谈判期限已到而匆忙接受其提出的条件，否则己方会处于被动地位。如果己方的目标一定要在这个时间阶段完成，则必须继续谈判或终止谈判以达成目标；如果己方并不着急，而且对方又是合适的合作伙伴，则可以考虑同意其要求。

三、谈判策略

这里所指的谈判策略不是一般的谈判策略,而是具有终结谈判意义的谈判策略。因此,这些策略的使用是终结谈判的重要信号和标志。采用这些策略来结束谈判主要有以下几个目的:①改变谈判对手惰性十足的状态,使双方以最有效的方式成交;②为己方争取最后的利益;③向谈判对手发出结束谈判的信号,以便双方能够达成协议。常见的结束谈判的策略有最后通牒、时间策略、一揽子交易、折中进退和冷冻政策等。因第四章第二节和第三节对最后通牒和时间策略分别作了详细的介绍,本节重点介绍一揽子交易、折中进退和冷冻政策。

(一) 一揽子交易

一揽子交易是指谈判双方以各自坚持的条件作为一揽子条件进行交易的策略。该策略适用于谈判涉及的内容较多,且谈判双方就每一项内容都进行了多次讨价还价,最后只剩下少许双方歧义较小的内容,且剩下的内容对双方来说利害均等的情况。经过多个回合的谈判,双方将所有的交易条件,包括有利条件和无利条件,进行打包作为一揽子条件。这样的一揽子条件必定有对己方有利的条件,也有对己方有害的条件。双方确定一揽子交易条件后,谈判随即进入结束阶段。

(二) 折中进退

折中进退是指谈判双方同意在双方条件差距之和的中间条件下成交的策略。如果谈判双方经过多次商议还未达成一致意见,且谈判时间消耗过多,但双方仍存在合作的意向,那么双方极有可能利用折中进退策略来结束谈判。一般而言,一方先主动提出折中进退方案,即谈判双方皆以同等程度进行妥协让步——"对半"让步,如果对方接受该方案,即可判定谈判进入结束阶段。值得注意的是,不能完全以"折中"策略为终局条件,如果对方不同意折中方案,双方将"继续"而非"终结"谈判。

(三) 冷冻政策

冷冻政策是一种暂时中止谈判的策略,是在双方有成交诚意,而暂时无法达成协议且都不愿谈判破裂的情况下使用的。当谈判双方条件差距太大或者谈判标的还有可比较、可选择的其他机会或者由于出现特殊困难(如许可证、外汇、政治或人事方面的重大变故等情形)时,谈判双方可采用冷冻政策暂时中止谈判。

冷冻政策并不表示谈判双方彼此冷落。相反,在谈判暂停期间,双方可礼貌、热忱地"私下"沟通。尤其是当遇到某些不宜公开的问题时,双方采用更为亲密的小范围的"交心式"洽谈,使冷冻中的谈判不至于"冷却",使谈判双方彼此心照不宣地领悟冷冻中的积极因素,为后续谈判"解冻"打下良好的基础。

四、终结信号

终结信号是指谈判人员在语言、表情和行为等方面所表露出的打算结束谈判的一切暗示或提示。谈判人员表现出来的终结信号主要包括语言信号、表情信号和行为信号等。

语言信号是指谈判人员用语言表露出的明示或暗示信息。结束谈判的语言信号具体表现为：①谈判人员使用最少的话语来阐明己方的立场，并在谈判过程中明确地表明己方的意愿；②谈判人员此时提出的建议明确完整，没有任何含糊；③谈判人员回答问题尽量简短，表明确实没有折中的余地。此外，"好的"和"我同意"等肯定的言语信息也预示谈判即将结束。

表情信号是指从谈判人员的面部表情和体态中所表现出来的一种信号。例如，经过一段时间的谈判，谈判人员的表情由严肃、紧张变得轻松、自然，在洽谈中面带微笑、眼神坚定、不卑不亢，这些放松的表情都可视作成交的信号。

行为信号是指从谈判人员的行为动作中所传递出来的信息。终结谈判的行为信号包括：谈判人员放松的坐姿（如两手交叉抱胸）、下意识地点头、反复确认重要条款的细节、将文件和笔记本合拢或将资料放在一边、收拾资料等。

总之，谈判成交的最佳时机是"心理上的适当瞬间"。谈判各方的思想观点、见解常在某些瞬间达成一致。因此，谈判人员应根据上述的交易条件、谈判时间、谈判策略和终结信号正确判断谈判结束的时间，以捕捉成交的"适当的瞬间"。

案例 6.2：继续拖延还是"速战速决"？

第三节　商务谈判结束的方式

一般而言，商务谈判的结束方式有三种：一是成交，即双方达成交易；二是双方中止谈判；三是谈判破裂，即因双方利益冲突，且都不愿作出让步，导致谈判破裂。

一、成交

成交是指谈判双方最终达成协议，并进行交易的结果。成交的前提是谈判双方就交易条件经过多轮磋商后最终达成共识，在全部或绝大部分问题上不存在实质性的分歧。成交方式是双方签署具有法律约束力和执行力的协议书或合同以明确双方进行商务交易活动的原则和方式。

一般而言，成交分为两个层次：一是双方就交易条件基本达成一致，即在全部问题或绝大部分问题上不存在实质性的分歧；二是双方签署具有法律效力的书面合同，合同内容需符合各项规章制度的规定，且经过主管部门审批，合同能够正式进入操作阶段。

在商务谈判中，只有当成交达到第二个层次时，谈判成果才能真正带来现实的利益，这才是真正意义上的成交。

二、中止

中止是指谈判双方出于某种原因未能达成全部或部分成交合同而导致双方约定或单方要求暂停谈判的方式。如果双方在解决最后分歧时谈判中止，即中止发生在谈判最后阶段，则称为终局性中止，这通常也被视为谈判结束的一种方式。此外，中止还可以分为有约中止与无约中止两种方式。

（一）有约中止

有约中止是指谈判双方在中止谈判时约定好了恢复谈判的时间。如果双方仍有合作的意向和可能，但由于某些特殊原因（价格超过预期、让步幅度超过权限、需向上级报告等）而无法达成协议，于是双方经过协商一致同意中止谈判，或者暂时中止，待这些不利因素消除以后，双方再继续进行谈判。这种有约中止是一种积极的中止谈判的方式，中止的最终目的是促使谈判双方达成协议。

（二）无约中止

无约中止是指谈判双方在中止谈判时对恢复谈判的时间未做约定的一种中止方式。无约中止的典型方式是冷冻政策。在谈判过程中，由于双方实力差距较大，或者由于特殊因素（价格变化、政权更迭、汇率波动等），双方有交易的需要又无法在一定条件下达成交易，且不想导致谈判破裂，于是采用暂时中止谈判的方法。这种中止谈判方式与有约中止有很大的不同。无约中止是由于特定的因素阻碍双方达成交易，是被动式的中止方式。

三、破裂

破裂是指双方经过多次努力但仍然无法达成共识或签订协议时，双方或友好告别，或愤然而去，从而结束谈判。谈判破裂的前提是双方经过多次努力之后，仍然没有协商的余地，至少在谈判范围内的交易已无任何成交的希望，导致继续谈判已无任何意义。根据谈判双方的态度，谈判破裂可分为友好破裂结束谈判和对立破裂结束谈判。

（一）友好破裂结束谈判

友好破裂结束谈判是指谈判双方可以互相理解彼此的困难，向对方讲明己方难以解决的问题并获得对方的理解而结束谈判的做法。这种谈判破裂方式是友好的，谈判双方没有过分敌对的态度，只是各自持有的交易条件和利益相左，致使无法达成此次交易。由于谈判双方的态度始终是友好的，能充分理解对方的原则和立场，能理智地接受双方在客观利益上的冲突，甚至对谈判破裂的结果抱有遗憾的态度，因而这种谈判破裂方式并不会破坏谈判双方的感情，反而会因为彼此间的坦诚而产生未来合作的愿望，为下一次合作奠定基础。俗话说的"买卖不成仁义在"，指的就是这种破裂方式。

（二）对立破裂结束谈判

对立破裂结束谈判是指谈判双方或单方以非常不愉快的方式结束谈判。一般而言，导致对立破裂的原因有很多，如对对方的态度强烈不满，情绪激愤；在谈判中以恶劣的语言侮辱对方；双方互相指责对方没有诚意，难以沟通等都会造成谈判以对立破裂方式结束。在商务谈判中应极力避免这种破裂方式，因为这种破裂不仅没有达成协议，还恶化了双方的关系，导致未来再无合作机会。因此，谈判人员应极力避免以这种方式结束谈判，毕竟商场风云变幻，或许以后还有合作的可能。

第四节　商务谈判结束的技巧

> 案例 6.3：一波三折的收购谈判

对于商务谈判人员而言，除了需要准确地把握谈判结束的时机外，还应掌握达成交易的条件及结束商务谈判的技巧。一般而言，要有效地结束商务谈判，商务谈判人员必须明确促成交易的条件，然后有的放矢地采用结束谈判的技巧。

一、促成交易的条件

促成交易的条件也可以说是促成谈判交易的前提，主要包括但不局限于以下七大条件。

（一）了解或体现产品价值

谈判人员应该问一些试探性的问题，测试对方是否充分了解己方的产品。如果对方对己方的产品不了解，那么己方谈判人员需要详细地介绍己方的产品，并阐明己方的产品能为对方带来什么好处。一般而言，如果谈判接近尾声时，对手对己方的产品还不够了解，那么双方达成合作的机会将会很渺茫。

（二）建立良好的商业信誉

虽然交易的标的是产品，但进行交易的主体仍然是谈判双方所属的公司。没有人愿意与不守信用的人合作，大家都希望与商业信誉良好的公司合作。如果公司的商业信誉很差，那么无论公司实力有多强、产品质量有多好，也不管谈判人员的口头表达能力有多强，合作都难以建立。因此，产品的声誉、公司的声誉和谈判人员的声誉是促成商务谈判成功的三个基本条件。

（三）激发对方的成交欲望

如果到了谈判后期，仍然无法引起对方的成交欲望，那么合作是无法达成的。因此，谈判人员应当在谈判过程中弄清楚对方的需求，然后对症下药，使对方在强烈欲望的驱使之下同意交易。

（四）准确把握适当的时机

"机不可失，时不再来"，在谈判中准确把握时机非常重要，毕竟一旦错过一次很好的机会，下次机会可能很难再出现。因此，在谈判中，谈判人员需要时刻注意对方的面部表情、行为举止和心理活动的变化，找准时机再"下手"，以顺利达成交易。

（五）掌握促成交易的因素

谈判人员要掌握的因素包括：对方的真正决策者；对方拒绝成交的真正原因；改变

对方决定的可能性；促使对方作出决定的因素；对方有可能作出的决定；对方作出决定的原因等。

（六）不轻言放弃

无论发生什么情况，商务谈判人员都要坚持到底。即便对方给出否定的回复，己方也不应该过早气馁，而应想方设法弄清楚对方给出否定回答的原因，并积极寻找对策促使对方接受己方的条件。有时对方的否定回答往往是对己方交易诚意的试探，如果己方因其拒绝而放弃了继续谈判，则会白白错失合作机会。在面对对方的否定回复时，谈判人员应拿出足够的勇气和定力，冷静思考诱发劣势的深层次原因，保持耐心，机智地与对方斡旋，积极寻找合作的机会，只有这样，才能抓住正确的时机，促成谈判。

（七）精心促成谈判圆满结束

谈判的最后阶段也有可能出现新的问题，这些问题如果解决得不好，谈判将不会取得令人满意的结果。为使谈判圆满结束，谈判人员可以采用以下方法。

（1）回顾成果：谈判人员在谈判过程中应强调一致策略，适时提及双方一致的地方。如果在一个项目中的某个小部分出现分歧，则应提示对方回顾前面共同作出的努力，因小失大可不是上策。

（2）弥合差异：当双方在一个问题上争论不休时，谈判人员可以先停止讨论这个问题，继续讨论另一个话题，这样既不会使双方关系变僵，还能使谈判得以继续。

（3）澄清问题：谈判人员应从谈判形势和谈判过程两方面澄清问题。这样做的目的在于：使谈判双方清楚地了解所洽谈的内容，并找出问题的症结所在；使双方产生紧迫感，加快谈判的进程。

（4）缓和低潮：在谈判过程中，谈判人员不可避免地会出现情绪低落的状态。在意识到对手处于情绪低潮时，谈判人员应主动提出中场休息，通过休会缓冲情绪。不过，在谈判中止时，有时过分的热情是自拆墙脚，这就需要谈判人员仔细把握热情的度，用适当的方式应对这种低潮阶段。

案例 6.4：如何与一夜消失的代表团斡旋？

二、有效结束谈判的方法

在实际的商务谈判中，有许多结束谈判的技巧，因此谈判人员应结合谈判的实际情况灵活地运用结束谈判的技巧，才不会让商务谈判结束得十分突兀。有效结束谈判的方法主要包括比较结束法、优待结束法、利益结束法、渐进结束法、检查性提问结束法、成交结束法、诱导结束法、趁热打铁结束法、歼灭战结束法和推延决定结束法。

（一）比较结束法

比较结束法是指谈判一方将对方与其他客户进行比较，找出对方进行交易或不进行交易的优势与劣势的方法。比较结束法又可以分为有利的比较结束法和不利的比较结束法。例如，谈判人员表明己方的大客户一般至少采购 3 万台机床，采购数量越多，优惠越大,并表明若对方愿意合作,其将享受大客户的优惠待遇。这种通过对比己方其他大客户的优待条件,把对方放于很高的地位,强调进行交易的好处,就是有利的比较结束法。又如,谈判人员表明己方某客户订货数量颇多,对方若是犹豫,就会被竞争对手抢先一步,丧失占据市场的先机。使用这种方法时,谈判人员往往要列举一些令人遗憾的事情,强调不进行交易的不良后果,这就是不利的比较结束法。

(二) 优待结束法

优待结束法是指谈判人员通过有利的优惠条件使对方同意交易的方法。优待结束法主要分为以下两种做法:

(1) 让利诱使对方交易。当对方对大部分交易条件还比较满意,只是因价格较高而无法接受时,谈判人员可以考虑同意对方压价的要求,让利给对方,以促使双方交易的达成,如采用返利、减价及附赠品等方法。

(2) 提供售后服务促成交易。当对方可以接受目前的条件,但对产品质量存在疑虑时,谈判人员可以提出己方愿意免费提供产品售后服务,以减轻对方的不安。这也是现实谈判促成交易常用的方法之一。

(三) 利益结束法

利益结束法主要是突出"利益",使对方意识到交易对其是十分有利的,若不交易则会对其造成巨大损失。具体做法可以参考以下几个方面:

(1) 突出显示利益损失,促使对方作出决定。例如,谈判一方强调"对方若不尽早购买他们所需的产品,他们将会失去当前的所有优惠"。采取这种方法旨在打消对方的疑虑。

(2) 强调产品或服务的好处,激励对方作出决定。高度概括所有有利于成交的因素,是促成成交的有效途径。在洽谈业务时,要把所有有利因素醒目地写在双方都可以看到的一张大纸上。

(3) 满足对方的特殊要求,促使对方作出决定。例如,在不影响己方利益的条件下,接受对方提出的付款方式。

(四) 渐进结束法

渐进结束法是指谈判人员将谈判过程分成几个阶段,并分阶段解决每个阶段的问题,直到解决完最后阶段的问题,谈判也随之结束。具体包括下面几种做法。

(1) 四步骤程序法。这种方法由瑞典的一位谈判专家最先总结出来。具体做法为:第一,谈判人员应尽量总结和强调对方与己方看法一致的观点;第二,谈判人员应引导对方同意己方的观点,以达成共识;第三,谈判人员应搁置所有悬而未决的问题和尚存争议的问题;第四,谈判双方应共同商议怎样阐明一些大问题,以达成共识。如果双方持有不同的意见,可以留到最后讨论。这种方法有利于谈判人员顺利地结束洽谈。

(2) 促使双方在重大原则问题上作出决定。在高层级谈判中,最好将重要的原则问题与细小的枝节问题区分开来。下级人员负责一些辅助事宜以及确切的说明或精确的计算等事项；高级人员则负责洽谈那些简短、实际、集中的原则性问题。

（3）力争让对方作出部分决定。在促使对方作出最后决定之前，谈判人员应有步骤地向对方提出一些问题，让对方就交易的各个组成部分逐一给出回答，或就一些特殊要求、特殊条件等作出决定。

（五）检查性提问结束法

检查性提问结束法是指在业务洽谈过程中，谈判人员提出一些带有检查性质的问题，尤其是在最后的阶段，以试探对方是否有可能立即签约。采用这种方法不仅可以在困境中获得订单，而且能消除误解，并有针对性地解决问题。

对于这种检查性质的问题，对方可能有三种回答：肯定的、未置可否的和否定的回答。只要谈判人员以正确的方式提出问题，且以恰当的语言进行表达，即使对方对此给出否定的回答，对方也不会拒绝整个交易，仅仅是拒绝某一点结论而已。如果对方给出未置可否的回答，则说明对方还没有接受己方的观点，或者想推迟作决定。在这种情况下，谈判人员要抓住要害问题，并进一步作出努力。如果对方的回答是肯定的，则对方很快就能作出决定。

（六）成交结束法

成交结束法是指谈判人员根据谈判情况绕过成交这一问题本身去描述成交的方法。在这种情况下，谈判人员会以成交后的美好前景来诱导对方，促使对方产生成交的欲望。成交结束法包括假定性成交法、自信成交法和着眼于未来成交法。

1. 假定性成交法

假定性成交法是一种自动成交的方法，是指己方根据谈判对方的表现判定出对方已经完全同意谈判条件，而顺水推舟促使成交的方法。当谈判对方对一些主要交易条件具有良好的印象，只是迟疑是否需要立即作出决定时，成交就成了当务之急，此时谈判人员可运用假定性成交法。假定性成交主要包括三种做法：①作出直接或间接的表示。可以拿出合同，一边填写一边向对方说："不要错过这次机会……"②呈请对方签字。这种方法是通过将己方事先拟定的合同与条款，逐一向对方解释，然后将合同和笔一并交给对方，请其签字。③选择性成交。给对方提供一次可以选择的机会，向对方提供两种可供选择的方案，使其在两者中择其一，而不让其有可能作出第三种选择——什么也不买。

2. 自信成交法

自信成交法是指谈判人员以乐观、自信的态度促成交易的方法。如果经询问，对方的回答是否定的，谈判人员也不应一筹莫展，而是应通过讨论的方式、语调的变化、肢体语言向对方显示出成交的信心。但使用这种方法时要注意：不要向对方提出有损个人身份和人格的请求。

3. 着眼于未来成交法

着眼于未来成交法是向对方描述购买和使用产品后的情况,诱导其放眼未来的利益。这一方法的特点是:绕过成交这一问题,去谈成交以后的事情。

(七)诱导结束法

诱导结束法是指谈判人员尽力说服对方同意己方的观点,最后迫使对方作出决定。谈判人员以逻辑推理的方法思考,使对方对所提出的问题总是给予肯定的回答,在一系列的问题提完之后,对方便会在这些问题上作出决定。

(八)趁热打铁结束法

趁热打铁结束法是指谈判人员只要抓住了合适的成交机会就当机立断地结束谈判。机会不等人,错过了这次机会,可能再也没有机会了。因此,谈判人员必须抓住可以成交的机会,趁热打铁,避免唠叨太多。在谈判中,谈判人员应运用带有检查性质的提问,判断对方作出决定的时机是否成熟。

(九)歼灭战结束法

歼灭战结束法是指谈判人员集中精力说服对方接受并就对其有重要影响的问题作出决定。随着重要问题的解决,双方也即将达成交易。这是一种非常有效的方法,可以极大简化洽谈流程、缩短协商时间。

(十)推延决定结束法

推延决定结束法是指对方因故不能马上作出决定时,己方立即建议其推迟决定的方法。若对方确实另有原因无法作出决定,己方不应极力说服其马上作出决定或施加某种压力。采用这种方法有助于双方真正建立相互信任的关系。

案例 6.5:巧用结束技巧,谈判锦上添花

第五节 商务谈判的签约

签约是商务谈判双方经过一系列商榷,最终达成协议,并将双方同意的交易条件以书面合同的形式展示,双方就所生成的合同互相签字作为承诺并承担相应的义务与享受相应的权利。签约是商务谈判的最终意图,也是对商务谈判进行最后梳理的过程。谈判双方达成的协议要以最终生成具有法律效力的书面合同为准。因此,商务谈判的签约是谈判结束的重要过程,也是之前所谈内容的重要保障。

一、签约前的准备工作

签约并不是一蹴而就的,合同的签订始于合同的生成,要根据谈判的结果不断调整,

直至谈判双方完全认同合同的每一条条款为止。也就是说,签约前需要做好一系列的准备工作,才能确保签约的顺利进行。

(一)做好谈判记录与整理

从始至终的谈判记录是撰写合同最重要的依据。整个谈判过程中,谈判双方应由专业记录员对谈判进行实时记录,并且要保证双方对谈判内容的理解保持一致。谈判记录的内容主要分成两个部分:一是谈判过程中对己方有利的条款;二是双方就谈判交易条件达成的共识。

一般而言,记录与整理谈判内容时要注意:通读谈判记录或条款以确保双方均同意协议中的所有条款。尤其当商务谈判涉及商业条款及规格时必须这样做;每日的谈判记录应该在当天整理完成,并在第二天作为议事日程中的第一项进行宣读,要确保双方对记录内容没有任何异议;在谈判结束阶段,谈判人员必须整理好完整的谈判记录,并在谈判结束之前逐条宣读,而且每一条条款都要获得双方的一致同意。未经双方一致同意并以书面记录在案,不得随意终止谈判。

(二)交易条件的最后检索

谈判人员在签约前的阶段必须作出最后决策,此时的决策直接决定双方能否达成协议。因此,最终的审查和检索十分有必要。此时,负责审查的谈判人员尤其要对未获得一致同意和未解决的问题进行重新审视,以权衡最后抉择的利弊。

1. 检索的主要目的

在签约前对合同内容进行检索十分必要,检索的目的主要在于:明确哪些问题还未得到解决;对己方期望成交的每项交易条件进行最后抉择,同时明确己方对各个交易条件可以作出让步的最大限度;决定采取何种战术来结束谈判;着手准备交易记录的各种事宜。

2. 检索的时间和内容

检索的时间和形式取决于谈判的流程安排,可以安排在谈判结束前一天的闲余时间进行,也可以安排在由某个领导主持一个正式的会议中进行。但一般而言,这样的回顾与检索会议通常安排在双方最后一轮谈判中进行。回顾和检索的内容主要包括以下几个方面。

(1)价格方面的问题。包括价格是否得到确定,缔约者能否收回人工和材料价格增长后的成本;价格是否包括各种税款或其他法定的费用;在履行合同期间,如果市场形势发生了改变,那么成交产品的价格是否也会随之变化;在对外交易中是否考虑汇率的变化;对于合同价格并不包括的项目是否已经明确等。

(2)合同履行方面的问题。主要包括是否对"履约"有明确的阐释;是否涵盖对方对产品的测试(试用);合同的履行是否需要分阶段进行;是否已对此方面作出了明确说明等。

（3）规格方面的问题。主要包括是否遵守行业标准（如国家标准或国际标准），是否已明确哪些问题运用哪些标准，而哪些标准又与合同的哪部分有关；对于在工厂或现场的材料与设备的测试及其公差限度和测试方法，是否作了明确的规定等。

（4）仓储及运输等问题。主要包括是否规定负责交货的人员；是否安排好负责卸货和仓储的人员；一些永久性或临时性的工作由谁来负责安排与处理等。

（5）索赔的处理。主要包括解决未来的法律诉讼等问题。

二、合同的撰写、签订与生效

（一）合同的撰写

合同是指谈判双方通过多轮商榷后达成协议签署的具有法律效力的文件或协议。只要签约双方中任何一方违反了合同中的条款，就必定会受到法律的制裁。在商务谈判中，合同都是以书面形式呈现的，由以下几个部分组成。

1. 约首

约首即序言，是合同的开头，包括合同名称、合同编号、合同签订者双方的名称、营业地点、电话和传真、双方订立合同的意愿和执行合同的保证以及有关函电等内容。

2. 正文

正文是合同的主要部分，双方的权利与义务均受合同正文内容的约束和限制。这也表明正文是合同的核心内容，因此在制定合同时，制定人一定要谨慎，对合同内容一定要全面、准确地加以表达，不能出任何差错，因为一点差错就可能造成无法弥补的损失。正文有许多方面的内容，下面介绍几个主要内容。

（1）标的条款。标的是合同双方进行交易的对象，也是双方权利与义务所指的对象。标的可以是有形商品，如大米；也可以是无形商品，如专利等。此外，标的条款必须将标的名称、产地、出厂时间表达清楚，以明确合同双方的权利与义务。

（2）品质规格条款。商品的品质规格是指商品所具备的内在质量与外观形态的综合。品质规格条款的主要内容包括商品名称、规格、等级、型号和品牌名称等。

（3）数量条款。数量条款的主要内容包括交货数量、计量单位与计量方法。在制定数量条款时应明确计量单位和度量衡制度法。在数量方面，合同不应采用"约数"来规定数量，因为"约数"容易引起争议。为了避免采用"约数"的争议，同时为了确保商品数量的精准性，制定数量条款时应在合同中增订"溢短装条款"，以明确规定溢短装的幅度，如"东北玉米50吨，溢短装1%"，同时也要规定溢短装的作价方法。

（4）包装条款。包装是指将商品装进适当的容器以有效地保护商品的数量完整和质量。包装条款的主要内容涵盖包装方式、包装材料、规格、费用和运输标志等。制定包装条款要明确包装的材料、规格和造型，切忌使用"适合陆运包装""标准出口包装""规范的食品包装"等含义模糊的词句。

（5）价格条款。价格条款的主要内容包括每计量单位的价格（单价）、计价货币、贸易术语及商品的作价方法等。由于国际交易涉及汇率波动问题,因此国际贸易的价格条款还应在合同中增订黄金或外汇保值条款,明确规定当计价货币币值发生变动时,价格应作出相应的调整。

(6) 装运条款。装运条款主要涉及装运时间、装运地点与目的地点、装运方式、运输方式、装运通知等内容。采用不同的贸易术语,装运条款的要求是有差异的,因此装运相关的事宜需要按照贸易术语来确定。此外,若合同中规定了选择港口,则应标明增加的运费、附加费用由谁承担。

(7) 保险条款。保险条款是指买方或卖方对货物按照某种险别向保险公司投保并交纳相应的保险费,以保障货物在运输过程中受损后,被保险人可以从保险公司得到经济上的补偿的条款。保险条款的主要内容包括投保人的确定、保险金额和投保险别。

(8) 支付条款。支付条款的主要内容包括支付手段、支付方式、支付时间和地点。支付手段有汇付、托收和信用证。

(9) 检验条款。商品检验应由商品检验机关对商品的品质、数量(重量)、包装、产地、标记及残损等内容进行查验分析与公证鉴定,并出具检验证明。交易双方都会按照要求对商品进行检验,但一般以对手的商品检验为最后检验,这似乎带有浓烈的双标色彩,因此应详细了解对手的检验方式并事先按其方式进行检验以避免被拒收的风险。

(10) 不可抗力条款。不可抗力条款是针对合同当事人不能预料的、不能避免的、不能控制的意外事故(如自然灾害)导致合同无法履行或无法按期履行的情况发生,规定遭遇不可抗力事故的一方可据此免除责任,对手无权要求赔偿。

(11) 仲裁条款。仲裁条款是指合同双方当事人自愿将发生的争议交予第三者进行裁决。仲裁条款的主要内容包括仲裁地点、仲裁机构、适用的仲裁程序及仲裁效力。在实际商务中,仲裁机构、仲裁地点都是由双方约定选择,仲裁程序一般由所选择的仲裁机构规定,仲裁的结果对合同双方都具有约束力。此外,一旦双方签订了仲裁条款,就不得再向法院提起诉讼。

(12) 法律适用条款。法律适用条款是为避免产生法律冲突或法律适用问题,双方事先在合同中明确规定合同适用哪种法律的条款。这种条款在国际交易中尤为重要,因为不同国家的法律体系不一样,在发生合同纠纷时适用不同国家的法律产生的结果也不一样,若不明确规定法律适用条款,就算合同制定得再完美,合同当事人的权益仍然有可能得不到保障。

3. 约尾

约尾通常包括合同份数、生效时间、使用的语言及其效力以及双方当事人的签字等内容。如果合同是通过传真进行签署的,则可以不列明合同的份数;如果合同使用的是两种或两种以上的语言,则要确保各种语言陈述的内容是一致的,同时也应明确阐述合同使用的语言及其效力;如果合同生效时间受某些条件的约束,则需要注明合同生效的时间。常用的合同内容及格式如图6.1所示。

合同样本

买方：_____

地址：_____ 邮政编码：_____ 电话：_____

法定代表人：_____ 职务：_____ 国籍：_____

卖方：_____

地址：_____ 邮政编码：_____ 电话：_____

法定代表人：_____ 职务：_____ 国籍：_____

经买卖双方在平等、互利原则上协商一致，达成本协议各条款，共同履行：

第一条　货物名称：_____

第二条　产地：_____

第三条　数量：_____

第四条　商标：_____

第五条　价格：_____

第六条　包装：_____

第七条　支付条款：_____

第八条　检验与技术文件：_____

第九条　装运条件：_____

第十条　延期、罚款与索赔：_____

第十一条　不可抗力：_____

第十二条　仲裁：_____

第十三条　附加条款：（如果上述条款与下列附加条款不符，则以后者附加条款为准）

本合同于___年___月___日在_____市用_____文签署，正本一式两份，买卖双方各执一份，买卖双方签字后生效。

买方：_____ 卖方：_____

代表：_____ 代表：_____

日期：_____ 日期：_____

签约日期：___年___月___日

图 6.1　合同样本

（二）合同的签订

签约是双方谈判的最终目标，因此，在双方最终决定合作后，一般要签订书面合同以明确各方的权责。在签订合同之前，双方当事人可以先签署协定备忘录。尽管协定备忘录不是正式的合同，但一旦双方签字，就意味着双方已经达成协议、形成契约关系。一般而言，谈判双方先签署协定备忘录之后再签订合同，签订合同通常会举行签约仪式。

谈判人员在签订合同的过程中，需要注意以下几个问题：尽量争取采用己方起草的合同文本，至少争取与对方共同起草合同文本；不要轻易在对方拟定的合同上签字，对对方拟定的合同需要字斟句酌；严格审查经济合同中的主体、客体及签约过程；争取在己方所在地举行合同签订仪式。此外,针对合同本身,谈判人员需要考虑的问题包括:双方达成的协议必须体现在合同中;合同文字要简洁、概念要明确、内容要具体;合同条款必须严密、详细。

一般而言,越正式的合同签订越需要仪式,签约程序具体如下:

(1) 文本的审核。对合同文本的审核应从双方的角度进行考虑。其一,如果文本使用两种语言编制,则要求这两种语言表达的意思完全一致;其二,要严格审核合同内容与之前双方协议内容的一致性。

(2) 签约仪式的安排。签约仪式往往会因为合同的不同而大同小异。对于一般的合同,谈判双方只需在谈判结束时由双方主谈判签字即可;至于签约地点和签约时间可由谈判双方共同决定,签约仪式也可从简。对于重大的合同,合同签约需要由双方领导人出面签字,签约仪式比较隆重,所以应安排特别的签约仪式时间及地点,必要时还需请其他业内人士、新闻媒体参加签约仪式。一般而言,应力争在己方所在地举行签约仪式,因为缔约方选择的地点往往决定采取哪国法律来解决合同纠纷问题。

(3) 签约仪式的步骤。签约仪式的步骤包括签约仪式开始、正式签约、交换双方已签署的合同文本、新闻报道几个阶段。

① 签约仪式开始。各方代表进入签字大厅,按照既定的位置各自就座。双方的主签人应同时入座,助签人按身份顺序站在主签人外侧,协助打开合同文本并准备好笔。司仪宣布签字仪式开始。

② 正式签约。双方的主签人再次确认合同的内容,如果不存在争议,则需要在规定位置上签字;之后由助签人相互交换合同,双方主签人再次确定合同内容,并在第二份合同上签署。

③ 交换双方已签署的合同文本。双方主签人起身走到签字桌的正中间,正式交换各自签好的合同文本,并热烈握手、互相祝贺。双方还可以互换刚刚签字用过的笔留作纪念。其他在场人员则鼓掌祝贺。

④ 新闻报道。如果是大型的签约仪式,则需要请一些新闻媒体来参加此次签约仪式,新闻记者可以在场提一些问题,然后根据现场情况撰写报道,报道内容则需记者们仔细推敲。

(三) 合同的生效

对于产品购销合同或成套的出口项目合同,相关部分会受政府法律约束。合同内容需经有关部门审查批准后才能正式生效。因此,为慎重起见,在合同生效条款中也应有相关程序的规定。合同签署后,合同当事人需要安排人员向各自所在地政府主管部门报审合同。报审合同需拟定申请审核合同的报告,并附上合同副本。报告中应简要地列明合同号、合同内容、金额及审批的请求。当出现问题时,如果据理力争不成,就要准备与对方再次进行谈判来修改合同,以获得政府批准,使合同生效。

在双方均完成法定报审程序后,应立即通知交易的另一方当事人。该通知是一个正式的法律文件,要求文体清晰、格式规范、内容明确,同时具有法律效力。合同的生效日期以最后发出生效通知一方的通知日期为准。

三、签约后的工作

签订了合同并不意味着双方交易的结束,谈判双方还需要归纳总结、做好资料的保存与保密工作,保持双方的友好关系和持续联系。谈判双方严格履行合同是签约后的重要工作,在此阶段谈判人员需要严格审查有无影响合同执行的不可抗力因素,力求防患于未然,以免造成无法挽回的损失;密切关注对方的经营状况,以防对方经营不善导致合同无法履行,使己方利益蒙受损失;继续研究合同,防止对方利用合同作出不利于己方的解释。

合同的签订、生效与履行都需要立足契约精神。契约精神是一种存在于商品经济社会的自由、平等、守信、救济的精神。这种精神意味着:缔结契约的主体的地位是平等的,缔约双方平等地享有权利、履行义务。契约精神与法治意识密切相关。当缔约方因对方的行为遭受损害时,有权提起诉讼,保护自己的合法权益。此外,守信守约观念是契约精神的基石,守信守约观念要求谈判双方不欺诈、不隐瞒真实情况、不恶意缔约,签约后严格履行契约,保护自己的合法权益。因此,谈判人员必须牢记:"法治意识、契约精神、守约观念是现代经济活动的重要意识规范,也是信用经济、法治经济的重要要求。"[①]

案例 6.6

购房之合同陷阱

近年来,"购房热"使商品房买卖合同纠纷也跟着火了起来。而万科作为最大的房地产公司之一,也难以避免这种纠纷的发生。

2010 年,万科公司在其开发的"万科悦府"别墅楼盘销售宣传册中写明每套别墅都"并排规划了有双泊车位的车库以方便停车,该车库远高于市场现有车库空高,以高扬的气派作为尊崇生活的开场"。万科公司高调宣扬的双泊车位设计正好符合大多数购房者的选购条件。当时楼盘尚在建设中,购房者但康被万科公司的广告深深吸引了,他根据房屋销售人员的介绍、书面的宣传资料及户型展示模型等信息购买了一套房屋,并交付了押金。

2014 年,但康看到成品房后,发现实物并不如广告上宣传的那样,与销售人员当时说的一系列条件也大相径庭,于是找到万科销售人员。但康与万科公司进行多次沟通未果,便将万科公司告上法庭。万科公司方面声称自己并没有违反合同,并指出合同附件 5 补充协议第 23 条规定:"甲乙双方均同意合同及其附件所约定的内容为确定双方权利与义务之最终有效依据;双方在交易过程中口头表达的意向和信息并不构成合同的内容,双方也不受其约束;甲方在商品房宣传资料、销售手册、楼盘模型、广告、样板房及其他与该商品房有关的资料中的内容仅作为参考,不构成合同要约,即甲方的宣传资料、售楼书、广

[①] 习近平:在企业家座谈会上的讲话[EB/OL]. https://china.huanqiu.com/article/3z9EUqNNxeR.

告宣传的内容在合同中已作另外约定的,以合同约定为准。"法院在调解未果的情况下,只能以事实为依据、以法律为准绳,判决驳回原告但康的诉讼请求。

案例来源：http://cqybfy.chinacourt.gov.cn/article/detail/2015/03/id/3283118.shtml.

  在这个案例中,原告但康败诉的原因在于：其被销售人员的高调宣传和宣传册上天花乱坠的广告深深吸引,而忽略了合同上的具体条款。相比之下,被告方万科公司利用合同附件5补充协议第23条规定证明己方广告宣传的合法性,从而保护了己方利益。万科虽然胜诉,但其销售人员的做法违背了守信原则。该案例表明,谈判人员在自身遵守契约精神的前提下,不可轻信对方的口头承诺,一定要具有高度的法治意识,在涉及切身利益的事项上要运用法律手段建立契约关系,在缔约前要将涉及己方利益的所有具体问题和承诺写进合同中,在履约阶段以合同为依据、以法律为准绳。

  总之,签订合同的双方必须遵循平等、守信的契约精神。谈判一方一旦缺乏契约精神,不仅将给谈判双方带来损失,而且会引起诉讼纠纷。因此,谈判人员都应遵守契约精神,本着诚信合作的意愿签约、履约。

本章小结

  在谈判结束的最后阶段,为了取得更好的谈判结果,商务谈判人员要确定谈判的结束时间、准确表达己方意图并洞察对方意图、保持友善的态度和选择合适的时间成交。

  为了把握谈判结束的契机,谈判人员要把握商务谈判结束的判断标准：交易条件、谈判时间、谈判策略和终结信号。

  商务谈判结束的方式有三种：成交、中止和破裂。为了促成交易,谈判人员常采用一揽子交易、折中进退和冷冻政策等策略。

  要掌握结束商务谈判的技巧,商务谈判人员首先要识别促成交易的条件,然后使用有效结束谈判的方法。促成交易的条件包括：了解或体现产品价值、建立良好的商业信誉、勾起对手的成交欲望、准确把握适当的时机、掌握促成交易的因素、不轻言放弃及精心促成谈判圆满结束。有效结束谈判的方法主要包括：比较结束法、优待结束法、利益结束法、渐进结束法、检查性提问结束法、成交结束法、诱导结束法、趁热打铁结束法、歼灭战结束法和推延决定结束法。

  商务谈判的签约是商务谈判中必不可少的一个阶段,也是谈判双方的最终目标。在这个阶段谈判双方一定要做好以下工作：做好谈判记录工作,对交易条件进行最后的检索,把关合同的撰写、签订和生效过程中的每一个细节,做好签约仪式前、中、后期的所有工作。需要强调的是签约双方必须遵循平等、守信的契约精神。

本章关键术语

  谈判结束 成交 中止 破裂 一揽子交易策略 折中进退策略 冷冻策略 成交线 突发性的时间限定 谈判结束的契机 签约

名言分享

1. "谈判是你从别人那里取得自己所需要的东西的基本手段,你或许与对方有着共同的利益,或许遭到对方的反对,谈判是为达成某种协议而进行的交流。"
——罗杰·菲舍尔(Roger Fisher)和威廉·尤里(William Ury)

2. "越坏的消息,应该用越多的气力沟通它。"
——安德鲁·S.葛洛夫(Andrew S. Grove)

3. "在交谈中,判断比雄辩更重要。"
——格拉西安(Baltasar Gracián)

4. "只要能够把握好时机,你就可以在谈判结束时让对方答应一些他最初曾一口回绝的要求。"
——罗杰·道森(Roger Dawson)

5. "外行人在谈判中喜欢与对方竞争,有经验的人则只想解决问题,也因此总能解决问题。"
——尼尔伦伯格

巩固练习

自学自测　扫描此码

一、简答题

1. 谈判人员应该从哪些方面判定商务谈判的结束时间?
2. 举例说明什么是优待结束法和趁热打铁结束法。
3. 合同签订后需要注意哪些事项?

二、案例题

1. 如何激发首席执行官的购买欲?

藤田是一名出色的空气净化器销售员,有一天,他去一家公司推销产品。他并没有一开口就说他的产品要多少钱,而是问这家公司的首席执行官:"贵公司同时工作的电脑太多,来来往往的人也多,您觉得这样的空气质量好吗?"

"据我所知,人们在空气质量差的环境里工作会有许多问题,一方面会降低工作效率,另一方面甚至会影响您的健康。今天,我将给您带来清新洁净的空气。我手上是一台全新的空气净化器,别看它体积小,它可以使您宽大的办公室成为一个纯天然的氧气森林。"

虽然藤田说得口干舌燥,指出了空气净化器的许多好处,但是这位首席执行官并不打算买他的产品。藤田无可奈何地收起了产品,并准备离开首席执行官的办公室。"很抱歉,我最后问您一个问题,假如您能如实回答我,我将十分感激您,因为您的回答对我来说很重要。"走到门口时,藤田对首席执行官说,"我今天没有做成生意,这并不重要。我不可能做成每个人的生意。我希望您会买下它,是因为我们的产品确实能够满足您的需求,然而您还是选择不买它。我很难过,可能是因为我没有好好地解释,没有充分展示它的优点。假如您能纠正我的错误,并指出我身为一名销售员不尽职的地方,那么下次我拜访其他客户时,将对我有很大的帮助。"

这位首席执行官听了藤田的话,不由自主地说:"这并不是你的问题,我不想购买的原因是我不能确定它是否像你说得那么有效。"

藤田终于知道这位首席执行官为什么拒绝自己的产品了,于是说:"这很容易,我可以让您先免费试用两天。如果您觉得可以就留下来,如果您觉得没有效果,我到时候再将它取走。"藤田满怀信心地说。

最终,这位首席执行官决定留下他的产品试用两天。第三天,当藤田再来到这家公司时,这位首席执行官高兴地让财务人员与藤田结账,买下了这台空气净化器。

案例来源:欧阳风.说故事的行销力量[M].北京:中国城市出版社,2008.

根据案例回答以下问题:
(1)藤田是如何扭转局势,说服首席执行官购买空气净化器的?
(2)如何把握商务谈判结束的契机?

2. 视频案例:《恒大阿里签约》

【案例背景】 北京时间2014年6月5日11时11分,阿里巴巴注资12亿元获取恒大足球俱乐部50%的股权,双方就此举行了新闻发布会。恒大集团副总裁刘永灼和阿里巴巴的高层邵晓峰共同参加了签约仪式,马云和许家印则在后排见证了这个仪式。随后双方高层上台共饮香槟酒,庆祝双方正式达成合作。

扫描二维码观看《恒大阿里签约》视频片段,完成以下任务:
(1)组成四人谈判小组进行模拟演练,重现视频中的签约流程。
(2)结合以上视频案例和所学知识,谈谈商务谈判签约过程中应注意哪些问题。

课后拓展

模拟商务谈判

模拟谈判情景:

某大学准备给每个学生宿舍配一台洗衣机,共需要购买6 000台洗衣机。学校专门组织了采购团队,现在该团队正在四处收集资料,仔细对比多家洗衣机厂家,以确定性价比最高的洗衣机。海尔集团闻讯后立即提交了一份具有竞争力的报价单,并且派出营销团队与学校采购团队进行谈判。

请根据以上情景进行模拟谈判,具体要求如下:
(1)四人一组分别扮演学校采购经理、财务负责人、海尔集团营销主管及产品经理,根据以上背景进行模拟谈判。该模拟谈判要突出从本章所学的谈判结束技巧、策略及签约流程等。
(2)结合自身角色体验谈谈:在签约前商务谈判人员应做好哪些准备?如何利用有效的方法结束谈判?

第七章 商务谈判兵法谋略

```
                                        ┌─ 商务谈判兵法谋略的含义
                    ┌─ 商务谈判兵法谋略概述 ─┼─ 商务谈判兵法谋略的目的
                    │                   └─ 商务谈判兵法谋略的特征
                    │
                    │                         ┌─ 攻心战的运用及破解
商务谈判兵法谋略 ─────┼─ 商务谈判兵法谋略的运用及破解 ┼─ 蘑菇战的运用及破解
                    │                         ├─ 影子战的运用及破解
                    │                         └─ 其他谋略的运用及破解
                    │
                    │                              ┌─ 制定合理的谈判谋略
                    └─ 运用与破解商务谈判兵法谋略的基本要求 ┼─ 洞察谈判对手的心理
                                                   ├─ 培养谈判所需的谋略思维
                                                   └─ 汲取中国传统文化中的谋略智慧
```

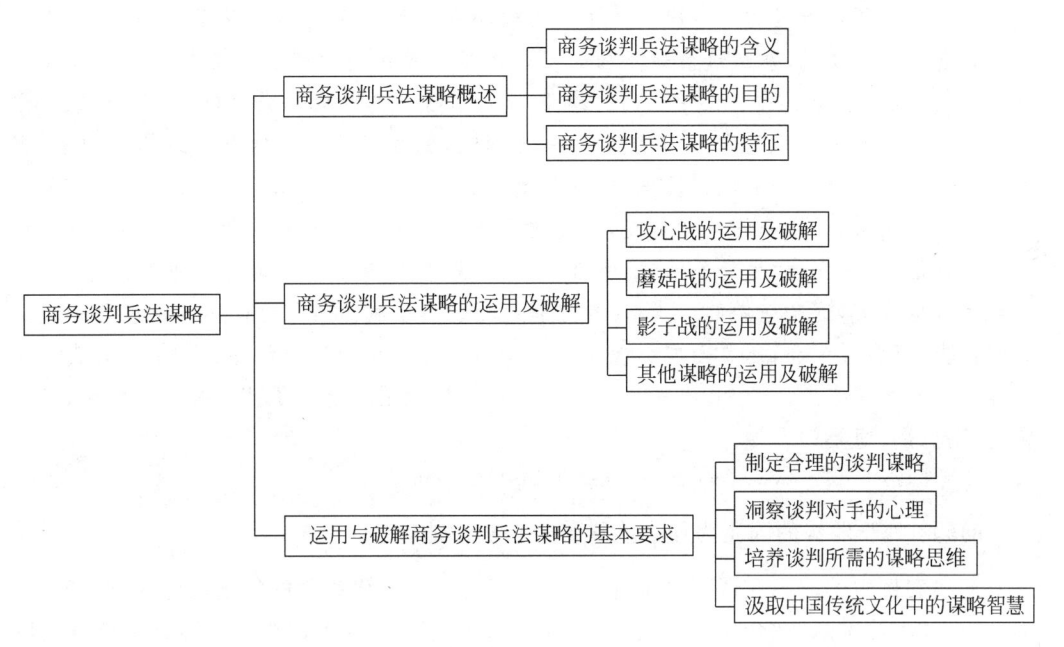

本章思维导图

【主要目标】

(1) 了解商务谈判兵法谋略的含义、目的和特征；

(2) 掌握攻心战、蘑菇战、影子战、蚕食战等商务谈判兵法谋略的运用及破解方法；

(3) 掌握运用和破解商务谈判兵法谋略的基本要求：制定合理的谈判谋略、洞察谈判对手的心理、培养谈判所需的谋略思维，以及汲取中国传统文化中的谋略智慧。

课前"剧透"

【"剧透"片段】 在美剧《在云端》(*Up in the Air*)中，人力资源专家瑞恩·宾厄姆与其助理娜塔莉·基纳正在与即将被裁的员工进行谈判，但是这两个人的谈判策略大相径庭：娜塔莉·基纳的说辞让员工反感，而瑞恩·宾厄姆不仅平复了该员工的心情，还让其欣然接受了上级裁员的决定。

扫描二维码观看短视频,回答以下问题:

1. 为什么瑞恩·宾厄姆的助理娜塔莉·基纳不仅不能说服员工反而惹怒了他?
2. 瑞恩·宾厄姆是如何说服情绪激动的员工接受裁员决定的?

导入案例

以谋取胜

关押在某所监狱里的一名犯人通过门上的小孔看到走廊上的警卫正在"吞云吐雾"。犯人凭着敏锐的嗅觉,知道这名警卫抽的正是他最心爱的万宝路牌子的香烟。这勾起了他久违的烟瘾,于是他用手轻轻敲门。警卫一边抽烟一边慢步踱至门口,粗声叫喊:"你干吗?"犯人以恳求的语气说:"请您给我一支烟吧,就是您正在抽的万宝路牌子的烟,那是我最喜欢的牌子。"警卫理都没理,转身就走。犯人再次大力地敲门。"你在干吗?"警卫气愤地转过头来,以命令的口吻喊道,并从嘴里吐出一口浓烟。犯人再次回答:"请您给我一支香烟,就一支,如果您不给我,我就用头撞墙,直到流血昏倒为止。当我醒来后,我就告诉其他官员,这是您做的。当然,对方肯定不会相信我。但您为此不仅得填写一式三份的报告、出席听证会,还要处理一大堆审讯事务。这一切的麻烦都源于您不愿给我一支廉价的万宝路牌香烟。此外,我保证,就一支,以后再也不打扰您了。"结果不言而喻,犯人得到了他迫切想要的香烟。

案例来源:https://www.docin.com/p-2105253721.html.

问题:处于弱势的囚犯为什么能置警卫于被动地位?

上述案例中的囚犯在谈判中虽处于劣势,但是他从审讯程序的复杂性切入,向警卫详细分析了"不给香烟"就会面临一式三份的报告、出席听证会和处理一大堆审讯事务的麻烦事。囚犯成功的关键在于,利用警卫心理上的弱势,采用"反客为主"的谋略主动出击,赢得了谈判的主动权,最终智取香烟。由这个案例可知,商务谈判不是简单的实力抗衡,谈判者取胜很大程度上靠谋略与智慧而非力量。因此,谈判人员必须掌握常见的商务谈判兵法谋略。

第一节 商务谈判兵法谋略概述

犹恩·阿奇逊曾经说过"谈判是战争的一种",而美国谈判大师卡罗斯博士则认为"战争是一种谈判"。可见,谈判和战争的关系非常密切,正因为如此,我国军事理论著作《孙子兵法》所论及的很多军事理论思想和谋略战术都能用于指导商务谈判实践活动。《孙子兵法》曾提到:"用兵之道,以计为首。""计"为作战的首要因素,也是商务谈判取胜的首要条件。正所谓"谈判桌有边际,计谋无穷尽",即谈判桌大小是有限的,但在谈判桌上施展的谋略是无穷的。可以说,商务谈判是实力的较量,更是谋略的对抗。商务谈判的最高境界就是"不战而屈人之兵",要达到这样的境界,谈判人员要善用商务谈判兵法谋略。

一、商务谈判兵法谋略的含义

商务谈判兵法谋略概念有广义和狭义之分。广义的商务谈判兵法谋略是指谈判人员根据《孙子兵法》的谋略思想所采用的战术和策略。狭义的商务谈判兵法谋略是指谈判人员所采用的《孙子兵法》中的具体计谋,如三十六计等。本章所指的商务谈判兵法谋略属于广义层面,是指商务谈判人员根据《孙子兵法》军事哲学思维和谋略观,为实现己方预定目标所采用的一系列计谋、策略和方法。

二、商务谈判兵法谋略的目的

商务谈判兵法谋略讲究"以利动""非利不动",即所有的决策和行动都要以对自己有利为出发点。商务谈判人员使用兵法谋略的主要目的在于:掌握谈判主动权,以使谈判朝着有利于己方的方向发展。在不同的谈判阶段,谈判人员使用兵法谋略的目的又有所差异。

在谈判准备阶段,谈判人员采用的谋略都是为了"知彼知己,百战不殆"。"知彼"即对谈判对手进行深入的了解,分析其优势和劣势;"知己"就是严格审查和分析自身条件,明确己方的优劣势。在全面了解"彼方"与"己方"的真实情况的基础上,制定不同的"应战"方案,以更好地进行谋略和战术安排,在谈判中做到避强击弱。

在谈判开局阶段,谈判人员使用适当的谈判兵法谋略,主要是为了"开局有道",以巧妙地打开对己方有利的谈判局面。

在谈判磋商阶段,谈判人员巧用兵法谋略主要是为了更策略地应对谈判对手,削弱其力量,争取己方利益最大化或化被动为主动,甚至做到"兵不血刃,不战而胜"。

在谈判终局阶段,谈判人员运用兵法谋略主要是为了打一个"漂亮的收尾仗",推动谈判顺利签约。

三、商务谈判兵法谋略的特征

商务谈判兵法谋略不仅具有一般谈判策略的普遍特征,还具有其独有的特征,主要包括以下几个方面:

(1) 具有针对性。兵法谋略不同于普通的谈判策略,它需要针对特定的情境,采取特定的行之有效的谋略才会发挥作用,而普通的谈判策略适用于一般情境,因而具有普适性。所谓"合于利而动,不合于利而止",就是强调用兵打仗必须依据客观情况的利弊而决定动止。制定商务谈判的兵法谋略也应如此,谈判人员需要根据特定的谈判目标、内容和局势有针对性地采用谋略,做到有的放矢,"对症下药",有进有退,有取有舍,有所为有所不为。

(2) 具有预先性。有效运用商务谈判兵法谋略的前提是:谈判人员必须事先预测一切可能出现的情势的发展和变化,并根据对这些情势的分析结果,事先筹划谋略。例如,在谈判正式开始之前,谈判人员往往要事先预测"什么时段将会出现什么情况""采取何种谋略应对某一局面""采取何种谋略制造有利于己方的局势"等问题,并根据对谈判主客观情势的分析结果,事先筹划需采用的谋略,以确保谋略的可行性。

(3) 讲究"天时地利人和"。《孙子兵法》倡导"知天知地""上下同欲",即创造天时地利人和的条件,这也是商务谈判成功的重要因素。商务谈判谋略运用者往往选择有利于己方利益或有利于双方达成协议的时间和地点。而谈判者的个人素质和合作精神是有效运用谈判谋略的前提。

因此,"天时地利人和"在商务谈判兵法谋略运用中缺一不可。商务谈判兵法谋略的效果很讲究时效性,特定的兵法谋略只能在特定的时间产生预期效果,超过这一特定的时间段后,该谋略就会失效。因此,谈判人员在使用谈判兵法谋略时一定要注意对时间的把控,否则谋略的运用将达不到预期效果。

(4) 兼具周密性和灵活性。《孙子兵法》主张"以虞待不虞"和"先胜而后求战",即做好战争准备,掌握作战主动权,为取得战争的胜利奠定基础。商务谈判也是如此,因为谈判是一项纷繁复杂的工作,可靠的谈判谋略是建立在对情势发展和变化的准确判断基础之上的。在谋略筹划过程中,谈判人员不仅要做好周密的准备工作,如收集情报、选派谈判人员、制订谈判计划、进行模拟谈判等,而且要考虑一切实际谈判过程中可能出现的情况,若忽视其中任何一个细节,都可能导致谈判谋略的失效。因此,商务谈判人员应事先进行周密考虑,精心策划和安排每一个谋略。只有这样,才能在谈判中游刃有余,并最终取得谈判的成功。《孙子兵法》中的"因敌制胜"的作战思想和原则同样适用于商务谈判,这也是商务谈判谋略灵活性的体现。由于实际谈判的情况复杂多变,有些因素和条件不可预测,在实际谈判过程中有可能出现"节外生枝"的情况。这就要求谈判人员见机行事,根据现实情况进行实时决策,灵活运用或调整谈判谋略。

《始计篇》中有:"计利以听,乃为之势,以佐其外。势者,因利而制权。"强调灵活用兵,要凭借战场上的有利条件取胜。出其不意,攻其不备。商场如战场,这值得商务人员借鉴。谈判人员既可以主动采取谈判兵法谋略达到某些预期效果,也可以采取谈判兵法谋略应对对手的计谋,化被动为主动。倘若能在对手没有关注的议题上有所突破,可能打乱对手的阵脚,取得出其不意的效果,更大程度地争取己方利益。总之,谈判者只有根据谈判的性质、规模及双方的实力与目标,采用相应的谈判兵法谋略,才能"兵不血刃,不战而胜"。

案例 7.1

高超的谈判谋略到底有多厉害?

日本 DC 公司的经理山本村佑与美国一家公司谈一桩生意。此时,美方已经知道 DC 公司面临破产的威胁,就想用最低价格把公司的全部产品买下。如果不卖出全部产品,DC 公司的资金将无法周转,而如果以最低价格与美方成交,公司就会"元气大伤",更加一蹶不振。当时山本村佑的内心非常矛盾。但他是一个不轻易流露自己想法的人。当美方提出低价购买产品的要求时,山本村佑叫来自己的助理,当着美方代表的面问他:"去韩国的机票是否已准备好了?如果准备好了,我明天就飞往韩国,谈一笔更大的生意。"接着,他表示对同美方谈判这桩生意的兴趣不大,成不成对他都无所谓。面对山本村佑的这种淡漠超然的态度,美方谈判代表丈二和尚摸不着头脑,于是急忙打电话向美方总裁汇报。因为当时美方也急需这些产品,总裁最后决定还是以原价买下了这些产品。人们不得不佩服山本村佑惊人的谈判艺术和谋略。

案例来源:https://www.docin.com/p-857330237.html

在本案例中,山本村佑用了影子战中的空城计谋略(详见本章第二节),其核心在于通过虚假信息,将"无"变成"有"。山本村佑在谈判过程中"临时"叫来助理,让他购买去韩国谈大生意的机票,最终迫使美方让步。看起来这一切都很自然,其实这是山本村佑针对美方压价而精心设计的谋略。要想成功地假戏真做,他需要事先进行周密的策划,慎重选择使用该策略的最佳时间、地点和方法,并与助理密切配合,只有这样才能出奇制胜。这个案例充分体现了商务谈判兵法谋略具有针对性、预先性、周密性和灵活性以及讲究"天时地利人和"的基本特征。

第二节　商务谈判兵法谋略的运用及破解

谈判犹如没有硝烟的战争,充满竞争。谈判双方为了争取自己的利益斗智斗勇,在相互博弈过程中难免制造一些迷惑对手的假象,或以静制动,或甜言蜜语,或声东击西,或后发制人,这使商务谈判形势错综复杂、扑朔迷离。要想在复杂的形势下顺利地进行谈判并实现既定目标,谈判人员需要审时度势,掌握攻心战、蘑菇战和影子战等常用的谈判兵法谋略的运用及破解技巧。

一、攻心战的运用及破解

《三国志》中提到:"用兵之道,攻心为上,攻城为下;心战为上,兵战为下。"意为用兵的原则在于从心理上瓦解敌人,使对手投降是上策,强攻城池是下策;以攻心战取胜是上策,以武力取胜则是下策。这种谋略与《孙子兵法·谋攻篇》中"故上兵伐谋,其次伐交,其次伐兵,其下攻城"有异曲同工之妙。商务谈判亦是如此,谈判双方往往喜欢采取心理战术,设法战胜对手。

(一) 攻心战的运用

攻心战是指谈判一方采取让对手心理上不舒服或通过感情上的软化的方法使对手妥协、退让的一种战术。攻心战其实是一种心理谋略,其核心在于谈判一方根据对手的谈判需要和动机,应用心理谋略突破对手的心理防线,使其心理活动与己方发生相容和共鸣。一般而言,攻心战的具体谋略主要包括鸿门宴、恻隐术和甜言蜜语等。

1. 鸿门宴

鸿门宴是一个典故,原指项羽宴请刘邦,准备在宴会上杀害刘邦,后用以指暗藏杀机、加害客人的宴会。商务谈判中的鸿门宴计策主要是指谈判人员表面上善意的言行隐藏着另有所图的计谋。鸿门宴之计，其形可用，其意本亦可参考，只是意不在"杀人"，而在于加速达成计谋、促进签约。宴席上的酒可以麻痹人的心性，缓解严肃的气氛，使对手从心理上放下戒备和心机。倘若遇到贪杯之人，更是可以在酒桌上与之称兄道弟，以瓦解其谈判立场，使其处于谈判不利地位。

在运用鸿门宴策略时有两大忌讳：一是不可请与谈判内容无关的人员参加宴会；二是不可过早进入主题，那样做往往会"欲速则不达"。

2. 恻隐术

恻隐术是一种通过装扮可怜相，唤起对手的同情心，进而使对手放弃进攻的谋略。这种谋略有两种表现形式：一是扮可怜相，诸如通过双手合十、在谈判桌上磕头或精心化妆等方式表现出痛苦的样子；二是说可怜话，如"我们已经退到悬崖边，就要掉下去了""如果这样确定下来，回去肯定会被批评""求您高抬贵手"等。

值得注意的是，在扮相和语言上不宜太过分，尤其当谈判人员代表政府或国有企业时，除了要维护个人形象，还要维护国家形象。此外，采用恻隐术前还应了解谈判对手是否吃这一套，如果谈判对手毫无同情心，那么对手非但不会吃软招，反而会讥笑这种行为。

3. 甜言蜜语

顾名思义，甜言蜜语指的是谈判人员说一些赞美的话语讨对手欢喜。这种谋略的优点是：谈判人员可以避免正面冲突，以对手在意和感兴趣的话题作为切入点，消除对手的敌对情绪，满足对手的自尊心、虚荣心，从而达到己方的目的。不过，使用甜言蜜语谋略时，谈判人员需要根据所面对的对象调整内容，内容一定要涉及对手感兴趣、愿意畅谈的话题，并时不时赞美对手在业余爱好等方面鲜为人知的能力与成就。此外，采用甜言蜜语谋略一定要真诚，表现得太假或阿谀奉承都会令对手反感。

案例 7.2

从拒绝到合作

凌云公司是一家服装设计公司，目前由于没有新颖作品，公司经营惨淡。于是公司派商务代表李云邀请设计新秀吴丽加入她的团队，以期为公司注入新鲜血液，增添新生力量。吴丽很热情地接待了李云。李云发现吴丽是个很随意、有风格的设计师。双方随便寒暄了两句，李云便进入正题，表明此次前来的目的是邀请她加入自己的公司，但是被吴丽一口回绝。吴丽表示前期国内的一家顶尖设计公司也向她发出了邀请函，并表明自己有意去那家公司工作。李云表示理解，也没有继续说聘请她的事宜，反而邀请她一起吃晚餐。

在晚餐期间，李云在闲聊过程中了解到对手的意向公司，觉得己方还有机会。晚餐后，李云在送对手回家的途中再次打开话题："您设计的作品很有创意，只要平台好，成为大师指日可待。但是据我了解您选择的那家公司平台推广方面做得不行，没有能力帮您推广设计作品，而我们公司在平台推广方面是国内最领先的，而且我们前期还拿到'一带一路'创意设计合作项目,只要我们合作必定会成功。"吴丽若有所思地微笑了一下,并没有立即表态。接着李云又说:"我看过您的作品,从中我感受到优雅、自由和个性,感觉只要穿上它就可以触摸到天空……假以时日您一定会成为世界顶尖的设计师。"吴丽再次微笑,开始询问李云公司网络平台推广方面做到哪种程度,李云抓住回转的机会,介绍了网络平台的作品会在"一带一路"沿线国家和欧美日韩等国家同步更新,表明只要吴丽愿意,其作品立即可以走向世界。最后吴丽被李云的话语打动,决定与凌云公司合作。

在以上案例中,李云被吴丽回绝后并未气馁,而是邀请对方一起吃晚饭。席间李云只字不提要吴丽加入自己的公司,而是对她的作品大加赞美,满足了对方的求荣心理,从而赢得了与对方合作的机会。"赞美是一种精明、隐秘和巧妙的奉承,它从不同的方面满足给予赞扬和得到赞扬的人们。"因此,在实际谈判中,谈判人员应积极寻找对手感兴趣的话题,通过适当的"甜言蜜语"满足对手的自尊心、虚荣心。这会使谈判更加顺利,结局更加"甜蜜"。

(二)攻心战的破解

在商务谈判中,如果谈判对手采用攻心战,己方可采取以下破解对策:

(1)保持冷静、清醒的头脑。在对手发起攻心战时,不要慌乱,而要理性应对。具体可采取转移话题、休息甚至中止谈判等办法,先让己方的心情平静下来,保持头脑清醒,切忌盲目采取行动。尤其是当己方初次与对手合作时,应只商讨谈判事宜,不将个人情感融入进去。要时刻提醒自己,带着情绪去处理谈判事宜注定会落入对手圈套,谈判结果往往也会与己方预期相差甚远。

(2)厘清对手恭维己方的真正目的,在任何情况下都应做到不卑不亢,不为所动。谈判人员应学会辨别对手是发自内心的赞美,还是出于某种目的而口是心非。

(3)针对谈判对手充满情感的话语,谈判人员要重新措辞并进行归纳,再用情绪化的语言回复对手。这样不仅可以表明己方已经了解对手的感受,同时也可以表达己方所持的态度和立场。

二、蘑菇战的运用及破解

蘑菇战是一种以劣胜优的有效战术,即在敌强我弱的情况下,采用"拖"的方法与敌周旋,把敌人拖垮,再伺机给敌人以致命打击。商务谈判中的蘑菇战是指谈判人员在互相对峙的过程中,凭借耐心、忍耐和韧性拖垮对手的意志,使其自乱阵脚,进而达到己方的目的。

(一)蘑菇战的运用

蘑菇战是一种"软磨硬泡"的方法,具体表现形式有时间战、后发制人和车轮战等。

1. 时间战

时间战是指谈判人员故意拖延时间,致使对手疲劳、摧毁对手意志,从而使对手同意己方观点的谋略。这一谋略可以产生两个方面的效果:一方面,"时间就是金钱,效率就是生命"历来被奉为商业人士的金科玉律,时间的拉长可能会损害对手的利益,使对手自乱阵脚；另一方面，时间的拉长也会损耗对手的体力、脑力，使对手疲劳不堪，最终摧毁对手的意志。该谋略的核心表现在"磨"，方法如下：

（1）重复。谈判人员就某个论题或观点重复讨论，合理占用谈判的时间，使谈判"磨"起来。

（2）沉默。当对手很活跃时，让其多说一些，己方则一直保持沉默，因为沉默会使对手焦虑，这也是实际谈判中常用的方法。

（3）调慢节奏。调慢谈判的节奏是消磨时间的重要手法，主要可以通过控制切换论题的时间和反馈意见的时间来实现。

案例 7.3："日本人自从珍珠港事件后的第一个重大胜利"

"磨"并不是毫无目的、任性妄为的举措，而是具有很强针对性、目的性的行为。谈判人员使用这种谋略时需要注意：态度保持温和，让对手没法抱怨；避免"扯"得太远或开一些不符主题的玩笑来消耗时间。

2. 后发制人

后发制人谋略是指处于谈判劣势的一方在面对强敌时，先退让一步，蓄势待发，等待对手出现重大过失或暴露弱点时再加以反击，实现由劣势到优势的转变，一举赢得谈判的一种谋略。这种谋略的特点是处于谈判劣势的一方先被动后主动、先软后强，最后抓住对手弱点一举夺取谈判胜利。

后发制人谋略要求谈判人员有良好的心理素质，在没有把握一击即中的情况下，能做到隐忍不发；面对难以忍受的对手，能做到虚心求教；当谈判对手出现骄傲自满、麻痹大意或者举止过火的情况时，能做到掌握充足的信息、掌控发力的时机，全力出击迫使对手除了让步别无他法。

3. 车轮战

蘑菇战中的"车轮战"类似于消耗战，是指己方主谈与辅谈人员密切配合，轮番上阵"唱双簧"，并根据情景随时变换主、辅谈角色，以拖垮对手意志和毅力的一种有效谋略。采取这种谋略时需要注意：谈判桌上的一方在遇到关键问题或与对手有无法解决的分歧时，借口自己不能决定或其他理由，转由他人再进行谈判。该策略的核心是更换谈判主体。实施该策略时应注意：选择攻击目标，以便所有参与人员协同作战，目标一致；选择参与人员，使之与目标相匹配，更有利于谈判。同时，要注意角色分配应得当，确保各方配合默契；各个角色轮番上阵的时机要恰到好处，尤其要注意各个角色切入的时点，不能太早也不能太晚，这些细节都会影响这一谋略的运用效果。

破解车轮战的对策如下：无论对手是否准备采用该策略，都要做好充分的心理准备，以便有备无患；新手上场后不重复过去的争论，如果新的对手否定其前任作出的让步，则自己也借此否定过去的让步，一切从头开始；用正当的借口使谈判搁浅，直到把原先的对手再换回来。

（二）蘑菇战的破解

如果谈判对手使用蘑菇战谋略，谈判人员可以采取下列对策加以破解：

(1) 以不变应万变，不急于求成。谈判人员的最大禁忌是急于求成。尤其是当谈判对手运用蘑菇战谋略时，更不能因急于达成协议而一再让步。此时，可以直接挑明对手所运用的蘑菇战谋略，并打感情牌使之羞愧；或者以同样的谋略拖延时间，直至对手无法忍耐。

(2) 保持清醒的头脑和敏锐的判断力。对手采用蘑菇战的根本目的就是扰乱己方的头脑和思路，谈判人员应时刻提高警惕、保持清醒的头脑，对于对手所说的每一个要点，要冷静思考后再回复对手，宁愿节奏慢一些，也不要被对手带跑节奏。

(3) 团队合作，以彼之道还施彼身。在对手使用蘑菇战时，己方最好不要单打独斗。可以多找几名谈判人员共同应对，"以牙还牙"，以此暗示对手再打下去只会两败俱伤。对手也就会放弃使用蘑菇战，积极与己方配合。

案例 7.4：扎克伯格大破车轮战

三、影子战的运用及破解

《三十六计》称："备周则意怠，常见则不疑。阴在阳之内，不在阳之对。太阳，太阴。"大意就是人们对习以为常的事物总是深信不疑，而忽视在最公开的行动后面往往隐藏着最秘密的阴谋。

影子战在商务谈判中是指谈判人员根据需要，人为地制造一些习以为常、合乎逻辑的表象，实则正在秘密制造烟幕弹，以假象迷惑对手，使其接受己方条件的方法。

（一）影子战的运用

影子战是一种以虚为主、以情报见长的谈判谋略，它充分利用了人们的惯性思维，笃定己方设计的表象能够瞒过对手；实则是在以虚掩实、将事关谈判成功的绝对机密隐藏在表象中。具体而言，商务谈判人员可以运用空城计、声东击西、木马计等常见的影子战谋略。

1. 空城计

空城计是指谈判人员将"无"假装成"有"或将"不完全有"假装成"全部都有"，使对手误以为己方拥有的筹码足够多，迫使对手不敢再进一步，只能后退的一种谋略。

使用"空城计"时要注意以下事项：

(1) 谈判人员要有足够的底气，不能畏手畏脚，要尽量提出较高的要求。也就是说，作为卖方时要出高价，条件要严格；作为买方时出价要低，且各种条件都要求卖方予以优惠。

(2) 忌"空"过了头。在商务谈判中，所提及的条件都需要具有强有力的说服力，即条件需要强劲的理由作为支撑，最忌讳采用"空城计"时只有要求而没有理由。这种情况是十分危险的，很可能造成谈判破裂。

（3）灵活施计。在实施该谋略的过程中，谈判人员要审时度势，灵活调整自己的职责，及时把控谋略的实施。

2．声东击西

声东击西是指谈判人员故意在无关紧要的事情上纠缠不休，或在非主要的小问题上大做文章，以分散对手对己方真正意图的注意力和降低其警惕性，进而在对手不太专注和坚决反对的情况下，达到己方的谈判目标。使用声东击西谋略的目的往往是通过制造信息陷阱，掩盖己方的真实企图，出奇制胜，达到己方的谈判目标。

采用声东击西谋略要满足以下几个条件：一是要有"声东"的理由和条件，这样才能避免引起对手的怀疑；二是"声东"要真实，"击西"也应该自然，要找好过渡的台词；三是要捕捉对手的心理，掌控好"击西"的时机。

案例 7.5：苹果公司巧放烟幕弹

3．木马计

木马计是指谈判人员在谈判过程中对对手提出的建议或所言之事假装很有兴趣，等到探出对手的底牌和重要信息时，再反过来攻击对手的一种谋略。运用木马计谋略的关键在于：谈判人员需要通过伪装收获对手的信息，伪装的时候要表现得自然，要足以让对手相信。运用"木马计"时应注意以下两点：一是顺其自然，即让对手觉得己方的表现符合其逻辑，己方关注实属应该，同时让对手感到此举对其亦有利；二是不可马上使用刚从对手套来的信息，延后一段时间后再使用，效果才好。

（二）影子战的破解

如果谈判对手使用影子战谋略，那么谈判己方可以采取下列对策加以破解：

（1）核实对手提供的虚假信息。影子战是以假象迷惑对手，因此如果能通过各种途径查证对手所提供的信息为虚假信息，此谋略也就不攻自破。

（2）适时击破对手的假象。在己方掌握对手的真实信息的情况下，可以选择适当的时机戳破对手的假象，令对手处于被动局面。

四、其他谋略的运用及破解

"谋所以始吾战也，战所以终吾谋也。是故先谋而后战，其战可胜；先战后谋，其谋可败。"谈判兵法谋略的运用在商务谈判中有至关重要的作用，事实上，除了上述攻心战、蘑菇战和影子战外，谈判兵法谋略还包括蚕食战、强攻战、釜底抽薪术和红白脸术等。

（一）蚕食战

蚕食战也称意大利香肠谋略，是一种以小积大，步步紧逼，逐渐达到预期谈判效果的谋略。在许多谈判中，谈判双方不会一开始就自己的利益作出巨大的让步。一般而言，谈判时间拉得越长，蚕食战实施起来越理想。蚕食战的具体谋略主要包括挤牙膏、连环马和步步为营等。挤牙膏也称积少成多策略，是指在谈判中针对某个谈判条件，通过不断向对手施加压力,促使其一点一点地逐步改善其交易条件的做法。连环马是指在谈判中坚持你要我让一步,我也要你让一步,确保条件互换的做法。步步为营是指谈判者在谈判过程中步步设防,试探着前进,不断地巩固阵地,不动声色地推行自己的方案,自己的每一次微小让步都要让对手付出相当代价。

如果谈判对手使用蚕食战谋略,那么己方可以采取下列对策加以破解:

(1) 使用"一揽子"谋略。将大小利益捆绑在一起,牵一发而动全身,这样当谈判对手使用蚕食战时,己方很容易察觉,从而能够及时阻止对手的计谋。

(2) 随时保持警惕。弄明白对手真正意图之前不可急于回答,对对手提出的所有可疑要求都要谨慎地分析。

(3) 采用等价交换谋略。当对手提出小要求,己方不好直接回绝时,可以以同样的方式对对手提出等价的小要求,以免被对手蚕食。

(二) 强攻战

强攻战是指谈判人员在谈判中以绝不退让或以高姿态迫使对手让步的谋略。强攻战的实质是置之死地而后生,宁愿陷入谈判僵局,也坚决不后退。它可以随时随地发生,又可以随时随地死而复生。强攻战的具体谋略主要包括针锋相对、追根究底、最后通牒等。

如果谈判对手使用强攻战谋略,那么己方可以采取以下应对技巧:

(1) 不为对手的强势所迫。强攻战对意志薄弱者能起到震慑作用,而对于意志坚定者则不起作用。谈判人员若以坚强的意志应对强攻战,不为对手的强势所迫,那么对手的强攻战必将以无效告终。

(2) 以蘑菇战应对。以软磨硬泡、拖延的谋略应对强攻战,也不失为一种好办法。在对手实施强攻战时,己方应以耐心和耐性拖住对手,直至拖垮对手的谈判意志,正所谓"先为不可胜,以待敌之可胜"。

(3) 找准对手虚处,适时反击。即使对手以强势进逼,也必然存在虚处和破绽,关键是要找到其虚处和破绽,并及时予以反击,这样一来对手的强攻战就会被轻易破解了。

(三) 釜底抽薪术

釜底抽薪,语出北齐魏收《为侯景叛移梁朝文》:"抽薪止沸,剪草除根。"古人还说:"故以汤止沸,沸乃不止,诚知其本,则去火而已矣。"比喻从根本上解决问题。谈判中的"釜底抽薪"是指谈判人员在原有报价基础上再提价,或在原有的谈判条款上再提出更为苛刻的条款,以引导对手在提价或新条款的范围内进行谈判的一种谋略。这是谈判人员常用来维护己方利益的一种手段,旨在保护原价不被压低,或催促对手快速成交。

釜底抽薪谋略适用于以下情况:一是卖方认为报价偏低,期望推翻以前的报价;二是卖方想保住原价不被买方压低;三是买方犹豫不决,卖方希望催其快速成交。

当谈判对手实施釜底抽薪谋略时,己方应采用以下破解对策:

(1) 保持底气,不要让对手牵着鼻子走。己方可推说不了解具体情况、做不了主,坚持逐个重新讨论问题,并要求回去询问老板的意思。

(2) 寻找对手的漏洞。己方只要找到了对手方案的漏洞或瑕疵,对手就没有底气再加价了。

（3）装聋作哑，无动于衷。己方以无动于衷对付对手的釜底抽薪术，不仅能防止己方的利益受损，还可能使对手因着急而让步。

案例 7.6

如何应对"出尔反尔"的纽曼公司代表？

玫菱公司是以家电制造业为主的中国传统企业，但现代技术发展带来的红利使市场上的竞争者如雨后春笋一般涌现。面对新兴企业的技术打压，玫菱公司经过多方考虑，决定引入德国纽曼公司的新型生产技术。

双方公司主要针对生产线的设备价格和技术服务费等方面进行谈判。纽曼公司的第一次报价是 360 万美元，其中技术费及服务费为 110 万美元，设备价格为 250 万美元，但是玫菱公司认为报价太高，希望对手适度降低价格。经过几轮谈判，双方在生产线的设备价格和技术服务费上达成一致协议，技术及服务费为 100 万美元，设备定价 250 万美元。但随着谈判接近尾声，纽曼公司又突然将生产设备提价 8%，并称自己将 250 万美元的设备报价上报给领导后挨了一顿臭骂，因为该类型生产线的价格早在一个月前就上调了。

假设你是中方代表，应该如何应对德国纽曼公司谈判代表的临时提价呢？

案例来源：https://www.docin.com/p-1124899454.html.

从上述案例可以看出，若玫菱公司不假思索就接受纽曼公司临时提价 8%，那么就中了对方的"圈套"。要应对纽曼公司的临时提价，首先得分析其提价的原因。从案例可知，德国纽曼公司是在临近谈判时才突然提价 8%。原因在于：纽曼公司为了保住总体价格不被中方压得太低；对手认为报价确实低，期望推翻之前的报价。可见对手用了釜底抽薪术。只有识破对手的"花招"，中方才能采取正确的应对办法：不理会其提价要求，仍按原来的主张与其谈判。

（四）红白脸术

红白脸术也称软硬兼施谋略，其中"白脸"是指谈判人员不可退让的强硬态度，"红脸"是指谈判人员好言相劝的柔和态度，因此"红白脸"指的是谈判一方时而唱"白脸"，时而又唱"红脸"，诱导另一方妥协的一种策略。这是一种恩威并施的谋略，采用截然不同的态度是为了在谈判中取得优势地位。在谈判过程中，面对咄咄逼人的对手，己方可以在坚持自我原则的基础上做一些礼让，等到对手的锐气减弱的时候，己方再发动反攻，以求获得谈判的最终胜利。该策略主要通过"先兵后礼"压迫或感化对手转变立场，从而打破僵局促成交易。红白脸术常在对手缺乏经验的情境下使用。

使用红白脸术时应注意以下几点：第一，当谈判者扮"白脸"时，凶要凶得有道理，做到言之有理，不可让对手抓住把柄，要保持良好的形象；第二，扮"红脸"一方要应对灵活，善于把握时机，为"白脸"创造时机好下台；第三，无论是"白脸"还是"红脸"都需进退有度，不失原则，留有余地。

谈判中若遇到对手使用红白脸术,己方可以采取以下方法加以破解:

(1) 保持自信、保持理智。坚守自己的产品价值,坚信自己的产品质量。只有自己相信自己的产品,才可能让别人相信自己的产品。

(2) 集中精力、就事论事。在商言商,如果谈判对手刻意一唱一和,就说明其对己方提出的方案是感兴趣的。这时己方就要把谈判重点提到主题上来,而不是放在吵架争执上。

(3) 若己方难以抵挡对手的软硬兼施,还可以采用"走为上策"的策略,以避开这场"戏"。

第三节　运用与破解商务谈判兵法谋略的基本要求

谋略是人类通过斗争实践而产生的。作为人类社会知识经验的结晶和一门斗争的艺术,谋略是理性的,是人类心理活动的产物,是人类思维的成果。商务谈判兵法谋略也不例外。商务谈判不仅是谈判双方在口舌上的辩论,更是谈判双方进行心理、智慧抗衡的过程。商务谈判兵法谋略凝聚了《孙子兵法》谋略智慧,如果运用得当,不仅能顺应人们"趋利避害"的心理,而且能使谈判出奇制胜。要有效运用与破解商务谈判兵法谋略,商务谈判人员必须制定合理的谈判谋略、洞察谈判对手的心理、培养谈判所需的谋略性思维和汲取中国传统文化中的谋略智慧。

一、制定合理的谈判谋略

"计先定于内,而后兵出境。"同样,商务谈判兵法谋略贵在"事先"筹划,这就要求商务谈判人员在收集、分析信息的基础上,制定合理的、可行的谈判谋略。只有这样才能未雨绸缪,真正做到"先定必胜之计,而后出军"。

商务谈判兵法谋略是应谈判情势而变化的,因此谈判人员应发挥主观能动性,灵活布局不同的谋略。一般而言,科学地制定合理的谈判兵法谋略需要经过以下步骤:

(1) 全面收集、分析谈判情报,做到知己知彼。正如《孙子兵法·谋攻篇》曰:"知彼知己,百战百胜;不知彼而知己,一胜一败;不知己不知彼,每战必败。"因此,谈判人员应在认清规律、了解情况的基础上,制定可行的谈判目标。若一开始就不明确谈判到底是为了什么目标,那么不仅无法布局谈判谋略,甚至整个谈判都无法顺利进行。

(2) 寻找关键问题,从关键问题入手。在整个谈判中出现的问题不胜枚举,但影响谈判结局的只有几个关键问题,因此谈判谋略的布局应从谈判的关键问题入手,辅助解决谈判的其他问题。

(3) 形成具体的谈判谋略,将其形成一条线以贯穿整个谈判。出奇制胜的谈判谋略绝不是互不联系的一盘散沙,因为这样的谋略经不起对手推敲,线连成绳才能稳固,因此谈判人员在制定谈判谋略时应形成具体的谈判谋略并将其贯穿起来。

(4) 模拟谈判与评估。策划谈判谋略从来都不是纸上谈兵,所有的谈判都需要经过"模拟—评估—再模拟—再评估"的过程,使用谈判谋略也是如此,商务谈判人员必须通过实践评估谈判谋略的适用性、可行性及产生的效应。

(5) 制定行动方案。行动方案是实际谈判过程的指导手册,是根据谈判模拟与评估结果制定的,包括谈判人员遇到特定情景应该采取什么类型的谋略,因此在谈判过程中可以起到指南针的作用。

当然,在具体的谈判过程中,以上步骤并非机械地排列,各步骤间也不是截然分开的,有时这些步骤可重复交替地使用。

二、洞察谈判对手的心理

谈判既是双方实力的较量,也是双方谋略的对抗。"故兵无常势,水无常形;能因敌变化而取胜者,谓之神。"谈判人员在谈判桌上能否合理运用或及时破解兵法谋略,将直接决定谈判的成败。谋略是人类心理活动的产物,因此谈判人员必须具备洞察对手心理的能力。

商务谈判心理是指谈判人员在商务谈判过程中的各种心理活动。一般而言,商务谈判心理具有隐蔽性、稳定性、差异性、自我调节性等特点。因此,为了深层次地了解谈判对手的心理,谈判人员需要在谈判之前做大量的准备工作,了解对手的基本情况及进行谈判的动机等。在谈判过程中,谈判人员除了仔细聆听对手的话语外,还应密切观察其表情和行为举止,并根据这些语言、行为和表情信号揣摩、洞察对手的心理。下面介绍几种常用的方法。

(一)察言观色

顾名思义,察言观色意为留意观察别人的话语和神情,多指揣摩别人的心意。人的心理状态往往会通过一定的外在形式表现出来。一个人的一举一动、一言一行,都从侧面反映了其性格、心理及偏好。以握手为例,谈判人员松弛地握手表明其礼节上的敷衍,紧紧地握手则表示其真诚与高兴,主动地握手表示友好和热情,漫不经心地握手则表示对对手的轻视。同样,昂首挺胸、脚步坚定能够说明此人坚毅和自信,可以推断,此人在谈判中不太容易让步,但双方目标接近时,又往往能果断拍板,从而达成协议。相反,脑袋低垂、神情恍惚、眼睛东张西望、手足无措则说明此人信心不足、意志薄弱、缺乏开拓精神。这种人在谈判中总是疑心多虑、犹豫不决、喜欢说"不"。倘若谈判人员说话语速快且经常重复说某些话,则说明其性格比较急躁;反之,若谈判人员说话语速平缓,不骄不躁,则可以看出其心思缜密。此外,还可以从谈判人员的衣着打扮、面部表情,推测其内在心理及谈判风格。

(二)投石问路

仅从外表上观察到的心理表现往往是肤浅的,很可能靠不住。尤其是在面对那些深藏不露的谈判对手时,己方一般很难通过观察表面来揣测其内心的真实想法。此时,谈判人员可以投石问路,诱使对手暴露其内在心理、性格或意图。例如,己方可提出一些早就了如指掌的问题,即"明知故问",让对手"有问必答",然后根据对手的回答判断其真实想法;或者首先请对手发言,从对手的发言中了解其心理与性格。

(三)以静制动

《孙子兵法·军争篇》谈及"以治待乱,以静待哗,此治心者也"。大意是指对待任何事情,只要能沉着冷静,总能想出应对的办法。

在商务谈判中,"以静制动"的思想是指不管对手采取什么兵法谋略,己方都应放慢步调、稳住脚步、时刻保持清醒的头脑和冷静的心态,切忌作出急切的回应。己方采用"以静制动"时,可以在谈判开始时不动声色,先观察对手的动静;或者故意拒绝对手的某些建议,或者对建议不冷不热,看看对手有什么反应。通过观察对手的反应可以了解对手的心理。

三、培养谈判所需的谋略思维

谈判所需的谋略思维是指谈判人员在理性认识谈判标的、谈判环境、谈判对手及其行为的基础上,构思策略与计谋的思维活动。谋略思维的思维对象不单是自己,重要的是竞争对手,其思维过程极为复杂。

在谈判过程中,谈判的局势瞬息万变,谈判人员需要不断调整己方的谋略,如谈判顺利时要加速、僵持时要解冻、分歧混乱时要清理。谈判人员若缺乏谋略思维,则无法灵活应对谈判过程的变化,不能准确把握谈判的发展方向。因此,谈判谋略思维是"划好船"的帆,而培养谈判人员的谋略思维则是训练掌舵的船长,谈判人员只有具备谋略思维,才能在谈判过程中用好谋略、统领全局,进而获得谈判胜利。

谋略思维的类型多种多样,对商务谈判人员而言,需要重点培养超前思维、散射思维、逆向思维和动态思维。

(一)超前思维

超前思维是指谈判人员根据过去的谈判经验,多角度、全方位地分析谈判现状,以一种超前的眼光,把握未来谈判的发展趋势,获得常人不能得知的信息,从而提前作出正确决策,取得谈判成功的思维活动。谈判人员培养超前谋略思维的目的在于增加对后期谈判发展的预测性。己方只有具备超前的预测能力,才能把握谈判的先机、获得谈判的成功。例如,当谈判面临僵局的时候,谈判人员要超前预判是否存在转机的可能。若谈判双方都耗尽了诚意,应速战速决,节约成本,寻找其他合作者;若谈判双方还有可谈的余地,则应采取合适的方式化解僵局,继续谈判。

案例 7.7

犹太人的谈判制胜之道

有"世界商人"美誉的犹太人深谙谈判之道,凭借不凡的见识、过人的智慧和出众的口才,每每在谈判桌上大获全胜。在社交场合,犹太人往往幽默风趣,随机应变,对答如流。其实,犹太人并不都是天才,关键是他们充分做好了谈判的一切准备。犹太人认为,从容不迫、应对自若,就能控制谈判气氛,但前提和关键是要付出艰辛的努力,尽可能做好大量的前期准备工作。

作为犹太人的杰出代表,基辛格被誉为 20 世纪最杰出的谈判专家。在谈判前,他非常注重做好周密的事前准备,尽可能地掌握详尽的背景资料。为了实现中美关系的正常化,基辛格曾赴我国访问。临行前,他照例要求有关人员进行彻底的调查。基辛格的部属根据多方面提供的资料进行反复审核修正后提交了一份报告。这份报告除了核心的中美问题以外,还包括美苏、中苏、中印、中巴关系等翔实材料。基辛格在赴北京的前一周将这份报告呈交尼克松审阅,并附上他自己所作的详细分析和综合评述。事实上,即使是对中美关系不甚了解的政治家,只要读了这份报告,也会成为卓越的内行。基辛格总结说:"谈判的秘密在于知道一切,回答一切。"在他看来,事先调查谈判对手的心理状态和预期目标,正确判断双方对立中的共同点,才能胸有成竹,不会让对手有机可乘;相反,不知根底,在谈判时优柔寡断,不能立即回答对手的问题,会给别人权限不够或情况不熟的印象。

案例来源:仝伟杰.犹太人的谈判谋略[J].中国商界(上半月),2008(5):74-75.

从以上案例可知,基辛格在谈判桌上大获全胜的秘密在于"知道一切,回答一切"。要做到这一点的重要前提是:谈判人员必须具备敏锐的超前思维。超前思维能使谈判人员事先洞察谈判对手的心理状态和预期目标,正确预判双方的需求差异点和共同点,从而在谈判桌上胸有成竹地与对手较量,并取得最后的成功。总之,超前思维使谈判人员具有"凡大事谋定而后动"的成熟智慧。

(二)散射思维

散射思维是指谈判人员在谈判过程中同时对谈判议题的各个方面进行全方位扫描的思维模式,即谈判人员从多角度出击,消除思维死角,使谈判议题所有部分都暴露在谈判桌上,以便各个击破,促进谈判的进程并大幅提高谈判成功的概率。散射思维意在培养谈判人员从不同的角度看问题,使观念发散到各个有关方面,最终产生多种可能的答案,而不是唯一正确的答案,从而产生有创见的新颖观念。在商务谈判中,拓宽谈判人员的思维视野,使其辩证看待谈判议题,可以实现"一题多解""一事多写""一物多用"来突破谈判难点,从而推进谈判顺利进行。

(三)逆向思维

逆向思维是打破固有思维模式,突破常态的一种思考问题的思维方式,即"反其道而思之"。网络电视(Web TV)便是史蒂夫·帕尔曼逆向思维的产物。在帕尔曼着手推出网络电视之际,他的现金流岌岌可危。按照常规,他需要找风险投资公司拉资金。然而,当时大部分风险投资公司对于网络电视这样的消费类电子产品的大笔资金投入相当谨慎。于是帕尔曼从自己的风险投资目标逆向筹划,随即与飞利浦、索尼公司等消费类电子行业的翘楚洽谈成功,结成伙伴,使企业的价码飙升,然后再与风险投资方洽谈获得了宽裕的资金,接着与生产商、批发和零售商等其他潜在合作伙伴洽谈,最终将幼小而又正茁壮成长的企业作价 4.25 亿美元卖给微软公司。由此可知,对商务谈判人员而言,培养逆向谋略思维的目的在于突破由经验和习惯造成的僵化的认识模式,学会独辟蹊径,以"出奇"达到"制胜"。

（四）动态思维

动态思维是非传统的、能动联系的、调整性的和不断择优的思维活动。动态思维能力是谈判人员必备的能力。具体而言，谈判人员需要根据不断变化的环境和条件改变自己的思维程序、思维方向，优化谈判程序与策略，控制谈判情势，在最大化己方利益的基础上实现双赢目标。

案例 7.8：欧阳先生与"出尔反尔"的德方的交涉

四、汲取中国传统文化中的谋略智慧

中国传统文化中的谋略智慧是中国五千年历史经验的结晶，既是古人行军用兵的法则，也是平治天下的指南。其中《孙子兵法》《三十六计》和《吴子·司马法》等著作不仅是我国传统文化的重要组成部分，还是我国古代智慧的瑰宝，它们涵盖了丰富的谈判谋略智慧。因此，谈判人员除了培养超前、散射、逆向和动态思维外，还应根据不同的人物、时间和地点，汲取中国传统文化中的谋略智慧，只有这样，谈判人员才能灵活运用谈判谋略，做到"运筹帷幄，决胜千里"。一般而言，商务谈判人员应掌握避实击虚、阴阳结合和奇正相生等基本的谋略智慧。

1. 避实击虚

《孙子兵法·虚实》云："兵之形，避实而击虚"，强调击败对手最有效的方式是打击对手的虚弱之处。《管子》云："攻瑕则坚者瑕，攻坚则瑕者坚"，也强调避开敌人的主力，找敌人的弱点进攻。因此，掌握虚实谋略对谈判人员而言至关重要。谈判人员能否避实击虚是决定竞争成败的关键。避实击虚也就成了制定谈判谋略过程中的指导原则。

2. 阴阳结合

《易传·系辞》云："一阴一阳之谓道"，表明阴阳是宇宙万物最基本的存在状态，阴阳变化是万事万物永恒的原则。《鬼谷子·捭阖篇》云："阳动而行，阴止而藏。阳动而出，阴隐而入"，表明阴阳思想是谋略思维的精髓。实际上，阴阳谋略的核心思想是"谋于阴而成于阳"。在商务谈判中运用阴阳谋略的关键在于把握谈判全局，设置一真一假的计谋，并使一真一假浑然一体，既满足了谈判对手的意愿，又使己方功成不显，制人于无形。

3. 奇正相生

《孙子兵法·势篇》曰："凡战者，以正合，以奇胜"，意思是说大凡作战，要以正兵当敌，以奇兵取胜。奇与正是一对矛盾统一体，正是正兵，奇是偏师，正兵是从正面与敌方对垒，偏师则是不合常规的策略。"奇"与"正"是一对哲学范畴。奇正相生是古代兵法思想中的重要法则，在商务谈判过程中也有其突出的作用。"奇"的用兵令人难以捉摸、不可思议，常能取得奇效。因此，商务谈判人员如果能在谈判过程中想到先发制人的"奇"策略或利益交换法则，那么己方往往能控制谈判的局面和走势。例如，中国商界有一句名言，即"一招鲜，吃遍天"，表明商务谈判人员要学会用"奇"。

本章小结

商务谈判不仅是实力的较量，更是谋略的对抗，因此商务谈判人员要善用兵法谋略。商务谈判兵法谋略是指商务谈判人员根据《孙子兵法》军事哲学思维和谋略观，为实现己方预定目标所采用的一系列计谋、策略和方法。商务谈判人员使用兵法谋略的主要目的在于：掌握谈判主动权，使谈判朝着有利于己方的方向发展。在不同的谈判阶段，谈判人员使用兵法谋略的目的虽不相同，但商务谈判兵法谋略具有针对性、预先性、周密性和灵活性以及讲究"天时地利人和"等共同特征。

商务谈判人员需深谙攻心战、蘑菇战和影子战等常见的商务谈判兵法谋略。攻心战是指谈判一方采取的让对手心理上不舒服或通过感情上的软化使对手妥协退让的一种战术，主要包括鸿门宴、恻隐术和甜言蜜语等。蘑菇战是一种以劣胜优的有效战术，主要有时间战、后发制人、车轮战等。影子战是一种以虚为主、以情报见长的谈判谋略，常见的谋略有空城计、声东击西、木马计等。此外，蚕食战、强攻战、釜底抽薪术和红白脸术等谋略也是谈判人员出奇制胜的"法宝"。谈判人员除了有效利用这些谋略外，还应掌握破解它们的技巧，无论对手采用什么谋略，都应保持冷静，通过理性分析找出谋略的破绽，然后采用将计就计，以牙还牙等方法有效破解对手的"计谋"。

此外，商务谈判人员需掌握运用与破解谈判兵法谋略的基本要求：一要根据兵法原理筹划合理的谈判谋略；二要洞察谈判对手的心理变化；三要培养超前、散射、逆向与动态等谋略性思维；四要汲取中国传统文化中的谋略智慧：避实击虚、阴阳结合和奇正相生等。

本章关键术语

商务谈判兵法谋略　攻心战　蘑菇战　影子战　蚕食战　强攻战　釜底抽薪术　红白脸术　超前思维　散射思维　逆向思维　动态思维　谋略智慧

名 言 分 享

1. "兵无常势，水无常形，能因敌变化而致胜者，谓之神。"

　　——《孙子兵法·虚实篇》

2. "以弱为强者，非惟天时，抑亦人谋也。"

　　——陈寿

3. "运筹策帷帐之中，决胜于千里之外。"

　　——司马迁

4. "欲攻敌，必先谋。"

　　——曹操

5. "凡用兵之道,以计为首,未战之时,先料将之贤愚,敌之强弱,兵之众寡,地之险易,粮之虚实,计料之审,然后出兵,无有不胜。"

——刘伯温

巩固练习

一、简答题

1. 举例说明商务谈判兵法谋略的特征。
2. 简述商务谈判影子战谋略的运用与破解方法。
3. 简述有效运用商务谈判兵法谋略的基本要求。

二、案例题

1. 吉利—沃尔沃谈判过程中的"尔虞我诈"

在吉利并购沃尔沃这场"蛇吞象"的并购案中,谈判双方可谓是唇枪舌剑,在谋略运用方面也十分得心应手。经过五轮谈判,吉利最终成功拿下沃尔沃。双方是如何运用谈判谋略的呢?

首先双方都有各自的出发点。吉利想得到沃尔沃的名声和专利;而沃尔沃正处于萧条期,渴望得到广大的中国市场。正是双方互需的出发点使双方能坐在同一张谈判桌旁。当然,整个谈判过程并不是一帆风顺的。影响双方达成协议的因素有很多,对于沃尔沃而言,吉利年纪尚小,缺乏相关经验。虽然吉利此前曾在国际化经营方面取得过一些成绩,但毕竟没有运营一家跨国汽车企业的经验。对于吉利而言,沃尔沃连年亏损,福特自身还需偿还大量债务。此外,两家公司在文化和管理上存在巨大差异,主要原因是两家公司的品牌定位相差甚远,吉利主要定位于低端的中低档汽车市场,沃尔沃主要定位于高端的豪华汽车市场。

前几场谈判下来,双方发现对沃尔沃的"报价"差异是最大的障碍。原因是吉利根据沃尔沃集团最近的运营情况以及目前的债务状况、技术、品牌、团队等多方面考虑得出的多次报价,没有得到沃尔沃谈判方的积极响应。沃尔沃谈判方认为,在沃尔沃拥有一流品牌与技术的情况下,这些报价太过保守,严重低估了沃尔沃汽车的品牌价值。最终,在第五次谈判中,谈判双方都作出让步,在圣诞节前达成协议。

在这场"蛇吞象"的并购过程中,双方在报价方面都做了大量的工作。吉利方想以最低价格拿下沃尔沃,而沃尔沃又想以最高价卖出。其实早在2007年9月,李书福就已通过公关公司向福特阐明了收购沃尔沃的想法。2008年3月,福特方面不断强调"沃尔沃

150亿美元的年销售额",言下之意是,吉利太弱了。虽然李书福表示有诚意和能力做到,但对手只是礼节性地称"回去研究一下"。到了2008年12月1日,福特陷入困境,对外正式宣布考虑出售沃尔沃轿车。吉利迅速组建了正式的并购谈判团队,合作方都是在国际上比较知名的事务所。2009年5月,瑞典一些官员在报纸上撰文,反对中国企业收购沃尔沃,原因是在文化和管理理念等方面存在巨大差异,中国企业不是最佳的选择。随后,吉利经过深入的调查,找到了沃尔沃的一些不足,使福特心服口服,趁机将并购金额从20亿美元下拉到18亿美元。鉴于吉利暂未提出合适的融资方案,福特方面决定每2周召开一次电话会议,以督促吉利在圣诞节前完成收购。此次"价格战",双方终以友好的方式达成了协议。

案例来源:https://www.doc88.com/p-286601697572.html.

根据案例回答以下问题:
(1) 在吉利对沃尔沃的并购案中,谈判双方都用了哪些兵法谋略?
(2) 结合案例分析吉利为什么能成功并购沃尔沃。
(3) 根据案例进行模拟谈判,并总结运用谈判谋略应注意哪些事项。

2. 视频案例:《你和我的倾城时光》中的谈判片段

【案例背景】 历致城因家族服装企业遭遇变故,临危受命由军人转行接手公司。面对关乎公司命运的巨额订单,历总欲寻求专业设计师协助。历总偶然发现林浅是位很有潜力的设计师,故想请她帮助完成订单。正当林浅前往师兄所在的权威服装公司就职时,历总在电梯内与林浅展开了一场"抢人"谈判大战……

扫描二维码观看《你和我的倾城时光》视频片段,回答以下问题:
(1) 历总采用了什么谈判兵法谋略最终赢得林浅的支持?
(2) 假设你是林浅,你会如何破解这些谋略?

课后拓展

模 拟 谈 判

模拟谈判案例:高超的谈判到底有多厉害?诺基亚:我们起死回生了……

曾经的手机霸主诺基亚10年前风光无限,如今却面临生存难题。诺基亚欲建立安卓和苹果之外的第三个生态系统,但困难重重,故欲与微软达成合作,解开困局。一天深夜,正当诺基亚董事长希拉斯玛考虑如何与微软首席执行官鲍尔默接洽时,电话响了……

话筒中传出鲍尔默的声音:"我们能聊聊吗?"对于诺基亚来说,这可能是生机也可能是危机,但若不谈,一定是危机。诺基亚通过收集信息,整理制订了A、B计划并提前制定了上、中、下应对策略以及不同情景需要的新闻稿提要。

谈判开始,双方先讨论各自公司的运营情况,并互相试探。诺基亚公司第四季度业绩良好,但整体手机业务依然表现不佳,且在中国市场上仍存在严重的问题。最终对终端设备及服务业务的估值为16亿~55亿欧元。第一轮谈判,鲍尔默给出终端设备及服务业务、HERE地图业务以及大量专利许可三块业务,总报价为42.5亿~52.5亿欧元。

希拉斯玛错愕不已,故作镇静地表示,"就估值而言,我们似乎是在两个不同的星球上,既然大家的想法差得如此之远,也就没有什么可谈的了。"同时表示,双方需找到新的方式才能重启对话。

鲍尔默起身示意,感谢其对报价的反馈,表示:"既然没什么可谈的,那我们也打道回府喽!"第一轮谈判因双方利益冲突无法调和而破裂。

诺基亚仍想重启谈判进程。经过不断接洽,双方代表反复向对手强调双方仍是合作伙伴,希望能够达成合作。双方代表认为,第一轮谈判中,投行顾问让双方都有些措手不及。双方一致认为,双方的管理团队应该聚在一起,举行"信息共享会议"。决定采取"4×4"的谈判会议方法:双方代表组成一组,埃洛普和迈尔森组成另一组,两位首席财务官和两位首席法务官也各自配对,组成"谈判四重奏"。经过多轮分组会谈与联合会谈,6月1日,双方团队于微软华盛顿雷德蒙德的办公室进行了会谈,最终以诺基亚完整的终端设备及服务业务、HERE地图业务及相关的专利许可总价62.5亿欧元,加上未来5年的盈利能力支付计划,双方达成一致。6月2日,微软首席代表向公司提交了协商条款,董事会批准了这笔交易。后鲍尔默因参加儿子的高中篮球赛,未出席董事会的晚餐,被告知微软董事会重新考虑并拒绝了该笔交易。交易双方的首席执行官"握手成交",最终被董事会出示"红灯",这在商界非常罕见。

面对这一困境,诺基亚决定与计划在当年春天出售其所持有的诺西通信股份的西门子进行协商谈判,若能收购,则其可能成为诺基亚核心业务,使其"起死回生"。但因诺基亚资金不足,若能通过微软融资达成合作,对双方都会是利好的局面。希拉斯玛一边努力回购西门子所持有的诺西通信股份,一边接触微软希望重启谈判。对于微软来说,这也是更具诱惑力的条件。谈判再次重启,按照会议议程循环进行。最终,通过董事会决议,双方达成合作。10年中一度跌入低谷的诺基亚,以5G巨头的新身份重新回到大众的视野中。

案例来源:http://www.sohu.com/a/367021329-120043841.

请根据案例进行模拟谈判,具体要求如下:

(1) 组建一个八人团队,分成两组,每组四人,分别扮演以鲍尔默为主谈的微软谈判团队和以希拉斯玛为首的诺基亚谈判团队。

(2) 运用你在本章所学的商务谈判谋略进行模拟谈判,时间控制在20~25分钟。

(3) 每个谈判团队撰写一份模拟商务谈判实训报告,主要包括(但不限于)以下内容:模拟谈判前期、中期和后期所用的谋略;运用这些谋略的原因及条件;参加模拟谈判的心得体会。

(4) 方案字数不限,切勿为了篇幅堆砌大量文字,引用材料和数据需要注明出处。

(5) 可通过扫描下面的二维码观看视频"微软收购诺基亚业务",了解详情。

第八章 网上商务谈判

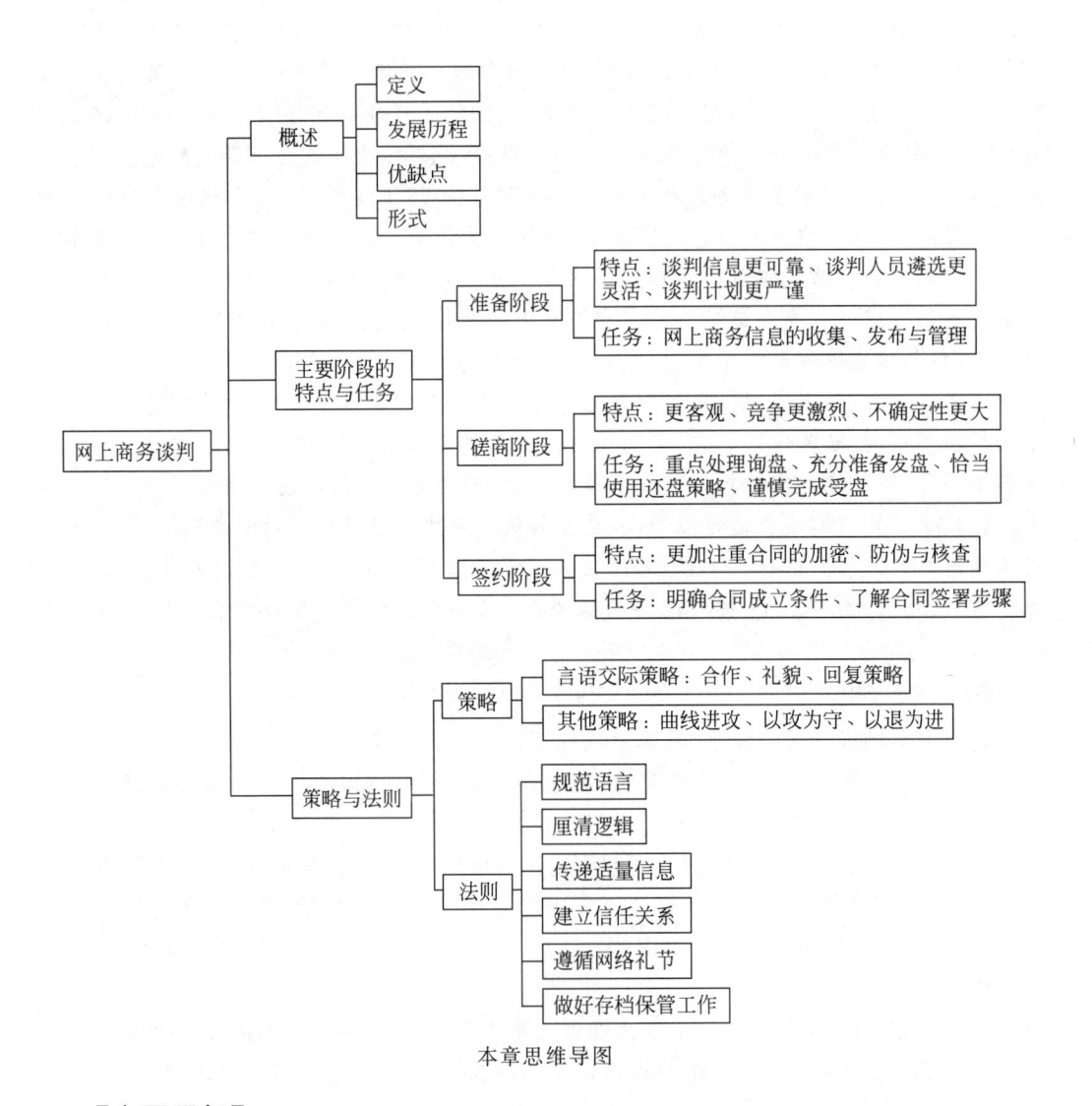

```
                    ┌─ 定义
          ┌─ 概述 ──┤─ 发展历程
          │        ├─ 优缺点
          │        └─ 形式
          │
          │                      ┌─ 特点：谈判信息更可靠、谈判人员遴选更
          │          ┌─ 准备阶段 ┤      灵活、谈判计划更严谨
          │          │           └─ 任务：网上商务信息的收集、发布与管理
          │          │
          │ 主要阶段的│           ┌─ 特点：更客观、竞争更激烈、不确定性更大
网上商务谈判┤ 特点与任务├─ 磋商阶段 ┤─ 任务：重点处理询盘、充分准备发盘、恰当
          │          │           └      使用还盘策略、谨慎完成受盘
          │          │
          │          │           ┌─ 特点：更加注重合同的加密、防伪与核查
          │          └─ 签约阶段 ┤
          │                      └─ 任务：明确合同成立条件、了解合同签署步骤
          │
          │                      ┌─ 言语交际策略：合作、礼貌、回复策略
          │          ┌─ 策略 ────┤
          │          │           └─ 其他策略：曲线进攻、以攻为守、以退为进
          │          │
          │          │           ┌─ 规范语言
          └─ 策略与法则┤           ├─ 厘清逻辑
                     │           ├─ 传递适量信息
                     └─ 法则 ────┤─ 建立信任关系
                                 ├─ 遵循网络礼节
                                 └─ 做好存档保管工作
```

本章思维导图

【主要目标】

（1）了解网上商务谈判的定义、发展历程及优缺点，掌握网络电话、视频、E-mail 及即时通讯软件等不同形式的网上商务谈判方式；

（2）了解网上商务谈判准备、磋商和签约等主要阶段的特点及任务；

（3）掌握网上商务谈判言语交际策略中的合作策略、礼貌策略和回复策略，以及曲线进攻和以守为攻等其他策略，并了解网上商务谈判法则。

课前"剧透"

【"剧透"片段】　在影片《鸡毛飞上天》中，视频一端是玉珠集团陈江河和杨氏集团杨雪，另一端是东南亚五金经销商阮文雄和北非日用百货经销商史瑞夫。四方代表存在竞争关系，都想进入欧洲市场，这恰巧被欧洲市场一级经销商费尔南德利用。费尔南德企图在四方中掀起一场价格战，以从中获益。但此时费尔南德遭遇债务危机，陈江河便借机展开了一场视频谈判，试图说服阮文雄和史瑞夫放弃他们之前与费尔南德签订的先出货后付款的协议，以此维护整个市场的公平竞争。

扫描二维码观看视频后回答下列问题：
1. 在视频谈判之前应做哪些准备？
2. 网上谈判有何优缺点？

导入案例

大数据时代的商务谈判

网络电话为杭州安达公司与上海保诚公司的谈判提供了新的思路，带来了极大便捷。

按计划，安达公司将在2017年6月25日前往上海与保诚公司谈判，但由于九级台风"风神"的正面登陆，谈判不得已被搁置。安达公司与保诚公司只好商定采用网络电话系统进行洽谈。通过网络电话谈判，双方达成合作意向，最终成功签约。

经历了这次高效率的网上谈判后，安达公司加快了全面启用网络电话系统的步伐。谈判人员将实体的谈判地点、谈判场景和谈判内容搬到网络电话中，双方谈判人员通过音响、麦克风等设备进行远程谈判，实现声音的互联互通、现实与虚拟的完美契合。

安达公司还制定了网络电话谈判操作指南供谈判双方人员使用，并对相关操作人员进行培训，以保证日后谈判的顺利进行。这些措施的推出受到了安达公司谈判伙伴的一致好评。

案例来源：http://www.caigou2003.com/zhengcaizixun/zhengcaiyaowen/755160.html.

问题：与传统的线下谈判相比，网上谈判具有什么优势？

上述案例中安达公司有效运用网络电话系统，克服了天气突变带来的困扰，实现了谈判目标。在大数据时代，互联网技术的应用打破了传统商务谈判的时空局限，使网上谈判成为一种新型洽谈模式，天气等不可抗力因素再也无法阻碍商务谈判的顺利进行。这则案例充分体现了网上谈判具有高效、便捷、低成本等优势。

第一节　网上商务谈判概述

随着信息技术的不断发展,越来越多的商务人士倾向于通过网络进行商务谈判。网上商务谈判是伴随电子商务兴起而发展起来的一种新的谈判方式,也是谈判形式顺应时代发展的产物。随着世界经济数字化转型的加速,数字经济成为撬动经济增长的新杠杆、引领各国提振经济的航向标,相应地网上商务谈判也已逐渐渗透到世界经济活动的各个领域。为促进不同企业、不同国家间高效率、高质量的谈判,商务谈判人员除了要掌握传统的谈判方法和技巧外,还应熟练地使用各种网上商务谈判方式。只有这样,谈判人员才能发挥传统的线下谈判和网上谈判这两种方式的优势互补效应,才能顺应第四次工业革命的发展趋势,共同把握数字化、网络化、智能化发展机遇,在激烈的商业竞争中立于不败之地。

一、网上商务谈判的定义

网上商务谈判是指谈判人员为达成协议而以互联网为渠道进行商务沟通与协商的一种谈判方式。简言之,网上商务谈判是借助互联网平台进行的,改变了传统的商务谈判方式。从谈判的性质来看,网上商务谈判的核心依旧是谈判。与传统的线下谈判方式一样,网上商务谈判仍建立在双方信息传递与交流的基础之上,所以它并未改变商务谈判的性质,只不过是谈判人员借助网络进行沟通。作为一种全新的商务沟通与协商方式,网上谈判渗透到企业生产、销售及售后等多个环节,改变着企业的商业模式、竞争战略与服务策略。

二、网上商务谈判的发展历程

技术变革是催生新型商务谈判形式出现的主要动力,特别地,就主要以信息沟通为主的商务谈判而言,信息传播技术的发展与革新对谈判产生了深远的影响。从以口耳进行信息交流的古老方式开始,网上商务谈判的发展大致经历了以下阶段:

第一阶段(1040年以前),谈判形式以面对面的口头谈判为主。由于缺乏简便的文字载体,谈判人员主要以口耳进行信息的输出与输入。该阶段谈判内容简单,谈判规模较小,难以充分把控谈判进程。

第二阶段(1040—1876年),谈判形式以书面谈判为主。印刷术的发明和使用打破了口头谈判的单一性,使谈判信息有迹可循。该阶段谈判人员无须面对面交流,双方可通过信件进行谈判,这在一定程度上节省了谈判成本。但由于交通、通信手段非常落后,谈判效率依旧很低。

第三阶段(1876—1946年),谈判形式逐渐丰富化。电报、电话等信息传播手段的广泛普及,使谈判形式由单一化向相对稳定化、职业化和专业化转变。该阶段谈判人员可随时随地进行磋商,在打破时间与空间局限的同时,也提高了谈判效率。

第四阶段(1946年至今),网上商务谈判蓬勃发展。电子计算机的普及应用及计算机与现代通信技术的有机结合使E-mail谈判、网络电话谈判和视频谈判等新型谈判形式悄然兴起,并快速发展。这些方便快捷、灵活多变、适应性强、成本低的谈判形式能够满足谈判人员的需求,使他们及时应对复杂环境的变化。数字化转型是大势所趋,新的信息革命将深刻重塑人类社会,数字技术与网上商务谈判的深度融合将造福更多的企业及谈判人员。因此,可以预见,网上商务谈判将成为一种主流的谈判方式,从而在真正意义上验证"世界就是一张偌大的谈判桌"这一说法。

三、网上商务谈判的优缺点

网上商务谈判相较传统商务谈判而言,既有很多优点,也有一些难以避免的缺点,因此在进行网上商务谈判之前,谈判人员应充分权衡利弊,并根据实际情况选用合适的谈判形式。网上商务谈判具有以下优缺点。

(一)优点

1. 促进信息交流

网上商务谈判的第一大特点在于能够使谈判双方快速地交换信息。与此同时,网上商务谈判形式多样,不仅具有电话谈判的迅捷性,还兼具函电内容的丰富性、可保存性与面对面谈判的可视性等优点,因而能够满足不同谈判人员的需求,促进他们之间的信息交流。网上商务谈判的这些优点在国际贸易谈判中更为突出,它能打破时空的界限,使国内外谈判人员广泛交流,快速掌握他们所需的最新信息,从而增加贸易机会,促进新市场的开拓。

2. 有利于谈判人员作出慎重决策

谈判人员通常会借助电子邮件进行谈判,这使双方的信息交流既充分又快速。尤其是对于谈判的重要议题和诸多细节,谈判双方可以事先详细说明,以便及时与己方的团队成员或领导及决策机构进行充分交流,从而为最后决策做充分的准备。与此同时,电子邮件能使谈判人员反复推敲措辞、理性谨慎地应对双方的分歧,因而有利于他们作出慎重决策。此外,电子邮件不要求谈判人员马上回复,这使他们有足够的时间考虑影响决策的多种因素,甚至可向专家商讨一些棘手的问题,以作出慎重的决策。

3. 降低谈判成本

网上谈判不需要谈判双方亲自前往谈判地点会谈,这为谈判人员省去了接待、场所布置、宴会安排和差旅等工作,不仅能为谈判人员节省时间成本,还能为企业节省接待和差旅等费用。此外,谈判人员也可通过收集网上大量的信息快速筛选出谈判对手,并能全方位获取谈判对手的信息,从而降低企业的搜寻成本和信息成本。总之,网上谈判能从各个方面削减谈判成本。

4. 提高谈判效率

在网上谈判中,谈判人员不会过多地考虑谈判对手的级别及性格等因素,而是把主要精力集中在交易条件的洽谈上,这能在一定程度上降低谈判人员身份不对等、性格不合等因素带来的不利影响。另外,网上谈判也使谈判人员避免了舟车劳顿,省去了接待与差旅等工作,有利于交易的快速达成,因此能够提升谈判效率。

案例 8.1

政府采购推行网上公开竞价

某国家级经济技术开发区为充分发挥采购单位的采购主体作用,提高政府采购的满意度,对年度预算金额较大的通用设备实行政府采购"网上竞价"模式。这一举措引发了企业的强烈反响,因为它将互联网的快速便捷与政府采购的公平透明结合起来,改变了以往"面对面"的竞价形式,简化了竞价的流程,提高了竞价效率,降低了竞价成本。

通过 4 个项目的竞价采购,成交价比协议供货价分别降低了 12.33%、1.97%、1.52%和 1.15%,取得了明显的效果。"网上竞价"采购具有以下优点:一是规范便捷,减少人为因素。由原先采供单位私下"面对面"谈价格或不谈价格,直接以全省协议价最高限价成交,改为网上"背靠背"竞价自动最低价成交。二是有效"隔离",确保公平竞争。采供双方足不出户、无须了解对方信息,由此实现公平竞争。三是市场联动,确保充分竞争。在该系统中,经交易中心确认的协议采购供应商均有权参与竞价,确保竞争充分。

案例来源:https://jxedz.jiaxing.gov.cn/art/2015/11/30/art_1229441128_4239882.html。

互联网技术的普及与数字经济的发展使网上谈判成为商务活动中的一个重要部分,政府通过网上公开竞价进行采购便是一种特别的网上商务谈判形式。从本案例可知,某国家级经济技术开发区充分利用数字化资源进行采购工作,全面促进数字经济与商务谈判的深度融合,积极搭建谈判数字化平台,促进数字经济的传播和运用,减少了采购损失,提高了谈判效率,从而节约了采购中心的人力、物力和财力,这正是网上商务谈判相比传统线下谈判的主要优势所在。

(二)缺点

1. 谈判信息安全性降低

由于互联网技术的公开性与透明化,网上商务谈判容易泄露谈判双方的内部信息,如商业数据、报价信息和谈判分歧等,这将给企业的信息安全带来隐患。此外,网上商务谈判所需的各类文件、证据及电子合同等内容的真实性有时真假难辨,谈判人员稍不留意就有可能使企业蒙受损失。

2. 谈判信息可获得性有限

网上商务谈判虽然节省了时间和信息等成本,但与面对面谈判不同,网上谈判通常以单一的文字或语音进行交流,谈判人员很难根据对方的表情和肢体语言等无声因素获取更多的辅助性信息,无法做到察言观色,因而不利于了解对方的真实想法,这在一定程度上增加了谈判的难度。

3. 谈判人员面临更大挑战

网上信息的繁杂与询盘的多样化使谈判人员难以应对各类电子数据,这对他们的电子数据处理能力和技术能力提出了更高的要求,因此网上谈判使谈判人员面临更大的挑战。

四、网上商务谈判的形式

根据不同的谈判媒介,网上商务谈判的形式大致有网络电话谈判、视频谈判、E-mail 谈判和即时通讯软件谈判四大类型。本节将详细介绍这四种谈判形式的优缺点及注意事项。

(一) 网络电话谈判

网络电话(Voice over Internet Protocol,VOIP)是指通话发起方通过互联网直接拨打谈判对手的固定电话或手机,以达到通信交流的目的。其原理是将语音信号经过数字化处理、压缩编码打包、网络传输、解压,最后将数字信号还原成声音,使通话双方听到。目前企业通常使用雅虎、阿里通、谷歌等网络电话软件。

网络电话谈判是一种利用电话通信进行信息的交换与协商的谈判形式。这是一种间接的、口头的谈判方式。与面对面谈判相比,网络电话谈判不需要谈判人员亲自前往谈判地点进行交流。

1. 网络电话谈判的优缺点

(1) 优点。网络电话谈判具有快速、便捷和联系广泛的优点。它改变了传统面对面沟通的谈判形式,使谈判双方无论何时何地均可通过网络信号的传输进行交流。此外,网络电话谈判能缓解谈判人员因双方身份不对等而带来的紧张和不安情绪。同时,网络电话谈判能降低企业的谈判成本。

(2) 缺点。由于网络电话谈判并非面对面谈判,谈判双方无法通过现场互动进行交流,因此在某些情况下容易造成彼此的误解。与此同时,谈判人员在进行网络电话谈判时,无法通过观察对方的神情、心理、肢体语言等非语言动作来判断其谈判策略及行为,这将增加双方谈判的难度。另外,网络电话谈判存在一定的信用风险,因为在网络电话中谈判人员无法验证对方各类文件、证据和许诺的真伪,因此谈判人员有可能上当受骗,导致不必要的损失。

2. 网络电话谈判的注意事项

网络电话谈判是一种口头谈判,不具有可视化的特点,因此在使用网络电话进行谈判时应注意运用以下技巧:

(1) 主动争取。决定采用网络电话谈判后,谈判人员应主动争取做拨打电话的一方,而非被动的接听者。因为在通常情况下,主动拨打电话的一方占据较大的谈判优势,对谈判流程、谈判内容起导向作用,而接听电话的人只能在对方的安排与不为人知的意图下参与谈判。

(2) 做好准备。无论是拨打电话的一方还是接听电话的一方在谈判前都要做充分的准备。拨打电话的一方若准备不充分,谈判的主导权将会被对方抢夺;接听电话的一方若准备不充分,其所处的谈判形势将会更加严峻,所以谈判双方都应做好准备。谈判人员具体应做好以下工作:首先,要将谈判主题、谈判内容、谈判流程熟记于心,并进行模拟谈判,以便在网络电话谈判时能正确地按谈判计划进行,同时遇到突发状况时能随机应变;其次,总结归纳己方将要采用的谈判策略及适用场景,预测对方可能采用的谈判策略并讨论相应的对策;再次,准备各项突发状况的应急预案,确保及时处理各项问题;最后,在进行网络电话谈判时应准备好纸、笔及计算器,对于重要的信息应做好记录,有时还要进行精准的计算。

(3) 注意语速和语调。由于网络电话谈判主要是利用声音来传递、交换信息,因此谈判人员应注意自身的语速与语调。谈判人员应使用清晰、有力、生动、中肯的声音进行交谈。在网络电话谈判过程中,谈判人员的音量、语速和语调最能反映其情绪状态。因此,谈判人员应保持适中的语速,略微提高音量,同时要与对方的语调及语速相协调。在谈判过程中,谈判人员要适当把握倾听与诉说的比例,做到听说有度,同时也要尽量诱导对方多说,从对方的话语中提取重要的信息。

(4) 记录整理。在网络电话谈判中,谈判人员应注意记录主要信息,同时要在谈判过后进行整理,并归档,以便日后查阅。另外,谈判人员在完成网络电话谈判后要总结整个谈判过程中双方的表现,以吸取教训,提高谈判效率,减少不必要的损失。

(二) 视频谈判

随着电子商务的快速发展,视频谈判应运而生。视频谈判是指谈判双方借助实时传播声音、图像的媒介,在网络上实现双方即时的互动与交流,最终达成交易目的。视频谈判作为一种新型的谈判方式,不仅能为谈判人员提供网上谈判的渠道,还能为谈判双方建立一个随时随地皆可沟通的桥梁,促进双方交易的达成。虽然视频谈判出现的时间并不长,但视频谈判的优势是十分明显的。

1. 视频谈判的优缺点

(1) 优点。视频谈判通过图像和声音的实时传播随时随地将双方连接起来,使双方无须见面也能获得面对面谈判的效果——谈判双方通过视频和音频"察言观色",获取更多的有用信息,因此视频谈判十分便捷,使双方的交流更加真实、直观和高效。这种谈判方式在兼具面对面谈判的优点的同时,还能降低企业的管理费用、财务费用及其他费用。

(2) 缺点。视频谈判需要谈判系统的支持,该系统由计算机软硬件、谈判人员、谈判数据组成,可为谈判人员、谈判小组和第三方(如调解人或认证机构等)使用。然而,由于谈判是双方作出一系列决策的过程,涉及许多非结构化和不确定性因素,因此目前的视频谈判系统在某些情况下难以给予相应的支持。同时,由于互联网技术的公开性与透明化,视频谈判容易泄露企业信息,给企业的信誉和经济造成一定的损失。此外,视频谈判对网络环境和传输技术的要求较高,因此网络或技术故障可能会阻碍谈判的进程。

2. 视频谈判的注意事项

由于视频谈判刚刚兴起,相应的"硬件"(技术)和"软件"(谈判人员的素质)还不够成熟,因此商务谈判人员应注意以下几点:

(1)不断提升自身的综合业务能力。视频谈判人员除了要有较强的谈判能力与技巧外,还应掌握相关的IT技术。然而,在现实中,参与视频谈判的人员虽具备商务谈判能力与策略,但往往缺乏一定的IT技术;而拥有高超IT技术的人员则欠缺商务谈判方面的能力与技巧。因此,谈判人员不仅要提升自己的商务谈判能力,还要掌握视频谈判所需的IT技术。

(2)加强与客户之间的联系。视频谈判很容易使谈判人员与合作伙伴之间的关系公开化。竞争对手可以随时通过互联网了解己方的报价、技术指标及潜在合作伙伴的需求,甚至包括其与客户、合作伙伴之间的分歧,竞争对手将凭此趁机抢夺己方的客户资源。因此,商务谈判人员除了要做好相关的视频谈判工作以外,平时也要重视维系与合作伙伴的感情,使他们与企业保持长期稳定的合作关系,以便为日后的合作打下良好的基础。

(3)必须签订书面合同。谈判双方一旦在视频谈判中达成共识,一经确认或接受,一般认为合约即时成立且生效,双方都受其约束。但是,为了明确划分双方的权利与义务,提高协议的效力,最大限度地保证双方均能履行约定,谈判双方必须签订书面合同。

案例 8.2

架起谈判的"高速公路"

2016年8月,位于江苏南京的某油田公司(以下简称"江苏油田")利用视频谈判分别与河南开封某销售公司和云南昆明某销售公司签订服务外包合同。这一谈判方式的采用,为千里之外的三方架起了谈判的"高速公路",也在很大程度上降低了各公司的谈判成本,提升了谈判效率。

江苏油田地处偏僻,与外界交流较少。考虑到谈判小组劳累奔波、谈判周期较长等问题,江苏油田经过慎重考虑,决定采取视频谈判取代传统的线下谈判来解决这一系列问题。事实也证明,这一方案取得了巨大的成功。

视频谈判除了缩短江苏油田谈判人员的谈判周期、减少相关开支外,更重要的一点是该油田通过合理划分各部门职能,使各职能部门不再因为空间及时间因素而缺席谈判。这一举措充分发挥了各部门的优势,极大地改善了油区一线由于谈判人员不足而造成合同监管不力的境况,提升了合同的效力,最大限度地降低了资金运营风险,保障了公司利益。

案例来源:http://xuewen.cnki.net/CCND-SHYO201008120025.html.

地处偏僻的江苏油田利用视频这一信息化手段,打破时空界限与河南开封某销售公司和云南昆明某销售公司进行谈判,充分把握了网络信息技术带来的契机,有效地缩短了谈判周期、降低了谈判成本,最终提高了谈判效率。正如习近平主席所强调的那样:"世界经济加速向以网络信息技术产业为重要内容的经济活动转变。我们要把握这一历史契机,以信息化培育新动能,用新动能推动新发展。"①由此可见,商务谈判人员对信息化、数字化带来的契机的有效把握,能推动谈判的新发展。

(三) E-mail 谈判

E-mail 谈判是一种通过电子邮件进行交流、协商的书面洽谈方式。与网络电话谈判和视频谈判相同,E-mail 谈判也是一种双方无须见面便能跨越空间距离进行磋商的谈判方式。所不同的是,E-mail 谈判是一种书面化的谈判方式。目前,E-mail 谈判在国际贸易中使用最频繁,而在国内贸易中,E-mail 谈判也逐渐被谈判人员所使用。

1. E-mail 谈判的优缺点

(1) 优点

① 方便准确。E-mail 谈判最大的优点是方便准确。在 E-mail 谈判中,谈判双方通过信函进行沟通交流,白纸黑字、准确无误的书面表达使谈判可以避免网络电话谈判中出现的错听、误解等现象,使谈判人员更准确地理解各项内容。

② 利于决策。与其他即时磋商的网上谈判形式不同的是,E-mail 谈判不需要谈判人员即时回应,从而给谈判双方提供了一个"缓冲期",使双方有充足的时间思考,便于决策。

③ 削减成本。与其他形式的网上谈判一样,E-mail 谈判使谈判人员可以在网上通过免费邮件进行谈判,无须四处奔波,大幅削减了谈判成本。

(2) 缺点

① 谈判双方难以建立信任。E-mail 谈判不如面对面谈判那样富有"人情味",因此谈判双方极有可能缺乏一定的信任度。

② 信息获取不充分。由于 E-mail 谈判是一种书面化的谈判方式,信息不如面对面谈判那样丰富,尤其缺乏肢体语言等能够体现情感的信息,因而很容易引起误解,使谈判出现矛盾及纠纷。

③ 信息反馈不及时。由于 E-mail 谈判不是即时谈判方式,谈判信息反馈得不及时容易使谈判人员错失最佳谈判时机,导致谈判失败。

2. E-mail 谈判的注意事项

为了更好地发挥 E-mail 谈判的优势,谈判人员应重点注意以下三个方面:

(1) 明确 E-mail 的基本结构

① 标题。标题即 E-mail 的名称,是 E-mail 内容的集中和概括。标题要求简洁明了,

---

① 把握历史契机,以信息化推动经济新发展(习近平总书记在主持中共中央政治局第三十六次集体学习时的讲话) [EB/OL]. https://china.huanqiu.com/article/9CaKrnJYHtx.

与正文内容相对应。

② 编号。编号即 E-mail 所标的"字""号"。"字"指发文单位,"号"指发文次序。对 E-mail 进行编号,以便收文和发文单位进行分类登记和查询。

③ 收文单位。收文单位是行文单位的对象,即 E-mail 送达的单位。

④ 正文。正文是 E-mail 的主要部分,一般由开头、主体和结尾三部分组成。正文的开头应简明扼要地写明发文原因,便于谈判对手知晓发文的原委。主体是 E-mail 最重要的部分。这一部分需要发文方清楚明了地阐述发文的目的及要求,能够明确表达己方谈判的意图和条件,使收文方准确无误地理解相关内容。结尾有两种方法:一种是在主体部分写完之后便结尾,另一种是写两句与主体部分相呼应的话加深印象。因此,可添加商务函电惯用的结束语,如"特此函达""特此函复""即请函复""候复"等。

⑤ 附件。随函电发出的销售合同、协议、报价单等都属于附件,附在函电之后发送。附件的名称、号码、件数必须在函电的末尾写明。

⑥ 发文单位、日期、盖章。在函电末尾处,或者在附件下一行偏右处写上发文单位的名称,并在发文单位名称下写明发函的具体日期。同时也需要在日期上面加盖发文单位的公章。此外,有时有些函件需单位负责人签名才有效。

(2) 注重 E-mail 的写作技巧

① 符合要求。E-mail 书写要符合国家的政策法规、风俗习惯等相关要求,这是写好邮件的基础和指导思想,特别是在对外商务的邮件中要充分体现我国对外贸易的各项方针政策。

② 有的放矢。通过 E-mail 进行谈判时,谈判人员要根据不同客户及合作伙伴的情况制定不同的策略,做到知己知彼,百战不殆。因此,在线下,谈判人员需要积极开展各项调查活动,充分了解客户及合作伙伴的需求及喜好。

③ 准确无误。谈判人员对商务活动的各项邮件都要及时回复,以免给潜在合作者留下不良印象,错失合作良机。在撰写 E-mail 时,邮件发送方应确保准确无误,既要做到能准确表达己方的想法,又要不为对方所误解。

(3) 正确处理商务邮件

在商务谈判中,谈判双方不可能一次性将所有的谈判细节协商完,再加上信息泛滥,商务邮件呈现面广、量大、内容复杂、时间性强等特点,因此谈判人员要及时、恰当处理这些邮件就需要掌握以下几点:

① 认真阅读邮件的内容,在充分理解邮件内容的基础上,及时作出回复。

② 处理各种商务谈判邮件时应分清轻重缓急,遵循急件即办、重要件及时办、一般件不积压等原则。

③ 加强与商务活动各部门的沟通。商务活动一般由货源、储运、包装等部门共同完成,而邮件的处理与决策也必将与这些部门息息相关,因此谈判人员应加强与各部门的沟通,消除信息障碍,有效传达信息,避免造成不必要的经济损失。

(四) 即时通讯软件谈判

即时通讯软件谈判是指基于互联网络客户端,谈判双方能够实时传递图像、声音、文字等信息,不断磋商以达成交易的谈判形式。即时通讯软件的最大优点在于其实时性,它不像 E-mail 谈判那样时间跨度较长。大多数即时通讯软件能显示联络人名单,也就是说无论谈判对手是否在线,谈判人员都能向其发出谈判信息。即时通讯软件相当丰富,其功能能够满足不同主体的需求。

即时通讯软件根据装载对象的不同又可分为手机即时通讯和电脑即时通讯。手机即时通讯的代表是短信、网站、视频。现如今,大多数人倾向于使用微信、QQ、脸书、钉钉、腾讯会议等即时通讯软件。

随着电子信息革命的到来与互联网技术的普及,即时通讯软件也在商务活动中崭露头角,影响商务活动的方方面面。

1. 即时通讯软件谈判的优缺点

由于微信已成为即时通讯软件的主要工具,因此,本节以微信为例阐述即时通讯软件谈判的优缺点。

(1) 优点

微信的成功不仅在于它能够为不同群体提供交流平台,具备较强的适用性,而且在于它支持文字、图片、表情、语音通话等形式,丰富了不同群体间交流的形式。这些多样化手段为众多使用者提供了更大的选择空间,因此,微信成为现今谈判人员使用最频繁的谈判媒介。微信谈判的优点具体体现在以下方面:

① 便捷性。像微信这类支持文字、图片和声音的即时通讯软件能即时传送各种音频、视频和文字信息,谈判人员只需一部手机,即可借助微信随时随地进行一对一、一对多或多对多等不同形式的交流。谈判人员可利用音频、视频和文字等多种手段传递、接收谈判信息,进行充分的磋商,因此微信谈判不仅效率高而且非常便捷。

② 谈判成本低廉。与传统的商务谈判相比,微信谈判的成本较低,因为在微信上发送文字、图像、音频等谈判内容及使用其他一些额外功能是免费的,谈判人员只需要支付一定的上网流量费用,而这部分费用由运营商收取,且价格较为低廉,所以使用微信谈判的成本较低。

③ 灵活性较强。在智能手机普及之前,人们的上网工具是台式电脑,其便携性较低、灵活性较差,而智能手机的普及给微信提供了应用平台。有了这样的即时通讯软件,只要在信号覆盖范围之内,无论身处何地,谈判人员都可以根据谈判形势随时随地与谈判对手磋商,也可以将磋商中遇到的难题向上级汇报,寻求解答与帮助,促进谈判的顺利进行。

(2) 缺点

微信在给谈判人员带来较多优势的同时,也存在一些缺点。使用微信谈判的最大缺点就是安全性问题。微信平台的易攻击性使谈判人员的账户有被盗的风险,这将对企业的信誉、商业信息造成一定的影响。此外,目前微信谈判只适用于国内谈判,由于国别及运营商的差异,微信谈判在国与国之间存在一定的限制。

2. 即时通讯软件谈判的注意事项

为了更好地发挥即时通讯软件的优势,谈判人员应重点注意以下两方面:

（1）保持积极的情绪。相较传统的线下谈判而言，运用即时通讯软件的谈判人员面临的不确定因素更多，相应地会增加谈判失败的概率。因此，谈判人员在整个谈判过程中应保持积极的情绪、尊重谈判对手，尽最大努力赢得对方的信任，从而使双方建立良好的关系，最终提高谈判的成功率。此外，谈判人员在任何情况下都要控制好情绪，以免对方察觉到己方的消极情绪而导致谈判的破裂。

（2）及时反馈。即时通讯软件也是一种以文字为主的谈判形式，因此谈判人员应准确无误地表达信息，这是有效沟通的前提。此外，即时通讯软件最大的特点是即时性，它要求谈判人员在收到谈判信息后快速及时、简洁明了地回复谈判伙伴，使对方尽快获得己方的反馈，以提高沟通质量、降低谈判失败的风险。

第二节　网上商务谈判的主要阶段

总体而言，网上商务谈判与传统商务谈判的阶段划分基本一致，都包括准备、磋商和签约三个主要阶段，但网上商务谈判在各阶段有其独特之处。为了避免与前七章内容重复，本节将聚焦网上商务谈判准备、磋商和签约三个阶段的特点和主要任务。

一、网上商务谈判主要阶段的特点

准备、磋商及签约阶段是网上商务谈判的三个重要阶段，每个阶段的特点都不同，商务谈判人员应根据不同阶段的特点安排不同的工作。

（一）准备阶段的特点

"知己知彼，才能百战百胜。"谈判的首要任务就是做好准备工作，准备工作充分与否将在很大程度上决定谈判的成败。但是在电子商务环境下，网上商务谈判准备阶段与传统的线下谈判的准备阶段有所不同，具体体现在谈判信息的获取、谈判人员的遴选、谈判计划的制订等方面。

1. 谈判信息的可得性与可靠性更高

在网上商务谈判的准备阶段，谈判人员可以通过外部和内部两个途径收集谈判对手的谈判信息。外部途径即网络途径，谈判人员可以在网络环境中打破时空的局限，全面收集谈判对手的信息，这将减少谈判双方信息的不对称性与不完全性，有效降低谈判信息的收集成本，为双方交易的达成打下一定的基础。此外，随着互联网技术的不断成熟，网上认证技术、信息定制技术的发展使谈判人员能有效甄别网上繁杂的信息，有效提高谈判人员所获信息的质量。在内部途径中，谈判人员主要可通过企业客户关系管理软件来获取信息。通常情况下，企业客户关系管理软件可以为谈判人员提供全面、准确的信息。

2. 谈判人员的遴选更灵活

网上商务谈判的虚拟性与空间跨越性使谈判人员无须坐在谈判桌前也能进行信息的

传递与交换。从某种程度上说，网上谈判人员的组成更具灵活性与空间跨越性，谈判小组可以根据谈判局势在较短时间内灵活地调整相关人员。

3. 谈判计划更具逻辑性与严谨性

网上商务谈判可使横向谈判模式转化为纵向谈判模式。在网上谈判中，信息传输具有一定的时滞性，谈判人员的思维允许有一定的延迟，注重逻辑先后的纵向谈判模式更能提高谈判效率。因此，在准备阶段制订谈判计划之前，谈判人员更应注重谈判问题的内在逻辑性、谈判程序的紧凑性，以便双方能严格按照预先制定的谈判步骤和时间顺序进行网上谈判。因此，网上商务谈判计划的内在逻辑性与严谨性非常重要。

（二）磋商阶段的特点

1. 网上磋商比面对面磋商更客观

网上谈判是一种间接的谈判形式，这使其磋商阶段有别于线下谈判的磋商阶段。不同于以往传统的线下商务谈判，网上商务谈判无须谈判人员刻意营造情感氛围，因而网上磋商比面对面磋商更客观，谈判人员主要通过传递数据进行线上交流。在磋商过程中，谈判人员将注意力更多地放在谈判主题、谈判内容和谈判策略等方面。外在因素尤其是个人主观情感对于网上磋商进程的影响较小，但有时商务谈判人员若不能充分利用双方的情感氛围，将无法有效把握最佳签约时机。

2. 竞争更激烈、不确定性更大

由于网上磋商存在信息不对称问题，谈判一方可能会在对方毫不知情的情况下在网上与不同的谈判对象磋商，以获取大量的谈判信息尤其是报价信息，然后反复比较经与多方磋商得到的信息，从中选择较满意的谈判对象进行实质性的洽谈。这使网上谈判磋商阶段呈现一种激烈的竞争局面与不确定性。

（三）签约阶段的特点

网上商务谈判签约阶段的独特性体现在电子合同的撰写、审核、签署与执行等环节中。如何在复杂多变的网络环境中顺利签署电子合同，保证合同的效力与信息的安全，成为网上谈判的一大难题。这也是网上签约阶段的主要特点，具体体现在以下方面。

1. 注重电子合同的加密

即使网上谈判的各个环节都进行得十分顺利，但在最后的签约阶段仍不能掉以轻心。因为在网络环境中信息的安全性较差，电子合同在数据的传送过程中易被他人截取、修改。因此，谈判双方要特别注意对电子合同采取加密处理，做到即使合同被截取也无法修改或者在合同被修改后仍能够检查电子合同的完整性与真实性，确保合同的正常签署，避免不必要的损失。

2. 加强电子合同的防伪

电子合同在传输过程中易被伪造，这是网上签约阶段的一大难题。因此，谈判人员应从技术上解决电子合同的防伪问题。电子合同作为在法律上对双方均具有约束力的文件,必须具备公开的可验证性,这也是防伪技术中的重要部分。

3. 重视电子合同内容的核查

目前,电子签名与手写签名、印章具有同等效力。因此,谈判人员在签署电子合同时应仔细检查谈判对手的电子签名是否被改动,以确保电子合同的可靠性。同时,谈判人员应核查电子合同的发送方、发送时间、发送地址、合同细则等各项内容,确保电子合同签署的法律效力,从而有效保障双方的权益。

二、网上商务谈判主要阶段的任务

在网上商务谈判的不同阶段,谈判人员的主要任务也不同。总体而言,充分准备、有序磋商、顺利签约是谈判人员的主要职责。

(一) 网上商务谈判的准备

无论是网上商务谈判还是线下谈判,谈判前的准备工作都包括信息的收集、谈判人员的甄选、谈判计划的制订及模拟谈判等。第二章已重点介绍了这些内容,在此不再赘述。本节将从信息的收集、发布与管理三个方面介绍如何做好网上商务谈判的信息准备工作。

1. 网上商务信息的收集

多样化的网上商务信息收集渠道为谈判人员提供了便利,也使信息来源多样化。目前,常用的商务信息收集渠道有以下几种:

(1) 搜索引擎。在搜索引擎中输入产品名称+进口商、经销商、顾客、分销商、零售商、供应商等。

(2) 网络黄页。综合性黄页包括美国黄页(www.superpages.com)、欧洲黄页(www.europages.com),专业性黄页包括托马斯(ThomasNet.com)。

(3) 行业协会网站。在行业协会网站输入"产品名称+行业名称"。通过这一渠道收集到的商务信息较为丰富,具有较强的实用性与关联性。

(4) 国际博览会网站。在博览会网站输入"产品或行业名称+展览名称"。

(5) 我国驻各国大使馆经济商务参赞处网站。查询商务部网站(www.mofcom.gov.cn/mofcom/guobiebaogao.shtml)。

(6) 国际组织和境外贸易投资机构。例如,韩国贸易协会(www.kita.net)、日本国际贸易促进委员会(www.japitcn.com)、德国工商总会(www.bada-online.de)、联合国采购司(www.un.org/Depts/ptd)。也可以登录中国国际贸易促进委员会网站(www.ccpit.org/xiangguanlianjie/guowai.htm)查询信息。

(7) 各国政府网站及海关网站。通过这一渠道收集到的商务信息,商务谈判人员可以发掘潜在客户、聚焦目标市场、调查竞争对手的情况,还可登录 http://www.tradesns.com/business_info.php 查询免费海关数据。

(8) B2B(企业与企业)、B2C(企业与消费者)、C2C(消费者与消费者)等网络平台。

2. 网上商务信息的发布

网上商务信息的发布是客户、合作伙伴、竞争对手获取己方企业商务信息的主要方式，它能够促进双方商务信息的传递与交换，利于各项商务活动的进行。商务谈判人员发布信息的主要途径如下：

（1）通过企业网站发布信息。在己方企业网站上发布商务信息能够提高企业在搜索引擎中的排名，增加企业网页的点击量，同时通过企业网站发布信息也能在一定程度上树立企业形象，起到一定的宣传作用。

（2）通过网络内容服务商发布信息。这一渠道也是网络广告发布的主要平台，通过这一渠道发布商务信息能产生较大的流量。

（3）通过供求信息平台发布信息。对于同行业或跨行业的企业而言，会员注册者较多且活跃度较高的平台能更有效地传递商务信息。

（4）通过黄页网站发布信息。通过这一渠道发布商务信息的优点是多数情况下不收取费用。

（5）通过网络社区发布信息。通过这一渠道发布商务信息能使目标受众定位更加精准。

（6）通过网络报纸或网络杂志发布信息。通过这一渠道发布商务信息更为有效、便捷。

在发布商务信息时，谈判人员需要注意商务信息的标题、内容，高度概括商务信息，使受众在最短的时间内理解信息发布方的意图；同时还要注意信息发布的频率，过快或过慢地发布商务信息都会给受众带来不好的影响；此外，还需要对商务信息进行一定的反馈与总结。

3. 网上商务信息的管理

在网络环境不太成熟的条件下，谈判人员应提高网上商务信息的管理能力，确保商务信息的可靠性、安全性和一致性。具体任务如下：

（1）查证信息的可靠性。网上商务信息的传递与交换是谈判人员进行网上商务谈判的基础，因而信息的可靠性尤为重要。可靠的信息有利于谈判双方建立信任的合作关系，为谈判的顺利进行奠定一定的基础。因此，谈判双方都应在各渠道发布准确的商务信息，解决因软硬件系统不同、操作不当等主客观因素造成的信息不可靠问题。

案例 8.3

真 假 账 户

"前段时间，我们谈下了一位东南亚的新客户，首次合作就签下了一份50万美元的订单。"某外贸公司负责人李先生回忆，此前，其在备好货物后，用公司邮箱给新客户发送了邮件，告知其货款的汇款账户。但李先生并不知晓，此时已有"黑客"通过木马程序入侵了他的电脑，查看了邮件中与他有业务往来的客户信息，并掌握了他们的交易动态。当李先生发送邮件通知客户汇款时，"黑客"截下了这份邮件，并重新申请了一个与李先生的企业邮箱十分相似的新邮箱,冒充李先生向客户发送了邮件,称李先生公司的汇款账户更改了,到收款日会通过邮箱把新账户发给客户。之后,"黑客"还连续几天通过邮箱与客户联系业务,而客户丝毫没有发现异样。数天后,由于急需修改货物样式,客户致电李先生时说起汇款账户更改之事,但李先生表示,未曾发过类似的邮件给对方。于是,双方迅速核实,发现此前联系"客户"的邮箱地址为"exp09@×××ca××××××",而李先生公司的邮箱地址为"EXP09@×××AC××××××",除了大小写字母区别外,仅两个字母调换了顺序,将"AC"变成"ca"。幸好双方通过再次核实确认,才避免了经济损失,但该事件给李先生提了一个醒,为了不让更多商家客户遭受此类骗局,造成财产损失,李先生选择报警向警方反映情况。

案例来源：https://www.163.com/dy/article/I31POH5105149GFF.html.

由于网上商务谈判是在一个虚拟的互联网平台上进行的,信息的可靠性难以保证,因此,谈判人员面对各种信息时要辨伪存真,在作出各项决策前应像上述案例中的李先生那样再三与对方确认。

(2) 防止信息的泄露。互联网给谈判带来便捷的同时,也可能导致企业商业机密在网上泄露,因此谈判人员应加强谈判信息的安全保密意识,提高信息安全保密技术,避免因信息安全问题造成损失。"没有网络安全就没有国家安全"[①],网络安全是网络强国的前提,商务谈判人员不仅要做好信息的保密工作,还肩负着维护网络安全的使命。

(3) 仔细核实信息的一致性与完整性。在网上谈判时,谈判双方的商务信息通过数据传输,可能会出现信息被篡改或因软硬件系统故障造成商务信息不一致、不完整的情况,从而影响谈判人员的决策。因此,在进行网上商务谈判时,谈判人员要仔细核查信息的一致性和完整性,谨防不一致、不完整信息误导谈判人员作出错误的决策。

(二) 网上商务谈判的磋商

网上商务谈判磋商包括询盘、发盘、还盘和受盘等环节,每个环节磋商的内容和策略有所不同,具体如下。

1. 询盘

网上商务谈判的磋商始于询盘,即买方基于交易或合作的意向,向卖方询问其产品质量、价格、功能等内容,判断其交易条件是否与己方相匹配的过程。询盘一般由买方发起,当然也可由卖方发起,内容上并无过多要求。例如,买方询盘可采用"欲购买四川辣椒,请发盘"或"欲购买四川辣椒,12月要货,请报价"等话语。另外,询盘对于交易双方而言无任何约束力。

企业是开放的、面向市场的,必将收到众多的询盘。但是,并非所有的询盘都代表对方有购买欲望,也有可能是竞争对手了解己方报价或者是没有购买欲望的消费者在了解市场行情的一种方式。因此,商务谈判人员应对收到的询盘进行分类,重点处理那些有强烈交易欲望的询盘,而非对每个询盘都予以回复,避免造成时间及资源的浪费。

---

① 没有网络安全就没有国家安全(习近平总书记在中央网络安全和信息化领导小组第一次会议上发表讲话)[EB/OL]. http://www.cac.gov.cn/2018-12/27/c_1123907720.htm.

以下为有效询盘的实例：

敬启者：

通过××网站，我们了解到贵公司是一家大型电脑销售商。我公司是一家大型电脑经销商。

通过调查，我们了解到电脑市场规模正逐步扩大，于是想与贵公司建立长期的合作关系。我们需要贵公司在今年8月初前分别运送200台惠普电脑、联想电脑、戴尔电脑供我们试用。与此同时，我们希望贵公司提供一份产品销售清单及单价表，另外请附上贵公司电脑到湖南长沙的运费及保险费用。如果贵公司的产品及价格符合我方的意愿，我们将从贵公司大批量订购电脑。望尽快得到您方回复。

×××公司
×××

如上所述，买方在发出询盘时应注重内容的简洁、明确与完整性，如产品的品牌、数量、收货日期，公司的名称、地址、联系方式等。收到买方询盘信息的卖方应及时回复，以免因延误回复而错失商机。

2. 发盘

发盘是网上商务谈判磋商阶段的另一个重要环节，即发盘人向收盘人指明商品或服务交易的各项条件，并希望对方能够按照这一条件与其达成交易。当这些条件具体写明或者暗示商品的名称、数量、价格时，或者一方向对方规定针对某类商品如何确定商品价格时，发盘行为便由此产生。在发盘时，谈判人员应做到以下几点：

（1）报价前充分准备。首先，报价方应对目标客户的真实需求、购买意愿及购买力进行深入的了解，为报价做充足的准备。通常情况下，目标客户会选择报价低的一方作为合作伙伴，因此报价方可以在报价时尽可能地给出最低价，以吸引目标客户，进而达成交易。其次，报价方应深入市场开展调研，了解市场的最新走向和趋势。由于市场瞬息万变，报价方不仅要对行业状况、市场规模了如指掌，还需对产品的未来销售情况作出精准的预测，在此基础上根据市场行情和目标客户的特点灵活报价。

（2）选择合适的价格术语。价格术语是报价单中最重要，也是最为目标客户关注的内容之一。因此，报价方除了要确定合理的报价外，还要深入了解每种价格术语的内涵，采用合适的价格术语进行报价。通常情况下，出口商选择离岸价格（FOB）进行报价对其较为有利，但也存在特殊情况。例如，由于进口商延迟派船，或因各种情况导致装船期延迟时，将会增加出口商的仓储费用，另外出口商也有可能因未及时收到款项而蒙受财务损失。谈判人员若选择到岸价格（CIF）进行报价，可以避免后续可能出现的船货衔接问题，从而有更大的灵活性和机动性。

以下为有效发盘的实例：

亲爱的×××先生：

非常感谢贵公司对我们公司的关注，我们在昨天即10号收到了贵公司关于水果罐头的询盘，对此，我们作出回复，相应的发盘如下所述：

品名：水果罐头

规格：24罐/箱

净重：227克　毛重：425克

包装：印有我公司商标的纸箱

数量：1 700箱/集装箱

价格：＄7.80　CIF 丹麦

付款条件：即期信用证

交货日期：不迟于 30/12/2024

有效期：27/10/2024

如有任何疑问，请随时联系我们。

致以最诚挚的问候

×××

3．还盘

还盘标志着网上谈判已进入实质性的磋商阶段，是指受盘人对发盘人所提出的交易条件提出异议，并提出新的交易条件替换原有的交易条件，或修改原有交易条件的行为。谈判人员可以通过口头和书面两种途径进行还盘。通常还盘方式与发盘方式相同。还盘从本质上讲是对发盘的颠覆，因此可以视为新的发盘，而原先的发盘人将相应地变为新的受盘人。还盘在某种程度上又是对发盘的拒绝，当受盘人进行还盘时，还盘作为新的发盘将替换掉原先的发盘，原先的发盘人也不会受其约束。

以下为有效还盘的实例：

亲爱的×××公司：

非常感谢您方对于核桃仁的报价，但是我们深表遗憾，因为该报价对于我们来说过高，这样产品的成本将会大大提高，最终消费者也不会承受如此高的售价。众所周知，现在不乏核桃仁的供应商，市场竞争尤为激烈，因此，我方恳请您能再三考虑这一报价。另外，由于贵公司实力强大、信誉良好，我方十分想与您建立长期的供求关系，因此希望贵公司能够给予6％的降价。如有可能，请贵公司尽快予以答复。

×××

还盘会因双方利益的差距而反复进行，因此还盘与发盘也相互转化。在还盘时，双方已经达成协议的部分无须重复，只需要针对还未达成共识的问题进行还盘。在还盘的过程中，买方通常会利用卖方急于交易的心理而使用竞争策略或最后通牒策略降低最终的成交价格。

4．受盘

受盘是指谈判双方在反复的还盘与发盘后，同意对方现行提出的交易条件，愿意与其签署合同并履行义务的行为。受盘具有法律效力，在法律上等同于"承诺"，受盘一旦传递通知对方，合同即刻生效。谈判双方此时都具有在此交易条件下的权利与义务。

如果交易条件过于简单，谈判人员在受盘时就不需要阐述所有的交易条件。但是当交易双方针对某些问题展开多次还盘时,或者交易条件相较原先的交易条件有较大变化时,谈判人员应复述全部交易条件,防止因遗漏交易条件或解释不清而引起纠纷。

以下为有效受盘的实例:

我们非常感谢贵公司对我公司的信任,历时1个月,在经过多次的讨价还价后,我方同意贵方提出的交易条件。我方将尽快发送货物,届时请你们查收并予以回复。

请你方将拟好的合同发于我方,这样将加快我们确定合同细节并签署协议的步伐。另外,我方十分期待与你方的合作,希望我们长期保持良好的合作关系。

×××

(三)网上商务谈判的签约

1. 明确网上商务谈判合同有效成立的条件

进行网上商务谈判的人员需要明确合同有效成立的条件,具体包括以下各项条件。

(1) 合同成立条件

① 合同满足合意条件。合同成立的根本条件是合意,即合同订立的相关内容符合谈判双方当事人的共同意愿,能够合理反映双方当事人的意志力,以胁迫、危害他人而签订的合同不属于合意的范围,因而也不能称之为合同。

② 合同当事人符合条件。合同的订立由两方或者两方以上的当事人签订,单方当事人不可能成为合同当事人。

③ 符合订立合同的目的。谈判双方当事人意思的表示应以订立合同为目的,违反这一原则即使满足了合意条件,也不能视为合同。最典型的例子是要式合同和实践合同,它们除了要满足上述三个条件外,还需要实现标的物的转移才能构成合同,否则合同即使签订也是无效的。

(2) 合同生效条件

① 合同当事人具备订立合同的行为能力。谈判双方在订立合同时必须具备相应的民事权利能力和民事行为能力才能使合同生效。谈判当事人应了解自身行为所带来的后果,并将自身的意思独立表达出来,才能证明其具备订立合同的行为能力。违反这一原则,合同将失效。

② 合同当事人意思表示真实。合同当事人意思表示真实是合同生效的第二项条件。意思表示真实是指谈判当事人订立的合同符合当事人的意愿,能反映当事人内心的想法,当事人应为自行作出的决定负责。当事人被威胁、胁迫都违反了这一要件。

③ 不违反法律及社会公共利益。但凡订立的合同,只要违反了法律或危害了社会公共利益都将视为完全无效合同,这是合同生效最重要的一个条件,是指合同的目的和合同的内容都应符合法律规定且不危及社会的公共利益。

④ 有合同生效必须具备的形式要件。形式要件是指法律、行政法规对合同形式上的要求。形式要件通常不是合同生效的要件,但当法律、行政法规规定将其作为合同生效的条件时,它便成为合同生效的要件之一,不具备这些形式要件,合同不能生效。当然法律另有规定的除外。

2. 了解电子合同的签署步骤，谨慎处理电子合同

谈判双方通过网上谈判达成共识后便须签署合同。合同的形式可以是电子合同，也可以是纸质合同，二者具备同等的法律效力。电子合同是双方将纸质化的交易条件转变为电子化协议的一种呈现方式，涵盖纸质合同的内容，具备签署快速、便捷等优点。谈判人员在电子合同签署前、中、后期的具体任务如下：

（1）签署前

① 采用可靠的电子签名。只有采用可靠的电子签名，才能具备法律效力。可靠的电子签名要求：电子签名制作数据用于电子签名时，属于电子签名人专有，仅由电子签名人控制；对电子签名的任何改动都能够被发现。

② 选择权威的第三方电子合同平台。《电子合同在线订立流程规范》指出："通过第三方（电子合同服务提供商）的电子合同订立系统订立电子合同，才能保证其过程的公正性和结果的有效性。"因此，为了确保电子合同的法律效力，谈判人员应选择权威可靠的第三方电子合同平台签订电子合同。第三方电子合同平台采用实名认证技术、防篡改技术、第三方截时技术、区块链存证技术来确保电子合同的法律效力。

（2）签署中

① 核实合同条款。在签署电子合同时，谈判人员一定要核实合同的内容，明确当事人的名称和住所、质量价款及报酬、履约期限、履行地点和方式、违约责任及解决争议的方法等内容，如有异议，应及时与对方沟通协商。

② 短信验证码不外泄。很多第三方电子合同平台采用手机验证码签署的方式，要求签署者输入短信验证码以再次确认签署者的身份。签署者一定要妥善保管验证码，不要泄露给其他人。

（3）签署后

① 及时下载电子合同。签署好电子合同后，谈判人员最好下载电子合同，以充分保留维权证据。一旦第三方电子合同平台出现系统故障或者谈判对方存在违约行为，给谈判一方造成损失，电子合同可以为谈判人员依法追偿提供证据。

② 妥善保存个人账号及密码。无论是在第三方电子合同平台、P2P（peer to peer，指个人对个人）平台还是在其他平台签署电子合同，谈判人员都应谨慎保存其账号及密码，不要轻易告知他人。

第三节　网上商务谈判策略与法则

互联网技术的普及丰富了商务谈判的方式，从目前来看，网上商务谈判将成为一种主流趋势，改变着谈判的过程和结果。但由于网上商务谈判弱化了谈判人员的主观情感，谈判双方无法像面对面谈判那样察言观色，因此很难揣摩出彼此的心理和真实意图，容易错失签约的最佳时机。此外，网上商务谈判存在一定的风险与不确定性。因此，参与网上商务谈判的人员除了要熟练运用一般的商务谈判策略外，还应巧妙地运用合作策略、礼貌策略和回复策略等言语交际策略，以及曲线进攻、以守为攻和以退为进等其他策略。在此基

础上,谈判人员还需掌握网上商务谈判法则,以充分发挥网上谈判的优势,避免其劣势。

一、网上商务谈判策略

(一)言语交际策略

言语交际策略即谈判人员在商务交往中根据交际场合有效选择谈话内容、言语形式等交际策略。网上商务谈判人员恰当地使用言语交际策略有利于双方共赢;反之,则容易导致谈判的破裂。因此,言语交际策略在网上谈判中的作用不可忽视。言语交际策略主要包括合作策略、礼貌策略和回复策略。

1. 合作策略

通常情况下,谈判人员会严格按照合作策略规范自身的言行,但有时也会为达成谈判目标而刻意违背。一般来说,符合合作策略的准则主要有以下几点:

(1)数量准则:数量准则要求谈判人员提供足够的信息,所提供的信息既不能多于也不能少于谈判要求。

(2)质量准则:质量准则要求谈判人员提供的信息真实、可靠,且有足够多的证据支撑己方所提供的信息。

案例8.4:有理有据的投诉

(3)相关准则:相关准则要求谈判人员所提供的信息与谈判环境、谈判内容紧密相关。

(4)方式准则:方式准则要求谈判人员所提供的信息简洁明了,同时应避免使用含糊不清的词语。

2. 礼貌策略

在不同的谈判背景、谈判主题中,谈判人员使用礼貌策略的表达方式虽不尽相同,但目的却大同小异,即避免争议,促进谈判目标的达成。一般来说,符合礼貌策略的准则主要有以下几点:

(1)得体准则:得体准则要求谈判人员使谈判对手的损失程度最小化、获益程度最大化。

(2)慷慨准则:慷慨准则要求谈判人员使己方受惠程度最小化、受损程度最大化。

(3)赞誉准则:赞誉准则要求谈判人员对谈判对手的贬低程度最小化、赞美程度最大化。

(4)谦逊准则:谦逊准则要求谈判人员对己方的赞美程度降到最小、对己方的贬低程度扩到最大。

(5)赞同准则:赞同准则要求谈判人员竭尽全力化解己方与对方的争端,努力扩大一致性。

(6)同情准则:同情准则要求谈判人员竭尽全力缩小己方对对方的讨厌程度,竭尽全力扩大己方对对方的同情程度。

3．回复策略

回复策略是指谈判人员根据谈判目标和谈判局势，适当把握谈判回复的时间及内容。常见的回复策略主要有以下几点：

（1）有备而答。在谈判前谈判人员除了要对谈判的中心议题、谈判对手的矛盾焦点、己方的论据资料了如指掌外，还应对对方的经营情况、贸易意图及需求、谈判成员的组成和对方有可能提出的问题及策略作更多的了解和更加全面透彻的分析。谈判人员在答复前应作充分的思考，尤其是当对方提出一些旁敲侧击、模棱两可的问题时，更需要冷静三思，辨其意旨，权衡利弊，明智作答。切不可掉以轻心，信口而答，以免上当。

（2）局部作答。谈判人员常使用投石问路策略，即当对方借助一连串的提问来摸索、了解己方的成交意图、策略、成本、价格等情况时，己方"和盘托出"地答复，常常会陷入被动的不利局面。因此，己方可以只作局部的答复，留有余地，使对方摸不清己方的底牌。

（3）拖延回答。在谈判中如果对方提的问题动机不明，或己方觉得"从实招来"不利，或问题较为棘手，同时对方又频频催问使己方不便表示拒答，己方可以施行"缓兵之计"，缓慢回复。

（4）委婉作答。在拒绝对方提出的要求时，谈判人员要注意语气的含蓄委婉，不要太过直白刻薄地伤害对方的感情。这样做除了会给对方留下一个好印象、保留其颜面外，还可以缓解谈判的紧张、尴尬气氛。同时，谈判人员还要注意在拒绝时不要直接否定对方的要求，而应采用"欲抑先扬"的方法，先肯定后否定，委婉表达己方想法。这样做不仅能充分给予对方尊重，还能为谈判留下回旋的余地，对增进谈判双方的理解和信任十分有帮助。

（5）有偿作答。当对方在谈判中运用投石问路策略时，高明的谈判人员绝不会轻易就范，而会沉着冷静、因势利导，根据对方的问题反过来试探对方。比如，对方问："如果我方增加一倍的订货量，你方能给予多少优惠？"己方可以回答："如果我告诉您，可以给予一定的优惠，咱们就签订成交合同，怎么样？"又如，买方问卖方："如果我们要求按我方设计的规格生产，价格是否可以维持不变？"卖方可以回答："我们这种规格的产品在市场上适应面广，销量很大，供不应求。如果重新按贵方的设计规格进行生产，则意味着很多工序都要作出调整，这就势必会增加成本，因此我们要求你们的订货量起码要达到 5 万个，价格要提高 4 个百分点，请问这对贵方是否可行呢？"

需要注意的是，适当把握网上谈判回复的时间也是十分重要的。一方面，及时回复表示己方对谈判有诚意，但也会传递己方急于成交的信息，从而使己方处于不利地位；另一方面，延迟回复在一定程度上可以有效缓解对方不断进攻的态势，改变己方的谈判地位，但是也会使对方觉得己方缺乏诚意。因此，在网上商务谈判中，应根据谈判目标、谈判局势选择适当的时间和策略回复谈判伙伴。

（二）其他策略

在网上谈判中，谈判人员主要通过电子符号进行信息的传递与交换，情感交流不如线下谈判那样充分。为了更深入地了解对方的心理活动及适度表达己方的情感和意图,谈判双方更应策略性地沟通,以打破横隔在彼此之间的"屏幕"障碍,提高谈判效率。为此,谈判人员应有效运用曲线进攻、以守为攻和以退为进等策略。这些策略在网上谈判中尤为重要,有助于谈判人员识破对方招数,从心理上战胜对方。

1. 曲线进攻

孙子曾说过:"以迂为直。"到达终点的通常不是直线,而是曲线。同理,要想实现己方的谈判目标,谈判人员应采取隐蔽己方特点的方式迂回进行。相反,直线进攻的方式很容易被对方识破,从而使己方陷入被动境地。

一方面,谈判人员可以通过不断迂回进攻的方式迷惑对方,使其捉摸不透己方的真实想法;另一方面,也可以采取不断提问的方式引导对方的思维,防止其曲线进攻。总之,在网上谈判中运用此策略时,谈判人员不应急于求成,否则会被对方识破。

2. 以守为攻

在网上谈判中,谈判双方的戒备心理往往比较强,进攻策略会强化彼此的戒备心理,加剧双方的敌意,不利于交易的达成。因此,谈判人员应尽量做到以守为攻。首先,不要轻易流露己方的真实想法和情绪,避免对方掌握己方的心理活动;其次,应认真分析对方的所有信息,从中找出其弱点,然后"不动声色"地一一击破;最后,应认真倾听对方的想法与建议,不要过于强调己方的想法,以打破其戒备心理、弱化其敌意,从"守势"状态中尽可能获取对方更多的信息,以找出更好的应对之策。

3. 以退为进

以退为进是网上商务谈判中的另一重要策略,简单来说就是谈判人员要进退有度。其具体表现是双方在某些重要问题上产生利益冲突时,其中一方可适当作出让步,以此来打破僵局,换取更大的利益。以退为进不是消极地退让,以退为进策略运用得当常常是很有效的。这种策略要求谈判人员以大局为重。为达到最终合作双赢的目的,谈判人员要懂得以小博大,即用小的利益换取己方更大的利益。

以退为进策略也常用于线下商务谈判中。谈判人员运用以退为进的谈判策略,往往比一味地采取进攻策略更有效,网上谈判更是如此。谈判人员在网上要想有效运用以退为进策略,就必须"多听少说",即让对方尽可能多地"发言",充分阐明他们的观点和问题,以探听对方的底细。对方暴露的信息越多,回旋余地就越小。而己方由于很少暴露自己的底细,可争取更大的进退空间,从而掌握谈判的主动权。除了让对方多暴露信息外,己方还要设法让其先提出要求。这样做既可表示己方对对方的尊重,又可使己方根据其要求调整应对策略。由于己方在形式上有所退让,对方能从己方的退让中得到心理满足,从而放下戒备,而且作为回报或者合作,对方也会设法满足己方的某些要求,此时己方已实现了"退"的真实目的。

案例 8.5:网络一线牵,带来好商机

二、网上商务谈判法则

网上商务谈判的关键不在于信息的交流,而在于建立谈判人员之间的新型关系。通过无所不在的网上连接,谈判成本比以往更低,谈判人员相互间的联系更密切,商务谈判更灵活、更便利、更高效。网上商务谈判的这些优势的发挥不仅有赖于谈判人员有效运用各种策略,还取决于他们对于网上谈判法则的掌握。具体而言,商务谈判人员应遵循以下法则。

(一)规范语言

网上谈判能够赋予谈判人员更多的灵活性,但这并不意味着谈判双方可以随意交谈。为了促进谈判双方之间的交流,在网上交流过程中,谈判人员要规范语言表达,为此应特别注意以下几点:

(1)避免冗杂、拖泥带水的语言。烦琐的陈述及模糊的表达会使对方失去阅读的耐心,甚至会产生反感情绪,降低谈判成功的概率。因此,谈判人员要用精炼的语言表达己方的想法,给对方留下好印象。

(2)谈判人员在网上谈判中要注意语气温和,语言恰当。要想靠强硬的气势压倒对方从而达到己方目的,很可能导致谈判失败。

(3)在使用 E-mail 交流时,E-mail 的内容要简洁清晰,长度最好控制在 500 字左右,利用多封 E-mail 能更清晰地表达己方的观点。此外,可适当使用 E-mail 中附带的一些表情或符号表达情感。

(二)厘清逻辑

在网上谈判时,谈判人员需要逻辑严密,条理清晰,明确每一阶段的任务,尽量高质量地完成这些任务。谈判人员在进行礼节性问候之后,便可以直奔主题。

谈判人员在向对方书面或口头阐述己方观点和想法时,首先要在脑海中有一个大致框架,将需要表达的内容按主题分成不同部分,做到条理清晰,使对方在阅读或聆听时能够分清主次,更好地理解洽谈内容。

(三)传递适量信息

相关调查显示,谈判人员提供适量信息能够降低商务谈判的失败率。因此,为了使谈判对手在网络上了解更多己方的产品、服务等信息,谈判人员应在网上发布能够树立企业良好形象的图片或视频,但是要注意图片不宜过多,视频也不宜过长,否则将影响谈判对手的直观感受。除了这些与谈判密切相关的信息外,谈判人员还应适当传递一些有利于双方良性互动的语言。例如,可以在谈判开始之前互相寒暄问候,以达到渲染气氛的目的;在谈判中也可适当地"闲谈",以缓解紧张气氛。此外,人们倾向于对有价值的谈判和内容付出时间和精力,对不感兴趣的事情就不会关注太多,所以谈判人员要尽量避免向对方说"您现在有空吗""您现在身在何处"之类的话。因为这些话有时候在对方看来是废话,容易使其反感。

需要注意的是，谈判人员一般不会轻易透露己方的真实意图，其传递的信息虚实结合，明暗交替，所以谈判人员要利用网上谈判的时滞性，仔细推敲对方的邮件或语音信息，以此判断其真实想法或反应。只有这样才能恰如其分地向对方反馈信息。切记不可草草回复对方，因为那样有可能落入对方所设置的圈套之中。

（四）建立信任关系

在网上商务谈判中，由于谈判双方不像面对面谈判那样容易建立良好的信任关系，网上谈判中的双方容易产生消极、互相猜疑的态度，因此，谈判人员要充分利用一切可以利用的因素，消除对方对己方的戒备心理，增加对方对己方的心理认同感。例如，在网上谈判开始之前，谈判人员可通过记住对方的名字，使对方感觉备受尊重，从而赢得其信任。谈判人员如能使用较为私人化的称谓、建立共享身份，将拉近双方的关系，有助于双方建立信任关系。然而，共享身份的建立不是一蹴而就的，必须在谈判开始之前就建立起来。

（五）遵循网络礼节

在网上商务谈判中，谈判人员应遵循寒暄招呼、交流方式和语言表达等方面的礼节。特别应注意不要轻易泄露谈判伙伴的个人信息，应恪守商业秘密。网络礼节的具体内容详见第十一章第二节，在此不再赘述。

（六）做好存档保管工作

由于互联网容易受病毒侵害，甚至黑客的破坏，因此谈判人员应加强资料的存档保管工作。一旦网络发生故障或遭受病毒、黑客的破坏，会造成谈判资料的损坏或丢失，切断谈判双方的联系，阻碍谈判的顺利进行。因此，商务谈判人员应及时下载谈判过程中的发盘、还盘、受盘等资料，将其打印成文字，以备存查。

本章小结

互联网和电子信息技术的普及使低成本、便捷的网上谈判越来越受商务人士的青睐。网上商务谈判是一种借助互联网进行协商与对话的谈判方式。网上商务谈判与传统商务谈判相比，具有促进信息交流、有利于谈判人员作出慎重决策、降低谈判成本、提高谈判效率等优点，但同时还存在谈判信息安全性较低、谈判信息可获得性有限、谈判人员面临更大挑战等缺点。

不同形式的网上商务谈判，其优缺点及注意事项也有所不同。此外，谈判人员应根据网上商务谈判各个阶段的特点，完成相应的任务：在准备阶段注重信息的收集、发布与管理，同时要确保信息的安全性；在磋商阶段重点处理询盘，为发盘做好充分准备，恰当使用还盘策略，谨慎完成受盘后续工作；在签约阶段明确网上商务谈判合同有效成立的条件，了解电子合同的签署步骤，能够谨慎处理电子合同。在进行网上商务谈判时，谈判人员也要根据具体情况灵活选择网上商务谈判言语交接策略中的合作策略、礼貌策略和回复策略,以及曲线进攻、以守为攻等策略,并能熟练应用网上商务谈判法则。

本章关键术语

视频谈判　E-mail谈判　准备阶段　磋商阶段　签约阶段　询盘　发盘　还盘　受盘　合作策略　礼貌策略　回复策略　曲线进攻　以守为攻　以退为进

名言分享

1. "21世纪世界上只有两种生意,即拥有网站的企业和将被收盘的生意,未来要么电子商务,要么无商可务。"

——比尔·盖茨(Bill Gates)

2. "只要有可能,资料应该从发送者直接传递给接收者。"

——唐纳德·L.柯克派崔克(Donald L. Kirkpatrick)

3. "即便不是在与对方面对面地谈判,你仍然可以让他感觉到你的震惊,比如说在电话中表示惊讶往往也会收到同样的效果。"

——罗杰·道森(Roger Dawson)

4. "在网络上,没有纯粹的利益,只有复杂的博弈!你必须了解网络,才能赢得网络。"

——郑俊雅

5. "伟大的互联网应用要么改变人们对信息的获取方式,要么改变人们的沟通方式。"

——许朝军

巩固练习

一、简答题

1. 网上商务谈判主要阶段的特点及任务是什么?
2. 网上商务谈判有哪些缺点?
3. 举例说明什么是网上谈判中的合作策略。

二、案例题

1. 智取谈判客商

2. 视频案例：《现实生活中的视频会议》片段

【案例背景】 该视频模拟了现实生活中的视频会议，镜头被放在一张办公桌上，开会的每位成员都是在各自的场所，通过网络实现视频会议。

扫描二维码观看《现实生活中的视频会议》中的谈判片段，回答以下问题：

（1）视频会议出现了哪些小状况？谈判人员在视频谈判中应如何避免这些状况？

（2）怎样发挥网上谈判的优势，避免其劣势？

课后拓展

模拟商务谈判

模拟谈判案例：

受新型冠状病毒疫情的影响，2020年6月15日，被誉为中国贸易"风向标"的广交会首次搬到"云端"。从"面对面"到"屏对屏"，疫情影响下的外贸企业"以变应变"，以创新模式线上广招天下客。本届广交会为每个参展商都免费提供了云直播间。这对平常习惯了在线下与客商进行面对面洽谈的外贸企业而言无疑是一大挑战。

广交会官网的线上直播功能提前一周才推出。为了把握这次网上广交会带来的商机，各大企业周末都在加班，抓紧时间学习直播功能、推流软件，熟悉操作流程。

莱克电气股份有限公司的经理和员工也不例外。该公司是一家从事清洁器具、厨房器具等小电器研发制造的外贸企业。因海外市场部以往都是根据不同区域对接业务，与意向订单客户预约，但受疫情影响，订单数量屈指可数。海外市场部经理杨越超只好从市场经理变身为"网络主播"。16日下午，他亲自上阵直播，效果还不错，不久后便收到了一些意向订单和询盘。其中，一位代理吸尘器的客户一看完直播，马上询问了吸尘器相关零件的情况，另有其他海外客商询问净水机等产品的相关信息……

在之前的线下广交会上，海外采购商通常会专程到广州花费几天时间看展，而现在的线上广交会，海外采购商只是在工作之余花费几个小时在网上浏览新品类、新产品，如果未及时收到回复，客商就会转到其他线上展厅。为了与这些潜在客户达成交易，杨总及团队成员必须在网上与客户充分沟通、反复磋商。签约前任何一个细节的疏忽都有可能造成"方寸之间，错失商机"的后果。

案例来源：https://baijiahao.baidu.com/s?id=1669752626971419957&wfr=spider&for=pc。

请根据以上案例情景，完成下列任务：

（1）四位同学为一组，两位同学分别扮演杨越超及他的助理，另外两位同学扮演其意向订单客户。请根据上述背景，通过云直播间进行15~20分钟的网上模拟谈判，要求恰当运用在本章所学的知识和技巧。

（2）结合自身角色体验谈谈对网上模拟谈判的体会，并总结这次模拟谈判的成功与失败之处。

第九章

文化差异与国际商务谈判

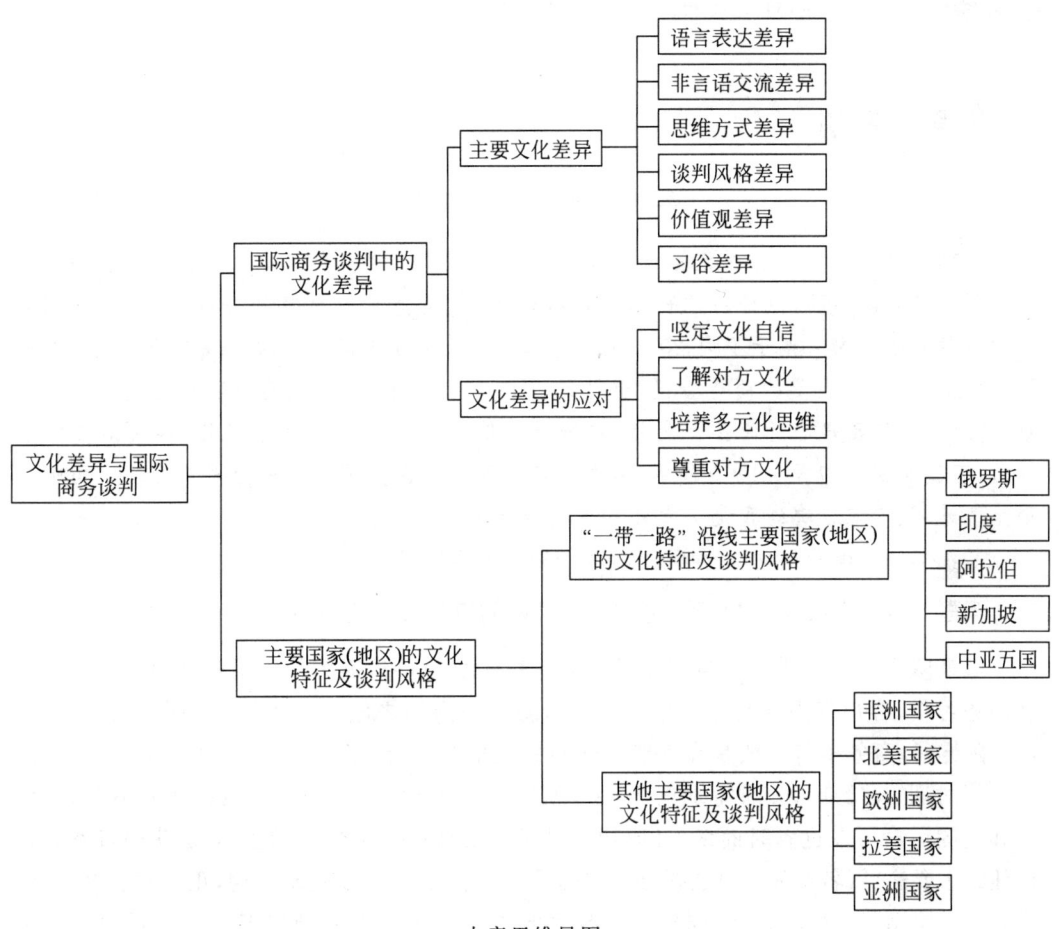

```
文化差异与国际商务谈判
├── 国际商务谈判中的文化差异
│   ├── 主要文化差异
│   │   ├── 语言表达差异
│   │   ├── 非言语交流差异
│   │   ├── 思维方式差异
│   │   ├── 谈判风格差异
│   │   ├── 价值观差异
│   │   └── 习俗差异
│   └── 文化差异的应对
│       ├── 坚定文化自信
│       ├── 了解对方文化
│       ├── 培养多元化思维
│       └── 尊重对方文化
└── 主要国家(地区)的文化特征及谈判风格
    ├── "一带一路"沿线主要国家(地区)的文化特征及谈判风格
    │   ├── 俄罗斯
    │   ├── 印度
    │   ├── 阿拉伯
    │   ├── 新加坡
    │   └── 中亚五国
    └── 其他主要国家(地区)的文化特征及谈判风格
        ├── 非洲国家
        ├── 北美国家
        ├── 欧洲国家
        ├── 拉美国家
        └── 亚洲国家
```

本章思维导图

【主要目标】

(1) 在理解国际商务谈判概念的基础上,了解影响国际商务谈判的语言表达、非言语交流、思维方式、谈判风格、价值观、习俗等文化差异及应对这些差异的策略;

(2) 了解主要国家(地区)尤其是"一带一路"沿线国家(地区)的文化特征、谈判风格及与这些国家(地区)的商务人员谈判时应注意的问题,以灵活应对不同的谈判风格。

课前"剧透"

【"剧透"片段】 Jake 是美国一家投资公司的自营交易员,他要为巴巴可公司的薄膜技术专利争取中国一家能源公司的投资。该专利是一项结合太阳能蓄电与合成树脂薄板的尖端技术,未来可以持续满足日益增长的能源需求,且预计年利润率可达 20%。中国的能源需求量大,市场广阔,对中方投资人员而言,太阳能技术很重要,但是其他公司也拥有这项技术,而中方需要的是一项能盈利百年的专利技术。为此,中方与 Jake 展开谈判。

扫描二维码观看短视频后回答问题:
1. 从视频中你发现谈判双方存在哪些文化差异?
2. 你对中美两国的谈判风格差异有何认识?

导入案例

汉斯能拿下多少订单?

美国一位年轻的推销员汉斯开始了海外商务推销之旅。在这次海外推销过程中他做了以下事情:在英国,他给一位长期客户打电话,邀请他来吃早餐并进行商务会谈,因为他中午想飞往巴黎;他于 7 月 20 日到达巴黎后,打电话与客户预约商务会谈时间;在德国,他出席了一次重要的商务会议,但迟到了 10 分钟;在澳洲,与英国后裔在进餐时谈生意;在日本,与客户进行商务会谈时,左撇子的他用左手给对方递了名片,接过对方的名片后,直接装进了包里。一个月后,两手空空的汉斯飞回美国公司向上司汇报。上司听后很生气地问:"你这次到底是去海外旅行还是洽谈业务呢?"

案例来源:https://www.reprendoc.com/p-21156645.html.

问题:为什么汉斯会"两手空空"?从汉斯的海外推销之旅可以学到什么?

汉斯除了给公司带回一堆账单外,不会拿下太多订单,因为他不了解客户当地的文化和商务习俗,客户将不会与他合作。从汉斯的海外推销之旅可以了解不同国家的文化差异:在英国,商务招待一般是在午餐而非晚餐或早餐进行;7 月 15 日至 9 月 15 日为法国人度假时期;在德国,守时特别重要;在澳洲,和英国后裔进餐时谈生意,他们不会理会,而和美国后裔可在进餐时商谈,且成功的可能性很高;在日本,注重细节是获得日本客户信任的重要途径,名片礼仪是选择合作方的重要标准,如名片要用双手递,正面对着客人,收到名片时要浏览上面的姓名、职务等重要信息并表示感谢,这些细节甚至比最后报价还关键。此案例表明,了解国际商务谈判的文化差异和不同国家(地区)的谈判风格非常重要。

第一节 国际商务谈判中的文化差异

目前国际经济合作仍在不断加强,商务谈判已成为国际商务活动不可或缺的环节。国际商务谈判是指来自不同国家或地区的不同利益主体,就共同关心或感兴趣的问题进行磋商,协调和谋求各自的经济利益或政治利益,必要时在某一点上取得妥协,使双方都感到有利从而达成协议的过程。

国际商务谈判既具有一般商务谈判的特点,又具有国际经济活动的特殊性。国际商务谈判的最大特点在于文化差异增加了谈判的复杂性。由于国际商务谈判的谈判人员代表了不同国家和地区的利益,有着不同的社会文化和经济政治背景,其价值观、思维方式、行为方式、语言及风俗习惯各不相同,从而使谈判更为复杂。因此,国际商务谈判中的文化差异不容忽视。

一、主要文化差异

在实际谈判过程中,谈判对手的情况千变万化,风格迥异。他们的不同表现反映了不同的价值观和思维方式,而这些价值观和思维方式的差异归根结底是由于文化的不同。因此,国际商务谈判人员不仅要有广博的知识和高超的谈判技巧,而且要有很强的跨文化意识和能力,在谈判前期准备资料、收集信息的过程中,要了解与谈判对手的文化差异,避免因跨文化冲突导致谈判失败。一般而言,文化差异主要体现在语言表达、非言语交流、思维方式、谈判风格、价值观和习俗等方面,具体如下。

(一)语言表达差异

语言是一种文化载体,是人与人之间便捷高效的沟通交流工具。世界上有11种语言的使用人数超过1亿,其余的小语种更是种类繁多。国际商务谈判离不开语言沟通,而语言表达的差异很容易造成沟通障碍。

语境是影响语言表达的重要文化因素,美国人类学家爱德华·霍尔(Edward T. Hall)根据文化中的主流交际方式将不同文化划分为高语境文化和低语境文化。高语境文化中交流信息所表达的意识不局限于交流语言本身,人们进行交流或行动的意义取决于交流双方所处的场合。在低语境文化中,交流信息仅依靠语言的编码信息即可表达得清楚准确,极少再需要交际双方根据交际语境去推测。以中国、日本为代表的东方国家属于高语境文化,而以美国为代表的西方国家属于低语境文化。

在国际商务谈判中,为避免直接交流造成双方的尴尬,来自高语境文化的谈判人员往往较多地考虑对方的感觉和感受,而常采用婉转隐晦的表达方式。来自低语境文化的谈判人员则喜欢直接坦率地表达自己的思想和观点,不善于根据语境去揣测对方的想法。在某些文化中,说"不"被视为一件很粗鲁的事。例如,捷克人和斯洛伐克人在避开"不"字时喜欢说"让我们走着瞧吧"。在匈牙利,对社会地位与自己相当或高于自己的人士直接说"不"被视为非常不礼貌,他们如果不愿意做一件事,可以不断地提出种种借口,直至对方意识到不应再继续要求。日本人也很喜欢避开直接冲突,他们有时会转换话题,甚至转换到一些根本不相关的题目上,或是用道歉、沉默等方法避开直接说出"不"字。在谈判过程中,日本谈判代表经常点头说"是",但这并不表示他们同意,很多情况下,他们出于礼貌说"是"以回应谈判对手。然而,西方人认为,达成协议或产生分歧的立场必须是直接明确的。因此,他们在谈判中会根据己方想法不停地讨价还价,语言激烈,直面问题焦点,但也会适时作出一定的让步,以争取达成交易。

总之，来自不同文化背景的谈判人员对语言的理解和使用的差异都可能导致误解或谈判障碍的产生。了解、熟悉这些差异可以促进双方的相互理解，为双方顺利谈判奠定基础。

案例 9.1

在谈判中委婉还是直接？——这是一个难题

两个美国客户前往中山欧曼科技照明有限公司参观工厂和展厅。公司派总经理一行4人亲自迎接这两个美国大客户。美国客户到达公司的时候正值午饭时间，于是中方总经理有礼貌地说："是午饭时间了，请问你们是否愿意与我们共进午餐呢？"事前，中美双方都对彼此的文化进行过了解。中方知道美方比较直接，所以就直接询问要不要进餐。而美方却回答说："我们不是很饿，随便。"其实美方客户已经很饿了，但知道中国人倾向于间接表情达意，所以就委婉地说"随便"。而中方根据美国文化特征将对方的回答理解为"实话实说"。最后美国客户只好饿着肚子跟随热情的中方人员参观工厂。

美方因之前的委婉回答致使己方未吃上午饭，所以他们觉得还是直接说出自己的想法比较好。在参观工厂的时候，其中一个美国客户看到了一张写错英文字母的海报，当场就指着那张海报说："你看，那个海报的英文写错了。"当时陪同在总经理身边的工人和副总经理觉得很不满意，认为美方客户太不给面子了。参观完展厅之后，谈判开始。在价格谈判阶段，美国客户直接就问中方的最低价格是多少。中方抓住美方表达直接和没有耐心的特点，给出了比同行低了很多的报价，并故意以其他次要条件搪塞，没有直接给出最终价格。美方客户不耐烦地说："如果贵方不给出最低价，我们就去找其他厂家。"中方经过协商之后，最终决定先和美方客户去饭店吃饭。在吃饭期间，中方主动向两名美国客户敬酒。虽然美国客户再次询问了产品最低价格，但中方代表仍避而不谈，一直到双方都稍有醉意才回去。第二天早上，美国客户醒来后就收到了中方总经理助理发来的邮件，中方最终答应给美方最低的出厂价。美方虽然摸不着头脑，但还是很高兴地拿着合同回国了。

案例来源：https://www.taodocs.com/p-237525128.html.

上述案例成败参半。失败之处体现在两方面：首先，中美双方都想按照对方国家的文化习俗行事，结果弄巧成拙，美国人不得不饿着肚子参观工厂；其次，美方按自己的文化直接指明中方海报中的错误，使中方代表觉得很没面子，令场面十分尴尬。成功之处在于：在价格磋商阶段，中方谈判人员抓住美方客户表达直接和耐不住性子的文化特征，不直接给出最低价格，导致美方失去耐心。然后邀请美方共进晚餐，化解僵局。最后，向美方报出优惠价格，使美方感到惊喜，最终成功签约。

这个案例主要体现了来自高语境文化与低语境文化的谈判人员在语言表达上的差异。通过案例可知，谈判人员在尊重、适应他国文化的同时，应根据具体情况灵活调整自己的语言、行为及策略，以避免跨文化冲突。

（二）非言语交流差异

文化差异对商务谈判的影响还体现在非言语交流过程中。非言语交流是指人际交往过程中，不使用语言而进行的信息传递过程。非言语交流的基本形式主要包括肢体语言、目光接触、空间距离、时间控制、实物与环境。

一个微妙优雅的手势、一抹温和的笑容、一个友善的眼神都能使陷入僵局的谈判顿时峰回路转、柳暗花明。然而，具有不同文化背景的商务谈判人员对动作、形体语言所表达含义的理解存在巨大差异，在不同的文化中，即使是相同的动作语言，所传递的信息也可能大相径庭。例如，在中国，竖大拇指表示对一个人的肯定与赞赏，而在新西兰和澳大利亚则被认为是对一个人的不尊重。又如，在大多数国家，摇头表示拒绝，点头表示肯定，但在印度和尼泊尔地区，表达肯定的方式则是摇头并面露微笑。再如，美国人通常用拇指和食指做"ok"的手势表示"好的"，而同样的手势对日本人而言意味着"钱"，对法国人而言意味着"零"，巴西人和德国人则认为这样的手势非常粗鲁。

空间距离的文化差异是谈判人员必须注意的另一个重要的非言语因素。一个人"舒适区"的大小取决于他的文化或种族血统。例如，美国人喜欢保持"一臂之遥"，即便在随意的交谈中他们都站在距对方1米远的地方。相比之下，拉美或阿拉伯文化中的人们站得很近，经常接触对方。如果来自这两种文化的谈判人员在交谈时站得离美国人太近，美国人可能会感到不舒服，然后退后，而拉美文化或阿拉伯文化的谈判人员则会试图靠近美国谈判人员。若谈判双方不了解彼此代表的文化在空间距离上的差异，在整个谈判过程中，他们就会像是在彼此追逐。因此，在国际商务谈判中，谈判人员不仅要谨慎地使用肢体语言、目光接触、空间距离等非言语交流方式，还要了解这些非言语交流方式的文化差异。只有这样，才能避免跨文化冲突，推动商务谈判的顺利进行。

（三）思维方式差异

东西方思维方式的主要差异在于：东方文化成员重直觉，偏向于形象思维和综合思维，注重局部与整体的联系；而西方文化成员重理性和逻辑，更倾向于抽象思维和分析思维，注重事物之间的对立关系。与西方人的思维方式相比，东方人思维方式明显具有笼统性和不确定性。商务谈判过程中，来自东方文化的谈判人员往往会采取整体决策法，注重全局的思考与论证，强调感官直觉带来的直接体验，在决策过程中也经常以经验和感觉作为依据。而西方人在谈判过程中往往采用局部分析法，注重对关键信息的推理与论证，分析和决策常以数据作为依据，强调数据的科学和严谨性。

在国际商务谈判活动中，谈判人员必须把握来自不同文化背景的谈判对手的思维方式，适时调整己方的谈判思维及立场，使之适应具体情况，同时，要尽量避免在谈判过程中产生偏见，以免导致谈判的失败。

（四）谈判风格差异

谈判风格是谈判人员在进行商务谈判过程中不经意间展露的气度和风采，通常带有很深的文化烙印，直接影响其谈判行为和决策方式，进而影响谈判结果。不同文化背景的谈判者谈判风格迥异。例如，日本商人对谈判双方的等级关系要求严格，非常注重自身的身份地位，双方谈判人员的等级要平等。如果谈判的另一方等级比日方谈判代表低，日本代表会认为对方对此次谈判不尊重，可能直接导致谈判的破裂。日本女性的地位较低，在正式的商务谈判场合一般很少见到女性的身影。

又如，美国商人时间观念强，信奉"时间就是金钱"的理念，经过简短的寒暄之后便会直接进入谈判主题。他们对谈判结果期望值很高，但耐心不足，希望在最短的时间内解决问题，因而谈判决策迅速，有时甚至会直接拿出一份早已拟好的合同让对方签约成交。与美国商人相比，英国商人则较为保守，喜欢循规蹈矩地谈判，因而决策也相对较慢。

此外，美国商人喜欢直截了当的谈判风格，与他们谈判时"是"与"否"必须表达清楚，即要明白地告诉对方对于条款的接受程度，不要含糊其词，使对方存有希望。若为不失去继续洽谈的机会而含糊作答或迟迟不回答都会导致纠纷的产生。

丰富多彩的文化铸就不同的谈判风格。值得注意的是，即使双方文化背景相似，谈判风格也会存在差异。因此，谈判人员要学会适时而变，灵活应对谈判风格差异。

（五）价值观差异

价值观是指人们所理解和相信的关于真、善、美的观念，这是处在文化最深层的内核。价值观差异是最难被觉察和理解的，也最容易引起文化冲突。在谈判领域流行的"东方人谈判关系而西方人谈判合同"这一说法充分体现了东西方谈判时价值观的差异。中国文化崇尚儒家思想倡导的"和为贵"的观念，受长期导向的影响，中国人在商务活动中追求长远的合作，因而在谈判中注重"人情"法则，讲究关系至上，将合作视为一种人际关系；而西方文化在商务活动中表现出短期导向的特征，为人处世具有强烈的目的性，往往将商务交流过程中出现的问题看成一个单独的行为过程，就事论事，为了达成眼前既定目标而开展工作。例如，美国人在进行国际商务谈判时注重"人与事的分离"，注重对事物本质内涵的思考。然而，在注重人际关系的东方国家，"人与事的分离"这一观点被认为是不切实际的。

国际商务谈判还受集体主义与个人主义导向的价值观差异的影响。一般而言，东方文化属于集体主义导向，而西方文化则属于个人主义导向。例如，受集体主义文化价值观的影响，中国谈判人员偏向于集体决策，即中国谈判团队在谈判整个过程中都要不断交换意见，以协调整个小组的行动。当对方的提议超出中方代表的权限范围时，他们一般要请示上级或集体讨论，最终的谈判决策往往是集体讨论的结果。受个人主义导向文化的影响，西方谈判团队的谈判决策一般先由个人提议，最后的决策通常以表决的形式决定。相对来说，集体决策的时间比个体决策的时间长，效率也更低。集体主义与个人主义导向的价值观差异还体现在谈判目标上。例如，日本谈判人员看重如何扩大整体利益，很少考虑如何分配个人利益；而美国谈判人员虽然也存在个体对群体的依赖和认同，但他们常将签订合同当作实现个人利益和价值目标的重要手段。因此，在国际商务谈判中了解不同文化背景下的主流价值观念尤为重要。

（六）习俗差异

不同的民族、地区有不同的文化习俗，这些文化习俗经过长时间的积累和沉淀，外化为各种极具差异性的行为。在国际商务谈判中,谈判人员因受不同文化习俗的影响,其谈判行为或习惯也存在差异。例如,在美国参加商务性聚餐或聚会时,要准时到达,与既定时间误差不要超过 5 分钟。同在美洲的巴西人对时间与工作的态度则较为随意,他们在商务聚会中一般比约定的时间晚 10~15 分钟。再如,按照美国的文化习俗,美国商人习惯在午餐时进行商业交谈,就餐时间约为一个小时。而在澳大利亚,英国后裔商人则反感在进餐时谈生意。同时,澳大利亚商人往往不太计较价格的轻微差异,但对产品质量要求相当严格,一旦发现质量问题,将毫不客气地向对方提出索赔。

总之,在日益频繁的国际商务谈判中,谈判人员需要了解合作伙伴所在国家或地区的文化习俗,尊重不同的文化习俗,以赢得谈判伙伴的信任,提高谈判的成功率。

案例 9.2

一场无疾而终的谈判

马来西亚一家旅行社应桂林风情旅行社邀请来中国洽谈一笔国际业务,双方约定于某日上午 9 点进行洽谈。马来西亚的谈判人员第一次到中国桂林,被沿途的风景吸引,一路走走停停,导致最终晚到了一个小时。

桂林风情旅行社对马来西亚代表团的迟到行为非常不满。价格商讨阶段,马方代表提出的报价与桂林方预期报价相差甚大,中方代表在谈判中逐渐失去耐心,情绪有点不稳定,说话声音也偏高,并与马来西亚代表在价格方面据理力争。马方代表认为中方代表的急切言语举动对他们很是不尊重。中方代表事后也意识到自身行为稍显不妥,为了缓和双方情绪,在午餐中拿出接待贵宾的专用茅台酒。考虑到对方代表信奉伊斯兰教,中方代表特意没点猪肉以示尊重,但未提醒厨师不要用猪油烹饪。在动筷前,马方代表流露出不悦之色,随后起身离开,谈判无疾而终。

案例来源:https://www.docin.com/p-2109882840.html。

中马双方谈判破裂的主要原因在于谈判双方对彼此的文化习俗不甚了解。相比中国商人,马来西亚商人的时间观念较弱,而中方谈判人员认为马方迟到是对他们的不尊重。同时,中方代表虽知信奉伊斯兰教的马来西亚代表不吃猪肉,但忘记提醒厨师不要使用猪油,中方人员更不知道在伊斯兰教文化中"酒是万恶之源",即便拿出高档茅台酒招待马方,他们也不会领情。从这个案例可知,对谈判对手任何文化差异细节的疏忽都有可能导致谈判失败。

二、国际商务谈判中文化差异的应对

文化差异使国际商务谈判扑朔迷离,谈判人员只有正确理解这些文化差异,才能从源头上避免跨文化冲突,进而把握谈判方向,控制谈判进程,为交易的最终达成打下良好基础。谈判人员在国际商务谈判中具体应做好如下工作。

(一)在包容开放中坚定文化自信

文明因交流而多彩,国际商务人员在进行谈判时,要尊重和了解外来文化,以海纳百川、虚怀若谷的精神,平等、谦虚的态度,吸收谈判对手的文明成果,不断在开放中提升自身的文化涵养,增加自身文化的广度和厚度,在包容开放中坚定文化自信。文化自信具有极强的渗透性和感染力,能够以无形的意识和无形的观念影响谈判对手的思维及谈判进程,是激励谈判人员攻坚克难、克敌制胜的精神动力和精神支撑。因此,国际商务谈判人员要在包容开放中坚定文化自信,以兼收并蓄、充满生命力的中华民族优秀传统文化作为国际商务谈判的行动指南。

案例 9.3

当"春节"遇见"圣诞节"

卢森堡一家企业欲向中国同庆装饰公司订制一批节日装饰用品,遂向中方提出参观要约,并就订单事宜进行谈判。临近春节,中方代表特意提出让对方在春节前夕来中国参观洽谈,顺便感受中国特有的"年味儿"。

谈判当天,中方代表先带卢方代表去了当地最有"年味儿"的街区感受节日氛围。卢方代表对各种新奇的事物啧啧称奇,并赞叹中华传统文化的博彩非凡。谈判前,卢方代表拿出了特意携带的迷你圣诞树作为见面礼物,并说:我们的圣诞节和你们的春节很像,但是家家户户门前贴着的两个"凶神恶煞"的人物着实破坏了这种欢庆的氛围,如果用"和蔼慈祥"的圣诞老人,或者象征着吉祥如意、生命永恒的圣诞树来代替,那就再好不过了。

中方领队随即收起和善的笑容,严肃地解释说:春节起源于距今三千多年的殷商时期,是我们国家最隆重、最热闹的节日。诚如您所说,我们的春节与西方的圣诞节有很多相像的地方,都是美好的庆祝节日,但和而不同。而你们所指的对联上"凶神恶煞"的两个人物是尉迟恭和秦叔宝,他们是百姓信仰的门神,淳朴忠厚、勇武善战,守护着百姓的安康。卢方代表意识到自己的失礼,同时被中方代表强烈的文化自信和认同感所折服,主动在价格上作出让步,圆满地达成了交易。

案例来源:根据 MBA 学生的经历改编。

中方代表邀请卢方代表在春节前夕来中国感受春节氛围,足以看出中方代表强烈的文化自信。当卢方代表在不知情的情况下"淡化"中国传统文化元素时,中方代表既没有为达成交易而阿谀奉承,也没有因对方不尊重中国春节习俗而贬低对方的文化,而是在肯定西方圣诞习俗的同时,严肃地解释"门神"的由来及象征,展现了包容开放的精神,令谈判对手深深折服,最终达成交易。由此可见,国际商务谈判人员在包容开放中坚定文化自信能够促进谈判的顺利进行。

(二)充分了解谈判对方的文化特征

谈判前的充分准备是国际商务谈判成功的保障。了解谈判对方所在国家或地区的文化特征是谈判前的重要任务之一,对谈判的顺利开展具有重要意义。

首先,了解对方所处国家或地区的文化环境,熟悉特定氛围下形成的价值观念,对于把握谈判对方整体的谈判风格、深入挖掘对方的潜在信息大有裨益。

其次，熟悉对方的礼仪习俗及禁忌。世界文化异彩纷呈，国际商务谈判人员要正视文化差异的存在，充分了解对方不同行为所表达的含义，避免因文化差异导致的激烈冲突，促进不同文化的交流与融合。

最后，根据谈判对方的文化特征设计谈判方案，制定灵活的谈判策略和应急预案，以获得最优的谈判结果。

（三）培养多元化思维

谈判过程本质上是谈判人员思维活动的反映，思维活动在一定程度上影响谈判人员的行为方式，从而影响谈判结果。受文化差异的影响，思维方式多种多样，因此，谈判人员要树立包容开放的思想，培养多元化思维。多元化思维不仅是一种方法论，从本质上讲，还是国际商务谈判人员应具备的基本素质。

多元化思维是连接主观与客观的桥梁。多元化思维能使商务谈判人员打破刻板印象，从而不断了解谈判对手的不同需要、动机和信念，因时而变，因景而变，进而提升高效解决复杂问题的跨文化谈判能力。

（四）尊重不同国家的文化习俗和商业惯例

文化习俗差异是国际商务谈判过程中亟须克服的主要文化障碍因素之一。尊重谈判对手的文化和商业惯例，可以避免双方在谈判过程中出现误解，提高谈判的效率。这就要求谈判人员换位思考，进行充分的交流，尊重彼此的文化习俗，避免触碰对手的文化习俗禁区。在实际谈判过程中，谈判人员很可能因没有充分了解对手的文化习俗而导致僵局的产生。一旦出现僵局，应仔细分析原因，找出问题所在，并灵活运用策略化解僵局。不经意间对谈判对手宗教信仰的肯定、文化习俗的赞赏或赠予符合节日习俗的礼物往往有利于谈判朝着有利的方向发展，有利于双方在相互尊重、互利共赢的基础上达成共识。

总之，国际商务谈判会受到不同文化背景因素的影响，谈判人员只有熟悉各种文化差异，才能采取相应的应对策略，最大限度地促进国际商务谈判顺利进行。

案例9.4：中德文化在谈判中的碰撞与交融

第二节　主要国家（地区）的文化特征及谈判风格

改革开放以来，我国企业国际化进程不断加快，国际商务活动日益频繁，尤其是在当今"一带一路"倡议背景下，我国国际经贸合作呈增长态势，国际商务谈判在我国企业对外商务合作中的作用日益凸显。要想在国际商务谈判中稳操胜券，就必须深入了解我国主要合作国家（地区）商人的谈判风格。为此，本节重点介绍近年来与我国经济往来密切的国家（地区）的主要文化特征和谈判风格。我们将"一带一路"沿线主要国家（地区）与其他主要国家（地区）区分开来。本文提及的"一带一路"沿线主要国家（地区）包括俄罗斯、印度、阿拉伯、新加坡、中亚地区。其他主要国家或地区包括非洲国家（南非、埃及）、北美国家（美国、加拿大）、欧洲国家（英国、德国、法国、意大利、西班牙、北欧国家）、拉美国家（阿根廷、巴西、墨西哥)及亚洲国家(日本、韩国)。

一、"一带一路"沿线主要国家(地区)的文化特征及谈判风格

随着"一带一路"倡议的推进,我国与"一带一路"沿线国家的商务活动日益频繁。"一带一路"不仅是一条经济贸易之路,更是一条文化之路。作为人文社会的交往平台,多民族、多种族、多宗教、多文化在这条"道路"上交汇融合,在长期交往过程中各个国家之间形成了"团结互信、平等互利、包容互鉴、合作共赢,不同种族、不同信仰、不同文化背景的国家可以共享和平,共同发展"的丝路精神,这也是现代国际商务人员在谈判中需遵循的基本原则。要把握好这个原则,国际商务谈判人员必须充分了解"一带一路"沿线各国的文化特征、谈判风格,只有这样,才能提高与这些国家的谈判效率,促进我国与沿线国家的深入合作。

(一)俄罗斯人的主要文化特征及谈判风格

1. 俄罗斯人的主要文化特征

(1)俄罗斯人性格外向、热情好客、坚强且执着,对自己国家的文化成就感到骄傲和自豪。俄罗斯人的宗教信仰多元化。

(2)俄罗斯人有很强的等级意识。在与俄罗斯人进行商务谈判时,谈判双方代表的身份地位要相符。

(3)俄罗斯人不擅长使用手势和表情表达自己的观点,但是习惯在谈判时与对方有身体接触,这被他们视为热情、礼貌的象征。

(4)良好的人际关系对俄罗斯人来说至关重要,直接决定合作能否顺利进行。

2. 俄罗斯人的谈判风格

俄罗斯人擅长使用各种谈判策略,热衷于与人讨价还价。例如,在进行一项项目合作时,谈判人员会抛出极具诱惑的交易条件来吸引大量的竞争者,使各竞争者先进行强有力的竞争,之后坐收渔翁之利。若无特殊情况,俄罗斯人几乎不接受第一次出价,不管对方的出价有多低。因此,与俄罗斯商人谈判时,谈判人员要尽力坚持立场,为自己留下充分的降价空间。俄罗斯商人喜欢"以实物说话",即他们不太接受供应商的口头解释和承诺,更注重所见到的样品。此外,俄罗斯人做事高度依赖关系型网络,在与他们合作之前,有必要与其建立直接或间接的联系,要在谈判对方的高级管理人员身上下功夫,利用人际关系为谈判顺利进行打好基础。

3. 与俄罗斯人谈判时应注意的问题

(1)了解俄罗斯人邀约谈判的真正目的,探寻对方是否对产品真正有兴趣,是否有能力支付货物和服务的费用。如果察觉到对方的真正目的是获得商品信息,而不是寻求合作,就不要给对方提供产品的详细信息。

(2)保持良好的耐心。俄罗斯谈判人员权力有限,常常需要向总部汇报谈判情况,不

能私自作出决策,所以他们往往迟迟不能作出让步,并以此拖延时间。

(3)俄罗斯人不提倡"买卖不成情义在",不少商人更重于逐利。这一笔生意,有利就做,下一笔生意,别人给予的利润更大,就会跟别人做。因此,在商务谈判中对他们采用钓鱼战术往往会失败。

(4)在与俄罗斯人合作时,恰当地称呼对方极为重要,并且自身要使用公司授予的最令人印象深刻的头衔,以此来表达对对方的尊重。

案例 9.5：谈判桌上的中俄过招

(二)印度人的主要文化特征及谈判风格

1. 印度人的主要文化特征

(1)印度人热爱独立和自由。印度人在历史上争取独立的时间很长,所以他们对自由和独立异常向往。

(2)印度人以国家丰富的艺术、建筑遗产及繁荣的电影市场为荣,并对此津津乐道。

(3)印度人为自己的民主制度感到骄傲。但是,在男性主导的印度社会中,女性是不被允许参加商业谈判活动的。

2. 印度人的谈判风格

在印度,社会和谐显得尤为重要,因此印度商人往往不会直接拒绝对方,而是通过含蓄婉转的语言或行为表示拒绝。他们通常可以与他人保持良好的关系,但是一旦自身利益受损,便会阻碍谈判的进行。与印度人洽谈前,找到一个资历丰富的代理人会对一项交易的达成产生重要的促进作用。

在与印度人打交道时,事先与上层决策人士建立良好的社交关系是在谈判中占据优势的重要途径。同时,由于印度的官僚机构烦冗庞杂,不经过多次访问,很难达成一项协议,因为审核期间会召开多次会议,任何一次会议上的否决都可能导致最终谈判的破裂。

3. 与印度人谈判时应注意的问题

(1)注意左手不洁问题。不要用左手传递物品给对方,左手被印度人视为不洁的象征,会被认为是对其蔑视的行为。

(2)尊重宗教圣洁。进入宗教圣地或古迹必须穿拖鞋,不要穿短裤和短裙,而且不能对宗教随意评价或流露出鄙视态度。

(3)理解表示同意的动作内涵。印度人表示"好的""赞同""没问题"的时候,通常头部会向左右两边点一下。

(三)阿拉伯人的主要文化特征及谈判风格

1. 阿拉伯人的主要文化特征

(1)阿拉伯人性格保守、固执己见且稍显倔强,热情好客是他们固有的文化特征。

(2)阿拉伯人从不轻易信任谈判对手,他们珍视自身的名誉,注重与人建立友好关系。

(3) 阿拉伯人有着强烈的宗教信仰。伊斯兰教被阿拉伯人视为国教。与阿拉伯人进行谈判,有必要了解伊斯兰教的礼仪、信仰和习俗。阿拉伯人经常用"真主的意志"来为自己辩护或开脱责任。

(4) 阿拉伯人以宗教划派,以部落为群,家庭观念较强,等级制度根深蒂固。

2. 阿拉伯人的谈判风格

阿拉伯人从商精明,不少人对任何客户都热情如火,不会轻易摊开底牌,但通常喜欢夸夸其谈。他们喜欢货比三家,热衷于杀价,因此谈判节奏通常较为缓慢。在他们看来,如果一场谈判没有激烈的争论,谈判就是没有意义的。阿拉伯商人的谈判节奏较为缓慢,第一次谈判可能只涉及部分次要条件的磋商,后几次谈判也有可能不触及实质性条件,因此,往往需要很长时间才能进入谈判的最终决定过程。经过几次反复磋商,交易可能在瞬间突然达成,原因在于他们在磋商的过程中不经意间就已经把细节问题解决了。

谈判的开局阶段对阿拉伯商人来说很重要,良好的开局将在很大程度上打破沉默,营造和谐的谈判气氛。他们较容易情绪化,经常临时变卦或固执己见。在阿拉伯国家,谈判的决策权由高层人员掌控,但下层人员提供的意见和建议将会得到上级的高度重视,因为很多政策制定者的地位是基于金钱和家庭关系获得的,而不是基于自己的能力,所以他们的实际业务能力较差,不得不依靠助理和下属。阿拉伯政府允许外国公司通过代理人做生意,优秀的代理商对谈判业务的进展往往能发挥重要作用,但阿拉伯人不相信谈判代表,总要求与制造商直接谈判。与阿拉伯商人谈生意需要细心和耐心。

3. 与阿拉伯人谈判时应注意的问题

(1) 与阿拉伯人交谈时,要时刻注意对方的称谓,避免使用非正式的昵称。

(2) 谈判开始前,要选择阿拉伯商人感兴趣的话题,主动、热情地同阿拉伯商人交流,营造良好的开局。

(3) 阿拉伯商人不习惯抽象的说明介绍,因此在展开介绍时,最好采取多种形象生动的形式,切忌含糊不清。

(4) 在洽谈业务时,阿拉伯商人常被来往人员打断。他们认为这是"谈判关系"的延伸,不认为是失礼。遇到这种情况,一是耐心等待,二是预约到外面单独洽谈。

(5) 由于在阿拉伯女性不应抛头露面,所以应尽量避免选择女性前去谈判。

(6) 对于阿拉伯人由于固执己见可能导致的谈判节奏缓慢问题,己方代表要有充足的耐心,用事实说服对方放下顾虑,不要急于求成。

(四) 新加坡人的主要文化特征及谈判风格

1. 新加坡人的主要文化特征

(1) 新加坡民族和宗教信仰多元,主要民族有华人、马来人及印度人,宗教信仰包括佛教、道教、基督教、印度教和伊斯兰教。总体上,新加坡的华人依旧沿袭中国传统文化习俗,与我国国内文化特征基本相同,仍过中国传统节日,其他民族基本也是如此。

(2) 新加坡人非常注重文明礼貌,性格谨慎,注重信用,有良好的行为礼仪。

(3) 新加坡人通常不习惯与初次见面的客人进行深层次的交流,不会当面打开赠礼,除非对方极力要求。

2. 新加坡人的谈判风格

新加坡人在商务合作中不轻易签订书面协议,但是一旦签约,他们绝不会背信弃义,因为他们对合作方背信弃义的行为十分痛恨。与中国人类似,新加坡人十分注重谈判对方的身份、地位及等级关系,谈判双方所建立的私人关系不亚于商务合作关系。此外,尊严在商务谈判中至关重要。新加坡人性格爽快,但也会因避免尴尬而采取语言、动作等暗示传达想表达的含义,因此在与新加坡人谈判时要注意观察他们的言谈举止。

3. 与新加坡人谈判时应注意的问题

(1) 与新加坡人交谈时,要言谈举止优雅、文明,绝不能口吐脏字。

(2) 与新加坡人交谈时,还要注意避免谈论个人性格、政治关系、种族歧视等问题。

(3) 与新加坡人谈判需要有充足的耐心,在公共场合发脾气或表现得不耐烦会被新加坡人反感。

(4) 新加坡华人极多且文化习俗大都沿袭于中国,但谈判中不能将新加坡人与中国人等同或比较。

(5) 与新加坡人谈判的时间最好定在 3—10 月,避开当地的圣诞节及新年。

(五) 中亚五国的主要文化特征及谈判风格

中亚五国指狭义的中亚地区的五国,包括哈萨克斯坦的亚洲部分、乌兹别克斯坦、吉尔吉斯斯坦、土库曼斯坦、塔吉克斯坦。这一地区的五国政权比较统一,有着共同的政治、文化区域,具有高度的文化共性。中亚五国的主要文化特征及谈判风格具体如下。

1. 中亚五国的主要文化特征

(1) 中亚五国的文化演进过程非常复杂,是不同民族文化长期交融、沉淀的结果。自独立以来,除塔吉克斯坦外,其他四国政局稳定。

(2) 中亚五国文化具有很强的地域性。中亚五国地处欧亚大陆腹地,多草原、沙漠,游牧文化比较突出。历史上我国和俄罗斯对中亚文化有重要的影响,表现在文学作品、建筑风格等方面。

(3) 中亚五国宗教信仰多元,以伊斯兰教为主。

2. 中亚五国的谈判风格

中亚地区商人讲究"面子",很注重谈判中的礼节,受游牧文化的影响,一般宰羊招待来客。中亚五国商人不喜欢以电话形式商谈,不喜欢以口头形式签订协议,他们倾向于拟订备忘录,并以书面形式订立各项条款详尽的合同。

在对方未提出话题时,中亚商人不会主动进入谈判环节。当地商人十分在意经商的灵活性,他们善于讨价还价,即使谈判对手给出的报价很低,他们也不会轻易接受其首次报价。因此,在与中亚五国商人谈判时,报价时要给己方留下充分的磋商余地。

3. 与中亚五国商人谈判时应注意的问题

(1) 与中亚五国商人谈判时,不要用手指指点点,他们认为这是一种侮辱行为。

(2) 与中亚五国商人谈判时,不要用左手传递物品,这被视为对人的不敬。

(3) 切勿在谈判过程中脱帽,在中亚五国商人看来,戴着帽子才是对他们表示尊重的行为。

(4) 由于游牧文化对中亚地区的特殊影响,中亚地区的人对牲畜尤为重视,在进行谈判时不要对中亚五国商人的牲畜评头论足。

(5) 在中亚地区,女性很少在商务活动中出现。

二、其他主要国家(地区)的文化特征及谈判风格

除了"一带一路"沿线国家(地区)外,其他经济体与我国也有密切的合作联系,了解这些国家(地区)的谈判风格,对于我国企业与其开展进一步合作有重要意义。

(一) 非洲国家的主要文化特征及谈判风格

近年来,我国与非洲国家的关系日益友好,尤其是自2000年中非合作论坛成立以来,我国与非洲部分国家在经济、政治、文化上相互支持,在经济贸易领域往来日益频繁。受到欧洲价值观念的影响,非洲人的思维方式以直线式为主,注重维护自我尊严。在非洲被广泛使用的官方语言有阿拉伯语、法语、英语和葡萄牙语。非洲国家众多,不同国家在历史、文化习俗、生活方式上有很大差异,各部落之间敌对意识强烈。非洲人对国家的认同感不如对部落的认同感强烈,他们对自己的部落有着强烈的归属感。

非洲人在谈判风格上也与其他国家有较大差异。例如,有些非洲商人积极洽谈生意往往只是为了得到许可证,进而转手出售。谈判人员如果知悉这是对方一种谈判风格的体现,就会在谈判前深入调查了解其谈判的真正目的,避免落入对方圈套。因此,谈判人员很有必要了解非洲国家的主要文化特征和谈判风格。限于篇幅,本节重点介绍与中国合作密切的南非和埃及这两大非洲国家的主要文化特征及谈判风格。

1. 南非人的主要文化特征及谈判风格

(1) 南非人的主要文化特征

① 南非国家的文化特征可以概括为"黑白分明""英式为主"。"黑白分明"是指黑色人种和白色人种由于历史习俗不同,其谈判风格和礼仪也不尽相同;"英式为主"是指南非很长一段时期由英国人掌控政权,深受英式社交礼仪的影响。

② 南非国家等级森严,从事商务社交活动的人多是当地的名门望族,对于谈判礼仪的要求格外严格,稍有纰漏便可能导致谈判的失败。

③ 大多数有色人种以及60%以上的黑人信奉基督教,少部分黑人信奉原始宗教。南

非被人们称为"彩虹之邦",原因在于南非人口肤色多元,文化也多元。

④ 南非人一般都比较有包容心、耐心和幽默感。

(2) 南非人的谈判风格

南非商人偏重英国式的处事风格,坚持原则,交易方式力求正式。他们比较重视契约,在他们眼中不管是正式合同还是备忘录,一旦双方签了字就应该严肃对待。一些南非企业到中国来做生意,为了体现诚意,他们会事先提议签订一份非正式的协议。为了提高谈判效率,他们一般选择有决策权的负责人进行谈判。南非人善于经商,既擅长讨价还价,又能及时作出让步。此外,南非人比较注重展会,当地参展费用也不高。

(3) 与南非人谈判时应注意的问题

① 要注意南非商人的宗教信仰,不可随意评论其宗教信仰。

② 在与南非商人进行商务谈判时,应避免对不同种族之间的关系及其矛盾进行评论,不拿肤色问题开玩笑,这在他们看来是极其不礼貌的行为。

③ 与南非人握手一定要用力,南非人认为用力的程度跟诚意成正比,象征性的握手或用力太轻会被认为没有诚意。

④ 南非的通用语言是英语、阿非利卡语。但在进行商务谈判时,只能用英语交流。

⑤ 与南非人谈判,要在坚持不损害自己核心利益的原则下,作出适当让步,双赢局面才是南非人喜欢的结果。

⑥ 南非商人一般不直接付款,账期通常为 20 天、30 天或 60 天。他们讲究信誉,一般不会赖账。

案例 9.6

尊重铸就双赢

中国奥阳集团是国内知名的衣帽生产企业,公司产品以遮阳帽和防晒衣为主。2019年 2 月,南非北恩伯克公司欲从中国奥阳集团进口一批衣帽,双方约定于 3 月 2 日在浙江太湖龙之梦酒店举行商务会谈。

会谈前,中方代表林立安排人员对酒店进行了布置,会场布景以非洲文化为主题。北恩伯克公司代表赫拉等人一进入会场便对浓郁的家乡氛围所感染,加之中方代表握手得体有力,他们连连称道:"贵公司很有诚意。"会谈期间,林立对赫拉一行表现得极为尊重,对于北恩伯克公司的报价巧妙周旋,屡次作出微小退让。在己方成员不慎为白人评功摆好时,林立利用语言双关巧妙地转移了话题。此外,林立还根据南非人的饮食习惯精心安排了午宴,这让赫拉非常高兴。在下午谈判期间,双方仅经过两轮磋商便达成了协议,比奥阳集团的期望价格高出 15 个百分点。会谈结束之后,赫拉激动地拉起林立的手说:"您是我们合作过的人中最尊敬我们的,和贵方合作我们感到非常愉快!"

案例来源:根据 MBA 学生的经历改编。

案例中的奥阳集团从酒店的布置到午宴的安排都做足了功课,使南非商人宾至如归,深感中方的诚意;当中方人员不慎提到种族话题时,林立巧妙利用语言双关"救场",维护了南非代表的尊严,使其对中方的好感倍增,最终以高出奥阳集团预期价格的15个百分点成交。这充分验证了"当人们受到尊重时是愿意付出代价的"这句话的合理性。由此可见,在国际商务谈判中充分了解谈判对手的文化特征和谈判风格有助于推动谈判的良性发展。

2. 埃及人的主要文化特征及谈判风格

(1) 埃及人的主要文化特征

① 埃及人生性善良、谦虚,感情丰富,性格外向,待人热情好客,社交活动频繁,思想比较开放,容易接受新鲜事物,比较善于改变。

② 埃及人比较注重"面子",做事时会担心做错了被人责备,因此比较谨慎。此外,他们十分注重外表及家庭的声誉。

③ 埃及的官方语言是阿拉伯语。由于历史的原因,英语、法语在埃及也被广泛使用。

④ 伊斯兰教是埃及的国教。对于埃及人,宗教意味着一种生活方式,在很大程度上影响人们的思想和行为,他们不仅虔诚信仰,而且躬身力行。

(2) 埃及人的谈判风格

与埃及商人谈判,不要急于谈生意,首先要跟埃及商人建立比较牢固的友谊关系。不要惊讶于他们的寒暄语,这是他们表达尊敬和友好的方式。在交流中,埃及人习惯用丰富的面部表情和肢体动作传情达意。埃及商人以善于经商著称,十分精于商务谈判,既会讨价还价,也能妥协让步。

埃及商人的时间观念淡薄,常常不按照约定时间行事,反而认为这样显得有风度,因此洽谈生意往往需要很长时间。与埃及商人谈生意,要想一次谈成很难,他们口头上会耐心地冲你点头微笑着说诸如"请等5分钟"的话推辞。因此,一次会谈结束时还需要为下次洽谈约定时间。

(3) 与埃及人谈判时应注意的问题

① 埃及商人一般对着装,特别是正式宴会的着装比较讲究。

② 埃及人是不能饮酒的,带酒精的饮料也是不被允许的,在宴请时可以用一些饮料或白开水来代替。

③ 对于埃及商人的时间观念淡薄,不要流露出不满,需要足够的耐心去适应。埃及商人经常用"跟我有什么关系"这句话来推卸责任,对此需要有足够的思想准备。

④ 与埃及商人进行商务拜访或谈判前要事先预约,埃及人在吃饭时一般不与人谈生意,晚餐通常在日落以后和家人共享,在此期间约谈生意是失礼的。

⑤ 埃及商人大多是伊斯兰教徒,应尽量避免与他们在斋戒之日谈生意。如果情况特殊,确实需要宴请,白天可喝咖啡、饮茶,等到日落以后再发邀请。

(二) 北美国家的主要文化特征及谈判风格

北美地区是世界上最先进的经济体之一,北美商务谈判人员通常对全面质量管理、消费者服务、参与管理和授权等最新的管理理念、技术及思想有非常前沿的认知。随着我国近年来不断引入国外先进技术及管理经验,我国与北美各国贸易往来愈发密切。北美地区的人在商务活动中作风要比其他地区的人更为严谨。尤其是美国人,常常把自己看作"专家",即有能力完成工作的专业技术人员。

个人主义在北美地区得到推崇,事业的成功主要取决于个人的努力,权贵势力受到歧视。时间观念强烈、语言交流直接、重效率轻关系是北美地区谈判节奏快的体现。了解北美地区的主要文化特征及谈判风格有助于与其进行更密切、更高效的商务合作。本节主要介绍经济较为发达的美国、加拿大两大北美国家的主要文化特征及谈判风格。

1. 美国人的主要文化特征及谈判风格

(1) 美国人的主要文化特征

① 美国人重视个人独立性。美国人具有强烈的个人独立性,且建立在自我奋斗和能力的基础上。大多数美国人长大后会自主选择专业、工作及人生道路。强烈的个人独立性使美国人更懂得尊重他人。

② 美国人具有强烈的民族优越感。美国的综合实力世界一流,官方语言是国际商务谈判的通用语言,美元是国际结算的首要选择,因此美国人表现出强烈的民族优越感及自信心。这种自信使他们喜欢直言批评,缺乏对他人的宽容和理解。

③ 美国人竞争意识强烈。由于个人高度的独立性使美国人竞争意识强烈,美国人面对机会不会过度谦虚谨慎,但是工作中的合理分工及协作配合会得到美国人的肯定。

④ 美国人待人热情坦率。美国人性格外向,诙谐幽默,热情坦率,在社交中不拘小节,通常敢于就不能接受的提议直言相告,言谈举止皆能直观地反映其喜怒哀乐。

(2) 美国人的谈判风格

美国人外向、自信、幽默、健谈、务实、喜欢冒险。坦率的谈判风格在美国很受欢迎。美国人的肢体语言明显,他们通常希望谈判对手能够领悟自己的非语言信号。当他们感到厌烦或者不满的时候,会表现得坐立不安;当他们失去耐心时,会用指尖用力敲打桌子;当他们准备起身离开时,通常会看手表。

在商务谈判中,直截了当的思维模式使美国人迅速、直接地将谈判引向实质阶段。他们欣赏谈判对手的直言快语,在发生纠纷时,他们态度认真、坦率、诚恳,在谈判桌上,面红耳赤的现象时有发生。美国人有时会用手搭在你的肩膀上,表示肯定与鼓励。见面结束时,要把有关计划或反馈意见告诉他们。

美国人注重谈判效率,时间观念强,希望每一场谈判都能速战速决。他们认为,守时是对对方最基本的尊重。按事先安排的议程进行谈判是美国人所欣赏的。他们愿意采用"一揽子"谈判计划,达成"一揽子"谈判交易,如谈判内容包括设计、开发、生产、工程、销售、价格等一系列问题。为了谈判成功,美国人可能会耐心地去适应对方的谈判节奏,但他们是有底线、有原则的。任何超越底线的谈判在其看来都是对时间的浪费,会因缺乏严肃性而破裂。

一般而言,美国谈判人员的行为与他们所想的是一致的,他们不喜欢故意欺骗,即使他们想这样做,也很容易被察觉。在商务谈判中,美国谈判人员会坚定地执行自己的谈判计划,关注利益,讲功利,做生意以获取利润为唯一目的。他们不重视在谈判前建立关系,因为他们认为良好的商业关系会促进良好的人际关系的形成。

美国人法律观念极强,重合同,律师在谈判中扮演重要角色。在他们看来,合同必须坚定履行,如果不能,就要严格按照合同的违约条款支付赔偿款和违约金,没有协商余地。

(3) 与美国人谈判时应注意的问题

① 要提前预约,守时践约。即使实际谈判时间会晚于预先约定的时间,己方也要按时到达,浪费美国人的个人时间等于侵犯了他们的个人权利。

② 要有礼貌,言谈举止要坦诚、直率。美国大部分谈判人员都希望谈判对手实话实说。

③ 对于希望与美国人谈判的人员而言,握手是一个很大的挑战。美国人认为,手握得越紧,代表越真挚,迫切达成交易的意愿越强烈。逃避握手会被视为心虚的表现,或者对方想要掩盖或歪曲事实。

④ 在与美国人谈判的过程中,直视是诚实的象征,眼神躲避被认为是有所隐瞒,耸肩或看向别处通常表示拒绝,声音的突然提高不意味着生气。他们通常立场坚定,通过拍桌子或突然站起来等大幅度动作进行表达。

⑤ 谈判人员应当为自己留有谈判余地。美国谈判人员在进行商务谈判时,通常会不依不饶地坚持最初的要求,不甘心轻易地作出让步。因此,与美国商人进行商务谈判要坚定自己的立场,不轻易退让。美国谈判人员因为时间的原因最后往往会作出让步,以尽早结束谈判,进入其他事宜的商议。

⑥ 尽管美国人可能会自我批评,但在与他们洽谈时,不要试图采用批评的语气。

2. 加拿大人的主要文化特征及谈判风格

(1) 加拿大人的主要文化特征

① 加拿大人的谈判风格拘谨,通常会保持镇定,克制自己的情绪。

② 加拿大是移民大国,因此文化多元化,加拿大人崇尚个性解放并尊重个人隐私。

③ 大部分加拿大人会讲英语,也有部分人讲法语。讲法语的谈判人员也希望对方用法语进行沟通。

④ 礼仪在加拿大尤为重要,但又不拘泥于礼节。与美国人相比,加拿大人更加耐心、随和。

(2) 加拿大人的谈判风格

加拿大人崇尚办事立竿见影。与加拿大人谈判时,切忌绕圈子、讲套话。加拿大人习惯参加商品展销会或国际博览会。与加拿大商人洽谈时需向对方提供样品和说明书,如样品被接受,进口商可能少量订购(一般为正常订单的10%)。加拿大商人多愿以自己的商标出售商品,并让供货商按其要求包装商品并贴上商标;大批量进口要求独销权并给予5%～10%的折扣;付款方式一般为"收单付现"。

在加拿大的大城市中,蒙特利尔和多伦多的谈判节奏相对较快,而在氛围更轻松的西部省份,谈判进度会稍显缓慢。与英国后裔谈判,从开始商谈到决定价格这段时间,细节要求到位,商谈的过程比较艰苦,也很费时间。不过,一旦签订了契约,他们就会认真执行。与法国后裔谈判则恰恰相反,他们和蔼可亲,容易接近,对客人很亲切,但是正式进入商谈时,则难以捉摸,十分费劲,而且签订了契约之后,他们仍旧可能会变动。

(3) 与加拿大人谈判时应注意的问题

① 与加拿大人谈判事先要预约,而且要准时。加拿大人有较强的时间观念,他们会提前通知对方参加活动的时间。

② 谈判人员要为自己留有充分的让价空间,加拿大人的让步通常是循序渐进的。

③ 避免将加拿大人与美国人进行比较,加拿大人为自己国家的成就和独立感到自豪。

④ 在称谓方面,加拿大人不喜欢在商务场合使用过于亲昵的称呼,亲密的朋友除外。

⑤ 与加拿大人谈判,不要涉及宗教信仰问题或批驳对方的政见,以免引起误解和争执。

(三) 欧洲国家的主要文化特征及谈判风格

欧洲国家尤其是欧盟地区的经济,是世界经济的重要构成部分。有些欧洲人认为,欧盟的成立是其国家在与日本、美国的竞争中,重新获得世界领导地位的关键步骤。欧盟国家是中国重要的贸易和投资对象。

欧洲人的时间观念与北美人的相似,商务谈判节奏往往是比较快的,会议时间会按照计划执行。欧洲人重视个人主义,情感生活与工作相互独立,注重个人的成就感和创造力。他们重视等级关系,阶级意识强烈,每个人都在自己的阶层里加入团体,谈判双方的友谊通常需要很长时间才能建立和稳固。欧洲人的表达简单明了,语言交流直白,谈判通常是温和的,谈判人员较为克制,谈判形式较为正式。

1. 英国人的主要文化特征及谈判风格

(1) 英国人的主要文化特征

① 英国人由于其辉煌的历史,性格显得自信而又傲慢,对于过去的成就津津乐道。

② 他们不习惯在公共场合表达自己,希望与他人保持距离,较为机械和保守。

③ 他们从不把个人关系和商务关系混为一谈。相比较个人关系来说,商务关系是第一位的。

(2) 英国人的谈判风格

英国人的谈判风格表现为冷静、自信,但缺乏灵活性。英国谈判人员在开局阶段往往保持沉默,但随着双方谈判人员了解的深入,距离也会逐渐缩小。英国人非常重视礼仪礼节,所以谈判前的问候和寒暄有时可以长达两个小时。在商务谈判中,他们常常"以貌取人",尤需注意仪容态度,穿着要因时而异。

在价格磋商方面,英国人厌恶讨价还价,因此,初始报价与他们的预期价格极为接近。由于历史和传统的原因,英国人对于契约极为重视,他们不会漏掉合同的任何一个细节。合同中出现含糊不清或是有歧义的问题时,英国谈判人员会拒绝签署合同,但是一旦签署合同,就会严格按照合同条款执行。

(3) 与英国人谈判时应注意的问题

① 与英国人第一次见面时,一般以握手礼为主,随便拍打客人被认为是非礼的行为,即使在公务完成之后也是如此。

② 要与传统的有势力的经纪人取得联系。在英国,传统很重要,古老的阶级体系仍然影响着商业。

③ 谈判人员应给自己留有余地,但是不可过分压低价格,英国人的提议通常较为合理。

④ 在推崇绅士风度的英国,谈判过程中要时刻注意自己说话的音量,以对方能听清为宜。

⑤ 在提及英国人或英国的时候,要用 British 或 Britain,切忌使用 English 或 England。

2. 德国人的主要文化特征及谈判风格

(1) 德国人的主要文化特征

① 德国人性格偏向沉着冷静,勤奋而又自信,在商务谈判中往往追求各方面的完美,观念稍显保守,缺乏灵活性。

② 德国人素来以严谨、高效著称,他们对待商务谈判总是认真谨慎,凡是有明文规定的,德国人都会自觉遵守;凡是明确禁止的,德国人绝不会去触碰。

③ 德国人崇尚个性,个人能力和意见在商务谈判中会被认真考虑。

(2) 德国人的谈判风格

德国人在谈判前通常会做好充分准备,事先收集和研究必要的背景信息,包括产品的性能、质量、谈判对方的业务运作和信用信息等。德国人注重秩序和计划,厌恶不确定性大的事情。在谈判开始之前,他们会认真制定详细、严谨的谈判方案,以在谈判开局阶段便占据主动。德国人时间观念很强,他们不会轻易与不守时践约的谈判对手达成协议或合作。

德国人在商业上享有很高的声誉。由于严格的质量控制体系和高度发达的工业体系,德国产品的质量很高。这也影响着德国人的思维观念,他们会认真处理谈判的细节问题,若不解决细枝末节,他们往往不会轻易签订合同。德国人对于合同的履行非常严格,很少在谈判中作出让步。

(3) 与德国人谈判时应注意的问题

① 谈判人员要认真做好谈判日程安排,尽可能与德国的上层人士取得预约,且要严格守时。上午 10 点前下午 4 点后不宜邀约谈判。交谈时应尽量说德语,或携带翻译同往。德国商人多半会说一些英语,但使用德语会令对方更高兴,可以拉近彼此间的距离。

② 德国人在商务谈判中很注重礼节。与德国人握手时,务必坦然地注视对方,握手的时间宜稍长一些,晃动的次数宜稍多一些,握手时所用的力量宜稍大一些,以体现对谈判的重视及对他们的尊重。德国人很反感在交际场合四个人交叉握手,或进行交叉谈话、窃窃私语。

③ 德国人一向庄严肃穆,不要试图用开玩笑的方式打破沉默局面。与德国人谈判时,仪表要庄重、语气要严肃、态度要认真、处事要克制,在没有把握之前,不要提出无理由的观点。

④ 在称呼德国人时,要在对方的姓氏之前加上准确的头衔。对德国人称呼不当往往

会令对方大为不快。一般情况下,切勿直呼德国人的名字。

⑤ 德国人通常希望与他人保持一定的距离,不习惯建立商务合作之外的私人关系。

案例 9.7

态度强硬的德方主谈是如何被"软化"的?

在李先生与德国人进行的一次重大谈判中,遇上了僵局。德方的态度既强硬又傲慢,让李先生一方倍感压抑。当提出"休会20分钟"后,李先生遇到了德方董事长、主谈海默先生。在打招呼后的轻松闲聊中,李先生告诉海默,他的外婆是德国巴伐利亚省人。谁知,这一个小小的话题竟激起海默的兴趣,原来海默的太太就是巴伐利亚省人。在中国逗留的半个多月里,对太太一往情深的海默患上了思乡病。他其实也讨厌枯燥的谈判,希望尽早回德国和太太孩子相聚。10分钟的交谈后,海默的情绪大大舒缓。在此之前,还极为傲慢刻薄、自以为是的海默,现在面露微笑,不断地点头赞同。这次交谈竟一晃15分钟过去了,然后海默很严肃地看了一眼手表,很客气地让李先生稍等,再退后一步,招手叫来秘书,通知休会再延迟10分钟。秘书恭敬地退下后,海默重新走过来,要求和李先生简单聊一会儿,目的仅仅是"纠正"李先生"一些不正确的德国观念"。此后德方召开聚餐会,海默通过秘书很客气地知会李先生方——"若李先生能够出席,海默董事长将会感到非常高兴"。

案例来源:http://blog.sina.com.cn/s/blog_50eb9ae90100dwii.html。

在上面的案例中,李先生凭借一句寒暄"外婆是德国巴伐利亚省人"打破了尴尬局面,使傲慢的德方主谈海默转变了态度。值得一提的是,在谈判桌上,与德国人出现僵局的情况并不多,但一旦出现僵局,德国人的固执和坚持会令人生畏。因此,有经验的人会及时采取"休会策略",这对缓和谈判气氛有很大帮助。一些赴德旅游或是"在谈判后,建议你们去某风景区看看"等让他们有期待且充满惊喜的建议会有效缓解谈判的紧张气氛。

3. 法国人的主要文化特征及谈判风格

(1) 法国人的主要文化特征

① 法国人热情乐观,充满幽默和浪漫气息,对自己的国家有强烈的认同感。

② 法国人的民族文化意识格外强烈,在进行商务谈判时,会直接表示希望对方用法语进行谈判,或者有一个会说法语的翻译,其次才接受用英语交流。

③ 与其他西欧国家的人相比,法国人热情的性格决定了他们与对方谈判人员有更多的身体接触。

(2) 法国人的谈判风格

即使法国人英语讲得很好,他们可能也会要求对方用法语谈判。在这一点上他们很少让步,除非他们恰好是在商业上对对方有所求。与法国人建立友好关系对双方的合作意义重大,但需要做出长时间的努力。如果你和法国公司建立了多年的友好关系,互惠互利,并且未发生纠纷,那么你会发现他们是容易共事的伙伴。

在谈判前,法国人会认真地为谈判做准备,通常会以轻松、随意但合乎逻辑的话题展开会谈。法国人在与客人交谈时,总喜欢相互站得近一些,显得亲切。在谈判的开局和谈判过程中,他们往往根据对方所表现出来的知识、技能熟练度来判断对方的地位。法国人习惯在谈判结束时再处理谈判细节问题,所以己方代表要坚持立场,即使必须延长谈判期限,也要恪守己方的交易条件。法国人偏爱横向式谈判,即先为协议勾画出一个轮廓,然后再达成原则协议,最后确定协议中的各种细节。他们立场极为坚定,具有依靠"不"字谋求利益的高超本领。此外,法国人经常单方面推迟或改变议程,但他们不能原谅谈判对手不守时的行为。

法国人个人的办事权限很大,很少考虑集体的力量。法国企业组织结构单一,从下级管理职位到上级管理职位大约只有二三级,因此在参加商谈的时候,也大多由一人承担,并且掌握决策权。法国人是"边做边想",双方在谈妥了 50% 的时候,法国人就会在合同上签字,但昨天才签妥的合同,也许明天又要求修改,这通常令谈判对手头疼。但是,法国人很珍惜人际关系,在与谈判对手成为朋友之前,法国人不会随意成交大宗买卖。

(3) 与法国人谈判时应注意的问题

① 法国人注重对生活的享受,所以应避免要求对方在假期或周末谈判,即便此次会谈会带来巨大利益。法国人的时间观念极强,必须严格守时。

② 法国人在订立协议时,往往行事匆忙,不作过多细致的考虑,因而在合同执行时经常会遇到麻烦。

③ 在进行商务谈判前,应适当征询法国当地代理人的意见,以促进交易的顺利达成。

④ 与法国人初次见面不宜直接送礼,这会被法国人认为是不善交际的,甚至会被认为是行为粗鲁的表现。

4. 意大利人的主要文化特征及谈判风格

(1) 意大利人的主要文化特征

① 出于文化和历史原因,意大利人性格非常独立,以自我为中心。

② 家庭和政治问题是他们日常谈论的焦点,但要注意多听取他们的言论,少做评论。

③ 意大利的商业活动以男性为主,女性一般很少参与。

④ 意大利人有极强的自尊心,对民族的悠久历史津津乐道,不可对其往日的辉煌表示异议。

(2) 意大利人的谈判风格

意大利人情绪变化莫测,爱好争论,态度容易转换,涉及价格等敏感问题时更是如此;身份观念较强,对谈判对方的地位、等级十分重视;决策权大多掌握在上层领导人手里,做生意时直接与具有决策权的人打交道是条捷径;意大利人欠缺时间观念,在与他人约谈时,通常会迟到几分钟。

(3) 与意大利人谈判时应注意的问题

① 与意大利人进行商务会谈必须提前邀约,但是意大利人不注重对约定时间的遵守。

② 邀约意大利人时应避免直接打电话,可以先通过电子邮件或电传让对方知道你的意图。
③ 意大利人偏爱与熟悉的伙伴打交道,因此谈判人员应努力与之建立私人关系。
④ 在与意大利人谈判的过程中,应保持冷静的态度,戒骄戒躁,急切达成交易的渴望会大大降低自身的谈判力。
⑤ 应避免在进餐时或在娱乐社交场所与意大利人谈论生意。

5. 西班牙人的主要文化特征及谈判风格

(1) 西班牙人的主要文化特征
① 西班牙人乐观向上、热情大方、自强自立、讲求实际,善于驾驭生活,具有自强不息的民族精神。
② 西班牙语为全国官方语言。
③ 西班牙人的主要宗教信仰为天主教。
④ 西班牙人的谈论话题多集中在其国家的历史、文化成就、经济水平及家庭生活。
⑤ 与其他西欧国家的人不同,西班牙人喜欢与人有身体接触。

(2) 西班牙人的谈判风格
在西班牙,即使商务谈判开始时间通常比预定时间晚 15 分钟左右,但谈判人员迟到往往是不被接受的。西班牙的商务谈判通常在餐桌上进行,宴席通常持续到午夜。骄傲、荣誉与尊严被他们看作至高无上的存在。他们不会主动认错,不会主动要求修改执行中出现问题的合同条款,但是我们也不能直接指责,应委婉地点明错误,不要让西班牙人感到为难和尴尬。他们很重视商业信誉,对合同的执行效率很高。

(3) 与西班牙人谈判时应注意的问题
① 在西班牙有相互赠送礼物的习惯。西班牙人很少送实用物品,一般赠送画册、图书、工艺品等。
② 谈判人员要给自己留有让步空间,轻微的讨价还价是被接受的,但是还价不可太过激烈,否则会损害与对方的关系。
③ 提议要详尽务实,有可行性,过于虚浮的提议往往不被接受。
④ 认真接受对方所提的建议。西班牙人习惯对别人进行"批评指正",并将之视为自己的义务。
⑤ 尽量避免在下午 1:30 至 4:30 进行会谈,此时间段是西班牙人的午休时间。
⑥ 与西班牙人进行谈判,信任、融洽的关系及和谐共存是必要条件,因此,谈判人员应尽力与对方建立友谊。

6. 北欧人的主要文化特征与谈判风格

北欧国家包括丹麦、瑞典、挪威、芬兰和冰岛。北欧国家的人在谈判桌上更重视实质性的内容,强调用数字传达信息,注重最终谈判结果。

(1) 北欧人的主要文化特征
① 北欧人性格独立、讲究礼貌、坦率活跃。低调的性格特点决定了他们不善于交际

和言谈,不善于讨价还价,喜欢就事论事。

② 北欧人喜爱大自然,热衷环保,爱好和平,倡导人与自然的共存,因此格外注重绿色环保理念。

③ 北欧人富有创造性,同时固执己见。他们善于提出创造性的建议,同时又倾向于坚持自己的立场,不轻易动摇。

④ 北欧人待人友好谦和,当他们感到高兴或者对对方有好感时,会邀请对方洗桑拿,感受他们特有的桑拿文化,以表示自己的友好与诚意。

（2）北欧人的谈判风格

在谈判中,芬兰人和挪威人显得尤为平静,在谈判开始阶段,常常沉默寡言,讲话慢条斯理,并愿意让对方知道他们关于立场的一切情况,从不会在谈判桌上发脾气,因此,在谈判初期容易被对方压制。在摸底阶段,他们很坦率,善于提出富有建设性的意见。

瑞典人受美国思想影响较大,显得热情外露,自信并善于施展策略,且具有瑞典人所特有的官僚主义。斯堪的纳维亚人严守基督教的道德规范,保持政治上的稳定,谈判风格较为严谨。丹麦人若来自沿海地区,则与斯堪的纳维亚人谈判风格相似;若来自日德兰半岛,则具有德国人倔强、自负和果断的谈判风格。

（3）与北欧人谈判时应注意的问题

① 与北欧人建立商务关系要严格保证产品质量,并提供节能环保的包装。

② 与北欧人谈判要保持严谨和认真的态度,坦诚地对待北欧的谈判人员是最佳的策略选择,应保持良好的耐心。对于北欧人的慢条斯理应给予足够的尊重,不应急于求成、催促对方。

（四）拉美国家的主要文化特征及谈判风格

拉丁美洲不同地区文化环境多样,商业惯例也有所差异。理解拉丁美洲谈判人员风格的关键之一是了解其文化特征。拉丁美洲的社会和经济模式是以欧洲庄园式的生活方式为基础的,其地位深受血缘关系的影响。拉美人的忠诚首先是对个人的忠诚,其次才是对当地法律或机构的忠诚。总的来说,拉美人对自己的国家有着强烈的种族优越感和民族自豪感。

拉美人在语言交流时很热情,习惯用很多手势和表情表达思想,非常重视时间和效率,相比较未来的不确定性,拉美人更看重现实。拉美人认为人际关系是商业活动中的关键因素,而机构、法律和规则往往被拉美人置于次要地位。因此,谈判人员应重视建立个人关系。人们普遍认为,拉美国家的商人在履行合同方面信用较差,因为他们经常无故拖延付款,或利用拖延等方法要求进一步降价。本节就阿根廷、巴西、墨西哥三个拉美重要国家的主要文化特征及谈判风格进行说明。

1. 阿根廷人的主要文化特征及谈判风格

（1）阿根廷人的主要文化特征

① 阿根廷白人占97%以上,多属西班牙和意大利人后裔。语言为西班牙语,信奉天主教。

② 阿根廷人注重礼仪礼节,政界和工商界人士普遍讲究衣饰穿着,在交际中普遍采取握手礼,言行举止规矩大方。

③ 阿根廷人语言交流热情,说话时多用表情和手势。

(2) 阿根廷人的谈判风格

在与阿根廷人谈判前,有必要请一个中介人,通过对方把自己介绍给你想与之做生意的公司的高层负责人。因为决策是由高层人士负责,与中下层的人打交道是费时且没有效率的。由于阿根廷人社会关系氛围浓厚,因此己方谈判人员要积极培养与对方的私人关系。阿根廷人往往在一番社交寒暄后才开始进行商务讨论。阿根廷人的谈判态度以强硬著称,所以在与阿根廷人谈判时要有耐心,对方或许会缓慢地作出让步。

(3) 与阿根廷人谈判时应注意的问题

① 与阿根廷人谈判要事先预约。阿根廷的商务活动以5—11月为最佳时间,最好不要安排在圣诞节与复活节前后两周内。1—3月为阿根廷的暑假度假期。

② 谈生意最好是面谈,阿根廷的电话服务往往不尽如人意,通过电话联系很少能够成交业务。

③ 不要邀请阿根廷人在早饭时进行商谈,他们会认为这是不正常的行为。阿根廷人起得较晚,不习惯一大早就从事商务活动,邀约在9:30较为合适。商务午餐很重要,虽然在午餐时所谈的并不触及生意的核心内容,但这有利于调节情绪,为进一步谈判创造气氛。阿根廷人的晚餐通常在晚上9—10点才开始。

④ 与阿根廷人谈判不要谈及个人隐私,如年龄、收入、家庭等问题。

⑤ 谈判结束时,必须与阿根廷人签订书面协议,仔细排查重大漏洞,以防因违约造成麻烦。

2. 巴西人的主要文化特征及谈判风格

(1) 巴西人的主要文化特征

① 巴西的文化具有多重民族的特性。巴西作为一个民族大熔炉,有来自欧洲、非洲、亚洲等其他地区的移民。

② 巴西人喜欢与人交谈,自尊心强,性格开朗。他们非常善于表达自己的观点,待人热情,喜欢开怀大笑,以有趣的方式拉近双方的距离,充满热情。

③ 巴西人注重礼节和友谊,握手或是亲吻双颊是见面时常见的礼节。

(2) 巴西人的谈判风格

巴西人在谈判开始和离开时,要与在场的每个人握手,喜欢在正式的商务会谈前安排社交活动以更多地了解客人。巴西人喜欢在谈判中讨价还价,会非常直接地拒绝你的开价,是有名的"难对付的杀价高手"。与巴西人谈判,要为漫长的谈判程序留出足够的时间,同时在最初出价时要留足余地,为让步留出空间。与美国人相似,他们的让步勉强而缓慢。

巴西人使用"不"和"你"的频率较高,他们的谈判风格显得较为随性,而且他们在谈判中似乎不甘寂寞,会不时地凝视对方并碰触对方。然而,这样直率的风格并不是无礼或有意制造冲突,仅仅是要表达他们的观点。与巴西人做生意应努力建立强有力的关系,认真了解当地的法律、风俗习惯,这有助于通过政府检查。

(3) 与巴西人谈判时应注意的问题

① 与巴西人谈判时要准时赴约,但是对方迟到哪怕 1~2 个小时,也应给予足够的谅解。

② 与巴西人见面时穿保守式深色西装为宜,用葡萄牙语问候或交谈会使自己的形象得到很大提升。

③ 不要谈及当地的民族问题及政治问题。

④ 与巴西人进行商务会谈时,不要先于对方提起工作。

⑤ 巴西人乐于在谈判中开玩笑,要做好充分的思想准备。

⑥ 要格外注意与巴西人的手语交流,如英美人用来表示"OK"的手势,在巴西人看来是非常不礼貌的。

3. 墨西哥人的主要文化特征及谈判风格

(1) 墨西哥人的主要文化特征

① 墨西哥人为自己的国家发展和成就感到骄傲和自豪,他们喜欢赞美自己的文化、历史和成就。

② 墨西哥在地理上属于北美国家,但其文化属于拉美文化。

③ 墨西哥人不习惯用英语进行谈判,简单的几句西班牙语就会得到对方的赞赏,从而进一步拉近彼此的距离。

(2) 墨西哥人的谈判风格

墨西哥人对时间有一种漫不经心的态度。开会迟到半小时或更长时间被认为是准时的,甚至会出现会议临时变更或取消的情况。商务谈判人员在谈判前和谈判中要与墨西哥人建立友好关系。墨西哥的大部分地区采取"奖出限入"的贸易保护政策,进口手续繁杂,寻找代理商、建立代理网络在谈判中至关重要。这可能需要一些时间,但带来的收益远大于耗费的精力。墨西哥人喜欢讨价还价,所以谈判人员要在报价中留下余地,但不要太过离谱,否则会被视为一种不尊重。墨西哥人看重面子,因此在交谈时要尽量为其保全面子。如果在谈判中让墨西哥人难堪,可能会因此付出高昂的代价。

(3) 与墨西哥人谈判时应注意的问题

① 与墨西哥人谈判时最好使用西班牙语。

② 墨西哥人比其他拉美人更看重礼节,对于称呼的选择要严谨规范。应事先了解当地其他商业伙伴称呼对方时使用的头衔和姓,如桑塔纳(Santana)教授、莫拉莱斯(Morales)医生、雷耶斯(Reyes)董事,避免出现礼节上的疏忽。

③ 商务拜访者要绝对守时,但不要期望墨西哥人能够准时赴约。

④ 与墨西哥人谈判,应避免在一天内安排多次会面,适合的时间一般是早上 10 点或下午的时间段。

⑤ 谈判过程中达成的协议必须形成书面形式,但合同条款不必太过详细。

(五) 亚洲国家的主要文化特征及谈判风格

亚洲地区是中国商务往来活动最重要的地区。东亚经济发展一直以来不断创造着奇迹，良好的贸易、投资环境促使东亚和东南亚成为世界上对外贸易和吸引外资最活跃的地区之一。该地区的政治和经济形势较为稳定，快速和健康的经济发展使经济活动的风险相对较小，收益相对较高。

亚洲的许多国家历史悠久，文化成就突出，拥有王朝背景使社会阶层等级明确。中国文化对周边国家有着广泛而深远的影响。在商务活动中，孔孟思想的影响十分深刻，人们重视人际关系的和谐和商业信誉的保持。亚洲国家语言交流委婉，强调集体主义，讲究礼仪，工作效率较低。亚洲大部分国家与我国有着高度相似的文化特征及谈判风格。本节重点介绍日本、韩国两个亚洲国家的主要文化特征及谈判风格。

1. 日本人的主要文化特征及谈判风格

（1）日本人的主要文化特征

① 日本人对地位和规则极为重视。他们尊重权力，崇拜自己认为高尚的东西，鄙视自己认为低劣的东西，自我意识极强。

② 他们对礼仪要求非常正式，鞠躬的深度和鞠躬时间的长度表示他们想表示的尊重程度。

③ 日本属于高语境文化，在与其他谈判人员交流时，日本人喜欢含蓄、间接地表达自己。

④ 日本人具有强烈的集体意识。日本文化塑造的价值观和精神取向是以集体主义为导向的，谈判决策注重集体决策，因此，与日本人进行谈判的决策时间通常很长。

（2）日本人的谈判风格

日本人注重在商务谈判中建立个人人际关系，因此，与日本人合作，良好的社交是非常重要的。日本人不喜欢在合同上讨价还价，一旦能成功地与之建立信任关系，几乎可以签署任何合同。对他们来说，合同条款的谈判是次要的。在进行决策之前，日本人通常需要与公司的其他部门和成员进行协商，过程极度烦琐，但一旦作出决策，执行力非常高。

日本人在商务谈判中非常有耐心，节奏通常较为缓慢、务实谨慎，事先会做好充分的准备。"拖延战术"是日本商人惯用的招数，只要能达成他们期望的目标或理想的结果，他们可以将过程延长至两三个月。因此，在与日本人谈判时，谈判人员缺乏耐心是谈判失败的重要因素。日本商人较多采用正面的承诺、推荐和保证，而较少使用威胁、命令和警告性言论，他们最突出的表现是不经常使用"不""你"和面部凝视，但经常保持一段时间的沉默。

（3）与日本人谈判时应注意的问题

① 日本人对谈判语言的要求很高，忌讳谐音寓意不好的词语。

② 日本人不喜欢在宴会中进行商务谈判，且没有带女士出席商务活动的习惯。

③ 日本以"礼仪之邦"著称，见面时要互施鞠躬礼，初次见面时对互换名片极为重视。

④ 饮酒是日本极为重要的礼仪，相互斟酒是谈判双方之间平等与友谊的表示。

2. 韩国人的主要文化特征及谈判风格

（1）韩国人的主要文化特征

① 韩国人注重民族情感，国家的文化和经济发展成就令他们十分自豪。

②他们性格倔强,常常固执己见,坚守立场,对他人的看法较为敏感,因此,在与韩国人谈判时,谈判人员应通情达理,注意分寸的拿捏。

③韩国人十分重视礼仪,有客来访,会先安排宴会然后才谈生意。宴会上需要大量喝酒,即使稍有醉意,主人也会认为是客人对自己的招待表示尊重。

（2）韩国人的谈判风格

韩国人对贸易谈判是相当重视的,在没有充分了解对方时,韩国人是不会与对方同坐在一张谈判桌旁的。他们常常会通过国内外的有关咨询机构对对方的经营项目、资金、规模、经营作风及有关商品的行情进行咨询。韩国人有很强的逻辑能力和组织能力,思维清晰,注重谈判技巧的使用。在谈判中,他们通常先提出主题,会针对不同的谈判对象、谈判目标灵活选择谈判策略,且热衷于讨价还价,善于使用"苦肉计"迷惑对方,以达到自己的最终目的。他们把朋友和生意严格区别开来,不要认为请韩国人吃饭就能达成订单。相对于日本商人来说,韩国商人更加直率,他们经常在弱势地位中作出让步以击败对手,往往能够在于己不利的谈判中反败为胜。有时他们还会采用"疲劳战术",是西方商人眼中的"谈判高手"。

（3）与韩国人谈判时应注意的问题

①要注意谈判地点的选择,韩国人非常在意谈判的地点,他们比较喜欢将谈判地点安排在有名气的酒店。

②要创造良好的谈判氛围。韩国人很重视彼此好感度及诚信的建立,通常需要先营造一个和谐的氛围后再进行谈判。

③韩国人传统观念上认为"右尊左卑",切忌用左手交接东西。

本章小结

国际商务谈判是国际商务活动中必不可少的环节。国际商务谈判是指来自不同国家或地区的不同利益主体就共同关心或感兴趣的问题进行磋商,协调和调整各自的经济利益或政治利益,谋求在某一点上取得妥协,使双方都感到有利从而达成协议的过程。这个过程不可避免地受不同国家、地区间文化差异的影响,因此国际商务谈判中的文化差异不容忽视。这些差异主要体现在语言表达、非言语交流、思维方式、谈判风格、价值观及习俗等方面。

为了更好地应对上述文化差异,谈判人员应在包容开放中坚定文化自信,充分了解谈判对手的文化特征,培养多元化思维,尊重不同国家的文化习俗和商业惯例。

近年来我国对外合作交流活动日益频繁,深入了解与我国交往密切的国家（地区）的文化特征和谈判风格有利于提高谈判成功率。商务谈判人员必须了解"一带一路"沿线主要国家或地区（包括俄罗斯、印度、阿拉伯、新加坡、中亚地区）及非洲、北美洲、欧洲、拉丁美洲、亚洲等地区主要国家的文化特征、谈判风格以及谈判中应注意的问题,只有这样才能在国际商务谈判中稳操胜券。

本章关键术语

国际商务谈判 "一带一路" 文化差异 非言语交流 思维方式 文化特征 谈判风格

名言分享

1. "入境而问禁,入国而问俗,入门而问讳。"
——《礼记·曲礼上》

2. "每一场谈判都应该是'跨文化谈判'。"
——奥拉西奥·法尔考(Horacio Falcao)

3. "与人谋事,则须知其习性,以引导之。"
——弗朗西斯·培根

4. "一个成功契约的障碍大多来自文化因素,而不是经济和法律因素。"
——保罗·A.郝比格(Paul A. Herbig)

5. "文化虽然不像文明那样具有地区的广泛性,但是,它相应地与各个国家的每一个人的喜、怒、哀、乐具有更深刻的联系。"
——森谷正规

巩固练习

自学自测 扫描此码

一、简答题

1. 什么是国际商务谈判?
2. 国际商务谈判的文化差异主要体现在哪些方面?
3. 与南非人谈判应该注意什么?

二、案例题

1. 日方何以"稳坐钓鱼台"?

日本的石油资源短缺,众多企业希望有更多的石油供应商。阿拉伯石油资源丰富,且不愁没有人购买。按理来说,日本谈判代表应该前往阿拉伯去谈判,但日本人却想尽方法把对方请到本国谈生意。

日本木田重工派出代表邀约阿拉伯石油供应商来谈判。阿拉伯人一般都比较谨慎，讲究礼仪，不会过分侵犯东道主的权益。阿拉伯谈判代表到了日本，双方之间的地位就发生了转变。日方代表在阿拉伯方代表到达后，根本不提谈判的内容，两天时间都在安排宴请及游玩。阿拉伯人过惯了富裕的舒适生活，忍受不了日本生活资源的匮乏，急于回到家中广阔的别墅、游泳池和妻儿身边去。两天后，谈判才被提上日程。阿拉伯方代表在开局就表现出消极的情绪，常常情绪化地进行辩解，讨价还价也显得焦躁而急切，而作为东道主的日方谈判代表则不慌不忙地应对，始终严守价格防线，面对阿拉伯代表连续猛烈的还价，日方代表始终避而不谈，不停转移到其他交易条件的谈判上。在谈判进程毫无进展时，日方代表顺势起身微微一笑道："时间也不早了，我们诚挚邀请贵方体验一下我们的和服文化，交易事项不如择日再谈。"阿拉伯方代表身处客场，只得应允。又经过一日的体验后，阿拉伯方代表终于忍受不了枯燥的生活，主动提出进行进一步的谈判。在谈判桌上，阿拉伯方代表面对日方代表的猛烈攻势，方寸大乱，日方代表轻松驳回对方的一系列提议。结果日方仅仅准备了少量款待作为"鱼饵"，就钓到了阿拉伯方的石油供应这条"大鱼"。

案例来源：https://wenku.baidu.com/view/49835a13f8c75fbfc67db299.html。

请根据案例回答以下问题：

（1）日本代表谈判成功的原因是什么？

（2）结合案例和本章所学内容，比较日本商人和阿拉伯商人的谈判风格。

2. 视频案例：《温州两家人》片段

【案例背景】　中国入世后，温州制衣的侯三寿和制鞋的黄瑞诚都面临企业要做强做大必须转型升级的困境。在一次商务合作中，美方公司代表坎贝尔发现黄瑞诚及侯三寿早期生产的商品侵犯了其公司产品的知识产权，为此双方展开了谈判。

扫描二维码观看《温州两家人》中的谈判片段，回答以下问题：

（1）视频案例体现了国际商务谈判双方的哪些文化差异？

（2）中美两国商务人员的谈判风格有何不同？

课后拓展

模 拟 谈 判

模拟谈判案例：

飞扬汽车公司市场经理小王主要负责海外业务。5月为公司国际市场业务活动月。小王本月的行程为：5月8日协同产品部经理李女士前往日本参与第二季度订单的最终商谈签约工作；5月12日前往埃及参观意向合作公司的生产工厂；5月18日赶往美国参加合作伙伴举行的商务聚餐。

4月30日，小王负责接待德国的购货商考察团，这也是他出国前的一项重要任务。小王从机场接到考察团后一路与德方领队寒暄。领队表示，前期产品的试投入市场反馈良好,客户评价也较为满意。小王立即回应:"那是当然!我们公司的产品是极好的,我们在国内称第二,可没有哪家公司敢称第一!"这时领队的脸色冷了下来,对小王说自己状态不佳,要先去酒店歇息再去参观。于是小王将考察团转送至酒店,之后双方也没有进行实质性谈判。这令小王百思不得其解。

5月8日,小王协同新晋产品经理李女士飞往大阪,与日本的上川自动车株式会社的代表就汽车零件订单的规格及价格展开谈判。此次主要商谈产品的细节问题,李经理担任本次谈判的主谈。当小王和李经理抵达日方公司会谈室时,日方的田中经理说:"上次参与谈判的不是产品部的白经理吗?他今天为什么没有来?我们想与白经理商谈具体事宜。"李经理回应说:"请相信我的能力,也希望双方能够尽快就产品规格及价格达成一致意见。"田中经理回复道:"我想,我方是可以等白经理有时间时再谈判的,合作不急于一时。"

因未能按预期达成合作签约,小王与李经理商量,决定让李经理留下与日方继续沟通,自己则于5月11日前往埃及参观工厂。5月12日,小王见到埃及代表詹姆斯时,双方客气地寒暄起来。因天气炎热,小王脱下了西装外套并解下了领带,此举让詹姆斯稍感不适,但仍按计划带领小王参观工厂,并表示:"如果飞扬对我方的设备器材感到满意,希望能进一步协商合作事宜。"小王不禁大声赞叹道:"贵方的设备器材确实让人惊叹,我方非常满意!我特意为您带来了美味的茅台酒,不如酒足饭饱之后我们再谈合作具体事宜。"詹姆斯先是感到诧异,后来皱起眉头说:"王经理不是还有其他安排吗?我现在也需要去处理公司的突发事件,感谢王经理莅临我方工厂参观。"于是詹姆斯便借故离开了工厂。

小王感到奇怪,一脸茫然,只好匆匆向埃及代表辞行前往美国。后因航班延误,最终赶到美国森威公司餐会会场时,已经比预定时间晚了半个小时,也不见美方客户的踪影。小王只好饿着肚子打电话给美方人员询问情况。美方代表让小王直接到公司即可。美方产品经理托马斯见到小王后,起身与其握手以示欢迎。小王却因疲惫不堪只是轻微地握了一下托马斯的手便落座。托马斯脸上残存的笑意一扫而空,直接表达了对小王迟到的不满,之后便直奔主题说起订单价格,并询问如果下一定量的订单,中方能够给多少折扣。小王故意说出一堆影响价格的因素,始终不做正面回应。托马斯多次起身走动,并不停地抬手看手表。半个小时后,见价格磋商毫无进展,托马斯终于按捺不住,起身用力拍了下桌子说:"我方感受不到贵公司合作的诚意,希望下次能有机会合作。"

小王终于完成了本月的外出安排,打算尽快回国向总经理汇报工作。

案例来源:https://wenku.baidu.com/view/aad29722c7da50e2524de518964bcf84b9d52d90.

请根据案例完成下列任务:

(1)分析小王与上述不同国家商人之间的谈判成败及其原因。

(2)假设你是小王,你该如何与上述四个国家的商人进行谈判呢?6~8名同学为一组,分别扮演中方谈判代表小王及李经理,以及德方、日方、埃方和美方谈判代表,根据以上案例情景,进行模拟谈判。要求在谈判中体现上述国家不同的商务文化特征及谈判风格。

第十章 商务谈判礼仪

本章思维导图

```
                                              ┌─ 含义
                    ┌─ 商务谈判礼仪概述 ─┼─ 特征
                    │                         └─ 作用
                    │
                    │                         ┌─ 言谈礼仪
                    │                         ├─ 举止礼仪
  商务谈判礼仪 ─────┼─ 个人形象礼仪 ────┤
                    │                         ├─ 服饰礼仪
                    │                         └─ 仪容礼仪
                    │
                    │                         ┌─ 接待礼仪
                    │                         ├─ 介绍礼仪
                    └─ 社交与签约礼仪 ──┤
                                              ├─ 宴请与舞会礼仪
                                              └─ 签约礼仪
```

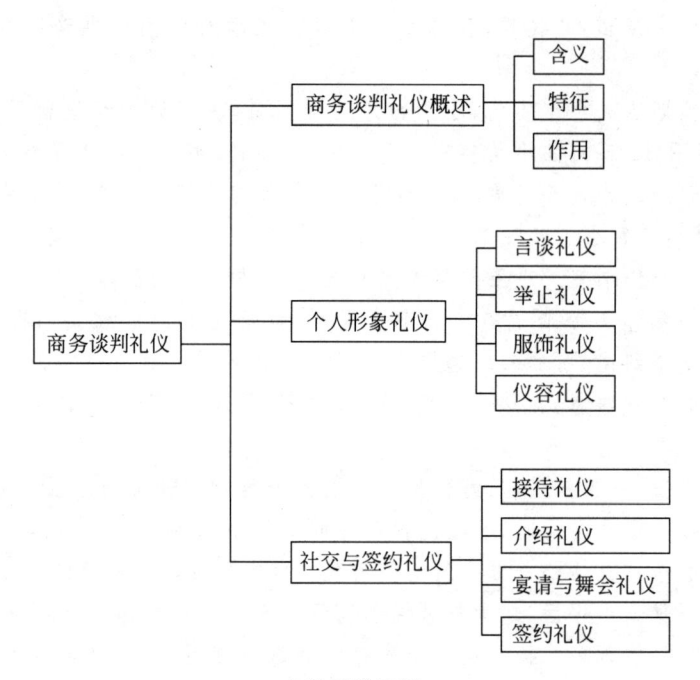

本章思维导图

【主要目标】

(1) 了解商务谈判礼仪的含义、特征及作用；

(2) 熟悉商务谈判中的个人形象礼仪，主要掌握言谈、举止、服饰与仪容方面的礼仪知识；

(3) 熟悉商务接待、介绍、宴请与舞会、签约礼仪。

课前"剧透"

【"剧透"片段】 在电视剧《海棠依旧》尼克松总理访华片段中，周恩来总理带领千人团在机场迎接尼克松总理及其夫人。从车辆的选择、国旗的摆放到乘车顺序，再到会谈的过程，周总理亲自精心策划每一个细节。周总理所展现的良好礼仪和外交风范，无疑是促成这场举世瞩目的中美建交谈判的重要因素之一。

扫描二维码观看短视频后回答问题：
1. 从视频中你学到了哪些礼仪知识？
2. 为什么要学习商务谈判礼仪？

导入案例

礼仪细节蕴藏大商机

汪巡是杭州市孔汉文化公司品牌管理部的部长。领导安排他负责联络到本市参观的某国代表团。为表示公司的热情和友好，汪巡特意前往代表团住宿的酒店拜访他们。

为配合代表团的行程安排，汪巡提前打电话与对方确认拜访时间，以防错过会面。出发前，汪巡精心准备了一番，换上正装皮鞋后，在理发店清洗了头发，做了精致的造型，以给人干净整洁、精神抖擞的直观印象。对于本次拜访的谈话内容，汪巡也提前做了构思，并准备了一些关于本市风光的明信片作为拜礼。

拜访当天，汪巡按约定时间抵达酒店。会面时，他主动问候并与代表团成员一一握手，接着进行简单的自我介绍，同时双手递上备好的礼物和名片。寒暄过后，对方邀请汪巡落座。就座后，汪巡十分注重个人仪态，端坐而不拘谨，落落大方，彬彬有礼。之后他根据事先准备的话题，坦然表明自己的来意，打开话匣，进入主题，会谈完毕后礼貌地握手告别。汪巡原以为外国代表团的这次参观访问到此已圆满结束。出乎意料的是，第二天，外国代表团延迟了回国日期，打电话邀请他洽谈合作事宜。

案例来源：https://www.renrendoc.com/p-24417360.html。

问题：汪巡为什么能获得意外的商机？以上案例带来什么启示？

汪巡作为品牌管理部的部长，在接待外宾前从会谈内容到个人形象管理都做了充分的准备，见面时的言谈举止也规范、得体，尽显礼仪风范，成功地塑造了良好的个人形象和公司形象，赢得了外宾的好感，从而让公司获得了意外的商机。正如拿破仑·希尔所言："世界上最廉价，而且能够得到最大收益的一种特质就是礼仪。"商务谈判人员的礼仪不仅反映个人的职业素养，还有利于公司形象的维护，在一定程度上决定商务合作的成败。

第一节　商务谈判礼仪概述

礼仪作为一种独特的文化现象，伴随着人类的出现而产生。礼仪源于原始社会时期人们对于难以解释的自然现象的尊崇。中国古代的"礼"和"仪"，事实上是两种不同的概念。正如古人所云："礼者，敬人也；仪者，形式也。""礼"是指一种制度、规则和社会意识观念；"仪"作为"礼"的具体表现形式，是根据"礼"的内容和规定而形成的一套系统完整的程序。随着时代变迁、社会进步及人类文明程度的提高，礼仪的内涵也在发生变化。礼仪是人们在长期共同生活和相互交往中逐渐形成，以风俗、习惯和传统等方式固定下来的，为维系社会正常运作而统一遵循的行为规范。更通俗地说，人们之间相互交流所产生的约定俗成的特定形式便是礼仪。

中国自古以来就是礼仪之邦，从古代开始中国就构建了系统的礼仪规范，在文明程度越来越高的当代，中华民族日益重视对礼仪的传承和发展，礼仪在人际交往中的作用愈发凸显。在商务谈判中，谈判人员得体的礼仪不仅是映照其自身形象的镜子，还是对他人尊重的表现。礼仪具有规范性、差异性、继承性和发展性四大特征，并表现为礼节、礼貌、仪表、仪式等形式。

商务谈判礼仪是商务交往活动中谈判人员所应遵循的交往艺术，是礼仪在商务领域的具体运用。商务谈判人员良好的礼仪除了体现自身良好的素质和修养，还能在一定程度上影响谈判对手的思想和感情。谈判过程中，礼仪不仅与个人形象息息相关，还直接代表谈判人员所在的组织，如企业、国家的形象。礼仪在商务活动中起着重要作用，甚至可能直接影响谈判结果。因此，谈判人员必须掌握商务谈判的基本礼仪。为了正确掌握商务谈判礼仪，谈判人员首先需要了解商务谈判礼仪的含义、特征和作用。

一、商务谈判礼仪的含义

商务礼仪是指人们在进行商品流通的各种经济行为中应遵循的一系列礼仪规范。商务谈判礼仪是商务礼仪的一个重要组成部分，是谈判人员在商务谈判中所必须遵守的，用来维护个体及组织形象与尊重谈判对手的惯例及形式。许多正式的谈判本身就是依据一系列约定俗成的既定的礼仪和程序进行的庄重会晤。商务谈判礼仪是在商务谈判过程中所应遵循的交往艺术，是礼仪在商务谈判领域的具体运用。商务谈判礼仪涉及个人形象礼仪、社交礼仪等方面。

二、商务谈判礼仪的特征

商务谈判礼仪既是礼仪的分支，又是礼仪的延伸。随着知识经济和信息技术的迅速发展、现代商务环境的变化和商务交流手段的增多，商务谈判礼仪也有了一些新特征。除了具备规范性、差异性、继承性和发展性等基本特征外，商务谈判礼仪还具有普适性、信用性、时机性和文化性等特征。

（1）普适性。就其适用范围来看，商务谈判礼仪具有一般人际交往礼仪的特点，如使用礼貌用语、在接待客人时要寒暄或互送礼物等。所不同的是，商务谈判礼仪是根据礼仪适用对象而产生的礼仪分支，是一般礼仪在商务谈判中的运用，适用于商务谈判的各种场合和各个环节。商务谈判礼仪对于协调各方的行为有更多的要求和规范。

（2）信用性。就礼仪的内涵而言，商务谈判礼仪必须具有信用性。由于商务谈判涉及谈判各方的利益，而不只是追求单方的利益最大化，因此在谈判过程中，谈判人员良好的礼仪不仅代表对谈判伙伴的尊重，还间接体现其信用性，只有这样才能获得更多的稳定合作伙伴。

（3）时机性。就行为角度来看，商务谈判礼仪具有时机性。商务谈判双方合作的机会非常珍贵，而商务谈判礼仪在某种程度上决定了双方能否把握合作时机。谈判过程中的良好礼仪有助于博得谈判对手的好感，从而赢得商机。相反，忽视礼仪中的某个细节有可能导致谈判的失败,从而错失良机,案例10.1便是很好的例证。

(4)文化性。就性质而言,商务谈判礼仪具有文化性。虽然商务活动属于经济活动,但商务谈判礼仪蕴藏着深远的文化内涵。商务谈判礼仪不仅体现谈判人员个人的内在气质和文化涵养,还折射出其所处社会、所在组织的文化特征。一般而言,在优秀企业文化熏陶下的谈判人员在谈判过程中往往具有良好的礼仪和职业素养,由此可见,文化对商务谈判礼仪有着深远的影响,注定了其具有文化性。

案例 10.1

一口痰"吐掉"一份合同

中国华氏面包厂准备从英国客商西蒙的公司引进全自动生产线。经过一番详细考察,西蒙对华氏面包厂的经营和管理很满意,并决定与其签合同。双方决定在西蒙考察华氏面包厂的第二天正式签订合同。华氏面包厂的贺厂长请西蒙到面包生产车间参观。见生产车间井然有序,西蒙先生不时赞许点头。突然,贺厂长感到喉咙不适,本能地咳了一声,走到车间墙角吐了口痰,接着连忙用鞋擦去,水泥地面留下了一块痰迹。

出人意料的是,第二天,西蒙竟然取消了合作,还给贺厂长留下一封信。信中写道:尊敬的贺先生,我十分敬佩您的聪明才智,但您在生产车间里吐痰的那一幕令我彻夜难眠。恕我冒昧直言:一个厂长的卫生习惯反映了一个工厂的卫生状况,更何况,我们今后合作生产的是吃进肚子里的面包呢?贵国有个成语叫作"人命关天"。请您原谅我的不辞而别……

案例来源:http://www.csmayi.cn/show/73572.html.

上面的案例中,贺厂长在西蒙眼中是个有聪明才智的人,但他因随意吐痰破坏了西蒙对他的美好印象,也使中国华氏面包厂的形象大打折扣,最终导致合作失败。可见,在商务谈判中礼仪无小事。遵循商务谈判礼仪虽不能保证谈判的成功,但是忽略礼仪往往会导致谈判的破裂、合作的失败。

三、商务谈判礼仪的作用

荀子曰:"人无礼则不生,事无礼则不成,国家无礼则不宁。"无论是对于个人、企业还是国家,礼仪都是不可忽略的存在。对个体而言,礼仪是一个人外在形象和内在素养的具体表现;对企业来说,礼仪是一个企业精神面貌和凝聚力的高度概括;对国家来说,礼仪是一个国家文明程度和道德风尚的集中反映。礼仪作为律己、敬人的行为规范,是现代社会人际交往的润滑剂和黏合剂,对提高社会文明程度、促进人际交往起着至关重要的作用。

随着现代社会经济的不断发展,商务谈判越来越频繁,商务谈判礼仪的作用也就更加凸显。商务谈判礼仪的主要目的是:减少双方在谈判过程中的摩擦,使一方感受到另一方的平易近人,创造良好的氛围,为谈判的顺利进行做好铺垫。如果一方在谈判过程中表现得粗俗鄙陋,只顾及自己的利益,完全不为他人着想,会破坏自己所代表的公司形象,降

低谈判对手对自己的好感度,从而阻碍谈判的顺利进行。具体而言,商务谈判礼仪具有如下作用:

第一,商务谈判礼仪有助于营造和谐的氛围,提高谈判的成功率。实践表明,在良好、和谐的氛围中,谈判双方很快便可找到双方都能接受的共同点,缩短谈判时间。若一个企业的谈判人员在接待合作伙伴时言谈举止彬彬有礼,衣着得体大方,为对方考虑周全,积极解决其疑问,合作伙伴会感到备受尊重,也会乐于与其交易。

第二,商务谈判礼仪能够塑造良好的个人和组织形象。谈判双方初次接触时的第一印象十分重要,正如美国勃依斯公司总裁海罗德所说:"大部分人没有时间了解你,所以他们对你的第一印象是非常重要的。如果你给人的第一印象好,你才有可能开始第二步。对于寻求商机的人,给人留下糟糕的第一印象,将失去潜在的合作机会。这种案例数不胜数。你必须花费更多的时间才能抹去糟糕的第一印象。"谈判双方的第一印象往往取决于彼此的礼仪。良好的礼仪仿佛无形的广告,有助于塑造成功的个人和组织形象,给合作伙伴留下美好的第一印象,从而促成交易。通过培养员工良好礼仪塑造成功企业形象的例子比比皆是:国际零售巨头沃尔玛的成功之道就在于员工彬彬有礼的服务,世界知名酒店希尔顿凭借"微笑服务"缔造了"阳光帝国"的传奇。这些成功案例都体现了良好的礼仪对个人和组织形象塑造的重要性。

第三,商务谈判礼仪有利于企业间建立互利共赢的关系。在人际交往中,能得到对方的赞同是我们共同的心理趋向,而在商务谈判过程中,双方都要维护各自的经济利益,因而矛盾和冲突在所难免。而谈判人员温文尔雅的言谈举止能有效地化解僵局、避免矛盾的升级。从某种程度上说,良好的礼仪是人际关系的润滑剂,有利于谈判双方互利共赢关系的形成。

第二节　个人形象礼仪

在人际交往中,个人形象能给人们最直观的印象。商务谈判人员的个人形象是指其在商务活动中表现出的整体状态。它包含了专业化的仪容仪表和言谈举止,是个人职业素质和能力综合的外在表现。换言之,个人形象是谈判人员的重要标志,直接决定他人对其的印象和社会评价的好坏。美国心理学家奥伯特·麦拉比安发现,在人的印象形成要素中,真正的谈话内容只占7%,表达的方法如语气、姿态等占38%,外表则占55%。这三大要素也是个人形象礼仪的决定因素,因而打造良好的个人形象礼仪是塑造商务形象的重要手段。

日本销售大王原一平说:"要成功地推销一件产品,首先要成功地推销你自己。"一名优秀的谈判人员也必定是一名优秀的个人形象管理者,衣冠不整、仪容凌乱不堪的谈判人员很容易给谈判对手留下没有诚意、不负责任的印象。因此,谈判人员应时刻注重个人形象礼仪。总体而言,个人形象礼仪主要包括言谈礼仪、举止礼仪、服饰礼仪和仪容礼仪。

一、言谈礼仪

言谈是商务谈判的核心活动。可以说,成功的商务谈判是一场圆满的交谈,而圆满的交谈取决于商务谈判人员的言谈礼仪。言谈礼仪是指在言语、体态和聆听艺术构成的沟通方式中体现出来的礼仪,是谈判双方知识、阅历、教养和应变能力等的综合表现。言谈礼仪是商务谈判人员个人形象礼仪的重要部分,商务谈判人员在谈判过程中应按照言谈礼仪的基本要求,规范说话内容,提高说话艺术。

(一) 基本要求

商务谈判中的言谈礼仪要遵循一定的基本要求,具体如下:

(1) 态度谦虚、诚恳。在谈判过程中不可信口开河、咄咄逼人,而应保持谦卑的态度,多使用"您、请您、请教您"等词汇,这是最基本的要求。在谈判中,若自己出现失言或失态,要保持诚恳的态度,立即向对方道歉,而不要辩解。

(2) 表情亲切、自然。表情是第二语言,在谈判中"无声胜有声"。微笑是商务谈判中最有用的表情之一。发自内心的微笑能给谈判对手这样的信息:"我是你的朋友"。同他人谈判时,不要眼神躲闪,而要目视对方,尽可能地展现己方的亲和力。"眼睛是心灵的窗户",优秀的谈判人员还可以从不同的眼神、目光相交的时间、瞳孔的变化等来捕捉信息。

(3) 语言准确、规范。谈判的语言表述要规范、清晰、准确、严谨,尤其是在讨价还价的关键阶段更应如此。由于一言不慎导致谈判破裂的例子屡见不鲜,因此,要使对方能够正确理解己方传达的信息,一定要用准确规范的语言表述己方的观点、意见。

(4) 语调平和、沉稳。在谈判中,不同的语调会使同一句话表达出不同的语义。通常应保持平和沉稳的语调,切忌语调失控,否则将有损己方的形象。

(二) 寒暄话题

在谈判中适当地寒暄几句,有利于营造良好的谈判氛围,但寒暄并不只是打个招呼就了事。事实上,有效的寒暄必须在短短一句话中明显地表露出己方对对方的关怀。虽然寒暄的话题有很多,但是在谈判中要懂得取舍。选择合适的寒暄话题可以为谈判的顺利进行打下基础。寒暄话题的选择可参考以下基本要求。

(1) 六不谈:在谈判过程中不非议党和政府;不涉及国家和行业秘密;不非议交往对象;不背后议论他人;不涉及格调不高之事;不涉及个人隐私。

(2) 慎选话题。寒暄宜选话题主要包括:

① 拟谈的话题。拟谈的话题是指双方约定好要谈判的话题。例如,双方约定今天谈论采购的问题,就不要谈论其他话题。

② 格调高雅的话题。一名优秀的商务谈判人员可以在谈判开局时通过格调高雅的话题体现自己的素养和品位。

③ 轻松愉快的话题。哲学、文化、历史等话题,在不同文化背景下会变成争议性话题,有可能制造分歧。因此,也可以谈一谈电影、旅游等轻松愉快的话题。

④ 时尚流行的话题。可以针对谈判方的兴趣谈论时尚流行的话题,如爆红网络的服饰风格等,尤其是双方的行业所涉及的时尚流行元素都是不错的话题。

⑤ 对方擅长的话题。古语云:"闻道有先后,术业有专攻。"在谈判开局时谈论谈判对手擅长的话题,给对方一个展示优势的机会,有助于营造良好的商谈氛围。

（三）言谈艺术

美国著名哲学家爱默生曾说，"听任何人说话，从他言语的贫乏或是华美方面，立刻就可以知道他过去是否充分地生活过。"高素质的谈判人员必须具备深厚的言谈功底，讲究言谈艺术。言谈艺术的提升需要注意以下几个方面：

（1）音量适中，言语规范。具体来讲，声音不宜过高或过低，语速适中，一般为 220～240 音节/分钟，用语准确。

（2）神情专注，善于倾听。谈判属于双向沟通，谈判过程不是单纯地向对方陈述己方观点，更重要的是善于倾听。倾听是一门艺术，需要专注，只有这样才能听出对方的言外之意，了解对方的真实意图。倾听也是对谈判对手的尊重，耐心倾听有助于取得良好的谈判效果。具体来讲，不打断他人说话、不补充、不纠正、不质疑等都能传达对对方的尊重。

（3）嘘寒问暖，开启话匣。商务谈判人员在谈判过程中特别是在开局阶段，可以采用不同的方式开启话匣，具体可选取问候式（面对老朋友的场景）、言他式（如城市、天气，放松气氛）、触景生情式（见之于景，动之以情）和夸赞式（如对方的发型、服饰、言行举止）。

（4）巧用幽默，掌握分寸。在商务谈判中既可以巧打比方，深入浅出，使语言更加生动形象，也可以趣用幽默，调节交流氛围，还可以妙说数字，采取思维路标方式建立逻辑。无论采用哪种方式，都要把握适当的分寸，以免太过随性，给谈判对手造成不尊重此次谈判的感觉。

案例 10.2

以十换二

在一次拜访中，业务员双手将名片递给秘书，但董事长刚从秘书手中接过名片扫了一眼就又丢了回去。无奈之下，秘书只能把名片还给门外看似尴尬的业务员。业务员毫不气馁，坚持说："没事的，不过恳请董事长留下名片，因为我还会再来拜访的。"

在业务员的一再坚持下，秘书只好硬着头皮再走进办公室，把名片重新递给董事长。董事长顿时火冒三丈，将名片撕成两半，扔给秘书。秘书愣住了，董事长更加恼火，拿出十块钱，怒吼道："十块钱买他一张名片，够了吧！"不料当秘书把撕成两半的名片和钱拿给业务员时，业务员却开心地大声说："麻烦你帮我带句话给董事长，十块钱足够买下两张我的名片了，所以我还欠他一张。"接着又掏出一张名片给秘书。这时，伴随着一阵大笑声，董事长走出办公室，说道："不跟这么幽默、机智的业务员谈生意，我还找谁谈？"

案例来源：https://wenku.baidu.com/view/4352b8f59e31433239689322.html。

上面的案例中，业务员用幽默得体的谈话化解了尴尬的局面，让火冒三丈的董事长平静下来，激发了董事长想和业务员谈生意的兴趣。在商务谈判中，巧用幽默得体的语言调节气氛是谈话的艺术，展现了言谈礼仪的魅力。言谈礼仪是个人形象礼仪的重要体现，从一个人的言谈就可以了解这个人的思想水平、知识修养、道德品质等。因此，在商务谈判中,要讲究言谈的艺术性。

二、举止礼仪

举止,就是人的动作行为,是"不说话"的语言,可以体现一个人的文化素养。举止礼仪是人际交往过程中通过站姿、行姿和坐姿等行为、体态表现出来的礼仪。

早在古代人们就开始关注举止礼仪。孔子曾提出"非礼勿动",即人的所有动作行为都要符合礼仪规范。我国传统上有"站如松,坐如钟,行如风"之说,描述的都是举止端庄之美。这些举止礼仪也适用于现代社会的商务谈判人员。谈判人员的举止礼仪是个人气质、风度的外化。商务谈判人员应重视举止礼仪,除了要在谈判过程中表现友好、尊敬的态度,还要时刻注意在特定的场合、时间、行为举止方面的禁忌。言谈举止礼仪要求商务谈判人员举止文明,做到站姿、坐姿和行姿得体有方。所谓"站有站相、坐有坐相"就是言谈举止的基本要求。谈判人员的言谈举止要求具体如下。

(一)站姿

站姿通常是指人们在站立时所呈现的静态姿势,也是人们其他动态姿势的基础。它是人们所有姿势中最基本的姿势。如果站姿不标准,那么其他姿势更难说得上优美,具体而言,商务谈判人员标准站姿的基本要求如下:

(1)基本要领。肩膀打开两边齐平,眼睛平视前方,嘴微闭,收下颌,表情自然;抬头、挺胸收腹,双腿伸直,手臂自然下垂,躯干挺直。具体来说,男女的基本站姿略有不同。

对男性而言,在站立时一般要求双脚平行,不超过肩宽。保持躯干直立,双肩微微后展,头部微抬,双臂自然下垂伸直,双手贴放于大腿两侧,且中指对准裤线。脚跟靠拢,脚夹角约成60度。如果站立过久需稍作休息,可将左脚或右脚交替后撤一步,同时需保持身体的重心落在一只脚上,另一只脚可稍稍放松。但上身仍须保持挺直,双腿不可叉开过大,同时要注意姿势变换不可太过频繁。

对女性而言,在站立时应挺胸收腹,微收下颌,目视前方,双手自然下垂,双腿自然并拢。常见的站立姿势是双脚呈"V"形站立,即双脚脚跟靠紧,脚尖分开,其分开距离大约为10厘米,约呈45度角,还可将左脚向前,脚后跟抵于右脚内侧,呈丁字步站立。

标准站姿的手位还包括右手搭在左手上叠放于体前、双手叠放于体后或一手放于体前一手背在体后。总体而言,要求男性站姿庄重挺拔,女性站姿美观优雅,以充分展现男性的阳刚与女性的柔美。

(2)主要禁忌。站立之时要做到古人所说的"站如松",即站立时,保持身子端正,不能倚靠在桌子、墙壁或是椅背上,不要出现斜肩、含胸、弯腰、驼背的不良姿态。不能双手插在口袋里,容易显得随意散漫;不能双手交叉于胸前,容易显得傲慢无礼;不能歪倚斜靠,容易显得慵懒懈怠。双腿叉开时,其间距不宜过大,最多与肩齐平。虽然双脚可间歇替换休息,但最好不要随意乱动。在公共场合,切忌脱鞋或是穿人字拖出行。

(二) 坐姿

坐姿通常指人们坐立时呈现的一种静态姿势。这是在一般工作场合,如入职面试、公务办公等使用最多的姿势。因此,商务谈判人员要打造良好的坐姿,具体应注意以下几点:

(1) 就座要求。首先,需注意就座的顺序,通常是长辈、上级等处于较高地位者优先就座;其次,要注意落座无声,无论是落座时还是调整座椅时都尽量不要发出嘈杂的声响,做到轻巧落座;最后,要注意就座得体,一般从座位左方落座。对于着裙装的女士而言,在落座前,要轻拢裙摆。

(2) 落座姿势。要求有三:①在较为正式的场合,要保持背部直立,落座时通常占座椅的2/3处为佳。②要时刻注意腿的姿势,男士双腿可并拢,也可分开,但不得超过肩宽;女士要注意双腿合拢并垂直于地面,也可将双腿稍稍斜侧,常见的双腿姿势有标准式、侧腿式、重叠式和前交叉式等。③脚自然放置,脚尖向前,或朝向侧前。

(3) 主要禁忌。坐定时,腿不能时常摇晃,同时应避免跷二郎腿等不礼貌行为。入座后,切忌背靠座椅或是低头目视地面,也不要摇头晃脑、闭目养神。尽量不要使他人看到自己的鞋底,也不要踩踏其他物品。

(三) 行姿

行姿是指人在行走中所呈现的动态姿势,是站姿的延续。行姿可以展现一个人的风采和气度,也是一种肢体语言。它的总体要求是轻松、矫健、优美、匀速,具体如下:

(1) 昂首挺胸。商务谈判人员在行进过程中要做到:面向前方,头部保持端正,双目平视前方,表情自然,精神饱满;上身挺直,尤其要避免背部、腰部、膝部弯曲,双肩应尽量保持齐平,切勿左右摇晃;双臂要轻松自然地随步伐摆动,摆动的幅度以30度左右为佳。

(2) 全身协调。行进过程中,要匀速协调,动作和谐,步调一致,掌握节奏感。整个身体要看起来协调配合,轻松自然,避免过于僵硬和做作。

(3) 应避免以下行为:①方向不定,容易显得心神恍惚;②速度多变,容易显得心浮气躁;③瞻前顾后,容易显得畏畏缩缩;④声响过大,容易惊扰他人;⑤身体乱晃,容易显得漂浮不定。

案例10.3:不修边幅的季先生

三、服饰礼仪

服饰礼仪是指在人际交往过程中,为了相互表示尊重与友好,促进和谐交往而在服饰上体现的一种行为规范。中国传统社会倡导衣冠之治,也就是通过服饰管理社会。《易经·系辞下》记载:"黄帝、尧、舜垂衣裳而天下治,盖取之乾坤。"意思是黄帝、尧、舜依照衣裳各主要部位的名称设职位使天下得到治理,取法乾、坤二卦,也就是分权,设立官位,治理天下。服饰礼仪除了与社会管理有关,也与文化、商业息息相关。良好的服饰礼仪能使谈判人员适应工作需求,提高个人素质,塑造企业形象。在商务谈判中,服饰的面料、颜色、款式等都会在一定程度上影响谈判人员的情绪。商务谈判人员不仅要了解男性与女性服饰礼仪的特定要求和注意事项,还需遵守五大基本原则。

(一) 男士服饰礼仪

1. 男士着装要领

男士在商务场合的形象,一般是穿着藏蓝色西装、白色(带袖扣)衬衫,搭配纯真丝领带,系黑色皮带,脚穿深色高腰棉袜、黑色皮鞋,手拿公文包。衬衣要保持领口与袖口洁净,扣上风纪扣,不要挽袖子。衬衫穿着要遵守干净平整、浅色系、纯棉加厚、袖长领高两指、袖宽一指的原则,忌脏(尤其要注意袖口、领口)、忌明花、明格、忌太薄、忌不扣袖口、忌旧、忌起泡、起球。领带应端正整洁,不歪不皱,用高品质面料,图案要含蓄。衬衣和领带的质地、款式与颜色均应与其他服饰相匹配,并符合自己的年龄、身份和公司的形象,但是不宜过分华丽和耀眼。皮鞋应以深色系为主,黑色系带皮鞋更显庄重、正式。

2. 男士着装注意事项

首先,遵循三大基本原则:①服饰要与环境、身份、体形相协调;②服饰不要紧跟时尚潮流;③要注意服饰的细节。

其次,要遵循三色原则。简单地说,就是男士的着装不宜超过三种颜色,包括上衣、长裤、衬衫、领带、腰带、鞋袜在内。

再次,要遵守"三一定律":着正装时,鞋子、腰带、公文包应为同一颜色。

最后,要注意以下禁忌:

(1) 三大禁忌。①不拆袖子上的商标;②非常重要的场合,尤其是国际交往中,穿西服套装不打领带;③袜子出现问题,重要场合白色袜子和尼龙丝袜与西装是不搭配的,而且鞋子和袜子的颜色要协调。

(2) 其他禁忌。①西裤过短;②衬衫放在西裤外;③不扣衬衫扣;④西服袖子长于衬衫袖子;⑤领带太短;⑥西服上装两扣都扣上(双排扣西服除外);⑦西服的衣、裤袋内鼓鼓囊囊;⑧西服搭配便鞋。

(二) 女士服饰礼仪

1. 女士着装要领

女士应选择与肤色匹配的服装颜色,扬长避短。在正规场合的常规着装是套裙、制式皮鞋和肉色高筒丝袜。规范的女性服饰礼仪有助于塑造专业形象,具体要求包括:短裙配长袜,长裤配短袜;尽量不穿着无袖的衣服;不穿凉鞋、运动鞋或露趾的拖鞋;配饰少而精;鞋袜大小相宜、鞋袜完好无损,不可当众脱下、不可随意乱穿、袜口不可暴露于外。

2. 女士着装注意事项

首先,着装应与环境、身份、体形相协调;在严肃的商务场合,女士需穿正式深色职业套裙和制式皮鞋。

其次,服饰简洁大方即可,切忌华丽或性感。

再次，避免装扮清纯或学生味。

最后，要注意以下原则和禁忌：

（1）遵循五不准原则：①不准穿黑色皮裙；②正式场合不准光腿；③不准穿残破的袜子；④鞋袜不准不配套（穿凉鞋一定要光脚，正式场合一定要穿正装凉鞋——双包鞋）；⑤不准在裙子和袜子之间露出腿肚子。

（2）避免六大禁忌：①忌服饰颜色过于鲜艳；②忌服饰搭配过于杂乱；③忌着装过于暴露，尤其不要裸露胸、肩、大腿等部位；④忌着装过于透视，应穿着庄重的服饰；⑤忌服饰过于短小与紧身；⑥忌服饰过于肥大与不和谐。

（三）着装五大基本原则

1. TOP原则

TOP(Time，Occasion，Place)代表时间、场合、地点三要素原则，是国际通用的基本原则，具体如下：

（1）时间原则，是指着装要考虑时间因素，包括春、夏、秋、冬一年四季的不同，早、中、晚时间的不同等，即根据时间、季节的不同调整着装。例如，冬天宜穿保暖、御寒的衣服，夏天宜穿透气、吸汗的衣服等。

（2）场合原则，是指着装要符合场合的气氛，包括工作场合、社交场合和休闲场合等。工作场合总体要求端庄保守，不可随性穿搭，正式的职业装、套装、裙装等都是不错的选择；社交场合总体要求时尚个性，不可太拘束，比较适宜穿时尚个性的服装、礼服或具有民族特色的衣服；休闲场合总体要求轻便舒适，不必穿得过于正式，比较适合穿随性自然的休闲装，无伤大雅即可。

（3）地点原则，是指着装要与地点协调一致，包括国内、国外的不同地点，室内、室外的不同地点等。商务谈判人员应当随着地点的不同而更换服饰，切勿以不变应万变。

2. 整体原则

整体原则是指服饰整体协调的原则，即选择与自己的体型、年龄、肤色等相协调的服饰，甚至还要考虑指甲、配饰、鞋子等诸多细节。要根据自身的特点精心挑选符合自己整体形象与气质的服饰。

3. 配色原则

配色原则是指服饰色彩搭配得宜，以少为佳，以精为妙的原则。生活中，配色对人有极大的视觉刺激，因此配色选择十分重要。通常情况下，三色原则是很实用的，即全身颜色控制在三种以内最好，以保证全身色调和谐，有所呼应且层次分明。

4. 个性原则

个性原则是指服饰要显现自我特色、个人气质的原则。每个人由于性格、阅历、职业的区别，气质有明显的差别。选择服饰时，切忌盲目追逐潮流、效仿他人，而要正确认识自身气质,选择能凸显自己良好气质的服饰,树立自己鲜明的个人形象。

5. 整洁原则

整洁原则是指服饰干净整齐的原则。全身穿戴整齐洁净,不仅能给人以积极向上的感觉,还能表现出个人对谈判对象的尊重及对谈判活动的重视。整洁原则并不意味着追求高档、潮流等,而是侧重干净整齐。同时,还需要配合一些基本的搭配原则,如样式、颜色与个人身份、肤色、喜好的匹配。

案例 10.4

中国领袖的服饰智慧

中国国家主席习近平和夫人彭丽媛的外交服饰,不仅展现出其卓越的个人形象,更是国家形象与传统文化的符号和象征。在不同时间、不同地点和不同场合,习近平主席和夫人的服饰都非常得体。习近平主席的着装具有沉稳、儒雅、尊贵、严谨、博学等特点,第一夫人的服饰则展现端庄、谦逊、智慧、高雅与平和的特色。夫妇二人既各具特色,又相互映衬;既展现中国文化的精髓,又不失时尚经典,有利于提升中国的国际形象。

例如,第一夫人彭丽媛参观坦桑尼亚妇女与发展基金会时,身穿蓝灰色基调服装,蓝灰色中式罩衫搭配同色系的蓝色印花裙,丝光棉面料呈现光洁亮丽的效果,衬托出她宁静素雅的气质。素色和中国民族风的印花图案比例相配得宜,既不夸张,也不过分严肃。

又如,习近平主席夫妇参加荷兰国王邀请的国宴时,两人都身着中式服装亮相。习近平主席身穿暗黑色的中式礼服,暗门襟隐藏了胸前纽扣,左胸增加设计了西式口袋巾的图案。这样的着装风格既体现了习近平主席对西方服饰礼仪的尊重,又有助于营造轻松和谐的气氛,整体服饰给人的印象是庄重不失趣味,符合国宴场合的氛围。第一夫人身穿整洁合身的黑色外套,外套边缘以宽边艳色的牡丹花刺绣进行修饰,内衬清新的粉果绿长裙。中国刺绣和牡丹花颇具中国传统风格,体现了鲜明的中国特色,绿色长裙暗含了对环保的崇尚,符合环保的时代理念,整体服饰既突出中华风采,又符合西方时尚,色彩搭配也很和谐,符合国宴的氛围。

总之,习近平主席与夫人的外交场合着装服饰搭配得体,习近平主席的服装细节与夫人彭丽媛服装中的亮色元素总能巧妙地相互呼应。在款式选择上,层次感衬托简约感,时尚与经典交融,无不体现一个大国领袖与夫人的深厚涵养和外交智慧。

案例来源:http://news.youth.cn/wztt/201403/t20140324_4913273.htm.

在商务谈判中,服饰礼仪对个人、企业和国家形象的塑造起着举足轻重的作用。例如,习近平主席和夫人彭丽媛不仅遵守了TOP着装原则,而且融入了中国元素。同时,二人的服饰巧妙呼应,既体现了个人气质和经典时尚,又展现了中国文化的韵味,充分体现了中国领导人卓越的服饰礼仪和中国风采。中华服饰礼仪是中华上下五千年文明的重要组成部分。习近平主席夫妇在国际商务交往中将历久弥坚、生生不息的中华民族传统文化展现得淋漓尽致,堪称继承和弘扬中华民族优秀传统文化、传承中华文明之魂的典范。

四、仪容礼仪

仪容是指人的容貌,包括头发及面容等所有未被服饰遮掩的肌肤。仪容礼仪是个人形象礼仪的重要组成部分,展现了一个人的精神面貌。当年尼克松和肯尼迪在全美观众面前进行竞选总统的第一次辩论时,肯尼迪打败了尼克松,仪容礼仪在其中扮演了重要的角色。一位历史学家这样评价尼克松:"在全世界看来,他好像是一个不爱刮胡子和出汗过多的人,带着忧郁感等待着电视广告告诉他怎么不失礼。"同样,在商务活动中良好的仪容更能展现谈判人员的诚意、对活动的重视及对他人的尊重。

(一)女士仪容的基本要求

1. 保持面部清洁

保持面部清洁、口气清新是最基本、最简单的要求。女士最好修饰面部,依场合选择妆容的浓淡。在上班和正式场合中,比较适宜化淡妆。出席晚宴和舞会等社交场合时,可适当化浓妆。根据场合选择适当的妆容是对自己和他人的尊重。商务谈判人员的妆容应该美观大方、自然得体、协调统一。

2. 保持发型整洁

在正式场合或上班时,建议长发的女士不要披发,而应束发或盘发,这样可以给人留下干练、端庄、优雅的印象。如果留有刘海,不要超过眉毛。

3. 保持指甲清洁

女士应保持指甲清洁,指甲缝不留脏污,不能留长指甲,不能涂鲜艳的指甲油,可以涂透明或淡粉的指甲油,指甲的形状一般修剪为椭圆形。

(二)男士仪容的基本要求

1. 保持面部清洁

男士不应蓄胡须,胡须最好每天剃一次,同时定期对鼻毛、耳毛进行修剪。出席重要的场合时,胡须较多的男士应提前对之进行修剪。需要注意的是,不宜在大庭广众下清理毛发,这是极不卫生、极不文明的行为。

2. 保持发型整洁

男士发型相对单一,头发需保持长短适中,以"前不覆额、侧不遮耳、后不过颈窝"为宜。忌染发或留过于有个性的发型。

3. 保持脚部清洁

由于男士经常运动,脚汗问题比较常见,因此要格外重视保持脚部清洁,做好脚部的卫生护理。要养成常洗脚、常换袜的习惯,以免脚臭引起尴尬。

第三节 社交与签约礼仪

社交礼仪是指人们在相互交往过程中,为了相互尊重而遵循的约定俗成的、共同认可的行为规范。社交礼仪能体现个人所具备的基本素质、交际能力等,它在人际交往和商务活动中的作用越来越重要。正如荻原塑太郎所言:"社交的秘诀,并不在于讳言真实,而是在于讲真话的同时也不激怒对方。"在人际交往中,社交礼仪是友谊的桥梁,它是功能性很强的一种行为,在传递真实信息的同时能沟通感情,获得支持与帮助,从而有助于建立良好的人际关系。在商务谈判中,社交礼仪能增进谈判双方的相互了解,有利于谈判的顺利进行。本节涉及的商务谈判中的社交礼仪主要包括接待礼仪、介绍礼仪、正式签约礼仪、宴请与舞会礼仪等。

一、接待礼仪

接待礼仪在商务工作中是不可或缺的。商务谈判人员的接待礼仪直接展示其所在公司的形象,可以最直观地体现接待人员的素质修养,也可以从一定程度上反映公司的整体实力。接待礼仪是双方商务谈判合作的基础,因此,进行商务谈判需要重视商务接待的每一个流程,遵循乘车、日常接待引领、参观陪同和游览陪同等方面的礼仪。

(一)商务接待的基本要求

商务接待的流程主要包括接待前期准备工作、接待中期服务工作和接待后期送别工作。商务谈判一方在接待另一方时,应注意以下要求:

1. 接待前期的准备工作

(1)了解客方的基本情况和背景资料,包括所在单位、姓名、性别、职务、人数,以及到访的具体时间和地点等。

(2)依据客方的基本情况定制具体的接待规格。需要考虑主陪人员的身份、客方与接待方的关系、以前是否接待过等因素。

(3)草拟接待日程安排方案,与相关部门沟通情况,并报请领导批示。接待方案一般包括客方的基本情况、接待工作的明确分工、工作人员名单、食宿地点、交通工具、活动方式、经费预算及日程安排等。

2. 接待中期的贴心服务

(1)室外商务接待

① 依据客方身份和到达日期与地点,安排与客方身份、职务相当的接待人员提前迎接,恭候客方。如遇特殊原因,与客方身份相当的主人不能前往迎接,前去替代迎接的主人应向客方作出礼貌的解释。

② 接到客方后,双方握手表示尊重。接待人员应首先问候来访者,对其表示欢迎,之

后应作自我介绍,双方交换名片。此时不宜过多地与对方谈论商务事宜,而应讨论轻松愉快的话题。

③ 用接待车将客方送至住处,帮助客方办理手续并将其引至房间,同时向客方介绍住处的服务、设施,告知客方活动计划、日程安排等,并把事先预备的旅游图或地图、风景名胜等介绍材料交给客方。

(2) 室内商务接待

① 当客方抵达时,相关领导应提前到大门口迎接客方。客方抵达下车后,双方领导便可交换名片,初步认识,并通知各部门人员准备开始接待工作。

② 接待人员可带领客方参观公司,届时可向其介绍公司的发展历程、企业文化、行业背景等,使其对己方公司有更深入的理解。

③ 在客方参观完毕后,双方可进入会议室就项目或其他话题进行座谈讨论,并且安排人员做翔实记录,如有需要也可安排媒体进行报道。

在室内接待客方时,如果客方要找的负责人不在,要明确告知其负责人的去处和返回本单位的具体时间。同时,应留下其电话和地址,并明确是其再次来访,还是由本单位负责人前往对方单位。如果客方前来时己方负责人因特殊情况不能立即接见,则需清楚告知客方所需等待时间和等待理由。如果客方愿意等待,则应为其提供饮品和杂志,并尽可能时常为其更换饮品。

3. 接待后期的精心安排

(1) 根据接待日程安排为客方订购返程机票或车票,并及时将其送到车站、机场或码头做最后的送别工作。

(2) 对此次接待工作进行相应的总结,可对日程安排的合理性、接待工作的实际支出与预算等进行评估和改进,以提高今后接待工作的效率。

(二) 商务接待基本礼仪

商务接待中的礼仪主要包括乘车礼仪、日常接待引领礼仪、参观陪同礼仪和游览陪同礼仪等。

1. 乘车礼仪

(1) 上下车礼仪

在正式的商务场合,上下车礼仪既是一种讲究,又是一种文明礼貌的体现。上下车要遵循的基本礼仪原则是"方便宾客,突出宾客"。一般是客人和领导先上车,司机和陪同人员后上车。下车时,司机和陪同人员先下车,客人和领导后下车。假如许多人同乘一辆车,那么离车门最近的人先下车。不管是先上后上,还是先下后下,我们都要遵循"方便宾客、突出宾客"的原则。具体而言,上下车礼仪还体现在如下细节中。

第一,上车时,当轿车主人陪宾客同乘时,在给客人和领导开门时,要以左手固定车门,以右手护住车门上沿,以防车门与客人或领导的头部发生磕碰。在确保客人和领导坐好后,轻关车门,同时小心车门不要夹住衣服或手。接着轿车主人再从车尾绕至车左侧为其他客人开门或者自己上车。如果自己不是轿车的主人,而是与女士、长辈、领导、客人同乘一辆双排座轿车,则应该请后者先从车右侧入后座,之后自己再从车尾绕至车左侧入后座。

第二,下车时,司机和陪同人员应先下车,迅速为女士、长辈、领导、客人小心开启车门,并且一手固定车门,一手护住车门上沿,以防他们的头部发生磕碰。

第三,当女士穿着的裙子较短或较贴身时,宜坐在方便上下车的靠近车门处,且上下车时切勿单脚行动,或是爬着进出轿车。得体的做法是:上车时,站在车门旁,放低身体重心,背对车座,合并双腿,轻拢裙裾,轻轻将臀部放在车座上,再保持双膝合并的姿态把双腿收进车内。下车动作也类似,始终保持双膝合并,双脚同时落地,再慢慢抬高身体重心,站直身子。

(2) 乘车座位礼仪

在商务接待中,乘车座位的安排是很重要的一个环节,乘车座位的妥当安排是尊重宾客的重要表现。轿车是接待工具中最常见的,对于不同情况,在不同身份和阅历的人眼里,轿车的上座也是不同的。接待人员要特别注意三种场合的上座是不同的,具体如下:

① 社交场合的上座。如果是主人开车,那么副驾驶座就是社交场合的上座,因为坐在副驾驶座便于和主人交谈。假如在主人开车的情况下宾客坐在后排,那么就像是把主人当作司机了。

② 公务接待的上座。如果是专职司机开车,那么后排右座就是公务接待的上座。这是因为在我国,车辆靠右行驶,右座较左座更方便上下车,并且坐在后排比前排舒适。一般来说,专职司机到酒店停车时,后排右座会正对酒店门口,而且服务人员会为这个位置的宾客开门。在专职司机开车的情况下,副驾驶座又被称为"随员座",坐这个位子的大多是助理、秘书、翻译和警卫等人员。

③ VIP上座。司机身后的座位就是VIP上座。对于高级领导和高级将领而言,包括港澳台的一些专家人士,无论方向盘是在左侧还是在右侧,他们都爱坐在司机身后,因为那个位置最安全。最不安全的位置是副驾驶座。但现在汽车的安全性能相比之前有了很大提升,所以不必过于担心副驾驶座的安全状况。

当主人亲自驾车时,通常前排为上,后排为下,以右为尊,以左为卑。当专职司机驾车时,一般也是以右为尊,以左为卑,但是前后排的尊卑关系发生转变,变为后排为上,前排为下。不同类型的轿车和不同的驾驶座人员身份,有不同的确定座位尊卑的乘车座位礼仪,以下将一一介绍(按照乘车人的重要程度,以 1、2、3……的数字顺序排列)。

① 双排四座车。不管是主人亲自驾车还是专职司机驾车,都应以前排右座为尊,其次是后排右座,末席为后排左座。具体安排如图 10-1 所示。

② 双排五座车。当主人亲自驾车时,以前排右座为尊,其次是后排右座,再次是后排左座,末席是后排中间座。当专职司机驾车时,以后排右座为尊,其次是后排左座,再次是后排中间座,末席是前排右座。具体安排如图 10-2 所示。

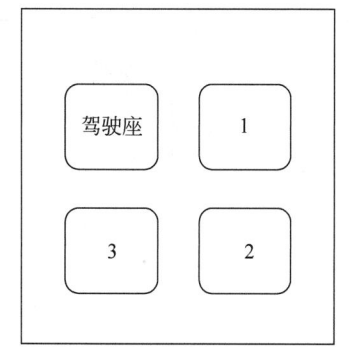

驾驶座	1
3	2

图 10-1 双排四座车座次排列

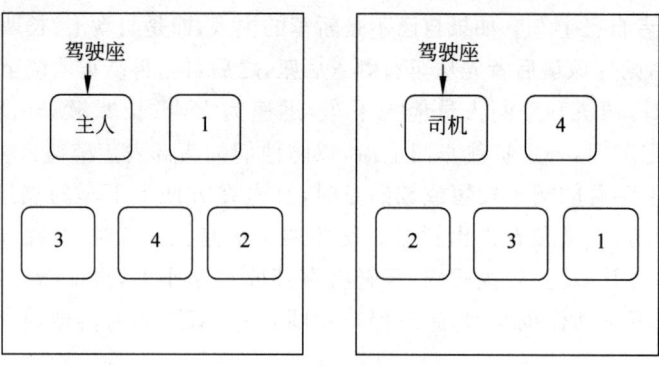

图 10-2　双排五座车座次排列

③ 双排六座车。当主人亲自驾车时，以前排右座为尊，其次是前排中间座，再次是后排右座、后排左座，末席是后排中间座。当专职司机驾车时，以后排右座为尊，其次是后排左座，再次是后排中间座、前排右座，末席是前排中间座。具体安排如图10-3所示。

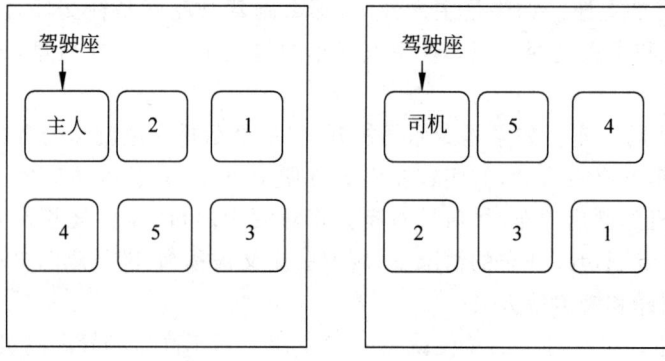

图 10-3　双排六座车座次排列

④ 三排七座车（中排为折叠座）。三排七座车的乘车座位礼仪的主座是后排座位，次座是中排座位。当主人亲自驾车时，按宾客身份的重要程度由高到低排列座次顺序是：副驾驶座，后排右座，后排左座，后排中座，中排右座，中排左座。当专职司机驾车时，按宾客身份的重要程度由高到低排列座次顺序是：后排右座，后排左座，后排中座，中排右座，中排左座，副驾驶座。具体安排如图10-4所示。

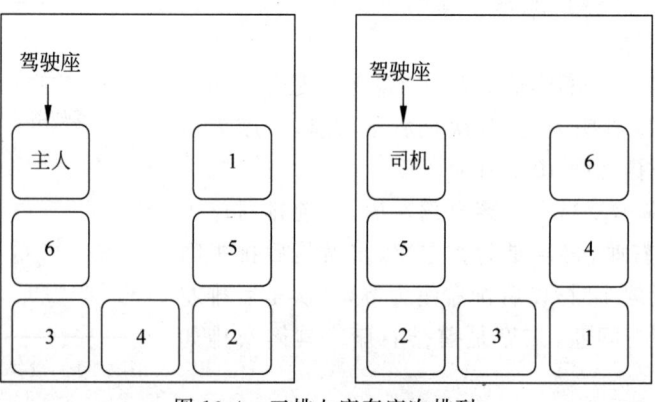

图 10-4　三排七座车座次排列

⑤ 三排九座车。三排九座车的乘车座位礼仪的主座是中排座位,次座是后排座位。当主人驾车时,按宾客身份的重要程度由高到低排列座次顺序是:前排右座,前排中座,中排右座,中排中座,中排左座,后排右座,后排中座,后排左座。当专职司机驾车时,按宾客身份的重要程度由高到低排列座次顺序是:中排右座,中排中座,中排左座,后排右座,后排中座,后排左座,前排右座,前排中座。具体安排如图10-5所示。

⑥ 多排座轿车。多排座轿车一般是指四排及以上座次的大中型轿车。不管是主人亲自驾车还是专职司机驾车,都是前排座位优于后排座位,右侧座位优于左侧座位。同时,根据座位离前门的远近来安排具体座位的尊卑。总体来说,可以简单将其归纳为:由前至后,从右到左。下面以六排十七座的中型轿车为例,具体座位安排如图10-6所示。

图 10-5　三排九座车座次排列

图 10-6　六排十七座车座次排列

⑦ 中、大巴。中间是过道,离门近者为主座,由前至后,从右到左,离车门越近,宾客身份越高。换句话说,主座就是司机身后一排靠车门的座位,这个座位前一般有扶手,便于宾客上下车。

乘车座位礼仪中还有许多应重视的事项:

第一,如果主人亲自驾车且只有一人同乘,那么唯一的这位宾客必须坐在副驾驶座上,以便和主人交谈,表示尊重。在多人乘车的情况下,需要推选一人坐在副驾驶座上,不然就会失礼于主人。特别要注意的礼仪是,当中途坐在副驾驶座的宾客下车后,坐在后排的客人应改坐于副驾驶座。

第二,由于车上的副驾驶座最不安全,因而,出于安全考虑,不宜请女士和儿童坐在副驾驶座上。在公务活动中,副驾驶座一般又叫作随员座,尤其是对于双排五座轿车上的副驾驶座而言,这个座位专门由助理、秘书、保镖、警卫、翻译等随从人员就座。

第三,当先生亲自驾驶自己的车时,副驾驶座一般由其夫人落座,客人夫妇则坐在后座。男士应体现绅士风度,主动为自己的夫人服务,应先为夫人开车门,等夫人上车后,为其关好车门,然后再上车。当主人亲自驾车送朋友夫妇回家时,男士应落座于副驾驶座,陪伴主人,而不能陪着自己的夫人坐在后排,空出副驾驶座。

第四,宾客愿意坐在哪里,哪里就是上座,不必太过拘泥于固定的上座。具体是副驾驶座还是后排右座更重要,会根据实际情况和宾客个人喜好而变化。切勿在宾客已经选好位子坐下后,再告诉宾客坐错位置了,请宾客更换座位。尊重宾客的选择就是对宾客的尊重,这体现了商务礼仪中尊重为上的原则。还要明确一点,通常情况下,当乘坐面包车或中巴、大巴时,服务人员一般落座于副驾驶座或尽量靠后排坐。

总之,乘车座位礼仪要遵守"四个为尊,三个为上"原则。"四个为尊"是指客人为尊、长者为尊、领导为尊和女士为尊。"三个为上"是指方便为上、安全为上和尊重为上。

案例10.5:梁先生为何错失机会?

2. 日常接待引领礼仪

(1) 在走廊的引导方法

接待人员走在走廊的外侧,让客人走在走廊中央。二人并行以右为上,三人及三人以上并行以中间为上。接待人员要保持在客人左前方两三步的距离,切勿独自在前,不与客人交流。引领时,接待人员要配合客人的步调,不能走得太快或太慢,应不时回头观望以确定客人能跟得上自己的步频,且要照顾好客人。若遇到客人或上司相对而行,应靠一侧行走;若与客人或上司同向行走,不要超过对方,如需超越,应先打招呼。若需加快引领速度,可快步行走,切忌跑步。

(2) 在楼梯的引导方法

上下楼梯时应靠右行走,切勿多人并排前行。通常上楼梯时让尊者在前,下楼梯时让尊者在后。如遇男女一同上下楼梯的情况,则应男士在前,女士在后。上楼梯时客人要在前,引领人员应提示客人到达楼层后左右转的方向;而下楼梯时要让客人在后,引领人员应提示客人小心脚下。如遇到障碍物或突发状况,引领人员应以恰当的手势与语言引导、提醒客人。

(3) 在电梯的引导方法

① 厢式电梯间无人且只接待一位贵宾时。遵循贵宾"先进先出"原则,即接待人员在电梯外按上下楼梯按钮;电梯门开后,用"您请"手势,引导贵宾进入电梯,随后紧跟贵宾进入;接待人员应站在电梯内的楼层按钮处前,选定楼层;当到达选定楼层时,用"您请"手势,请贵宾先出电梯。

② 厢式电梯间无人且接待多位贵宾时。遵循贵宾"后进先出"原则,即接待人员在电梯外按上下楼梯按钮;电梯门开后,接待人员率先走进空电梯,站在电梯内的楼层按钮处前,按住"开"的按钮,再用"您请"手势,请贵宾走进电梯内,并选定楼层;待到达选定楼层后,按住"开"的按钮,用"您请"手势,请贵宾先走出电梯,待客人出电梯后,自己再随后走出电梯,在前面引导方向。

③ 厢式电梯间有人时。当厢式电梯间有人时,不管接待贵宾的数量有多少,都应遵循贵宾"先进先出"原则。需要注意的是,只有在电梯间无人且引领多位贵宾时,才让贵宾后进电梯,其余情况均应让贵宾先进电梯;无论何种情况下,均应让贵宾先出电梯,而接

待人员后出电梯。

④ 扶手电梯。扶手电梯的上下顺序应遵循上下楼梯的顺序。

在上下电梯时,接待人员除了要注意电梯的引导方法,还要遵循以下电梯贵宾站位顺序原则:多排贵宾遵守"越往里侧越尊贵"原则;里侧贵宾遵守"以右为尊"原则;外侧贵宾遵守"远离按钮为尊"原则。

案例 10.6

接待员的困惑

小滨刚到某公司任职,被安排在公司的接待岗位工作。公司近期将与某集团进行商务谈判,谈判地点定在本公司内。接待当天,小滨早早就在机场等候,当客方人员到来时,小滨见来宾只有一人,立即开口说:"您好!请问您是来和我公司谈判的客人吗?请告诉我您的姓名及单位,以方便我们为您安排食宿。"听到客方的回答后,小滨做了详细记录。到达酒店后,小滨帮来宾引路,一路上一直小心谨慎,还放慢了自己的步伐,注意与来宾保持两三步的距离;在上下电梯时,小滨也是走在来宾前面,先于来宾进入电梯,并第一个走出电梯以做好引领工作。小滨原本觉得接待是件很简单的事情,却受到了上级的批评,他为此感到很困惑。

案例来源:http//wenku.baidu.com/view/145abb061fd9ad51f01dc281e53a580216fc509d.html.

上面的案例中小滨在接待客人时表现得十分没礼貌:先是张口就问来宾的相关信息;乘电梯时自己先进先出。在日常接待礼仪中,接到来宾后应主动打招呼,握手表示欢迎,同时说些寒暄辞令、礼貌用语等。在乘电梯时,由于来宾只有一人,应遵循来宾"先进先出"原则。来宾对公司的第一印象往往取决于接待人员的个人形象和礼仪,而第一印象对后续洽谈会产生重要的影响。因此,商务谈判人员要掌握基本的接待礼仪。

3. 参观陪同礼仪

接待人员安排参观时,应考虑如下因素:起止时间、交通工具、陪同及讲解人员、参观项目的资料准备、休息地点、餐饮安排、其他安全措施(如安保或特殊行业、特定部门所需的防护服)、拍照录像人员等。贵宾通常应由主管领导甚至单位负责人亲自陪同。参观时,通常由一直接待的人员陪同参观并讲解,或者由单位专门负责讲解的员工负责。陪同参观过程中,行进速度应照顾到客人的速度。讲解时,要面向客人并与客人保持适当距离,这样既方便客人看展品又方便自己介绍。

4. 游览陪同礼仪

对远道、首次来本地的贵宾,条件允许时,安排游览本地名胜也是人之常情。景点安排要少而精,重在著名和特色。游览前要事先安排好交通工具、陪同人员、饮料、零食、纸巾、伞(夏天或阴天)等物品。陪同人员应包括对方熟悉的人,这样方便交流。游览中,陪同人员要安排好门票购买、景点讲解、拍照留念、中途休息、饮食等事项,确保游览的舒适、尽兴、安全。其中,饮食尽可能安排本地的特色美食和小吃。如经费允许,也可以人手一份旅游纪念品,其价值不一定要高,但应有一定的纪念意义。

二、介绍礼仪

在人际交往中,介绍是必不可少的,它是人们相互沟通、彼此了解、建立关联的一种最基本、最常见的方式,也是人际沟通的出发点。同样,在商务谈判中,谈判人员要充分利用介绍礼仪,这不但能扩大自己的交际圈,而且有利于自我展示和为公司做宣传等。在与贵宾会面时,通常有两种介绍方式,一是自我介绍,二是他人介绍。

(一)自我介绍礼仪

商务活动中的自我介绍是指在必要的场合,将自己介绍给其余的人,让大家认识自己。自我介绍适用于人数多、活动分散且无人代为介绍的场合。适当的自我介绍不但能帮助他人更加了解自己,有时还能创造出人意料的商机。

做自我介绍时,需要把握下列要点。

1. 注意时机

自我介绍要选择在恰当的场合,把握恰当的时机,应选择对方有空闲且情绪较好,又有兴趣的时候,这样才不会打扰到对方。在对方工作忙碌、心情不好、兴致不高或正忙于其他交际应酬时,不适合做自我介绍。

在商务谈判的场合,若遇到下列情况,自我介绍就很有必要:与不相识者共处一室时;不相识者对自己很感兴趣时;他人请求自己做自我介绍时;打算融入陌生人组成的交际圈时;对方对己方感兴趣但又不甚了解,甚至一无所知时。

2. 态度友善

在做自我介绍时,做到自然、友善、亲切、随和、大方得体、彬彬有礼,切忌唯唯诺诺,或是轻浮夸张。进行介绍时应真诚地表达自己希望认识对方的诚意。此外,介绍时应保持自然的语气、正常的语速和清晰的语音。

3. 控制好时间

自我介绍时还需注意时间,越简洁明了越好,应尽可能节省时间,最好在半分钟左右,不应超过一分钟。因为话说多了,不但显得啰唆,而且交往对象也未必能记住。做自我介绍时,还可以利用名片、介绍信等加以辅助,以节约时间。

4. 注意内容

在做自我介绍时,介绍内容不宜太多,要重点介绍以下信息:
(1)本人姓名。报姓名时应一口报出,姓和名缺一不可。
(2)供职单位及具体部门。
(3)担任的职务和所从事的工作。有职务者最好说出职务,如果是无职务或职务较低,则可以说出当前从事的具体工作。

在做自我介绍时,应连续报出以上信息,这样既可以给人以完整的印象,又可以节省时间。

5. 方法得当

在做自我介绍时,谈判人员应首先向对方点头致意,得到对方回应后再向其介绍自己。倘若有介绍人在场,进行自我介绍就会被视为不礼貌。在介绍自己时,应善于用眼神来表达自己的亲切、友善及沟通欲望。

(二)他人介绍礼仪

商务活动中的他人介绍,又称第三者介绍,是指经中间人为彼此不认识的双方引见,使之熟悉的一种介绍方式。他人介绍一般是双向的,是对被介绍的双方各自做一番介绍。

为他人做介绍时,需要把握下列要点。

1. 选择合适的时机

在商务谈判中,遇到下列情况时,有必要进行他人介绍:
(1) 负责接待的人遇见自己不认识的人,并且对方又和己方打招呼时;
(2) 打算推荐某位宾客加入某一交际圈时;
(3) 自己受到为其他人做介绍的邀请时;
(4) 当自己陪同的上级、长者、宾客遇见了其不认识的人,并且对方又和他们打招呼时。

2. 遵循正确的顺序

按照商务礼仪规范,在介绍他人时,一定要遵守"尊者优先了解情况"的介绍顺序规则。首先要确定双方地位的尊卑,其次要先介绍位卑者,最后再介绍位尊者。这样可使位尊者先了解位卑者的情况。

第三方介绍顺序的具体规则如下:
(1) 先将职位低的人介绍给职位高的人;
(2) 先将年轻者介绍给年长者;
(3) 先将男性介绍给女性;
(4) 先将主方人士介绍给客方人士;
(5) 先将未婚者介绍给已婚者;
(6) 先将晚到者介绍给早到者。

当所要介绍的双方符合其中两个或两个以上的顺序时,一般以先职位再年龄,先年龄再性别的顺序做介绍。

3. 采用合适的介绍方式

根据实际情况的不同,为他人做介绍时的方式也不尽相同。常见的方式如下:

(1) 一般式。一般式又称标准式，其适用的场合通常比较正式，主要介绍双方的姓名、单位、职位等。例如，"请准许我为两位引见一下，这位是华联公司公关部主任××，这位是大宏集团研发部主任××。"

(2) 简单式。简单式是指在介绍时，只简单介绍双方姓名，有时甚至只提及双方姓氏，不提及其他方面。这种简单式比较适合一般的社交场合。例如，"让我给大家介绍一下：这位是秦总，这位是唐总，希望大家相处愉快。"

(3) 附加式。附加式又称强调式，通常用来强调其中一位被介绍者与介绍者间的关系，来引起另一位被介绍者的重视。例如，"欧先生好！这位是小儿关山月，请您多多关照。"

(4) 引见式。引见式在普通场合很常见。介绍者只需把被介绍者双方引到一处即可，不必过多介绍。例如，"两位认识一下吧。其实大家曾经在同一家公司共事，只不过不是一个部门。接下来的，请你们自己说吧。"

(5) 推荐式。推荐式适用的场合通常比较正规。这种方式是指介绍者要经过精心的准备，再将被介绍者推荐给另一位被介绍者，介绍者通常会重点介绍前者的优点。例如，"这位是雍雅先生，这位是上海超凡公司总经理康经理。雍先生是金融学博士，管理学专家。康总，我想您一定很有兴趣和他聊聊吧。"

4. 介绍他人时的注意事项

在介绍他人时，介绍者与被介绍者都要注意以下细节：

(1) 在为他人介绍前，要提前征求双方被介绍者意见，不能贸然开口就讲，这样做会显得有些唐突，让被介绍者感到手足无措。

(2) 当被介绍者被询问到自己是否愿意认识某人时，一般是欣然接受。假如不愿意，应向介绍者说清原因，并取得其谅解。

(3) 当介绍者上前来介绍被介绍双方时，被介绍双方均应起身，并且面带微笑，大方得体地目视介绍者或目视对方；等介绍结束后，被介绍双方应彼此微笑点头示意或相互握手致意。

(4) 在谈判桌上，依情况而定，介绍者和被介绍者也可不用站起，被介绍双方互相点头微笑示意即可；假如被介绍双方相距较远，中间又有障碍物，也可举起右手示意，接着点头微笑示意。

(5) 介绍者介绍结束后，被介绍双方应按照符合礼仪的顺序相互握手，同时彼此使用"您好""很开心认识您""久仰大名""幸会幸会"等问候语，如有需要还可进一步自我介绍。

三、宴请与舞会礼仪

（一）宴请礼仪

通常来说，宴请是一方为达到某种商务交往的目的，通过特定场合的宴请形式宣传和树立己方良好形象的一种商务活动方式，因而具有仪式感。宴请礼仪是指主客方在宴请活动中都必须遵守的礼仪规范，具体包括以下方面的内容。

1. 宴请组织

宴请在商务谈判过程中尤其重要,宴请组织需要严格遵守礼仪要求。宴请是一种主方向客方表达的较高规格的礼遇,宴请方应认真细致地做好各项准备工作。

(1) 了解宴请对象。了解宴请对象的基本情况是第一要务。宴请方要在第一时间确定宴请对象的职位、习俗、喜好等,以便确定宴会的形式,安排好饮食。

(2) 明确宴请的形式。根据宴请的规格和人数,可以将宴请的形式确定为正式宴会、冷餐会、酒会、茶会等。

(3) 选择宴请的地点。选择宴请的地点时,应根据谈判内容和谈判双方的职位、年龄、性别等来确定。

(4) 安排菜肴和酒水。菜肴最好荤素搭配均衡。安排菜肴酒水时应注意:菜肴和酒水的档次要符合宴请的规格和宴请双方的身份;提供的菜肴要精致可口,赏心悦目,最好能体现特色;宴请时要尊重客人的饮食习惯,不提供客人禁忌的食物;要注意冷热、甜咸、色香味的合理搭配。

2. 宴请座次礼仪

(1) 中餐宴请座次礼仪

中餐的宴请座次安排与来宾的身份有关,体现了主人给予来宾的礼遇,应遵循下面四个原则。

① 右高左低原则:当两人并排就座时,一般上座为右,下座为左。具体原因是中餐上菜时通常是按顺时针方向,右座的客人因此比左座的客人优先受到照顾。

② 中座为尊原则:当三人一齐就座时,落座于中间位置的客人的位次高于其两侧的人。

③ 面门为上原则:依照礼仪规范,在用餐时,上座者面对正门,下座者背对正门。

④ 特殊原则:在高档餐厅宴请时,室外常有优美的风景供用餐者观赏,室内往往有高雅的演出供用餐者欣赏。此时,上座就是观赏角度最好的座位。而在某些中低档餐馆,一般上座是靠墙的座位,下座是靠过道的座位。

中餐的宴请座次安排有下面四个基本方法,它们通常能一起发挥作用:

① 主人通常会落座于主桌,并且面门而坐。

② 当举行多桌宴请的时候,每一桌都需要有一名主桌主人代表陪伴客人入座。其位置通常和主桌主人保持同一个方向,当然有时也可面向主桌主人。

③ 每一桌位次的尊卑是按照距离该桌主人或主桌主人代表的远近而定的,离得越近,代表位次越尊贵。

④ 每一桌与该桌主人或主桌主人代表的距离相同的座位,讲究右尊左卑。

(2) 西餐宴请座次礼仪

西餐的宴请座次安排通常是男女穿插而坐,在每位女士身边安排一位男士,以方便在需要的时候为女士提供帮助。除此之外,无论用餐来宾中是否有人在地位、身份、年龄方面高于主宾,主宾始终是主人关注的重点。西餐礼仪的座次安排如下:

① 按照尊卑安排座位,通常来说,主人会坐在背门的最卑位,把面对正门的上位留给最重要的客人。

② 当安排长形桌宴请时,男女主人应分坐两头,男主人坐在门边,女主人坐在另一端,女主宾落座于男主人的右手边,男主宾落座于女主人的右手边,其余男女穿插依序而坐。

③ 当桌子按 T 形或门字形排列时,男、女主人应落座于横排中央座位,男、女主宾应分别落座于中央座位两旁,其余男女穿插依序而坐。

3. 主客方礼仪

(1) 主方礼仪。迎送宾客时,主方应在宴会开始前亲自在酒店门口迎接,并在宴会结束后及时送别。

引导入席时,主方应派遣专门的引导人员,引导宾客进入席位。

用餐进行时,主方应营造融洽的宴请氛围,并经常与宾客沟通交流。同时应注意宾客的用餐喜好,掌握好用餐的速度。

(2) 客方礼仪。准时应邀是很重要的,客方应确认宴请时间,做到不迟到、不早到,准时到达。

客方要交谈得体,主动与其他人沟通交流,切记要与主方交谈,不能只顾着与自己相熟的人交谈。交流的话题应轻松、高雅、有趣,不能涉及对方敏感、不快的话题,更不能对宴会和菜肴妄加评论。

(3) 餐桌礼仪。商务谈判人员应特别注意宴请中的餐桌礼仪。在进餐时,双方应回避深入交谈具体的、与谈判有关的实质性问题,以免造成尴尬局面。与此同时,不能吸烟,不能吐出进嘴的食物,要注意让菜不夹菜、助酒不劝酒。此外,在餐桌上切勿整理服饰,吃东西时切勿发出声响。

案例 10.7

"左撇子"的尴尬

乔恩是一名新晋员工,她美丽大方,为人热情,工作出色,因此颇受领导重视。有一次公司派乔恩和其他几位同事去苏州洽谈业务。但是,往常处事稳重、举止得体的乔恩却因为行为不慎而招惹了不小的麻烦。

乔恩和同事一到苏州,就受到了苏州行愿集团的热烈欢迎。在为乔恩一行人举办的欢迎晚宴上,主人亲自为每一名客人递上一杯当地的特产饮料,以表敬意。可是,轮到主人向乔恩递上饮料的时候,向来是"左撇子"的乔恩毫不犹豫,自然而然地伸出左手去接饮料。看到乔恩伸出的左手,主人的脸色立马变了,没有把饮料直接递给乔恩,而是很不悦地重重放在桌上,接着就不理睬乔恩,扬长而去。有些人对此感到不解,有些人却看着乔恩摇头。

案例来源: https://wenku.baidu.com/view/afc0a199fe4733687f21aab0.html。

上面的案例中,尽管乔恩是"左撇子",但她用左手接主人递过来的饮料却违背了"右尊左卑"的礼仪原则,致使主人觉得不受尊重而感到不悦。在商务活动中,谈判人员无论是安排座位还是接受食物等东西,都要谨记以右为尊,避免因小失大。

(二)舞会礼仪

无论是国际还是国内的舞会,均是一个讲求礼仪的高雅社交活动。舞会不仅有助于商务谈判人员相互往来,增进彼此的友谊,还可以为未来的合作奠定基础。虽然舞会的氛围轻松随意,但是却不能忽略舞会礼仪,要注意如下具体细节。

1. 服饰礼仪

男士和女士在参加舞会时,都要注意服饰的整洁得体。选择服饰时应考虑舞会场地和舞蹈形式,既要不失礼节,又要兼顾在跳舞时的安全与舒适。

一般来说,男士参加正式舞会时应穿着传统服饰,如身穿大燕尾服,搭配白色领结。但现在通常穿小燕尾服,佩戴黑色领结即可。女士参加舞会时应尽量选择长款裙装,切勿穿得过露、过透、过短、过紧。女士不宜穿着裤子跳舞,这是极不礼貌的,大多数人会穿着白色衣裙。如果女士穿着无袖裙,则可以戴上长手套,但是开始跳舞或共同进餐时需要脱掉手套。至于妆容方面,舞会妆可以适当浓艳一些。

2. 邀请礼仪

(1)常规要求

① 在邀请舞伴时,最好邀请异性舞伴。通常是由男士邀请女士,而女士可以表示拒绝;女士当然也可以邀请男士,但男士不可以拒绝。

② 在正式舞会,特别是涉外舞会上,同性之间绝对不可互相邀舞。如果两名男士共舞,会显得过于亲密;如果两名女士共舞,则有被男士冷落的感觉。

③ 按照惯例,对于舞会上第一支舞曲和结束曲,通常是由男士邀请和自己同来的女士共舞。从第二支曲子开始,就需要各自交换舞伴来扩大自己的交际圈,一对舞伴最好只共舞一曲。

(2)邀请方法

邀请他人跳舞时,要表现得文明礼貌、落落大方。谨记不要勉强别人,特别是当自己的邀舞被拒绝时,不能出言不逊,也不能和别人争抢舞伴。通常来说,有两种邀请方法可供选择。

① 直接法。"女士/先生,不知我是否能请您共跳一支舞?"或者"先生,请问我可以请这位小姐一同跳舞吗?"

② 间接法。要在舞会上结识新朋友,扩大交际圈,通常有两种方法:主动把自己介绍给对方;请主人或其他与双方熟悉的人士代为介绍。在舞会上结交新朋友后,不宜长时间深谈。如要深交,可以在舞会后选取适当时间,主动联络对方,以便进一步推进双方的关系。

(3)选择对象

通常来说,挑选舞伴时下面几类对象是比较合适的:

① 年岁相仿的人：年岁相仿，一般更易合作。
② 气质相似的人：意气相投，能够和谐相处。
③ 少人邀请的人：既显示对其尊重，又不易被拒绝。
④ 未带舞伴的人：有很大概率能够邀请成功。
⑤ 希望结识的人：如果有想结识的人，可以找机会邀请对方共舞一曲，以舞为"桥"，来接近对方。

3．拒绝礼仪

一般来说，在舞会上拒绝别人是不恰当的行为。但一定要拒绝时，应注意以下几点：

（1）态度应友好、自然，表现彬彬有礼。

（2）拒绝别人时应委婉，不能僵硬、粗鲁地拒绝别人。拒绝别人时，通常应起身告知具体原因，并向对方道歉。可以说："对不起，我之前已经接受他人的邀请""对不起，我感到有些疲惫，想休息一下""对不起，这种舞蹈我不会跳""对不起，我不太喜欢这种舞蹈""对不起，这首舞曲我没有听过"。另外，拒绝一个人的邀请之后，不要马上接受其他人的邀请，否则会被前者视为对其的侮辱。

4．舞姿礼仪

在舞会上，舞姿不必讲究有多优美，舞技也不必讲究有多娴熟，但是务必尽量以标准的礼仪规范要求自己。

（1）进入舞池时，通常女士先行，男士随行，并由女士选择共舞的具体位置；而在跳舞过程中，应该让男士领舞，女士配合。

（2）一曲结束后，跳舞者应先面向乐队立正鼓掌，以表谢意，然后方可离开舞池。在通常情况下，男士应将自己所邀请的女士送至原来的休息之处，在道谢告别后，才可再去邀请其他女士。

（3）跳舞时，无论自己和舞伴是什么关系，都要和舞伴保持一定的距离，一般间隔30厘米左右。男士右手可轻扶舞伴后腰，左手可轻托舞伴右掌，切勿借机对女士又拉又抱。女士也不可主动贴向男士。双方更不可在共舞时贴面、贴胸、贴腹。

（4）跳舞时应注意与其他舞者保持适当的距离，如果不慎碰撞或踩踏别人，应立即向对方道歉。跳舞动作要和舞曲协调，不允许自我创作，随意乱跳。更不宜用浮夸、奇异、粗鲁的舞蹈动作来引起他人的注意。除了交谈之外，跳舞时不宜长时间紧盯舞伴的双眼。

四、签约礼仪

在商务活动中，签约各方的关系更进一步地深入，并且达成了一致意见。因此，签约极受商界人士的重视，签约礼仪的规范也较为严格。

（一）签约准备礼仪

签约准备礼仪是正式签约仪式的重要组成部分，需要经过细心策划以确保仪式圆满。

具体需要注意的事项如下。

1. 确定参加仪式的人员

出席签约仪式的人员通常是参加商务谈判的全体人员,并且各方参加仪式的人数应大致相同。客方人员需要事先告诉主办方己方参加仪式的人员,以便主办方安排签约仪式的细节。要注意的是落实到具体的签字人员时,应选择在地位和级别上相互对等的人员。

2. 规范签约人员的服饰

依照惯例,签约人、助签人及其随员在参加签约仪式时,应穿着带有礼服性质的深色西装套装、中山装套装或西装套裙,并且内搭白色衬衫,配以深色皮鞋。男士最好系上单色领带来配合正式严肃的签约仪式,以示尊重。

3. 布置签字厅

签约仪式通常会使用专用的签字厅,有时也会用会议厅、会客室来暂时代替。布置签字厅的总原则是庄严、整洁、清静。一间标准的签字厅应在室内满铺地毯,并且除了必要的签字桌椅外,不需要其他额外的陈设。此外,在签署涉外合同时要格外注意签字厅内装饰物的颜色禁忌。

依照签约礼仪的规范,签字桌应横放于签字厅内。标准的签字桌应当为长桌,桌上通常铺设深绿色的台布。在签字桌后,可以适量摆放座椅。在签署双边性合同时,可以放置供签字人就座的两张座椅。在签署多边性合同时,可以只放一张座椅,供各方签字人员轮流就座,也可为每位签字人都提供一张座椅。签字人通常应面对正门就座。

文具也是签约时必不可少的,应提前在签字桌上放好所需的签字笔、吸墨器等必备文具。

案例 10.8

签约无小事

杭州一家纺织品贸易公司有意与美国某跨国集团合作。经过长时间的谈判,双方就合约正文细节达成一致,决定正式举行签约仪式。双方的谈判在杭州举行,因此签约仪式就由中方负责。然而,令中方措手不及的是,正式签约当天,美方差点在签约前反悔了。

中方负责签约仪式安排的人员把仪式安排在总经理的办公室。尽管专门布置了签字桌,但沙发、茶几等物品使签约仪式显得不太正式。美方人员看到室内的布置,还以为是走错了签字厅,拒绝入场。最终总经理意识到了己方的失礼,提议换在会议厅举办签约仪式,这场误会才得以平息,但还是给美方人员留下了不好的印象。

案例来源:根据 MBA 学生的经历改编。

上面的案例中,由于中方工作人员选择办公室作为临时签字厅,而且没有安排好签字厅的摆设,使美方人员怀疑中方的专业性和合作诚意,甚至差点导致签约的失败。尽管正式签约仪式的时间不长,但也涉及许多细节,谈判人员在合同文本的准备、签字厅的摆设、签字桌的布置等方面都需要遵循正式签约礼仪。

(二) 签约座次礼仪

总体来说,根据不同的谈判方式,可以分以下两种情况来排列签约座次。

1. 双边谈判签约座次

双边谈判签约座次是指只有两方进行签约仪式时所应遵循的座次礼仪。双边谈判签约仪式是最常见的谈判签约形式。进行双边签约时,长方桌是最为多见也最正式的选择。谈判人员可酌情选择以下两种座次排列形式。

(1) 并列式。并列式签约座次安排是签约仪式中最常见的一种座次安排形式。采用并列式时,签字桌应面门横向布置,签约双方的所有成员在签字桌的后面并排、面门而坐,客方居右,主方居左。并列式签约座次排列如图 10-7 所示。值得注意的是,签约双方各自的助签人应分别立于各自一方签约人的外侧,以便随时帮助签约人。

(2) 相对式。相对式签约座次安排与并列式大致相同,只是在相对式签约座次安排中,双方的随员移至签约人员对面而坐,而不是像并列式中那样与签约人员坐在同侧。相对式签约座次排列如图 10-8 所示。

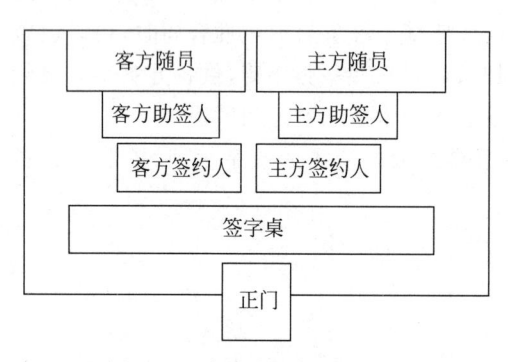

图 10-7 并列式签约座次安排

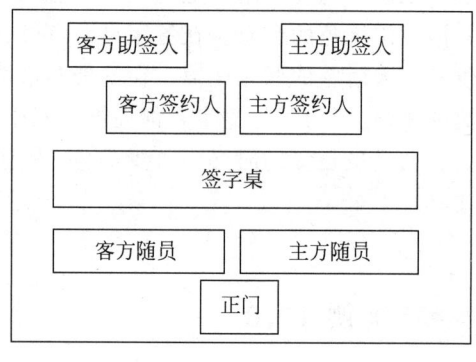

图 10-8 相对式签约座次安排

2. 多边谈判签约座次

多边谈判的签约是指由三方及三方以上的人员进行的签约。多边谈判的签约座次排列主要有两种形式可供选择。

(1) 圆桌式。圆桌式座次排列又称自由式座次排列,是指各方人员在签约时围圆桌落座,不需要事先安排座位。这是一种平等、对话的形式。

(2) 主席式。主席式常见于多边签约仪式。在采用主席式签约座次安排时,签字桌(主席台)仍面门横向放置,但桌后只设一个座椅,供各方签约人轮流就座。各方签约人员均背门面对签字桌就座,签约时,按照规定顺序轮流走到签字桌前签约,随后再回到原来的座位。多边谈判的两种签约座次排列如图 10-9 所示。值得注意的是,谈判室的布置应以高雅、宁静、和谐主题为宜,保持环境安静,不受外人和电话的干扰,还要保证充足的光线,舒适的室温,以及简洁、实用、美观的装饰陈设。

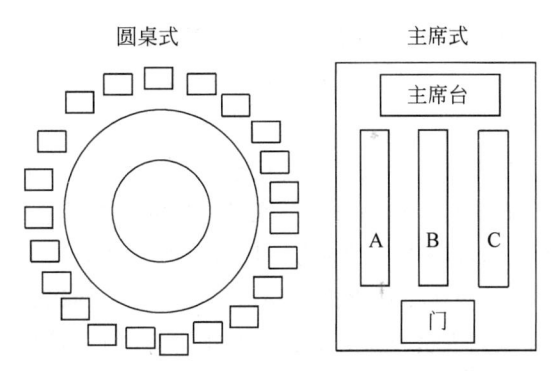

图 10-9 多边谈判的签约座次排列

(三) 签约过程中的礼仪

签约仪式是签署合同的高潮,尽管时间不长,但要求程序规范,气氛庄重而热烈。签约过程的正式程序总体分为四项。

1. 签约仪式正式开始

各方人员进入签字厅后,在既定的座位上落座。

2. 签约人正式签署合同文本

签署合同文本时通常先签署由己方保留的正式合同文本,后签署由他方保留的正式合同文本。

按照国际惯例,签约时一般采用"轮换制",即签约人应先在自己一方保存的文本左边首位处签字,然后再交换文本,在对方保存的文本上签字。这样,双方都有一次机会在首位签字,从而体现机会均等。值得注意的是,在对方的文本上签字后,己方签约人应亲自与对方签约人互换文本,而不是由助签人代办。

3. 交换合同文本

签署合同文本后,各方签约人应彼此握手,互相祝贺,并且交换各方刚刚签署合同的签字笔,留作纪念。此后,全体人员应鼓掌,以示祝贺。礼宾人员这时应献上香槟酒,参与人员尤其是签约人应举杯祝贺,增添喜庆。

4. 退场

签约仪式顺利结束后,双方可接受采访,主方应送客方走后再离开。

本章小结

商务谈判礼仪是谈判人员在商务谈判中所必须遵守的,用来维护个体及组织形象、尊重谈判对手的惯例及形式。它具有普适性、信用性、时机性和文化性,在商务活动中起着重要的作用。商务谈判人员的个人形象是其在商务活动中表现出的整体状态,是个人职业素质和能力综合的外在表现。个人形象礼仪包括言谈礼仪、举止礼仪、服饰礼仪和仪容礼仪。言谈礼仪要求商务谈判人员遵守基本要求、把握寒暄话题和运用言谈艺术;举止礼仪主要涉及站姿、坐姿和行姿方面的礼仪;服饰礼仪和仪容礼仪是谈判双方为了表示相互尊重与友好,促进和谐交往而在服饰与仪容上体现的一种行为规范。

社交礼仪也是商务谈判人员在人际交往中必须遵守的行为规范。社交礼仪包括接待礼仪、介绍礼仪、宴请与舞会礼仪、正式签约礼仪。其中接待礼仪包括乘车礼仪、日常接待引领礼仪、参观陪同礼仪和游览陪同礼仪。介绍礼仪包括自我介绍和他人介绍。宴请与舞会礼仪包括宴请礼仪和舞会礼仪,其中座次礼仪和餐桌礼仪是宴请中不容忽视的部分。正式签约礼仪包括签约准备礼仪、签约座次礼仪和签约过程中的礼仪。

总之,商务谈判礼仪既体现谈判人员的综合素质和修养,又代表其所在组织的形象。因此,谈判人员在商务谈判过程中应展现良好的礼仪。

本章关键术语

商务谈判礼仪　言谈礼仪　举止礼仪　服饰礼仪　TOP 原则　接待礼仪　宴请与舞会礼仪　签约礼仪

名言分享

1. "人无礼则不生,事无礼则不成,国无礼则不宁。"

——《荀子·修身》

2. "相貌的美高于色泽的美,而秀雅合适的动作美又高于相貌的美,这是美的精华。"

——弗朗西斯·培根(Francis Bacon)

3. "君子敬而无失,与人恭而有礼,四海之内皆兄弟也。"

——《论语·颜渊》

4. "礼仪的目的与作用本在使本来的顽梗变柔顺,使人们的气质变温和,使他尊重别人,和别人合得来。"

——约翰·洛克(John Locke)

巩固练习

自学自测 扫描此码

一、简答题

1. 什么是商务谈判礼仪？它包括哪些特征？
2. 什么是 TOP 原则？
3. 从礼仪的角度谈谈商务谈判人员应如何树立良好的形象。

二、案例题

1. 中方离签约到底差多远

德国某公司欲从中国某企业进口机电产品。通过邮件进行了几轮磋商后，双方都表达了签约意愿。于是德方带着强烈的合作意愿前往该企业进行洽谈。中方谈判人员充满期待，提前10分钟抵达会议室。因中方企业未安排工作人员在门口负责接待，德国客人只好按着收到的邮件信息乘电梯来到会议室。德方到达后，中方人员全体起立，鼓掌欢迎。德方谈判人员正装出席谈判：男士西装革履，女士都身穿职业套装，并略施淡妆。而中方人员的着装则"五花八门"，除了经理和翻译人员身着西装外，其他人员有的身着夹克衫，有的穿着休闲牛仔服，还有的穿着工作服。在谈判开始前，负责安排座位的助理小张走上前和德方谈判人员一一握手后，挽着德方主谈的胳膊将其带到座位旁。此时德方谈判人员露出十分惊诧的表情。在整个谈判过程中德方人员面露疑惑与不悦，原定一上午的谈判在半个小时内就草草结束。德方人员声称需要回酒店倒时差，匆匆离开谈判席。为了缓和气氛，中方决定让德方谈判人员好好品尝中国美食，于是为德方精心安排了晚宴。当天的晚宴不乏珍馐佳品，遗憾的是有位德方谈判人员因海鲜过敏而出现身体不适，最终双方不欢而散。第二天德方只字不提签约之事，匆忙收拾好行李后就返程了。

案例来源：https://www.docin.com/p-1822368623.html。

根据案例回答以下问题：

(1) 中方谈判人员在商务谈判礼仪方面有哪些做得不妥的地方？
(2) 假如你是负责接待的中方谈判助理，你会怎样接待和宴请德方谈判人员？

2. 视频案例：《窈窕绅士》中的礼仪片段

【案例背景】 暴发户曾天高在一次慈善活动中因礼仪不当栽了大跟头。为了赢得超模方娜的芳心，曾总找来公关公司经理小吴帮他"改头换面"……

扫描二维码观看《窈窕绅士》中的礼仪片段,回答以下问题:
(1) 视频中的曾总犯了哪些商务礼仪方面的禁忌?
(2) 商务谈判人员为什么要展现良好的礼仪?

课后拓展

模拟商务谈判

模拟谈判情景:

小唐在国内一家知名咨询公司工作,广州某金融公司有意向找小唐所在公司咨询有关上市事宜。小唐的上司王鸿雁总经理很看重这笔生意,于是邀请该金融公司总经理刘力一行4人来公司洽谈。这次洽谈至关重要,若顺利可以马上签约。王总特意安排小唐负责接待工作,让他上午11点到机场迎接刘经理一行,然后于12点15分陪同客人们到公司附近的酒店就餐。此时王总和他的秘书小欧已备好宴席,等待客人到来。

请根据以上情景,完成下列任务:

(1) 7人一组,分别扮演刘力一行4人、王鸿雁、小唐和小欧,进行10分钟左右的商务接待模拟。

(2) 结合模拟内容谈谈在商务接待中应注意哪些礼仪与礼节。

第十一章 商务谈判礼节

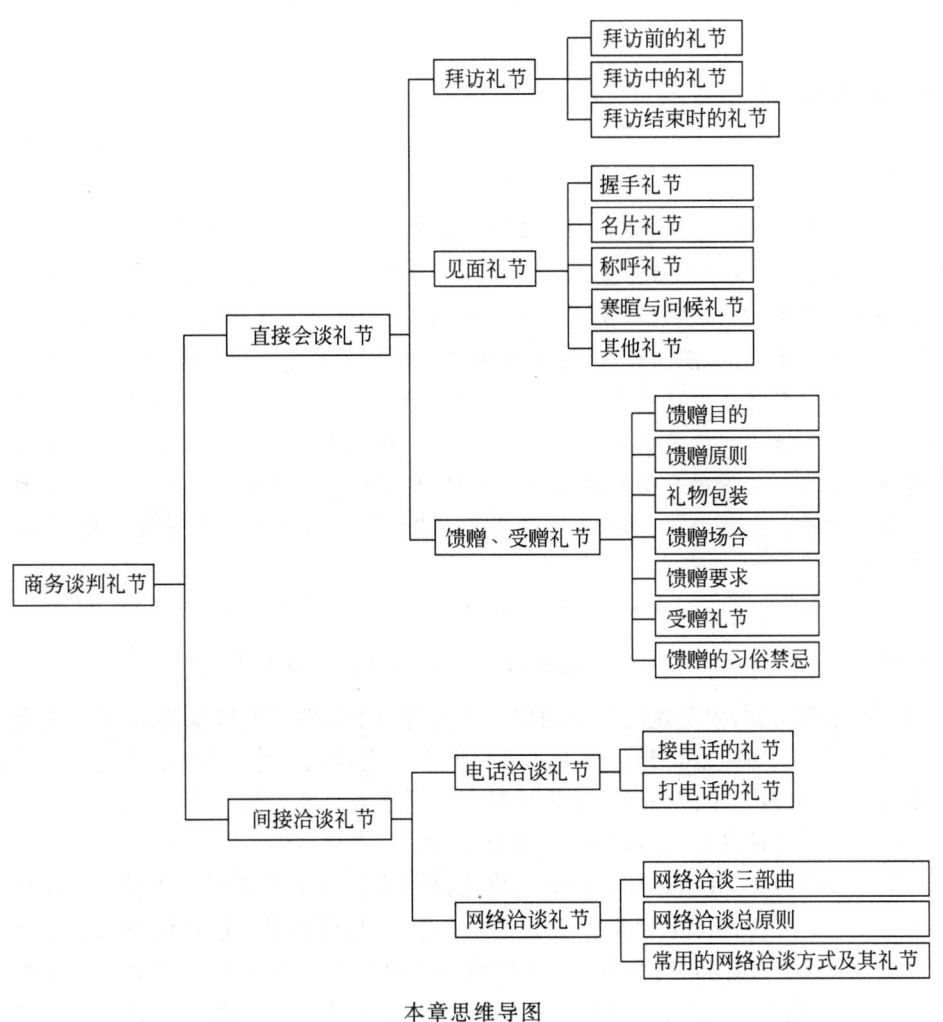

```
                                    ┌── 拜访前的礼节
                        ┌─ 拜访礼节 ─┼── 拜访中的礼节
                        │           └── 拜访结束时的礼节
                        │
                        │           ┌── 握手礼节
                        │           ├── 名片礼节
           ┌─ 直接会谈礼节─ 见面礼节 ─┼── 称呼礼节
           │            │           ├── 寒暄与问候礼节
           │            │           └── 其他礼节
           │            │
           │            │               ┌── 馈赠目的
           │            │               ├── 馈赠原则
           │            │               ├── 礼物包装
           │            └─ 馈赠、受赠礼节─┼── 馈赠场合
商务谈判礼节─┤                            ├── 馈赠要求
           │                            ├── 受赠礼节
           │                            └── 馈赠的习俗禁忌
           │
           │            ┌─ 电话洽谈礼节 ─┬── 接电话的礼节
           │            │               └── 打电话的礼节
           └─ 间接洽谈礼节┤
                        │               ┌── 网络洽谈三部曲
                        └─ 网络洽谈礼节 ─┼── 网络洽谈总原则
                                        └── 常用的网络洽谈方式及其礼节
```

本章思维导图

【主要目标】

（1）了解商务谈判礼节的类型：直接会谈礼节和间接洽谈礼节；

（2）重点掌握直接会谈中的握手、名片交换、称呼、寒暄与问候等礼节，并了解馈赠、受赠礼节；

（3）掌握电话、电子邮件及微信等间接洽谈礼节。

课前"剧透"

【"剧透"片段】 江苏卫视的《世界青年说》节目每期都会邀请11国型男代表和1名明星嘉宾出席，围绕当下中国年轻人最关心的议题展开讨论。本章节选的节目片段介绍了一些国家的见面礼节，从不同的见面礼节中可以领略不同国家的风情。

扫描二维码观看短视频，回答以下问题：
1. 从视频中，你学习了哪些见面礼节？
2. 你还知道哪些相关的商务会谈礼节？

导入案例

周总理的礼数

周恩来于1972年所精心策划的中美建交谈判举世瞩目，其有条不紊的安排有力地助推中美双方从长达15年的政治僵局中"脱笼"。美国前总统尼克松在回忆录中重点回顾了与周恩来谈判的细节，多次称赞周恩来的谈判礼节、谈判风格和谈判艺术。尼克松回忆道：周恩来为人谦逊，性格沉着坚定，优雅的举止和不卑不亢的姿态极好地展示了其作为中方谈判人员泰然自若而不失谨慎的风度。特别地，在谈判过程中他使用迂回策略巧妙地避开了中美双方争议的关键点，通过谈判艺术巧妙地利用看似次重要甚至不重要的事件传递内核信息。他用握手的力度彰显其坚定，用温暖的称谓拉近双方距离，用亲切的寒暄打动谈判对手。在整个谈判过程中，周总理以"礼"服人，营造了良好的谈判气氛，推动了谈判的进程。

案例来源：https://max.book118.com/html/2018/0527/168971870.shtm.

问题：周总理是如何促成中美建交谈判的？本案例说明了什么？

由以上案例可知，中美建交谈判的成功不仅有赖于周总理的谈判艺术，而且与他的礼数周全分不开。从寒暄语言到称呼方式再到握手力度，周总理无不表示了对尼克松总统的尊重，也充分展现了中国领导人的人格魅力。周恩来总理凭借优雅的举止、周到的礼节赢得了尼克松总统的赞赏，从而使中美建交谈判顺利进行。

中国是文明古国，礼仪之邦，重德行、贵礼仪[①]，在世界上素来享有盛誉。早在战国时期荀子就说过："人无礼则不生，事无礼则不成，国无礼则不宁。"这句话说明了礼仪礼节的重要性：小到个人修养、行为规范，大到治国之典无不与礼仪礼节相关。孔子也说过"不学礼无以立也"。礼不仅被视为立身立国之本，也是中华民族传统美德之一。自古以来，中华民族的传统美德始终是中华民族赖以生存和发展的道德根基和思想基础，始终是

[①] 中华民族传统美德的基本内涵[EB/OL]. https://max.book118.com/html/2020/0419/5100003022002241.shtm.

中华民族赖以生存和发展的重要精神支柱和精神动力[①]。在文明程度越来越高的当代，礼仪礼节在商务活动中的作用愈加凸显。商务谈判人员应像周总理那样，通过得体的举止、良好的礼节，跨越时空、超越国度地将具有当代价值、富有永恒魅力的文化精神弘扬出来，把继承传统优秀文化又弘扬时代精神、立足本国又面向世界的当代中国文化创新成果传播出去，从而提升中国在国际舞台上的形象。具体而言，商务谈判人员应掌握直接会谈和间接洽谈的基本礼节。

第一节　直接会谈礼节

国尚礼则国昌，家尚礼则家大，身有礼则身修，心有礼则心泰。"礼"字包罗万象，礼节贯穿包含商务活动在内的所有人际交往中。礼节是人和人交往的礼仪规矩。礼节与礼仪都属于"礼"的大类范畴，都是一种社会认同式的行为规范和道德标准，作用于所有的社会交往中。二者的区别在于，礼节比较具象化，通过人们具体的动作和语言形式得以体现，礼节是礼仪形成的基本要素，礼仪具有完整性，比较系统化。二者紧密相连，相辅相成，主要宗旨都是文明作为，尊重他人。商务会谈的礼节是指谈判双方在商务谈判过程中必须遵循的行为规范和礼仪准则。商务谈判礼节往往外化成动作和语言等形式，例如，鞠躬和握手属于谈判礼节的动作形式，而道谢和问候则属于语言形式。具体而言，谈判人员不仅应掌握直接会谈礼节中的拜访礼节、见面礼节和馈赠礼节等，还应遵循电话洽谈、网络洽谈等间接洽谈过程中的礼节。

一、拜访礼节

拜访是社交中的一种重要交往形式，也是商务交往中不可或缺的活动。拜访实质上是拜会、会见、拜见、访问、探访等的统称。拜访一般分为正式拜访和非正式拜访。正式拜访与非正式拜访具有共同的特征：首先，正式、非正式拜访均是社交的具体表现形式；其次，拜访的主体可以是单位或个人；最后，拜访都具备一定的目的性。谈判人员的相互拜访可以极大地增进双方之间的感情，这不仅有助于增进双方的友谊，还有利于商务谈判的顺利开展。从拜访前的准备到拜访结束离开，谈判人员都要遵循相应的礼节。

（一）拜访前的礼节

凡事预则立，不预则废。每件事都需要提前做好相应的准备，商务拜访亦是如此。商务拜访的准备工作主要包括以下几个方面。

（1）事先预约。正式拜访之前，客方需养成预约的习惯，这是一种礼貌的体现。预约时间以提前3天左右为宜，客方可以进行电话预约或邮件预约，需简单说明本次拜访的缘由、目的，明确拜访时间和地点。

---

① 中华民族传统美德的基本内涵[EB/OL]. https://max.book118.com/html/2020/0419/5100003022002241.shtm.

非正式拜访可以降低提前预约的时长要求,甚至可以临时起意,但是最好保证在到达目的地会面之前告知受访对象,使其有一定的心理准备。

(2) 明确拜访目的。具备一定的目的性是拜访的特征之一。客方每次拜访都要做到心中有数,明确自身是出于什么心理和缘由而拜访对方,以及本次拜访需要达到什么样的效果等。

(3) 选择拜访时间。拜访时间的选择至关重要,若时间选择不当,有可能遭到对方的拒绝。

正式拜访时,拜访时间一般由双方协商确定,若为客方,一般以主方合适的时间为宜,若为主方,需要明确告知客方自己方便的时间好让客方进行选择。时间段多位于工作日工作时间段,如上午的9—10点,下午的3—4点,或者晚上的7—8点。

非正式拜访时,拜访时间一般没有正式拜访要求那么严格,若是双方同意,临时约见亦可。

(4) 准备拜访礼物。礼物能缓解紧张气氛,表达个人心意,维系双方情感等,因此不论是在初次拜访还是再次拜访,一方都可为对方准备礼物。

(5) 精心修饰仪容仪表。仪容仪表是对个人形象的展示,也是公司的形象代表。在拜访之前,客方尤其要注意个人的仪容仪表:服饰尽可能正式,面容尽可能干净,装扮尽可能得体。过于随意、邋遢的妆容是对被访者的不尊重,也是对个人形象、公司形象的不重视。

(二) 拜访中的礼节

在正式拜访时,客方需要遵守以下礼节。

(1) 准时到达。"准时"是一个人的基本素养,是进行拜访的基本要求。在拜访时,客方需要妥善安排自己的出行时间。可以早到,但绝不能迟到。

拜访者若比预定时间提早到达,可以先进行拜访准备,如整理资料、梳理逻辑,然后在预定时间到达后准时出现在约定地点。提前的时间最好控制在10分钟以内。提前时间不能过长,若过长,主人可能并未做好迎客准备,或会议前事物还未妥善处理,从而影响主人的工作进展和待客心理。

客方若因故无法准时赴约,一定要提前知会对方,使主人可以根据个人情况重新安排行程和工作。"爽约"方要详细说明失约原因,请求对方谅解,并且可以重新商定下次拜访的时间、地点。

(2) 礼貌登门。客方准时到达约定地点后,不能贸然行事,需要得到主方的允许,或者经人通报后,由其安排的引导人员引见。

若拜访地点在对方公司,需要接待方秘书通报,通报被允许后,可以跟随秘书到达会议地点;若拜访地点在对方下榻的酒店,需要请酒店前台工作人员电话通知主方,或者自行短信或电话通知主方,表明自己已到达,经对方同意再做下一步安排。

(3) 举止大方。在正式见面后的初始阶段,双方通常会打招呼、进行寒暄。初次拜访时客方还需要自我介绍,表明个人来意,热情与主人握手。然后听从主人安排落座。交流过程中忌拘谨,要尽可能落落大方,给对方留下干净利落的良好印象。

（4）开门见山。在落座以后，客方可以开门见山，直奔主题。围绕拜访目的开展会谈。忌啰唆，词不达意，占用主方过多时间。

在进入主题后，客方应详尽表述个人的想法，也应认真聆听对方的建议，不能贸然打断对方讲话，可以保留个人疑问，边听边做记录，待对方陈述完毕再行提问。若是拜访氛围比较轻松自在，也可以采取即时商讨的模式。

（5）把控好时间。客方要有明确的时间观念。在正式拜访过程中，一般提前设定好时限。在商谈过程中，客方需要注意时间的分配，忌延时拖拉，耽误对方的其他工作安排。即便未事先限定时长，也需要在尽可能短的时间内陈述完个人意见及来访目的。

（三）拜访结束时的礼节

当本次拜访按时结束时，客方可以主动起身与主方告别。若是延时结束，在告别时，客方需要表达个人歉意，如"打扰了，耽误您这么多时间"。待主方留步后，客方可主动挥手致意"再见"。

二、见面礼节

见面礼节是商务社交礼仪中最基本的礼仪规矩。见面礼节主要包括握手、名片、称呼、寒暄与问候等方面的礼节。

（一）握手礼节

握手是谈判人员在会面、别离或表示祝贺、恭喜、致谢等场合表达情谊的一种方式。因为使用的频率较高，握手已成为很多国家的一种平常礼节。

握手礼节涉及以下方面：与人握手的次序，与人握手的力度，双方的握手距离，以及在握手时与之适配的表情管理。握手的每一个细节都体现交往双方的个性特征，同时也能彰显自身魅力。著名盲聋女作家海伦·凯勒曾说："手能拒人千里之外，亦可充满灿烂阳光，与人别样温暖。"可见，握手不仅是一种无声的动作，更是一种无声的语言。具体的握手要领如下：

（1）握手需要遵循"右手原则"，但是在某些场合适用双手相握，以表达双方的亲切之情。在这种情况下，在对方的右手握住自己的右手之后，再自然地将自己的左手放在对方的右手之上。

（2）握手的过程中，双方要保持适当的距离，不可过远，也不可过近。握手时上身需微微前倾，双脚立正站立。年龄小者或位卑者要注意稍加欠身，以示尊敬。

（3）双方要有眼神交流。目视区域最好位于对方双眼到前额的三角区域，使对方有被尊重的满足感。

（4）握手时通常应起身站立。在与他人行握手礼时，尤其在对方先行伸手示意后，就座者应立即起身站立。除非是长辈或女士，否则坐着与人握手是不合适的。

1. 握手的时间

握手时间的长短也有一定的讲究,要根据具体场合、具体情境具体分析。初次谈判时,双方握手时间一般以1~3秒为宜,不应相握过久。若是长期合作的亲密伙伴,双方可以适当延长握手时间。

2. 握手的力度

握手的时候一定要注意力度,既不要过于用力,也不能敷衍了事。过于用力,会让对方察觉己方有支配的欲望,软绵无力则会给人留下敷衍应付的印象。男士与女士握手时,男士一定要注意握姿不能"过满",即只需握住手指部位,不可握住全手,并且动作要轻柔。

3. 握手的次序

握手的次序为"位尊者先出"。只有当长辈、领导、女士先伸出手示意后,晚辈、下属、男士才能适时迎上。若"位尊者"并无握手之意,自己贸然"出手",会使双方陷入尴尬境地。若是"位尊者"采取点头方式予以致意,"位卑者"则需要采取同样方式予以回应。

4. 握手的禁忌

握手礼仪方面还有诸多细节,具体需要注意以下禁忌,避免"触雷"。

(1) 忌手"误"。①与人握手时,一般使用右手,忌用左手;②一般情境下,握手不应采取双手握手方式,尤其是异性之间;③当有多人在场时,忌讳交叉握手;④切忌把对方拉来推去;⑤切记握手后不要有擦手的动作。

(2) 忌左手握物、左右张望。在与人右手相握时,要注意空闲的左手不能手握其他物品或者将手随性地插于自己的口袋中。若手中拿有其他物品,在将要与人行握手礼时,要将东西先行放置一旁或者收纳起来。忌左右张望,以免显得自己不够真挚。

(3) 忌过度。谈判人员握手时,要注意自身的面部表情,要与人为善,但是忌点头哈腰,过于卑下。忌过于热情或过于冷淡。握手时不要牢牢握住对方的整个手掌,这会给对方造成不适之感,即不要握得过满,但也不能只拉住对方的手指尖,这会给对方疏远之感,使对方感到不受尊敬。

(4) 忌戴墨镜和手套。谈判人员与人握手时,不可佩戴墨镜。若戴有墨镜,握手之前应摘下墨镜,否则无法进行眼神交流,会加大双方的距离感。握手双方还需摘下手套、取下帽子,否则会被视为失礼。不过在特殊的场合,如酷寒的室外,若双方都佩戴着手套、帽子,可戴着手套和帽子握手。另外,女士可以选择佩戴薄纱手套与人握手。

(5) 忌拒绝。当对方有意握手时,己方尽可能不要拒绝,如果是自己有手疾,或者因为天气炎热抑或因其他事情汗湿双手、弄脏双手,一定要跟对方解释清楚,如说"不好意思,因为某某原因,现在不太方便与您握手",以请求对方理解。

5. 握手时的常用语

初次见面:很高兴认识您/请多指教/请多关照。

重逢问候语：你好/好久不见/最近好吗？/工作忙不忙？/还在老单位吗？
欢迎语：欢迎光临！/欢迎你！
告别语：再见/下次见/回头见/祝您一路顺风！
感谢语：谢谢/劳驾了/让您费心了/实在过意不去/麻烦您/感谢您的帮助。
致歉语：照顾不周,请多原谅/未能远迎,请原谅。
祝贺语：祝贺您/恭喜你。
慰问语：节哀顺变,不要太伤心了,注意身体！/请好好休息/请安心养病/祝您早日康复！

（二）名片礼节

在商务交往活动中,名片就是一个人身份地位的体现。递送名片,既是一种自我展示,又体现对他人的尊重。对方会从名片中了解己方的姓名、职务、公司名称、产品、服务及联络方式等信息。名片即一种快捷的书面介绍,因而也是商务活动中的必需品。名片的内容、分类、制作、递送和接收等细节无不体现谈判人员的职业素养。

1. 名片的内容及分类

名片主要涵盖的内容包括：个人姓名、工作单位、职务、目前职称、联络方式等。虽然名片基本要素大致相同,但还是应力求新颖别致,独树一帜,尽量体现个人特色和个人气质。

按照使用的场合,名片可以分为普通社交类名片和业务/职业类名片。

普通社交类名片适用于维系感情的私交场合；业务/职业类名片适用于出席人员较多,较为正式的大型社交场合。

2. 名片的用途

（1）自我介绍。名片是一种辅助介绍的工具,可以比较简洁直观地介绍己方。互换名片表明双方都有进一步联系、维系双方关系的意向。

（2）结交朋友。互换名片是商务人士初次见面的主要交流环节。谈判人员通过递送名片,向对方表示友好之情,同时也期待得到对方的友好回应,从而建立友谊。

（3）商务交往。在商务交往活动中,如展销会上,不同利益主体交换名片,意味着拉开了双方沟通的帷幕,打开了交往的大门。此时,名片作为商务交往中的桥梁,主要作用是充当介绍信和联谊卡工具。

（4）通知变更。初次见面,递交名片是第一次的自我介绍。再次会面,递送名片,则可以委婉地告知对方一些自己的新近变更讯息,如职务晋升、单位变更、通信易址。此时名片就变成了信息更迭的传达媒介,使对方及时更新对己方的认知,对己方的近况了解得更加充分。

（5）拜会他人。初次拜访陌生的交往对象,为了避免唐突和冒昧,客方在到达对方居所或工作单位时,可能会将自己的名片交由对方的门卫或秘书等中间人转递,以便对方确认信息之后决定是否接见。

（6）简短留言。在突然拜访某人或者因个人急事，需要他人帮忙转递名片时，名片可以充当留言条。客方可在名片上留下想要传达的话语，使重要信息不至于被对方错过。

3．名片的制作

制作名片需要保证规范性，在规格材料、色彩图案、文字版式等方面都有对应的要求，具体如下。

（1）规格材料

国际上目前流行的名片规格是 10cm×6cm，而在我国比较流行的规格是 9cm×5.5cm。

名片展现着一个人的形象，因此商务谈判人员尤其要注意保持名片的干净、整洁。名片制作材料要选择再生纸、白卡纸等耐磨、耐折且经济实惠的纸张。

（2）色彩图案

名片对于商务人士而言，跟正装要求相似，要体现其正式和职业范，因此不能选取过于杂乱或妖艳的色彩，这会影响正式信息的传递。色彩应尽可能单一朴素，如可选取米黄色、米白色、浅蓝色、浅灰色等。

名片包装上可展现个人风格，如做一些镀边或者压花等设计，但不要过度包装。

（3）文字版式

关于名片的字体，若是中文版本，一般选取楷体或是仿宋体；若是英文版本，一般使用 Arial 字体。

（4）注意事项

① 名片上不能提供私人电话。名片一般用于工作场合，在传递信息时，要注意保护个人隐私。

② 名片上的职位头衔不能超过两个。名片规格有限，一般头衔要标注个人的最高职务名称，不能过多，太多的头衔会使对方对己方的定位不明晰。

③ 名片一经制作，不能随意修改。经历了职位变化或是单位变更等情况除外。

4．名片的递送

递送名片时，递送者一定要双手呈递，将名片正面朝向对方，以方便对方读取。向对方递送名片时，要避免目光游离不定，要与对方有眼神交流，同时面带微笑，从面部表情上传达与人为善的讯息，拉近双方的关系。递送名片时，还应稍许欠身，尤其是向位尊者递送时，以表达对对方的尊重之情。递送名片的时机不同，目的也不同：刚见面时谈判人员互递名片，表示希望日后进一步保持联络；当谈判结束，双方欲告辞离去时，若一方主动递出名片，说明其想加深对方对自己的印象。

递送名片的顺序基于"位卑者先出"原则。因为位尊者享有优先知情权。一般而言，男士应优先向女士递送名片；职务低者应主动向职务高者递送名片；年轻者应自觉向年长者递送名片；客人应先向主人递送名片；当多人互相进行名片交换时，不能跳跃式交换，需要按照一定的次序，如由近至远，或者是按照顺时针方向一一递送。

递送名片时应注意以下事项:

① 参加商务宴会或商务会议时,谈判人员应选择合适的时机递送名片,忌在用餐及会议时递送名片。

② 递送名片时,最好使用双手传递,以示尊重。若是采用单手,一般使用右手,忌用左手。

③ 递送名片时,要注意将名片正面朝向对方,方便对方接收和读取,切忌名片背面朝上递给对方。

④ 递送名片时,递送的高度以不高于胸部为宜。

⑤ 递送名片时,忌仅用几个手指夹着名片递送,这么做会给人以轻蔑的感觉。

5. 名片的接收

对于他人双手递送的名片,出于礼貌,接收方应起身站立,双手接过名片,然后读出来以确认信息,同时保持微笑,并说"谢谢您的名片"等感谢话语。接收方读取名片后,要妥善放置,不能折损名片。若在某些场合,暂时没有存放之处,可以先置于桌面,但是不要让其他异物垫压。待到离开之际,一定要将对方的名片捎带上,忌遗忘于现场。接收名片应遵循以下原则:

(1)"有来有往"。在商务场合或其他非正式场合,己方接到他人递送的名片后,一定要礼貌地回递自己的名片给对方。如果己方没有携带名片,或者是没有制作名片,一定要表达歉意,并说明理由。

(2)"当面确认"。收到他人名片后,接收方一定要认真阅读一遍,最好念出声音,以表示己方已确认对方的名称、头衔、公司名称等基本信息。这既可表达对对方的尊重,又可避免由于未确认相关信息而在后续交往中出现差错。

6. 名片的索要

当一方想要获得某人的名片时,出于礼貌,可根据不同情境,选用合适的方法。下面介绍几种常用的方法。

(1) 交易法

"将欲取之,必先予之"。要想获取对方的名片,而对方并未主动出示时,索要方可先将自己的名片恭敬地递给对方,并说"您好,这是我的名片,请您查收,不胜荣幸"。此时,对方一般会回递名片。但是由于地位差异,有些职位较高者可能并无意回递名片。在这种情境下,该方法会失效,需另寻他法。

(2) 暗示法

当第一种方法失效时,如果自身还想尝试获取对方的名片,可以通过言语暗示进行心理激励,如"非常高兴能够与您相识,不知我可否有幸进一步了解您呢?"。这样通常可委婉地传递己方想要获取对方名片的信号。对方此时可能会出于礼貌回递名片。

(3) 联络法

当上述方法失效时,也可采取联络法尝试获取对方名片。例如,己方可以礼貌地跟对方说:"瑟琳娜小姐,认识您真的很开心,希望今后我们会有其他项目的合作机会。不知道您的联系方式是?"此时,对方通常都会出示自己的名片。

7. 名片的管理

(1) 名片的放置

名片是个人身份的象征,因此个人的名片一定要妥善放置,切忌与其他物品随意混杂放置,避免褶皱或难以取出。名片最好放在比较容易拿出的地方,既方便自己主动递送名片,也方便及时回递他人名片。男士可以将名片放在左上方的口袋,也可将名片放在特制名片夹中后,置于包内。

收到他人名片后,读取后要选取合适的地方放好,并且注意不要将他人名片与个人名片混放,以免递错名片。

(2) 名片的保管

在各种场合收取名片后,接收方应及时归类整理名片,按照个人喜好和一定顺序收藏名片,勿随意将其夹在书中、混放在文件夹内和随意扔进抽屉中,以免需要时杂乱无章,无处可寻。

案例11.1:一张名片,百万损失

分类收藏的方法有如下几种:①按照国别、地区分类;②按照公司、部门分类;③按照姓氏首字母分类;④按照性别分类;⑤按照职务分类;⑥按照日后联系密切度分类。

(三) 称呼礼节

称呼是在各种场合的交往中,人们对交往对象的称谓。合适的称呼会让对方产生一种舒适愉悦的心理,从而拉近双方的关系,促进谈判的开展和交往的顺利进行。称呼亦是门学问。好的人际关系,从称谓开始。

1. 称呼方式

选择称呼要合乎常规,要照顾被称呼者的个人习惯,做到入乡随俗。在工作岗位上,人们彼此之间的称呼有其特殊性。称呼别人时,要庄重、正式、规范。商务场合常用的称呼方式包括以下几种。

(1) 职务性称呼

① 简单称呼其职务,如主席、董事、经理、主管等。

② 在对方职务前加上其姓氏,如赵主席、冯经理、杨老板等。

③ 在对方职务前加上其姓名,如张三经理、周晓主任、王倩代表等。

(2) 职称性称呼

① 简单称呼其职称,如校长、教授等。

② 在对方职称前加上其姓氏,如王校长、何律师、苏教授等。

③ 在对方职称前加上其姓名,如王城校长、何苗律师、苏鑫教授等。

(3) 学衔性称呼

① 简单称其学衔,如博士、硕士等。

② 在对方学衔前加上其姓氏,如宋博士、韦硕士等。

③ 在对方学衔前加上其姓名,如宋琴博士、韦静硕士等。

(4) 泛尊性称呼

对于男子,一般称呼其为先生;对于女子,一般称呼其为小姐、女士、夫人。

还可以在以上称呼前加上对方的姓名、职称或头衔,如史密斯先生、凯瑞小姐、市长先生等。

(5) 行业性称呼

根据对方从事的行业进行称呼,如老师、教官、医生、护士、律师等。

(6) 军衔性称呼

根据对方在军队中的任职头衔称呼,如刘团长、胡师长、范上校等。

(7) 直接式称呼

对于一些关系比较亲近的人,可以直呼其名或者在名字前加上"老"或"小"字,如小李、老张等。

2. 称呼的正确使用

称呼虽有很多种方式,但根据商务活动惯例,最合适的是称呼对方的职务、职称,或是泛尊性称呼。

称呼对方的职务、职称,可以彰显对方的身份,表达对其的敬意,是使用最广泛的一种称呼方式,也可以在职务、职称前加上对方的姓氏,使称呼主体更加明确。

以从事行业对其称呼,可以比较鲜明地对其身份进行辨别,如教授、医生、护士等,也可以加上其姓氏对其称呼,还可以在行业身份称呼后添加先生、女士,如律师先生、护士小姐,以显得更加亲切。

对于初次见面,或者自己不清楚对方的具体职务和职称,抑或既没有具体的职务也没有具体职称的人,可以直接称呼其为先生、小姐或者夫人,如果知道对方的姓氏,则最好在这些泛尊称的前面加上对方的姓,如张先生、李小姐等。在使用泛尊性称呼的时候,对于男士,不管多大年纪,都可以称呼其为先生,但是对于女士,则应对未婚者称小姐,对已婚者称太太、夫人,对不明确者称女士,以表示对女性的尊重。

3. 称呼原则

称呼不仅反映自身的教养、对对方尊重的程度,甚至还能体现双方关系的密切程度。称呼礼节要基于以下七大原则:

(1) 就高不就低原则。当他人有不同的职务、职称时,要称呼其最高的职称。

(2) 远近亲疏原则。有些人担任不同的职务,称呼时应以双方的关系为准,如是普通关系,则最好称呼学术职称。

(3) 慎用敏感性称呼原则。敏感性称呼就是与性别、年龄、辈分和婚姻等相关的称呼。对这些称呼的误用经常会引起误会。例如,将未婚女性称为夫人就属于误会行为。一般约定俗成地按性别的不同分别称呼为小姐、女士、先生。其中,小姐、女士二者的区别在于未婚者称小姐,不明确婚否者则可称女士。目前,小姐这个称呼在不同的地方意义也有所区别,在某些地方并非美称,所以应谨慎使用。

（4）区分场合原则。虽然有些职称称呼起来会产生距离感，但是在正式的工作场合，还是需要称呼对方的职务、职称，如经理、主管。在私下里，若双方关系比较熟悉，可以采取亲昵称呼，但是当有其他人在场时，或在比较正式、严肃的场合，即使双方关系亲密，也需要称呼其职务、职称。

（5）有序原则。称呼顺序为"先长后幼、先上后下、先疏后亲、先外后内"，以体现对他人的尊重和恭敬，体现自身的礼貌。

（6）慎重原则。初次与人会谈时，由于双方还不太熟悉，所以一定要慎用称呼，最好称呼"姓氏＋职务、职称"，如李总经理。当对方职务非正职时，可省略"副"字，直接称呼刘经理、宋主席等。

（7）完整原则。在称呼对方时，要清晰、完整。称呼结束需要有所停顿，以引起对方注意。若随意带过，会显得不够尊重对方，淡化交流主体地位，让对方心有芥蒂。

案例 11.2

职场新人的晋升之道

李文静一毕业便顺利获得了科瑞咨询顾问公司首席咨询助理的职位。文静想尽快融入团队，于是在入职前两天便通过各种渠道收集了所有同事的信息。正式入职后，对于领导，文静毕恭毕敬地称呼其"刘经理、田主管"，以示敬重之情。见到同事，刚开始均将其视为老师，尊重地称呼对方为"韦老师、宋老师"，保持谦卑学习姿态，向他人请教。

在入职一年后，对于跟自己关系较好、年纪相仿的朋友，文静便直呼其名，以减少距离感；对于年长的同事，采用"琳姐、阳哥"的称呼；对于领导，保持着称呼"姓氏＋职称"的习惯。

由于文静对于称呼礼节的灵活运用，以及大方得体的为人处世原则，她不久便赢得了公司众人的好感和信赖。与同事合力工作时，她总能顺利高效地完成各项任务。由于业绩突出，不到三年文静便晋升为部门主管。

案例来源：https://www.liuxue86.com/a/3160873.html。

上面的案例中，作为职场新人的李文静在入职前详细收集同事信息，很快记住同事们的职位和名字，顺利地融入了团队。难能可贵的是，文静能够具体针对职位、年龄、与个人的关系，分别采取职务性称呼、行业性称呼、直接式称呼。文静得当的礼仪礼节使她在职场上如鱼得水，迅速成长为受领导器重、同事喜爱的职场达人，这就是注重礼节收获的最大嘉奖。

（四）寒暄与问候礼节

寒暄与问候是商务谈判人员见面时"破冰"的重要手段。得体的寒暄话题和问候语有助于营造合适的气氛，为正式谈判奠定良好的基础，因此谈判人员要重视寒暄与问候礼节。

1. 寒暄

在寒暄时,谈判人员要积极主动,最大化地展现个人的善意;巧妙选择合适的话题,引起对方兴趣;迅速调整个人情绪,针对不同对象,使用不同的开篇方法。寒暄话题的选择对谈判氛围的营造至关重要,因此谈判人员应根据会谈内容,正确使用以下寒暄语:

(1) 问候式寒暄。问候式寒暄要求根据现场环境氛围,问候谈判对方。在与多年的合作伙伴相见或与远道而来的外国客户进行商务洽谈时,可以选择问候式寒暄,如问候对方的近况、询问外国友人是否适应当地环境和住宿等,以表达对对方的尊重和关切。

(2) 赞扬式寒暄。赞扬式寒暄是指根据谈判对象的气质、样貌、衣着或现场准备等,给予赞扬。在商务谈判中,谈判人员往往不是一谈定天下,而是要经历多次谈判。在非初次会面,进入多轮谈判时,谈判人员可在正式进入谈判前使用赞扬式寒暄。

(3) 言他式寒暄。言他式寒暄顾名思义是从与谈判正题无关的其他事件(如一些热点新闻或天气状况、体育赛事等)入手,打开话题。这种寒暄多针对初次交往、合作的对象,双方一时之间难以找到非常合适的话题,此时可以从言他开始,引入话题。

从寒暄的性质来看,它是非正式的,偏生活化。在寒暄时,还需要避免一些禁忌:心不在焉,答非所问;疲于应对,滋生歧义;选取有争议的话题,使双方出现纷争;未能了解相关风俗习惯,而谈论一些禁忌内容。

2. 问候

在商务谈判中问候语言的运用既表示尊重,又显示亲切,也可充分表现谈判人员良好的风度和教养。问候时应注意以下几点:

(1) 根据场合选择合适的问候形式

问候形式分为直接式和间接式。

直接式问候,即直接以问好作为问候的主要内容。这种方式适用于正式的交往场合,特别是在初次接触的陌生商务及社交场合。例如,"您好""大家好""早上好"等。

间接式问候,即以某些约定俗语作为问候语,或者以适合当时情境的主题作为问候语,主要用于非正式、熟人之间的交往。例如,用"最近过得怎样""忙什么呢""您去哪里"等来替代直接式问候。

(2) 问候要主动、热情及大方

问候是表达个人敬意、拉近双方关系的一种行为。谈判人员向对方问候时,应积极、主动、热情、友好、真诚。同样,当别人先问候自己时,应立即予以回应,并且尽可能让对方感受到己方的热情。最好的方式是保持微笑。忌态度冷淡,高不可攀;忌面无表情、面露难色或勉强应付。

此外,问候对方时,谈判人员应落落大方。若是神态夸张、矫揉造作,或者扭扭捏捏,会给人留下虚情假意的坏印象。问候时应专注,因为问候是面面相对地直接交流,一定要保证眼到、口到、意到和心到。

(3) 问候次序得当

在正式场合,问候一定要讲究次序。具体可分为:

① 一对一的问候。当一对一两人问候时,一般遵循"位卑者先问候"。身份较低者或者晚辈需向地位较高者或者长辈先问候。

② 一对多的问候。出席某些场合,会同时遇到很多人。例如,出席会议时可以采取笼统问候法,如"大家好"。当然也可以逐个问候。问候的顺序应按照"长幼尊卑"进行,方向上采取"由近及远"的次序。

（五）其他礼节

1. 鞠躬礼节

鞠躬即弯身行礼,源于中国的商代,拥有较长的发展历史,是古老文明的一种继承和发展,适用于各大社交和商务活动的场合。

鞠躬礼根据弯腰程度可以分为以下三种。

(1) 15°左右的鞠躬礼。15°左右的鞠躬礼适用于日常工作环境。这样的鞠躬礼常用作大小型会议场合中的参会礼、散会礼及小型会议场合中的致歉礼。

(2) 30°左右的鞠躬礼。30°左右的鞠躬礼适用于正式的社交环境及公共场合中的服务接待工作。这样的鞠躬礼常用作大型会议场合下的演讲礼、迎宾及送客礼。

(3) 90°左右的鞠躬礼。90°左右的鞠躬礼适用于一些特殊社交场合,如上台领奖时或是发言结束,恳请人批评指正之时。

除了注意鞠躬的幅度和使用场合,商务人员还需要掌握鞠躬礼的一些具体动作规范和相关准则。

(1) 动作要领:①行礼之时,正对客人,并拢双脚;②视线转换,由目视对方变为目光落至脚前 1.5 米处(15°左右的鞠躬礼)或脚前 1 米处(30°左右的鞠躬礼);③男女不同,男性需要将双手放置身体两侧,女性双手合起放在腹部偏上;④抬头挺腰,轻柔缓行。

(2) 礼节准则:①"位卑者先行",即地位较低的人要先进行鞠躬礼;②"位卑者深几许",即地位较低的人在行鞠躬礼时一般需要幅度偏大一些,弯腰要深一些;③"礼尚往来",即在接受鞠躬礼后,应还以鞠躬礼。

2. 点头礼节

点头是打招呼的一种方式。该礼节适用于双方保持一定距离的公共场合,微微点头,表示自己看到了对方,并进行问候。点头之礼,简单却重要,运用得当,有助于维系社交关系。

(1) 点头礼的要领。规范的点头礼要求谈判人员面带微笑,目视对方,头部轻轻下压,幅度适宜。男士一般刚强有力,点头速度偏快,力度较强;女士则温柔娴雅,点头速度偏慢,力度较小。

(2) 点头礼的适用场合。点头礼适用于以下三种场合:

① 公共场合。在一些公共场合,谈判人员可能会偶遇熟人,如长辈、领导、朋友,此时

由于距离和人群阻挡,不适合行握手礼,大声喊叫称呼亦不礼貌,选择在目光对视中行点头礼较为得体。

② 陌生场合。谈判人员遇到与自己交往不深或新结交的人时,若不想主动接触,可以行点头礼,这样既可表达个人的友善,还能与之保持一定的距离。

③ 其他场合。在某些不适宜行握手礼的特殊场合(如会场上),或空间较大、距离较远的场合,在上下班的路上或在公司休息室等场合,谈判人员需要用点头礼代替握手礼。

3. 挥手礼节

挥手包括举手致意和挥手告别。日常中的举手致意、挥手告别较为随意,无固定的要求,但是商务场合的挥手有一定的礼节要求。在商务用餐场所或其他商务场合遇到熟人时,商务人员应主动向对方举手致意、打个招呼;举手致意时,男士应首先向女士致意;年轻者不论男女,都应先向年长者致意;下级应先向上级致意。在商务活动中,当双方夫妇见面时,女士之间可先相互挥手致意,然后男士分别向对方的妻子挥手致意,最后是男士间相互致意。

在挥手道别时,道别方应保持身体直立,忌摇晃或多动;用右手或双手并用,忌只用左手挥动;手臂上伸,忌伸得太低或过分弯曲;掌心向外,指尖朝上,手臂向左右挥动;用双手道别时,两手同时由外侧向内侧挥动,不要上下摇动或举而不动。同时,在挥手道别时,可说"请回,请留步"等表示关心的话语。若是对方即将远行,挥手道别方可以说"祝您一路顺风"等告别语。

4. 拥抱礼节

拥抱礼节在欧美等国家比较盛行。拥抱礼的标准姿势是:首先双方面面相对,保持右手臂在上,左手臂在下,右手主动环抱在对方的左肩膀,左手放置于拥抱对象的右后腰;拥抱时,胸部一般先左倾,头部保持相贴距离,然后再右倾拥抱,最后再一次向左拥抱,即拥抱要有三个回合。

拥抱礼适用于正式和非正式的场合,如迎亲送友及诚挚祝贺时。拥抱礼并不适用于所有国家,因此商务谈判人员在与不同国家的人交往时,要慎用该礼节。此外,在初次见面时,由于双方不熟悉,应尽量避免使用拥抱礼。

三、馈赠礼节

馈赠是商务活动中维系感情的重要手段。馈赠一般是通过赠送礼物,以物表情,礼载于物,是一种非语言的沟通方式,可起到"无声胜有声"的作用。通过馈赠礼物,拉近彼此之间的关系,增进双方之间的情谊。馈赠的礼节与馈赠的目的相关,体现在馈赠的原则、礼物的包装、馈赠的时机、场合、馈赠时的态度和言谈举止等细节上。

(一)馈赠目的

1. 以交际为目的

这是一种为达到交际目的而进行的馈赠。茨威格说:"所有命运的馈赠,早已暗中标好了价格。"人与人间的馈赠亦含有隐形价格。这种馈赠有两大特点：一是送礼的目的非常明确，以交际为最终目标；二是所送礼物一般较为贵重，可以体现双方的身份。

2. 以巩固和维系人际关系为目的

这类馈赠即人们常说的"人情礼"。它的特点表现为，礼物的种类多样化，礼物价值根据交往对象及彼此间的关系可高可低，礼物的包装体现送礼者的用心程度。该类馈赠主要是为了维系日常关系，与明确的目的达成无直接关联。

3. 以酬谢为目的

这类馈赠主要是为了答谢他人的帮助，其特点是，比较注重礼物的物质价值。价值大小代表他人给予帮助程度的深浅。

4. 以公关为目的

这类馈赠主要用于预防危机，或是发生危机后的解救情境，也包括追求政治、经济利益过程中的疏通性馈赠。

（二）馈赠原则

1. 价值原则

赠送礼物时，礼物的物质价值有大有小，需要根据具体情况和赠送对象，把握赠送礼物的分量。礼物轻重以合适为宜，因为礼物的价值除了物质价值外，还有精神价值，即礼物所代表的内涵寓意。精神价值体现赠送者的诚意和用心程度。若是感情深厚，将个人的心思巧妙地寄托在其中，也是一份具有相当价值的礼物，就像古语所说的"千里送鹅毛，礼轻情意重"。小礼物也有大作用，重在赠送者的诚心、双方关系的亲密程度及礼物的实用性。

2. 时机原则

赠人礼物最讲究时机、场合。

通常是在刚见面或道别时赠送。若是应邀出席宴会，客方应在刚进门见到主人那一刻赠送给对方；若是以东道主身份接待客人，则需要在客人告别离席前一刻赠送。

此外，送礼不可过多过频。因为一般赠礼会引发人们的负面联想，如贿赂类的想法会使原本维系感情的正常行为被贴上"目的性"标签。有时过频赠送礼物还会劳民伤财。因此，赠送礼物时要注意场合，把握好时机。

3. 效用性原则

此处的效用是指受礼者收到礼物的满足程度和喜欢程度。同一份礼物对于不同的受礼者而言具有不同的效用。馈赠方要考虑受礼方的经济水平、消费状况及现实需求，有针对性地挑选礼物。

对于富裕者,礼物以精巧为佳;对于贫困者,礼物以实惠为佳;对于外宾,礼物以特色为佳;对于领导,礼物以精致为佳;对于朋友,礼物以内涵为佳;对于长辈,礼物以实用为佳;对于小孩,礼物以益智为佳。

4. 趋好避忌原则

由于民族、生活习惯、生活经历、宗教信仰以及性格、爱好的不同,不同的人对同一礼物的态度是不同的,或喜爱或忌讳或厌恶。馈赠方应遵循投其所好、避其禁忌的原则,特别要避免一些禁忌:①忌送现金、信用卡和有价证券;②忌送价格过高的奢侈品;③忌送不合时尚、不利健康之物;④忌送易使异性产生误解之物;⑤忌送触犯受赠对象个人禁忌之物;⑥忌送涉及国家机密之物;⑦忌送其他有违国家法律、法规之物;⑧忌送不道德之物。

案例 11.3

"心动"之礼

2005年4月的一天,国民党主席连战访问北京大学。北京大学的接待人员精心为其选取了一份特别的礼物:其母亲赵兰坤女士留存在燕京大学的学籍档案及当年的照片。看到资料中母亲的高中推荐信、入学登记表等物件,再看到母亲亲手书写的字迹,连战不由眼中泛起泪花,激动万分。面对北京大学接待人员馈赠的贴心的礼物,连战连连道谢,脸上始终洋溢着明媚幸福的笑容。

案例来源:https://max.book118.com/html/2016/1206/68977815.shtm。

上面的案例中,北京大学的接待人员遵循了"趋好避忌"的馈赠原则,选取的礼物是跟连战母亲息息相关的物件,这不是一个可以用物质价值衡量的礼物。此次赠送行为是巧在以亲情打动了连战先生,获得了受赠者的喜爱和感激。

(三)礼物包装

馈赠礼物时,除了精心挑选礼物外,馈赠方还需要注意礼物的包装。正所谓"人靠衣装马靠鞍",礼物也需要包装来"锦上添花",以增加其格调和艺术性。礼物包装的精美程度不仅能体现馈赠方的品位和用心,还能给礼物增加一丝神秘色彩。

馈赠礼物时,应注意以下包装事项:

(1)注意包装的材料、容器、图案造型、商标、文字、色彩的选择和使用,应符合政策法规和习俗惯例,不要触犯受赠方的宗教、民族禁忌。

(2)注意色彩的搭配,切忌选择受礼方的忌讳色。如日本人忌绿色,喜红色;美国人喜欢鲜明的色彩,忌紫色;伊斯兰教徒讨厌象征死亡的黄色,喜欢绿色等。

(3)注意彩色花纹纸包装的使用。不论产品本身有没有盒子,礼物都要用彩色花纹纸包装,用彩色缎带捆扎好,并系成好看的结,如蝴蝶结、梅花结等。

(四) 馈赠场合

馈赠是一门艺术,馈赠方除了要遵循其基本原则外,还需要把握馈赠时机,考虑馈赠的场合。馈赠场合出现差错,极有可能引起他人误解,增加受赠者的困扰。应注意以下两点:

首先,应公私有别。出于工作目的的商务馈赠应在公开的公务场合进行,如会议室、会客厅等;出于私人交往目的的赠送则需要在私人会所或对方住宅内进行,应避开公共场合。

其次,公共馈赠之物要大方得体。例如,在会议场所、表演秀上赠送鲜花,表达祝愿;爱心捐赠时赠送书籍,授之以渔。在公共场合,忌在多人面前只赠送一人,且不宜选赠私人用品。

案例 11.4

"我觉得你应该会喜欢呀"

刘毅是陈昂的上司,但是两人私下关系甚好。陈昂一次出差时在当地发现了一套精致的茶具。陈昂深知刘毅对茶道很有研究,也喜好收藏茶具。看到这套茶具的第一眼,他就笃定刘毅会很喜欢,于是毫不犹豫地买下了这套茶具。

出差刚回来,陈昂难掩兴奋之情,兴冲冲地跑到刘毅的办公室,将茶具送给了刘毅。他说:"第一眼看到它,我就觉得你肯定会喜欢,就给你买下来了。"当时刘毅办公室还有好几位同事在场。听完陈昂的话,刘毅不自觉扫了一眼在场的同事,随后脸色变差,语气冷淡道:"拿走,我不需要。"这与陈昂所预期的截然相反。"按道理,我觉着你应该会喜欢呀,到底是哪里不对呢?"陈昂嘀咕着,一脸的困惑。

案例来源:http://www.docin.com/p-1402676714.html.

刘毅喜欢研究茶道,也喜欢收藏茶具,按理,他应该心仪好友刘昂送的茶具,但事实并非如此。这是因为陈昂犯了"公私场合不分"的大忌,凭着"我觉得刘毅会喜欢"的一腔热血,在办公室众目睽睽之下送茶具给刘毅。这一不合时宜的馈赠会给刘毅招来"受贿"之嫌,刘毅即便心悦,也只好当场拒绝。可见,即便馈赠方与受礼方关系十分密切,即便所赠之物是其心之所好,但馈赠若不合时宜,则只会产生适得其反的效果,使礼物馈赠的效果大打折扣。

(五) 馈赠要求

馈赠不是施予,馈赠方要端正态度,使人感到和蔼可亲、平易近人、诚心诚意,忌趾高气扬。在馈赠时,馈赠方可以说"一点小小的心意,敬请笑纳"或是"一份薄礼,还望接纳"之类的话语。

馈赠方应不卑不亢、面露微笑,用双手递送,且动作要落落大方。此外,要遵循"位尊者优先"原则,即"先长辈后晚辈、先女士后男士、先上级后下级"。

（六）受赠礼节

礼物的馈赠是社交的"润滑剂"，能联络感情、促进交际。受赠方也要遵守一定的礼节规范。具体需要把握以下三点：

1. 欣然笑纳

馈赠方馈赠礼物，一般都是为了表达诚挚之意或是感谢之情，因此只要合乎法规、合情合理，受礼者都可以接受。不过，受礼者在接受礼物之前，一般需表示谦让。

接受礼物时，受礼者不要迫切地盯视礼物，要遵循礼数，及时表达对于他人馈赠礼物的感谢之情。对于收到的礼物，我国讲究事后拆封查看；而西方人习惯当场拆开礼物，查看后立即表达对于礼物的喜爱及对馈赠方的感谢，然后再将礼物妥善安放。

2. 拒绝有方

在某些场合或者当某些礼物过于贵重时，受礼者需要委婉地予以拒绝。但需要注意方式方法，否则会造成赠礼者的尴尬和不悦。常见的做法是：先表达个人的感谢之情及对于赠礼者心意的接纳之情，然后说明拒收礼物的具体原因。

拒收礼物时，可采用以下三种方法：

① 婉言相告法：受礼者用委婉的、不失礼貌的语言，向赠送者暗示自己难以接受对方的礼物。例如，当对方向自己赠送手机作为生日礼物时，可告知："我已经有一台了，谢谢。"

② 直言缘由法：直截了当而又诚挚地向馈赠方说明自己难以接受礼物的原因，在公务交往中拒绝礼物时，此法尤其适用。

③ 事后退还法：受礼者不仅可以当面谢绝，还可以采用事后退还法。在大庭广众之下拒绝他人所送的礼物，往往会使馈赠方尴尬。此时，可采用事后退还法，但要注意别破坏包装。

3. 依礼还礼

礼尚往来是人际交往中一项约定俗成的准则。秉持"不欠不赊"原则，受礼者要根据实际情况，掌握分寸，适当地予以回礼。

（1）还礼的时间

还礼的时间要讲"后会有期"。时间点有三种选择：①交换式还礼，即在对方赠送自己礼物的同时还礼；②假借吉日还礼，即在对方或其家人的某个喜庆活动时还礼，如生日宴会、结婚典礼等；③登门拜访时还礼，在日后合适的时间，到对方家中拜访时还礼。

但要区分还礼和"还债"。还礼需要自觉自愿进行，并且还礼的次数不能过多，不然就显得刻意拘谨，而且双方会陷入无休止的收还礼的循环中，给双方都造成负担。

（2）还礼的形式

如果还礼的形式不恰当，还不如不还。下面几种方式可供借鉴。

① 同类物品相赠法，即赠送与对方赠予物品相类似之物。

② 同等价位相赠法,即所赠之物的物质价值与对方赠己之物相当。

③ 顺其自然感谢法。接收到他人赠送的礼物之时,受礼者不一定非要回礼,可以通过言语或其他非物质方式表达感谢之情,如制作表达谢意的小卡片或小视频、个人小手工。

(七) 馈赠的习俗禁忌

受礼者除了需要注意馈赠时机、场合的选择外,还需要注意与馈赠相关的一些习俗禁忌。

(1) 数字禁忌。中国人普遍喜好"好事成双",因此忌讳某些单数,同时忌讳一些谐音数字,如"4"(谐音"死")、"13"(与"失散"发音相似)。

(2) 颜色禁忌。中国人比较忌讳白色。在古代,白色代表悲哀之色和贫穷之色。一般丧葬事宜都会选用白绸缎、白衣服。黑色也有哀丧之意,带有不吉利的色彩。在中国受偏爱的是红色,它代表祥和、喜气。

(3) 物品禁忌。给老人送礼,不可送"钟";夫妻或情侣之间不能送"梨";甚至"杯"也不适合作为礼物赠予他人,有"运气背"的寓意。

以上多属于国内的习俗禁忌,现代化商务交往多数跨越了国家、地域、种族等界限,所以馈赠方应选择符合谈判对象习俗的礼物,最大化地发挥馈赠的效用。

第二节　间接洽谈礼节

间接洽谈礼节是指在间接谈判过程中,谈判双方需要遵守的行为准则和礼仪规范。电话、网络等现代化手段使商务洽谈越来越便利,其成本也越来越低,因此现代商务人士越来越喜欢通过电话、电子邮件和微信洽谈。当代商务谈判人员需要掌握电话、电子邮件和微信等间接洽谈礼节。

一、电话洽谈礼节

目前,电话已成为现代社会的主要通信工具之一。拨打电话或是接听电话都有一定的讲究,谈判人员需要掌握相应的规范礼节,否则一些不经意的失礼行为将会造成谈判双方之间的沟通障碍,最终导致谈判破裂。

(一) 接电话的礼节

在接电话的过程中谈判人员需要遵循"铃声不过三"原则,并注意接电话的姿势、情绪等,同时应做好通话内容记录。具体需要注意以下几个方面。

1. 接电话的原则

在办公室,接听者应遵守"铃声不过三"原则。一般在办公地点,办公桌上会配备电话,距离个人较近。在电话铃声响起后,应稍作停顿,避免唐突,保证铃声在三声之内接听。超过三声未接听是一种缺乏效率的表现,会给来电方留下失礼的印象。若是因故未在电话机旁边,或者因为手头工作不便立即接听,接听者需要在接通后表达歉意,并给出合理的解释。若办公时使用手机而不是办公室座机,则应注意:重要场合手机静音;慎重选择手机铃声;注意接听音量。

在家不像工作时那般严格,但接听者要养成尽快接听的习惯,这是对来电者的尊重。若是响铃过久或是未及时接听,在看到未接来电时要尽快回复,并表达歉意及给出合理解释。

2. 接电话的姿势

接电话的标准姿势是:左手拿起话筒,右手握笔,准备好便利贴或记事本,做好通话的重要内容记录。端正姿势,使嘴巴与话筒之间保持 4 厘米左右的距离,保证自己能够正气发声,声音流畅、亲切,防止因姿势不当造成声音懒散无力、无精打采,给对方留下不好的印象。

在办公区域接听电话时,接听者应留心来电者的号码或者音色,提高自己的声音辨别能力,尤其要熟悉上司、老板的声音,要能迅速识别往来业务频繁的客户,并及时采用合适的称谓称呼、问候对方。

3. 接电话的情绪

接听电话也是属于与人的言语交流,自己的面部情绪、心理情绪都会在言语中有所体现。一定要做到"公私分开""就事论事",不管因何种不愉快的事情扰乱了个人情绪,在接听电话的一瞬间,接听者要及时调整状态,保持愉悦平和的心态,使语气、语调自然、轻柔。电话联系尽管不如面对面那般直观,但是接听者应尽可能通过言语让对方感到亲切、热情、愉悦,以给对方留下良好的印象。

4. 规范的问候与介绍

在工作场合接听电话,接听者一般需要先向对方问好,然后自报家门。例如,"您好,通达管理有限公司销售部,我是销售部的小王。"在介绍完自身信息后,需要对对方的信息进行确认。例如,"请问您怎么称呼?"了解对方的公司、姓名、身份之后,若对方并未主动说明打电话的意图,可以继续追问:"请问您有什么事情?非常乐意为您提供帮助。"一定要循序渐进,了解对方的基本信息,记录下其来电用意、需要重点传达什么信息。

在私人生活中接听电话,如接听家里的电话或是手机,通常可以先行问候,再了解对方来电的用意,然后进行交谈,也可根据来电方与个人关系决定后续洽谈内容。在该过程中接听者仍需注意语气、语调,给人以热情、亲和之感。

5. 知晓并记录来电用意

了解对方来电的用意或目的,通常采用"5W1H"法,通过沟通或询问,分析出完整的信息。"5W"指的是 who(何人)、what(何事)、when(何时)、where(何地)、why(原因),"1H"即 how(如何做)。

接听者在做记录时,应简洁明了、罗列重点,通过"5W1H"法防止遗漏,确保信息的完整性。

做好记录之后,接听者切勿着急挂断电话,一定要再跟对方确认一遍记录的内容,确保内容正确,防止记录错误或是丢失重点。

6. 等待对方先挂电话

通过对方的话语,接听者可提前预判对方结束通话的时机,以明确回复"再见"为讯号。说完"再见"后,最好等待对方先挂断电话。自己先挂断,或是未等对方说完即挂断,均是不礼貌的表现。同时,挂断电话时应小心轻放。

(二)打电话的礼节

案例 11.5:不耐烦的接听者

1. 确定通话时间

接打电话前应考虑时间的适宜性。拨打电话通常需要避开对方的私人休息时间及接听者较忙碌的时间段。

对于工作人士而言,工作日的上午 9—11 点、下午 3—5 点及晚上 6—8 点是较为方便的时间。在上班前半小时或临近吃饭或下班前半小时内都不适合打电话,此时对方通常较为忙碌,不方便接听电话。早 8 点以前或晚 10 点以后的时间段属于私人休息时间,不宜拨打电话。

2. 准备通话内容

在商务场合,进行正式通话之前,拨打电话者需要做好充足准备,梳理好逻辑,明确通话目的、内容,准备好问题,以便在通话期间节约双方时间的同时,抓住关键点,条理清晰地与对方进行沟通。

3. 规范自我介绍

在通过电话联系或谈判时,拨打电话者在问好结束后需自我介绍,以使对方快速明确己方的信息,让对方做好明确的心理认知和定位,这既是对对方的尊重,也是给予对方主动选择的机会。当接听者接听一些推销电话时,在来电者说明个人身份后,接听者有权决定继续接听还是挂断电话。

4. 通话简明扼要

拨打电话者自我介绍以后,就需要直奔主题,简明扼要地说明打电话的目的。因为过多占用对方的时间是失礼的行为。

若是洽谈内容过多,所需时间较长,拨打电话者可在通话前向对方明确说明,双方协商是否适合长谈。如果协商一致,则可以忽略"三分钟"原则。如果对方当时不方便长谈,拨打电话者就需要礼貌地与对方相约下次详谈时间。

5. 他人代接电话时的应对方式

打电话谈判时,如对方不能及时接听电话而由他人代接时,拨打电话者可采用以下几种应对方式:

(1) 直接结束通话。若非紧急事件,拨打电话者可以稍微延迟电话谈判内容,采用"抱歉,打扰了,谢谢"的话语结尾,直接结束本次通话。

(2) 求取联系方式。若是紧急事件,拨打电话者可以表明态度,通过"您好,事态紧急,请问您能不能联系一下王经理",或是"请问您能否给我王经理另外的联系方式,这件事非常紧急,不容耽误"的话语,以获取所寻之人的直接联系方式。最后,无论他人是否提供其他联系方式,都需要礼貌道谢。

(3) 请求留言转达。当所寻之人恰巧不在,拨打电话者又需要将事情进行传达时可以采取留言方式,请接听者转达。拨打电话者要说明自己的姓名、工作单位、电话号码、转告内容等,同时要询问接听者为何人,并记录下来,方便事后查询。

二、网络洽谈礼节

随着互联网的发展,网络已经成为人际交往的一个重要渠道。随着网络交往的普及,网络礼节应运而生。谈判人员只有正确把握网络礼节的规范准则,才能更好地从事商务谈判工作。

(一) 网络洽谈三部曲

1. 慎重选择交流方式,提高洽谈效率

网络媒介日益丰富,谈判人员要根据具体情况选择邮件、微信、电话、短信等方式。例如,在信息繁杂的情况下,谈判人员应使用邮件传递复杂的信息,可在正文中简单陈述要点,将详细信息文档添加进附件中;当双方需要高频率沟通时,为便于及时讨论,可以采用微信方式;当事态紧急,急需明确答复时,谈判人员可通过电话联络;当对方可能正在开会或忙于其他事情不便接听电话时,可以待对方回复后再决定后续如何继续洽谈。

2. 有效使用寒暄招呼,营造适宜的洽谈气氛

网络沟通与书面沟通有较多的相似之处,在正式沟通之前,谈判人员需要打招呼问候对方。在寒暄招呼语言表达方面,谈判人员要秉持尊重友善的原则,保持谦逊和蔼的态度,与面对面交谈一样,网络洽谈也需要通过有效的寒暄营造合适的洽谈气氛。

3. 精准表达己方意图,提升沟通质量

直接面谈形式可以通过肢体语言全方位地传递信息,而网络交流主要借助文字表述,对方所获得的肢体语言信息有限,因此很容易产生沟通障碍。因此,在网络交流过程中,谈判人员除了通过文字表达本方意图外,还需要借助一些辅助手段来增加内容的丰富性,如可借助标点符号和表情包等来精准表达信息和感情。此外,网络沟通中合适得体的表

情运用也会给双方的洽谈添彩。例如,不同的微笑表情适用于不同的情境:向长辈、领导发消息,采用最简单的微笑即可;向同辈、朋友发消息,可以采用可爱风的微笑,甚至搞笑的表情包都是被允许的。这些手段不仅有助于对方理解己方的真实意图,而且在洽谈中还能起到"润滑剂"的作用。

(二)网络洽谈总原则

1. 保护他人隐私

当今信息化时代,人们更加需要注意个人信息的保密性,防止被无关人员或不法分子骚扰。在网络交往过程中,谈判人员除了注意个人隐私的保护外,还应保护他人隐私,不轻易透露自己知晓的他人的真实姓名、联系方式及家庭住址等信息,不擅自公开和传播往来邮件或微信聊天的内容。

2. 线上线下行为如一

网络虽为虚拟环境,也属于法律监管的范围。商务谈判人员在进行网络洽谈时要保持线上线下行为一致,应遵守相应的法律法规,增强规则意识。在网络交流中应注意洽谈的方式方法,不做"为所欲为"的键盘侠,不做隔着屏幕的"神秘幕后人",不做网络谣言的制造者和传播者。

3. 保持友好平和的心态

在进行网上交流时,由于隔着屏幕,对方无法仅通过文字充分了解己方所表达的情绪,所以在语言交流的时候谈判人员应尽量委婉、平和、友好,这样才能给对方留下好印象,尽量避免出现歧义、曲解。

4. 待人宽容

保持宽容大度的胸怀。己所不欲,勿施于人。对于他人的一些言行失误,谈判人员要做到宽以待人,对于对方书写中的错别字或词不达意,要予以理解。

(三)常用的网络洽谈方式及其礼节

在商务化的网络谈判过程中,电子邮件和微信使用的频率最高。上文提到的网络洽谈三部曲和总原则同样适用于这两种方式,此外二者还具有各自独特的特点,因此本小节将分别介绍谈判双方应遵循的电子邮件和微信洽谈礼节。

1. 电子邮件洽谈礼节

在通过电子邮件洽谈的过程中,谈判人员既要遵循电子邮件的规范,又要注意邮件回复的技巧。

(1)邮件标题的规范

① 标题不能出现空白。不填写标题是极其不礼貌的行为,意味着这是一篇完全没有

重点的邮件。

② 标题需要言简意赅。标题要突出重点,让接收者可以直观地了解邮件的主要内容,不能过于冗长。

③ 主题要集中。在一封邮件内最好只陈述一个主题事件,不要涉及多个事件,以防冲淡主题或遗漏重要信息,同时这也便于对事件进行归类整理。

④ 标题中不能出现错别字。标题是一个邮件的中心思想阐述,错别字会极大地增加接收者对发送者的负面印象,甚至导致接收者对发送者的业务能力存疑。

⑤ 回复时要有重点地更改标题名称。在邮件交流中,谈判人员会对同一主题进行多次回复。为了突出每次回复的重点,需要对标题名称进行相应的变更。

(2) 邮件正文的规范

① 正文内容要简明扼要。邮件发送者要简短地陈述邮件的目的和内容,不耽误收件人过多的时间。

② 使用序号梳理逻辑。邮件内有多个分点内容时,要明确使用序号,使邮件的条理更加清晰。

③ 正文注意拼写检查。正确的文字表述是对收件人的尊重,也是防止其产生阅读障碍或曲解原意的前提。

④ 正确、合理地使用附件。若是需要详细论述事件,不宜大段在正文内列出,可另外添加附件予以说明。附件最好不超过 4 个,若附件过多,则应添加成压缩文件。

⑤ 正文少用表情。在正式的商务洽谈邮件中,谈判人员的态度要严谨,不要轻易使用表情,因为这会使邮件显得不够正式。

(3) 邮件落款的规范

① 签名的信息不宜过多。最后署名时,表明个人姓名、职务、公司联系方式等即可,以不超过 4 行为宜。

② 设置多项签名档。根据联络对象的不同,最好设置多个签名档,灵活选择使用。

③ 格式与正文文字相匹配。整个邮件不能过于繁杂,要简洁大方,落款文字与正文相匹配,这有利于整个页面协调一致,也利于收件方阅读。

(4) 回复邮件的技巧

① 及时回复。收到重要邮件后一定要及时回复,既保证时效性,也是对发件人的尊重。

② 回复时间有讲究。一般来说,对于紧急邮件,回复的最佳时间是 2 小时以内;对于一些次优先级的邮件,可以稍迟进行统一回复,但时间一般不超过 24 小时。

③ 酌情使用自动回复。若因事情过多,无法及时对收到的邮件一一进行回复,可以根据个人需要给邮件设置自动回复。

2. 微信洽谈礼节

微信作为新媒体时代发展起来的沟通平台,兼具文字、语音、视频、图像多方位洽谈方式的优势,因此成为当下重要的洽谈方式之一。微信洽谈礼节从规范信息内容开始,具体包括以下方面。

（1）内容的规范性

① 信息需完整。微信是一种异步沟通的平台，在微信洽谈中谈判人员需要尽可能将想要表述的内容分段陈述，明确每段的中心思想，以方便接收者阅读。逐句发送信息会给接收者造成消息提示压力，而且容易漏掉重点。

② 信息发送前需检查。信息发送前，谈判人员要先打草稿，然后进行核对，检查是否有错别字、表达是否精准等，然后再发送，确保信息的准确性、规范性。

③ 重要信息尽可能用文字陈述传递。文字查阅比听读语音要方便快捷。语音容易造成信息缺失而影响理解，同时说话人普通话的标准程度也对语音信息传达有一定影响，不标准的普通话很容易造成误解。若是时间紧迫，或者不方便敲打文字，信息发送方可事先说明。

④ 需注意信息发送的时间。虽然微信有异步沟通功能，接收者可延后回复消息，但是发送消息时仍需要注意时间，避免过早或者过晚给人发送消息，以免打扰对方的生活和休息娱乐。谈判人员在微信洽谈时也要考虑时间限制，尤其是发布公事消息时，要尽量选择上班时间。

（2）微信洽谈的禁忌

① 忌敷衍回复。接收者要谨慎对待与工作相关的信息，不可敷衍了事。例如，用"哦"或"嗯"简单地回复对方，不仅不礼貌，而且无法准确传达思想。

② 忌啰唆。在进行微信沟通时，谈判人员不要发送"在吗""在？"等无意义的消息，而应直奔主题，以免浪费信息接收者的时间。若有任务安排或重大公事通知，应直接用文字简明扼要地传递消息，以便接收者看到消息后第一时间知晓传达者的意图，并进行有效回复。

③ 忌整段语音。微信语音一条时长可达60秒，多条长语音会在视觉上给接收者造成"复杂"的冲击感，进而产生厌烦情绪。此外，听取多段语音还很费时，接收者甚至需要反复听才能获取所有重点信息，这会给接收者带来较大困扰，在接收者不方便收听的情况下，更是如此。

④ 忌图片信息。在工作中经常需要用到一些重要信息，如身份证号、快递单号、手机号码等，如果是用微信截图方式发送，接收者还需要提取图中的文字，复制、粘贴这些文字，然后进行核对。这不仅给接收者增加了工作量，还很容易产生二次传递错误，降低工作效率。更不要只发送图片，因为接收者容易忽略这样的信息。

本章小结

礼节是人与人交往的礼仪规矩。商务谈判礼节往往外化成动作和语言等形式。商务会谈的礼节是指谈判双方在商务谈判过程中必须遵循的行为规范和礼仪准则。直接会谈礼节包括拜访礼节、见面礼节、馈赠礼节及其他礼节。商务谈判人员通过见面礼节中的握手礼节、名片礼节、称呼礼节和寒暄与问候礼节表达对谈判对象的尊重。拜访礼节、馈赠礼节、鞠躬礼节、点头礼节、挥手礼节和拥抱礼节在直接会谈中同样可以起到润滑剂的作用。

信息技术与互联网的发展使间接洽谈日益便利,因此电话洽谈、电子邮件洽谈和微信洽谈礼节成了现代商务人员必须掌握的技能。在接电话的过程中谈判人员需要注意"铃声不过三"原则以及接电话的姿势、情绪等,并做好通话内容的记录;在电子邮件往来中,谈判人员应注意邮件格式的规范与回复的技巧;在微信洽谈中,谈判人员要确保信息内容的规范性,避免微信洽谈中的禁忌。

　　商务谈判礼节不仅是一种商务沟通的艺术,也是商务人员必备的素养,因此掌握上述直接会谈和间接洽谈的礼节有助于谈判人员避免失礼行为,从而塑造良好的个人和公司形象,最终提高谈判效率和质量。

本章关键术语

　　商务谈判礼节　握手礼节　馈赠礼节　名片礼节　网络洽谈礼节　电子邮件礼节　微信洽谈礼节

名言分享

1. "礼节比法律更重要,它那高雅的特性为自己筑起了一道无法攻克的防护墙。"
　　　　　　　　　　　　　　　　　　——拉尔夫·瓦尔多·爱默生(Ralph Waldo Emerson)
2. "自尊在礼节中是最微不足道的,彬彬有礼是有教养和友好的表示,也是对他人的权利、安逸和情感的尊重。"
　　　　　　　　　　　　　　　　　　——爱·马丁(El Martin)
3. "礼节是所有规范中最微小却最稳定的规范。"
　　　　　　　　　　　　　　　　　　——拉罗什福科(La Rochefoucauld)
4. "礼尚往来,往而不来,非礼也;来而不往,亦非礼也。"
　　　　　　　　　　　　　　　　　　——《礼记·曲礼上》
5. "礼者,人道之极也。"
　　　　　　　　　　　　　　　　　　——《荀子·礼论》

巩固练习

自学自测　扫描此码

一、简答题

1. 直接会谈所涉及的礼节有哪些?

2. 接受名片时应注意什么？

3. 微信洽谈礼节的具体要求是什么？

二、案例分析题

1. 入住前的礼数

某年9月，小方带领单位一行四人前往杭州，欲与正科科技软件公司进行商务会谈。会面之后，小方作为谈判代表，主动伸出右手与正科科技软件公司的负责人林总握手，握手时长3秒，力度适中。随后，小方从自己的名片盒中取出名片，因为右手拿着提包，便用左手将名片递给林总，并说："您好，我是芳华科技有限公司代表方成。这是我的名片。方不方便留一下您的名片呢？"林总随后取出自己的名片用右手递送给了小方，然后安排秘书带领其一行人进入下榻的酒店。

在大厅登记结束后，秘书小张直接从提前放在门口角落的纸箱中取出五份礼物。每份礼物包括两小件，无特殊包装，采用的是原厂家包装盒，悉数交给了小方。递交礼物时，秘书小张说道："您好，这是礼物，每人一块丝巾一条领带。"随后便先行离开。小方领到礼物后便到房间里分发。

案例来源：https://max.book118.com/html/2019/0123/5011122211002003.shtm.

根据案例回答以下问题：

（1）案例中的谈判双方有何失礼之处？

（2）接待人员小张馈赠礼物的场合和方式妥当吗？如果你是主方接待人员，你会如何赠送集体礼物？

2. 视频案例：《特朗普的独特"握手礼"》

【背景介绍】 各国领导人在出席各种国际会议时，见面之初的握手礼是必有的项目。握手行为既关乎自己的形象，更关乎国家的尊严。然而特朗普的握手礼节却有着独特的风格，令对方或尴尬或不适，同样也面临众人的嘲讽与议论。

扫描二维码观看视频后，回答以下两个问题：

（1）特朗普握手有哪些特征？如何评价他的握手方式？

（2）商务谈判人员在直接会谈时需要注意哪些礼节？

课后拓展

模拟商务谈判

模拟谈判情景：

Acfun全称为Anime Comic Fun，简称A站，创建早，拥有大批二三十岁的二次元核心用户群。由于公司管理不善，在经历了关站、阿里弃股的事件后，资金链出现严重问题，亟须寻求新的资金注入。

快手主营短视频创作，采取直播形式，聚拢了大批粉丝。因为存在上市需求，快手迫切希望收购 Acfun。近日双方准备就最后的价格进行会谈。

请根据以上案例情景，完成下列任务：

（1）请两位同学分别扮演两方的谈判负责人，就价格展开正式会谈。要求表演过程中体现见面时的相关礼节。

（2）对这两位同学的表现进行评价：他们在商务会谈过程中遵守了哪些礼节？他们是否做到了礼数周全？如否，应如何改进？

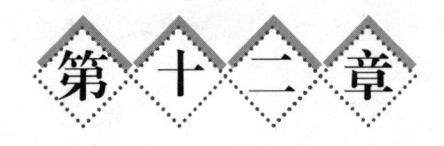

第十二章 国际商务礼仪

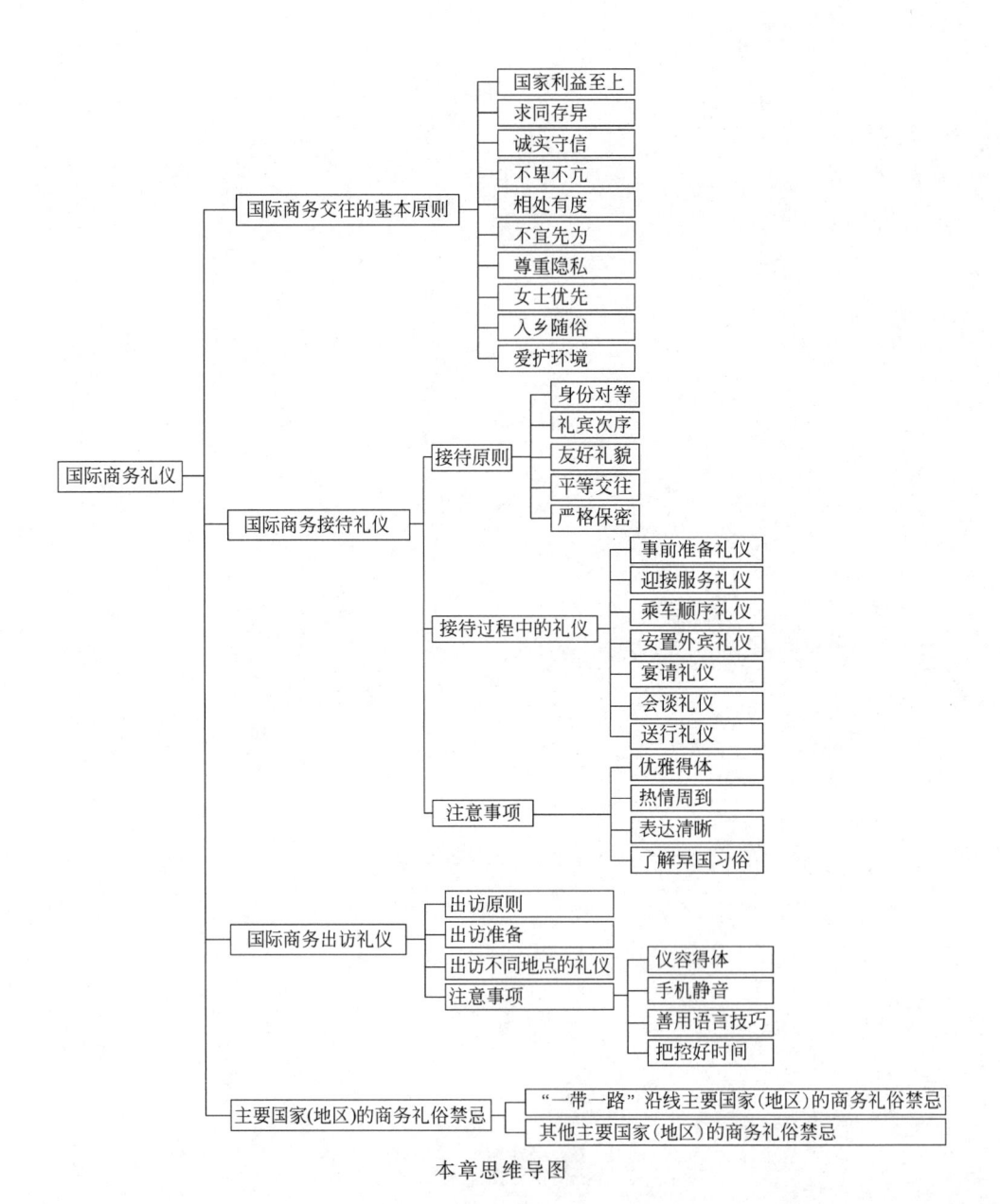

本章思维导图

- 国际商务礼仪
  - 国际商务交往的基本原则
    - 国家利益至上
    - 求同存异
    - 诚实守信
    - 不卑不亢
    - 相处有度
    - 不宜先为
    - 尊重隐私
    - 女士优先
    - 入乡随俗
    - 爱护环境
  - 国际商务接待礼仪
    - 接待原则
      - 身份对等
      - 礼宾次序
      - 友好礼貌
      - 平等交往
      - 严格保密
    - 接待过程中的礼仪
      - 事前准备礼仪
      - 迎接服务礼仪
      - 乘车顺序礼仪
      - 安置外宾礼仪
      - 宴请礼仪
      - 会谈礼仪
      - 送行礼仪
    - 注意事项
      - 优雅得体
      - 热情周到
      - 表达清晰
      - 了解异国习俗
  - 国际商务出访礼仪
    - 出访原则
    - 出访准备
    - 出访不同地点的礼仪
    - 注意事项
      - 仪容得体
      - 手机静音
      - 善用语言技巧
      - 把控好时间
  - 主要国家(地区)的商务礼俗禁忌
    - "一带一路"沿线主要国家(地区)的商务礼俗禁忌
    - 其他主要国家(地区)的商务礼俗禁忌

第十二章 国际商务礼仪

【主要目标】

（1）把握国际商务交往中的国家利益至上、求同存异、诚实守信和不卑不亢等基本原则；

（2）了解国际商务接待中的身份对等、礼宾次序、友好礼貌、平等交往和严格保密等原则，熟悉国际商务接待过程中的礼仪及相关注意事项；

（3）了解国际商务出访基本原则、出访准备过程、出访不同地点的礼仪要求及相关事项；

（4）了解与我国密切相关的国家或地区在颜色、语言、数字、馈赠、行为举止和饮食等方面的商务礼俗禁忌。

课前"剧透"

【"剧透"片段】 1954年，中国代表团出访日内瓦参加会议期间，中国外交部首任新闻司司长龚澎积极开展外交活动，吸引了各国记者了解中国。除了向他们发放印有中国天安门的图片做纪念，还宴请各国记者，与他们建立友好关系，宣传中国的正面形象，充分展示了中国代表团的外交风采。

扫描二维码观看《外交风云》短视频，回答以下问题：

1. 从视频中，你学到了哪些有关国际商务接待的礼仪？
2. 国际商务交往中应坚持哪些原则？你认为龚澎面对美国记者刁难时的表现如何？

导入案例

冷漠还是热情？

一位英国商人应法国客户的邀请到他的家中做客，欲为某项交易进行深度洽谈。一见面，法国客户就给了英国商人一个热情的拥抱并在他的脸颊上亲吻了两下。英国商人对此感到很不自然，生硬地回抱了一下法国客户。两人坐下来喝茶商谈时，英国商人时不时地对法国客户说"谢谢"及"请"之类的话，这让热情的法国客户有种遭人远拒千里之外的感觉，觉得对方不愿与自己交朋友。最后，两人闲聊了几句后，英国商人便匆匆离开了法国客户的家，交易洽谈最终不了了之。

案例来源：https://u.sanwen.net/subject/ysbzlqqf.html。

问题：为什么两位商人的交易洽谈无疾而终？这个案例说明了什么？

上面案例中的两位商人都认为对方很失礼。法国客户的拥抱亲吻礼使英国商人觉得自己被冒犯，英国商人频繁使用礼貌用语被法国客户误认为其是在刻意保持距离。可见，双方在商谈之前都未能了解对方国家的礼仪习惯，因而造成误会，使交易洽谈草草收场。

从导入案例可知，商务礼仪因国别、地域、宗教信仰和文化背景等不同而迥异。要想避免此类因忽视礼仪而导致的商务交往失败，商务谈判人员必须掌握国际商务交往的基本原则，遵循国际商务接待和出访的基本礼仪，了解合作伙伴的文化差异，尤其是与我国交往密切的国家或地区的商务交往礼俗与禁忌。

第一节 国际商务交往的基本原则

谈判人员在国际商务活动中必须遵守的共同惯例准则和礼仪规范被称作国际商务礼仪。国际商务交往的原则是遵循国际商务礼仪的基本要求和准则。认识和把握国际商务交往的原则有助于避免跨文化风险、法律风险等潜在风险，对维护谈判各方的权益、提高谈判的成功率有非常重要的作用。国际商务礼仪要求商务人员在维护国家利益的前提下，求同存异、遵守惯例。具体而言，谈判人员在国际商务活动中应遵守以下基本原则。

一、国家利益至上

国家利益至上是国际商务人员必须恪守的底线原则。国家利益至上就是在进行国际商务活动时，商务谈判人员要坚持将国家利益置于首要位置。正如习近平总书记所言："坚持总体国家安全观，必须坚持国家利益至上。"[1]个人、企业不仅是独立的经济个体，更是一个国家、一个民族的代表或象征。企业或个人只有在维护国家利益的前提下才能使自身的利益得到保障。很多国际谈判，如外交谈判实际上都是争取国家利益的行为。华为创始人任正非在2019年10月20日接受美国CNBC专访时，特别声明："我们不愿意为我们而牺牲国家的利益，主要还是通过法律手段解决问题。"[2]这短短的一句话为谈判人员在国际商务交往中践行国家利益至上原则提供了借鉴。

二、求同存异

所谓求同存异，是指在国际交往中，在承认中外礼仪与习俗差异性的前提下谈判人员需要遵守的国际上通行的礼仪惯例。不同的地区、国家、宗教、人种及不同的历史变迁，衍生出不同的礼仪习俗。求同存异原则能使来自不同文化背景的商务人员彼此更加宽容、友善，从而避免不必要的麻烦和冲突，为合作共赢创造有利的条件。

40多年前，中美关系在冷战时期破冰，正是得益于双方坚持相互尊重、求同存异的原则。现在，求同存异仍是国际交往的重要准则。面对当今中美贸易摩擦和错综复杂的世界环境，习近平总书记一直强调"双方要秉持不冲突不对抗、相互尊重、合作共赢的精神，聚焦合作，管控分歧"[3]，求同存异原则为维护我国乃至世界的和平与稳定，发挥了重要作用。

---

[1] 习近平关于总体国家安全观论述摘编[EB/OL]. http://theory.people.com.cn/GB/68294/419481.

[2] 任正非管理哲学：对内妥协形成了团结，对外妥协形成良好的生态环境[EB/OL]. https://www.sohu.com/a/348896703_114984.

[3] 双方应坚持不冲突不对抗有效管控分歧和敏感问题[EB/OL]. http://wb.qdqss.cn/html/qdrb/20140325/qdrb76197.html.

三、诚实守信

所谓诚实守信原则,是指在国际商务活动中,谈判人员不欺诈行骗,不弄虚作假,做到讲信用、讲信誉、信守承诺的原则。孔子曰:"民无信不立。"诚信是立人之本。要坚持"言必行",这在国际交往中尤为重要。

在国际商务交往活动中,谈判人员不应轻易许诺。一旦与合作方立下约定,就要恪守承诺,尽职履行相应的义务。小到会议商谈不迟到、不早退,大到如约履行协议条款,这些都是诚实守信的表现。若是因为不可抗力因素导致失约,一定要尽早向对方说明情况、致歉,并商定后续的赔偿、弥补事宜。

四、不卑不亢

不卑不亢是国际商务礼仪的一项基本原则,要求商务人员在与外国人交往时,既不狂妄自大、傲气凌人,也不卑躬屈膝、畏惧自卑;既不过于主动,也不过于被动;而且要面带微笑,自信大方,举止得体,精神饱满。尤其是在面对大是大非时,谈判人员要有自己明确的立场并坚守底线。

国际商务谈判人员不仅代表个人,更代表自己的国家、民族和所在的组织,其言谈举止、精神面貌对国家形象的塑造起着重要的作用。因此,商务人员在国际交往中应从容得体,不卑不亢。

案例 12.1

国际谈判舞台上的"铁娘子"

1991年,中美知识产权谈判前,中方团长突然患病,刚出任外经贸部副部长4个月的吴仪临危受命替补上阵。

美国人在知识产权问题上的强势态度及国内知识产权保护不完善的现状,使此次谈判任务尤为艰巨。谈判开始时,颇为傲慢的美方代表先声夺人,"我们是在跟小偷谈判"。

"我们是在与强盗谈判!"一个响亮而威严的声音掷地有声,吴仪反击道。

双方代表都被这一声怒吼震住了。"请看你们博物馆的展品,有多少是从中国抢来的。"美方哑口无言。

1992年1月17日,中美知识产权谈判终于有了结果,吴仪代表中国政府在《中华人民共和国政府与美利坚合众国政府关于保护知识产权的谅解备忘录》上郑重签署了自己的名字。在此后的中国入世谈判中,吴仪也扮演了积极而强硬的角色。她在谈判中直截了当的作风给人们留下了深刻的印象,被誉为谈判桌上的"铁娘子"。

案例来源:https://www.chinanews.com/gn/news/2008/03-18/1194764.shtml.

在此次中美知识产权谈判中,中方代表吴仪不畏傲慢的美方代表,不卑不亢、霸气地

"回击"了美方对我国代表团的侮辱,最终智取美方谈判对手,不仅体现了"铁娘子"的风采,而且维护了国家的利益和尊严,展现了中华儿女的民族气节。

五、相处有度

国际交往是一种双向甚至多边的跨文化活动。中国传统文化提倡热情好客、倾囊相授等美德,然而在国际交往中,商务谈判人员必须把握与谈判对手相处的"度"。过度热情或冷淡都不利于交易的达成。具体来说,谈判人员要注意四个方面的"度":一是"关心有度",即对于交往对象的私事不可过度关心;二是"批评有度",即对对方的疏忽或错误应"点到为止",不可过分指责;三是"距离有度",即在国际交往中,商务人员要根据场合与交往对象保持适当的距离,一般的社交距离为0.5~1.5米,会议、演讲、庆典、仪式及接见距离要控制在1.5~3米范围内;四是"举止有度",即商务人员不要随意使用过分热情的动作,更不要有不文明、不礼貌的行为。

六、不宜先为

不宜先为原则是指商务人员在国际商务交往中,面对难以应付或举棋不定的处境时,不宜急于抢先,冒昧行事,而要谨言慎行。最好的办法是按兵不动,静观他人的正确做法并效仿。例如,当谈判双方陷入僵局,己方未有较好的突破之法时,可以静观其变,努力寻找突破僵局的时机。又如,在较为陌生的环境中,当谈判人员不知晓得体的行动准则时,最好按兵不动,以免露怯或犯错。

七、尊重隐私

在国际交流中,话题的选取也很重要,话题若选择不当很容易冒犯他人。为了避免难堪局面,谈判人员在与外国人士交往时要坚持"尊重他人隐私"的原则,避免谈论与个人隐私有关的话题,如收入、年龄、婚姻、健康、宗教信仰、政见等。

八、女士优先

女士优先是国际社会公认的一条重要的国际商务礼仪原则,它要求在社交场合(部分公务场合除外),成年男子都有义务主动自觉地尊重、照顾、体谅、关心和保护女士,并为女士排忧解难。男士的某些行为举动若使女士感到尴尬,会被认为是失礼行为。女士优先原则还要求男士应对所有的女士一视同仁。

九、入乡随俗

"十里各异风,百里各异俗"。由于各个国家、地区在历史发展进程中形成的宗教、语言、文化和风俗不同,商务礼仪也存在不以人的意志为转移的差异性,因而较难完全统一。

在国际商务活动中,谈判人员必须充分了解和尊重对方特有的风俗习惯,遵守入乡随俗的原则,尽可能与当地习惯保持一致。同时,谈判人员还需要做到既不妄加非议,也不以我为尊、我行我素。尊重外国友人的习俗,主动融入差异性文化,即做到入国问禁,入乡随俗,这样可以拉近商务交往双方的关系,促进交易的达成。

案例12.2

百思不得其解的马克

马克是美国某电子产品出口商,有一次去泰国拜访一位重要客户阿万尼,准备签下价值18万美元的订单。刚见面时,阿万尼在胸前向马克合十表示欢迎,马克以微笑回敬。在会谈过程中马克不知不觉地跷起了二郎腿,脚尖正对着阿万尼,且露出鞋底。会谈不到一个小时,阿万尼就以要开重要会议为由起身告辞。离开时,马克昂首挺胸、大摇大摆地从阿万尼身边经过。从此以后,阿万尼再也没有与马克提起签约的事。年轻的马克不知为何会这样。

案例来源:https://max.book118.com/html/2019/0427/5313201331002031.shtm.

从上述案例可知,马克由于不了解泰国文化,在礼节方面冒犯了阿万尼。当阿万尼在胸前向马克双手合十表示欢迎时,按照泰国礼仪习俗,马克也应双手合十还礼,否则就是失礼。在会谈过程中,马克跷二郎腿、脚尖正对主人、露出鞋底,这些粗鲁举动都使阿万尼不悦。马克离开时昂首挺胸、大摇大摆地从阿万尼身边经过,更是犯了大忌。在泰国,从别人面前走过时不能昂首挺胸、大摇大摆,而必须弓着身子。可见,在国际商务交往中,商务人员若未做到入乡随俗,就很容易导致跨文化沟通障碍,造成签约失败。

十、爱护环境

环境问题日益演化成一个世界共同关注的话题。在国际商务交往中,谈判人员要遵守合作伙伴所在国有关环境保护的条例和法规。具体而言,要做到"八不准",即不准损毁自然环境、不准虐待动物、不准损坏公物、不准乱堆乱挂私人物品、不准乱丢废弃物品、不准随地吐痰、不准在公共场所吸烟、不准任意制造噪声。

第二节 国际商务接待礼仪

国际商务接待礼仪是商务人员在商务接待活动中需遵守的国际惯例或一些约定俗成的规则。国际商务接待是国际商务交往活动中最普遍的日常工作,因此国际商务接待礼仪也是商务人员必须掌握的重要技能。商务人员要掌握这门必备技能,必须学习并牢记国际商务接待原则、接待各环节中的礼仪和相关注意事项。

一、国际商务接待原则

在国际商务接待中商务人员需要遵守身份对等、礼宾次序、友好礼貌、平等交往和严格保密等原则,具体要求如下。

(一)身份对等原则

在接待外宾时,接待方应事先明确来客的身份地位,并根据其身份地位进行接待。一般要安排与外宾对等身份的人员负责接待,接待规格、档次应与外宾身份相称。此外,在正式谈判或与外宾礼节性会晤时,己方在场人数应与外宾人数相当,会晤人数过少会有轻视怠慢之嫌,人数过多又会显得规格不对等,有"以势压人"之嫌。对等的人数规格可以充分体现接待方对此次谈判或会晤的重视。特别地,接待方可根据外宾身份适当提高礼遇规格以表示对外宾的尊重,但是要把握好度,接待规格不可过高。

(二)礼宾次序原则

对于外宾位次等级显著的,应当按照其身份和职务的高低排列,这也是礼宾次序排列的主要方法,但要根据实际情况随机应变;对于外宾位次等级不显著的,可以按照姓氏字母或笔画顺序排列;在接待同时来访的多方团体时,可按各代表团团长的职位高低排列,也可按通知、抵达时间和答复的先后顺序排列。一般情况下,以右为大、以左为小,二人同行前者为大,三人并行中者为尊。室内就座时,对门座位为尊。尤其注意,位次本身是固定的,但位次的安排应随实际情况而灵活变动。

(三)友好礼貌原则

友好礼貌原则要求接待人员衣着得体、言语亲切、周到体贴、彬彬有礼。接待人员还应尊重对方的社会文化习俗。如此可使外宾感受到接待方的热情及诚意,从而对接待者及其所代表的公司产生良好的印象。

(四)平等交往原则

接待人员既要维护外宾自尊,又要牢固树立民族自尊心和自豪感,任何时候都不应以牺牲人格、国格、民族自尊心来换取眼前之利。接待人员要坚持平等交往、热情有度、内外有别原则。除非双方事先有约,否则一般情况下按外宾要求预订的酒店住宿费用均应由来访外宾自付。此外,接待人员注意不可蔑视外宾,尤其不可伤害对方的民族自尊。

国际商务接待有"官方"与"民间"之分。官方需正式、系统,讲究流程化和秩序化,但在民间交往中,接待方应避免烦琐俗套,注重实效性。从简接待亦是被允许的,如从简地安排体现地方和民间特色的便宴。在民间交往中,接待方应注意:在宣传本地方、本企业时,应实事求是,忌大谈言之无物的空话、套话;馈赠时可选择有当地特色的产品及小纪念品等。

(五)严格保密原则

中外双方交谈时可能涉及国家或企业的某些机密事项,接待人员应严守国家机密和商业机密。接待人员若有意无意泄露国家机密或将己方商业机密暴露给外方,由此招致国家或企业蒙受损失,严重者会受到法律的惩处。保密原则还要求接待方保护客人隐私,尤其要注意不得将身份特殊和重要外宾的行程、下榻酒店等信息泄露给无关人员。

二、国际商务接待过程中的礼仪

国际商务接待过程中的每个环节都至关重要。细节决定成败,因此从事前准备到离别送行,接待方都要严格遵循国际礼仪规范。

(一)事前准备礼仪

接待方接到来访通知时,首先应了解外宾的基本情况,如单位、性别、性格、民族、职业、级别、人数、到达的日期和时间、所乘车次、航班、本地停留时间、日程安排要求等。其次,接待方要制订一份接待计划。接待计划的内容应包括外宾到访时间内的一切活动安排,如接待规格、接待人员选择、接待环境布置和迎接事宜等。最后,根据外宾的身份地位制定接待规格,挑选接待人员。接待人员是公司形象的直接代言人,因此应挑选仪表端庄、衣着整洁、举止优雅和踏实负责的人员。此外,良好的接待环境是对外宾尊重与重视的体现,接待场所应明亮、安静、整洁、优雅,场所内常用的设施应齐全完备。

(二)迎接服务礼仪

接待方应事先确定迎接外宾人员的规格,安排同等级别领导迎接外宾。接待人员要明确外宾到访时间,提前20~30分钟到出口等待,切不可迟到。若由于不可抗力因素导致迎接延误,与外宾见面时,接待人员要先致以诚挚歉意,并解释延误原因。

双方见面后,需注意以下礼仪细节:主介绍人等级应与接待规格相适应;介绍时可额外增加被介绍人的纸质版个人资料;介绍人员名称前需加上职位头衔。自我介绍时,介绍人应先递送名片,然后再简单介绍自己,并确保个人基本信息完整;介绍他人时,遵循长者先知原则,先介绍位卑者,后介绍位尊者。

(三)乘车顺序礼仪

接待方应根据双方人数安排车辆,安排时要留有余地,以免临时有变。乘车时,对于双排、三排座的小型轿车,以右为尊,以左为卑。

如果由专职司机驾驶,则后排为上、前排为下;如果由主人亲自驾驶,则前排为上、后排为下;对于多排座的中型轿车,无论由何人驾驶,均以前排为上、后排为下,右尊左卑;轻型越野车,简称吉普车,无论由谁驾驶,其座次尊卑依次为副驾驶座、后排右座、后排左座。上下轿车的先后顺序通常为:外宾先上后下,秘书及其他陪同人员后上先下。位高者由右边上车,位低者由左边上车。下车时,秘书人员应先下车,并协助外宾开启车门。

(四)安置外宾礼仪

在外宾到达之前应提前安排好外宾的食宿事项。接待人员要先满足外宾提出的基本需求,然后主动了解外宾的生活习惯,根据其习惯妥善选择酒店位置、楼层、房间朝向和屋内设置等,确保外宾入住的酒店满足环境良好、便捷、卫生等条件。总之,接待方应考虑外宾的习俗差异和个人需求等因素,充分做好各项服务,让对方有宾至如归的感觉。

（五）宴请礼仪

宴请是除了正式会谈以外的休闲项目。整个宴会的气氛至关重要，会直接影响外宾的情绪及其对主办方的印象，最终影响双方的后续合作，因此接待方要注意宴请中的每一个细节。首先，接待方应明确宴请性质，如正式宴会、便宴或家宴。其次，接待方应提前根据对方职位安排落座，预定符合外宾习俗的菜肴。最后，还要考虑宴会具体流程的顺序，如领导开席讲话、中间节目热场、宴后专车接送等。

（六）会谈礼仪

接待人员与外商谈话时，应注意以下行为规范：表情要自然，语言要得体，可适当辅以手势，但动作幅度不可过大，距离要适中；要善于聆听对方讲话，不可随意打断；不提及与谈话内容无关的内容，不能表现出心不在焉的样子或做出漫不经心的动作；对于对方不愿回答的问题不应寻根究底，对于对方反感的问题应表示歉意或立即转移话题；在会谈中，要控制好情绪，不高声辩论，更不能恶语伤人，出言不逊，即便争吵起来，也不要过度斥责，不讥讽辱骂。

（七）送行礼仪

接待方应根据外宾离开日期确定送别人员及车辆，可提前为其预订返程的车票、船票或机票。当外宾起身准备离开时，送行人员应起身与外宾握手道别。如有需要，可前往外宾住宿地点或车站、码头、机场送行。送别时，应与外宾一一握手。送行人员应面带微笑，表示欢迎外宾再次光临，并挥手告别，直至汽车、轮船或飞机离开视线，方可返回。

三、国际商务接待礼仪注意事项

国际商务接待是商务活动中的一项重要环节，接待工作关系企业的形象，对企业业务的拓展有重要的影响。即使企业产品对外商来说有极大吸引力，但如果在接待工作中出现纰漏，也可能导致接待人员所在企业错失商机。因此，接待人员必须了解、熟知国际惯例，做好接待工作。接待人员要特别注意以下事项：

（1）行为举止优雅得体。接待人员代表着接待企业的形象。在接待过程中，接待人员的行为举止应优雅大方，面带微笑，避免大幅度动作，走路时步态要均匀一致，步幅稳定适中，站立时要挺拔自然，就座时要轻起轻落。

（2）接待热情、周到。接待人员在外商到来时应主动握手欢迎，无论对方身份级别高低，都应一视同仁。接待人员应主动询问外商是否有特殊需求，热情服务，尽可能满足外商提出的合理要求，切不可让外商感到尴尬或不受重视。

（3）语言表达清晰、流畅。接待人员语言要温和谦逊，表达要清晰流畅，尽可能多使用文明礼貌用语；在对方陈述时，接待人员要细心聆听，不干扰打断；要适时进行回应，对于存疑观点，要理性周旋，从容应对，不直接恶语反驳。

（4）提前了解外宾所在国的文化习俗。每个国家和地区都有自己独特的礼仪文化、风俗习惯。在接待外来宾客时，接待方先整体了解其礼俗禁忌、风俗习惯，再进行接待安排，可有效避免因接待出错而阻碍双方的谈判进程。

第三节　国际商务出访礼仪

随着市场竞争的日益激烈，各企业对外联系愈发频繁，商务出访成为国际商务活动中最为平常的往来方式。商务出访是指从事商务交往的一方亲自或派人到客户单位或相应场所去拜访某人或参观某单位，以建立关系或增进友谊的商务交往活动。因此，商务出访是商务人员与合作伙伴建立融洽关系的重要手段之一。要实现商务出访的既定目标，出访人员在商务出访中应遵守出访原则、做好出访准备、掌握不同地点的礼仪要求及注意出访的诸多细节。

一、出访原则

出访原则是商务人员在出访过程中说话、行事所依据的准则。具体而言，商务人员应遵循有约在先、守时守约、进门通知和出访有礼四大原则。

（一）有约在先

拜访外国人时，出访方切忌未经预约便主动出访，而应事先与出访对象取得联系，待对方同意接待时再按照约定时间登门拜访。贸然进行商务出访是非常失礼的行为，提前预约既有助于双方充分准备，又可避免"吃闭门羹"。若万不得已，出访方必须在休息时间见到对方，见面后应立即致以歉意，并说明原因。

（二）守时守约

在出访过程中，出访方应信守约定，准时赴约。这既是对个人信誉的维护，也体现了对出访对象的尊重。万一因故迟到，应有礼貌地提前通知对方，待抵达后再郑重地向对方道歉，必要时，可将出访改期。无故迟到又不事前通知对方的做法是商务出访中的大忌，会被认为是非常失礼的行为。

（三）进门通知

出访方抵达约定地点后，若对方人员未迎候，不宜贸然进入对方办公室或私人住宅，而应事先以电话、信息等方式通知对方。此外，还要注意敲门的方式：用食指敲门，间隔有序敲三下，力度不宜过大，如无回应，可稍加力度，再敲三下；如有回应，侧身立于门框右侧约一步距离等候。无人或未经对方允许，不得擅自进门。

（四）出访有礼

出访者切忌不拘小节失大礼，应注意以下细节：举止应落落大方，表情自然诚恳，外表端庄稳重；对方迎候或开门时，要主动问好，行见面礼节；进入会谈场所或指定房间时，要主动取掉帽子、墨镜、手套、外套等；不能随便入座，应与对方同起同坐，在对方邀请入座后,要表示感谢,然后以正确的坐姿坐下;谈话时不做夸张动作,应注视对方,切勿信口开河;不随意翻动、拿走对方家中物品。

二、出访准备

充分做好出访准备,方能知己知彼,以不变应万变。首先,出访前应明确出访目的,准备好相关文件资料,充分了解对方情况,如对方称谓、风俗习惯、经营状况、市场份额、资信状况和商谈风格等,准备好谈话提纲,出访前再三检查谈话提纲以防遗漏重点信息,避免给对方留下不够专业、诚意不足的印象。其次,商定出访时间时,应充分考虑外国时差,尽量配合对方时间,不约节假日或对方午休、用餐时间。出访着装礼仪也十分重要。一般而言,商务人员着装应干净、整洁、大方,风格样式符合出访地习俗,男士一般着西装,女士着商务套装。

案例 12.3:太太还是小姐?

三、出访不同地点的礼仪

商务活动往来中,出访可能涉及不同地点的选择,或较为正式的场合或较为私人的场合,出访人员应根据具体的地点调整自己的出访行为。

(一)酒店出访礼仪

如果是要拜访到本地考察入住酒店的外商客户,出访方应事先预约,问清楚外商所住酒店的位置、房间号等。到达酒店后,出访者应向前台人员说明来意,拜托前台通知客户,经允许后方可前往。到达房间前,出访者应礼貌敲门,待对方开门后进行自我介绍,对方允许后方可进入。出访者到酒店出访时间不宜过长,以 15 分钟左右为宜。

(二)办公室出访礼仪

若出访外商客户办公室,出访者应注重仪容,穿戴整齐。无论对方办公室门是开着还是关着,进入前都应轻轻敲门知会对方,说明来意。出访时间一般为 15~20 分钟。到办公室拜访对方一般应选择工作时间,并准时守约。若对方有事情正在处理,要耐心等待。多数情况下不必特意准备礼物。

(三)私人住宅出访礼仪

初次出访客户住宅,出访者应先约定一个合适的时间,以便对方事先做好安排,切不可贸然造访。穿戴应整洁大方,可适当做些装饰,但不可浮夸。入室之前要在踏垫上擦净鞋底,不要将污物带至室内。初访时间不宜过长,以 30 分钟左右为宜,重访时间也应控制在 3 小时内。时间不宜太早或太晚,应避开吃饭和休息时间。对方示意就座之前,不能随意落座。与对方交谈时,出访者要注意倾听,讲究礼仪姿态。非礼勿动,在对方住宅内不要乱翻乱动,更不可随意带走物品。首次到对方住宅造访,出访者应准备小礼物以示对对方的敬重。若多次造访,与对方关系较为密切,则不必过于拘泥礼节,无须特意挑选礼物。

四、国际商务出访注意事项

在国际商务出访活动中,出访者除了遵守基本的社交礼仪外,还应注意以下具体事项。

(一)仪容得体

穿着打扮可以直接反映一个人的精神面貌,海外出访人员很大程度上代表国家、企业的形象,因此应遵守国际商务礼仪。具体而言,着装要庄重、规范,根据不同出访场所而改变,注重细节,不可邋里邋遢、随意轻浮。这是对海外接待方最基本的尊重。出访人员精神要饱满自然,举止要得体,落落大方,做到站有站姿、坐有坐相。

对于女性而言,还应保持得体的妆容。这不仅能极大地提升个人形象,也是尊重他人的表现。白天的妆容宜清淡,晚上的妆容可稍浓。同时,化妆要符合职业要求,还要注意扬长避短。

(二)手机静音

在正式商务会谈过程中,双方手机一般需要调成静音状态,防止突然的电话铃声影响谈判的进行。静音期间,谈判人员可以设置电话语音提醒,表明个人处于会议中,或是设置短信自动回复提醒,如"暂时不便接听,稍后给您回复"。

(三)善用语言技巧

得体的谈话技巧能瞬间缩短双方的距离,推动友谊的建立。谈话过程中谈判人员应避免涉及对方的个人隐私问题,尊重当地风俗习惯。应尽可能多使用礼貌用语,语气柔和,态度诚恳,避免冲突。出访者应根据不同的交谈对象和场景,选择不同的话题和表达方式,同时要采用得体的语言、语调,增加语言的感染力。

(四)把控好时间

谈判人员应提前安排好会谈的进程,合理控制谈话时间,以便在最短的时间内以最有效的方式进行会谈。若预定会谈时间即将结束,要根据实际情况判断,会谈是否需要继续进行。若不能在约定时间内完成全部事项,可另约时间进行洽谈。在会谈结束时,如果谈话时间严重超时,谈判一方离开时必须向另一方表示歉意。假如对方执意挽留用餐,饭后应停留一会儿再走,不可用完餐后立即离开。出门后应请对方就此留步。若有意邀请对方回访,出访者可在与对方握手道别时提出邀请。

总之,在国际商务活动中,谈判人员要展示良好的出访礼仪,塑造良好的企业形象,增加外方对己方的好感,从而提高沟通效率与合作成功率。

第四节　主要国家(地区)的商务礼俗禁忌

由于历史文化的积淀,不同国家有着不同的风俗习惯,商务礼俗也有着很大的差异。国际商务人员应充分了解各地区商务礼俗的禁忌,以免因触犯礼俗禁忌而造成双方友谊破裂,影响交易达成。"一带一路"倡议为中国与"一带一路"沿线国家的经贸合作提供了重要的平台。在这个合作发展平台上,沿线各国之间往来密切,各国不同文明礼仪、习俗文化的交融碰撞难免产生跨文化差异与冲突,这给国际商务谈判带来了很大的挑战。为了促进我国与沿线国家(地区)的合作共赢,作为引领"一带一路"建设的大国的商务人员,我们不仅要遵循基本的国际商务礼仪,而且要了解"一带一路"沿线主要国家(地区)的商务习俗禁忌。

一、"一带一路"沿线主要国家(地区)的商务礼俗禁忌

(一)俄罗斯的商务礼俗禁忌

(1)颜色禁忌:俄罗斯人普遍喜欢红色,忌讳黑色和黄色,认为黑色是死亡的颜色,黄色不吉利。

(2)语言禁忌:在同俄罗斯人会谈时,谈判人员切忌称呼其为俄国人,该称呼被认为是对俄罗斯人的不尊重。

(3)数字禁忌:俄罗斯人忌讳数字13,认为这是灾难和凶险的象征,而比较偏爱数字7,他们认为7可以带来好运和成功。

(4)馈赠禁忌:俄罗斯人不喜欢菊花、杜鹃花和其他黄色的花,且送花的枝数必须是单数,但不能是13枝;刀叉、手帕、蜡烛、空钱包、钟表、活猫、黄色的花和三色以上混杂的花都不宜作为馈赠礼物。

(二)泰国的商务礼俗禁忌

(1)颜色禁忌:泰国人忌讳褐色,喜爱红色、黄色和蓝色。

(2)语言禁忌:在与泰国人交际时,谈判人员绝不能对其王室成员说三道四、评头论足;切忌谈论自己国家经济如何发达,这会被泰国人视为傲慢的行为。

(3)花卉禁忌:泰国人不喜欢茉莉花,因为在泰语中,茉莉花与"伤心"发音相近。

(4)动作禁忌:在泰国,忌抚摸孩子的头部,也不允许拿东西从别人的头上经过;用脚尖朝着对方或用脚指示方向是极其不礼貌的行为;用脚踩踏门槛,戴着墨镜手指他人也是不被允许的;在泰国忌讳左手服务,因为左手被认为是不洁净的;在签字刻字时,不采用红色,因为红色被用于表达对死者的敬重。

(5)饮食禁忌:泰国人忌喝热茶,不吃海参,也不太习惯吃香蕉,他们也不喜欢过咸和过甜的食物(如牛奶和乳制品),也不吃红烧的菜肴,忌食牛肉和狗肉。

(6)宗教禁忌:泰国人信奉佛教,不允许对寺庙、和尚、佛像做出轻浮的举动,这被视为有罪,所有人进入寺庙必须赤脚而行;到私人住宅拜访时,若发现室内供奉佛坛,应立

即脱掉鞋帽和袜子。

(7) 馈赠禁忌：送礼不能送香烟，相互交谈也不要递烟。

(三) 印度的商务礼俗禁忌

(1) 颜色禁忌：印度人忌白色，认为白色是表示悲伤的颜色，也不喜欢浅淡的颜色和黑色，比较偏爱红、黄、绿、蓝、橙等颜色。

(2) 数字禁忌：1、3、7、0 结尾的数字被印度人视为消极的数字。

(3) 馈赠禁忌：忌以荷花、百合花作为馈赠品，因为印度人多以荷花、百合花作为祭祀用品。

(4) 图案禁忌：印度人忌弯月的图案，切记不可以此作为商标，他们喜欢大象、牛和蓝孔雀等图案。

(5) 动作禁忌：在印度，禁止使用皮包、皮鞋等皮质用品；在男士与女士的交往中，男士应双手合十，微微弯腰致敬，而不允许握手；在公共场合男士要与单身女士保持距离，不能私自交谈。

(6) 饮食禁忌：饮酒在印度大多数情况下是被禁止的；由于印度人多为印度教徒，印度教奉牛为神，故印度禁食牛肉。

(四) 菲律宾的商务礼俗禁忌

(1) 颜色禁忌：忌红色和茶色，菲律宾人认为红色和茶色是不祥之色，比较偏爱白色。

(2) 语言禁忌：在谈话时，忌谈政治、宗教等敏感话题。

(3) 动作禁忌：在菲律宾，忌进门时脚踏门槛，当地人认为门槛下住着神灵，不可冒犯；忌讳用左手传递东西或抓取食物，他们认为左手是肮脏、下贱之手，使用左手是对他人的大不敬；当地选举期间，禁止饮酒，商店里禁止售酒；在他人赠送礼物后不要当众打开，否则客人会有被当众羞辱的感觉；晚辈一般情况下不能在长辈面前抽烟。

(4) 图案禁忌：忌鹤和龟以及印有这两种动物图案的商品。

(5) 饮食禁忌：菲律宾的伊斯兰教徒忌食猪肉。

(五) 沙特阿拉伯的商务礼俗禁忌

(1) 语言禁忌：沙特阿拉伯人喜欢在咖啡馆进行商务会谈，会谈时他们一般喝咖啡、茶或清凉饮料；与沙特阿拉伯人交谈时不要谈论中东政局和国际石油政策。

(2) 动作禁忌：严禁吸烟、给妇女拍照；最好不要派女士去沙特阿拉伯进行商务会谈，也不要给当地妇女赠送礼物，这会被男士认为是对其隐私的侵犯；不要在初次见面时馈赠礼物，这会被认为是行贿行为。

(3) 馈赠禁忌：沙特阿拉伯人喜欢富有艺术性的贵重品，一般不能给阿拉伯人的妻子送礼，但他们非常欢迎给小孩子送小礼物；忌送烈性酒和带有动物图案的东西。

(4) 时间和饮食禁忌：按照伊斯兰历，9月为阿拉伯人的斋月，这段时间穆斯林白天需要禁食，午后不办公，办公日为每周六至下周四，周五是休息日和祈祷日；沙特阿拉伯人禁食猪肉及一切外形丑陋和不洁之物，如甲鱼、螃蟹等。

(六)哈萨克斯坦的商务礼俗禁忌

(1) 颜色禁忌：哈萨克斯坦人厌恶黑色，因为黑色被视为死亡的象征，他们喜爱绿色，认为绿色代表积极向上，能带给人吉祥和幸福。

(2) 语言禁忌：千万不要当面赞美他们的孩子和所养牲畜，他们认为这会给孩子和牲畜带来厄运。

(3) 动作禁忌：在与哈萨克斯坦人说话时忌脱帽，因为他们认为脱帽是不礼貌的行为；忌用左手待客服务；当他们做礼拜时，严禁从他们面前通过。

(4) 饮食禁忌：在与哈萨克斯坦人共餐时禁食驴肉、猪肉、骡肉、动物血，他们虽然爱马，但并不忌讳吃马肉，同时他们还喜爱奶制品。

(七)波兰的商务礼俗禁忌

(1) 数字禁忌：波兰人忌讳数字 13、星期五，因为星期五是耶稣被钉在十字架上的受难日，波兰人忌讳在 13 号举办任何形式的活动。

(2) 花卉禁忌：即使是短暂的拜访，若对方家中有女主人，拜访者需送鲜花以示友好，并且枝数只能是单数，切忌送红玫瑰、菊花。

案例 12.4：望而生畏的"13"号

(3) 饮食禁忌：忌喝浓茶，爱喝啤酒，尤其是烈性酒；忌讳吃虾、蟹等海产品；在就餐人数上忌讳单数，餐饮上，不喜吃酸黄瓜和清蒸的菜肴。

(八)新加坡的商务礼俗禁忌

(1) 颜色禁忌：新加坡人比较忌讳黑色、白色、黄色，偏爱红色、绿色、蓝色。

(2) 数字禁忌：4、7 对新加坡人而言是不吉利的数字，他们大多喜爱 3、6、8、9 等寓意吉祥的数字。

(3) 动作禁忌：在与新加坡商人进行贸易谈判时，严禁跷二郎腿，或者把一只脚挪来挪去，这会直接导致谈判失败；公共场所严禁吸烟、随地吐痰、乱扔垃圾、嚼口香糖，法律对这些行为的处罚极为严苛，或有牢狱之灾。

(4) 图案禁忌：在商务活动中，新加坡人不喜欢使用宗教图案或标志。

二、其他主要国家(地区)的商务礼俗禁忌

(一)北美地区的商务礼俗禁忌

1. 美国的商务礼俗禁忌

(1) 颜色禁忌：美国人忌讳黑色，因为黑色被认为是十分严肃的颜色，只适合出席葬礼等场合，相较于黑色、红色等较浓重的颜色，美国人更喜欢浅黄、浅绿等淡色。

(2) 语言禁忌：美国人非常重视隐私，切忌向美国人询问年龄、家事、个人收支、宗教信仰等隐私问题，同时美国人对于胖瘦话题也很排斥。

(3) 数字禁忌：美国人忌讳数字 13，认为 13 寓意凶险，每月的 13 号和星期五都是其不喜欢的日子，而 3 和 7 则被认为是吉利的数字。

(4) 动作禁忌：美国人不喜欢过于亲密的动作，如过多的握手或是寒暄，尤其对长者、女性或生人，忌主动而随便地握手，顺序上，他们注重"女士优先"。

(5) 图案禁忌：美国人忌讳山水、蝙蝠及仕女图案。

(6) 馈赠禁忌：美国人送礼物时都送单数，且特别注重包装，被他们视为吉祥物的蜗牛和马蹄铁可以作为礼物。

2. 加拿大的商务礼俗禁忌

(1) 语言禁忌：在交谈时，商务人员应注意避免将加拿大和美国相比较，尤其要避免凸显美国较强的言论；在谈话内容方面，他们还忌讳谈论年龄，尤其忌讳用"老"这个字做形容词。

(2) 数字禁忌：加拿大人大多数信奉新教和罗马天主教，少数人信奉犹太教和东正教，由于宗教原因，加拿大人同样忌讳数字 13 和星期五。

(3) 花卉禁忌：加拿大人讨厌白色的百合花，因为他们认为白百合是用来悼念死者的，有不祥之意。

(4) 饮食禁忌：加拿大人讨厌虾酱、鱼露、腐乳和臭豆腐等带有腥味、怪味的食品，且忌食动物内脏和脚爪。

（二）西北欧地区的商务礼俗禁忌

1. 英国的商务礼俗禁忌

(1) 颜色禁忌：英国人讨厌墨绿色，比较喜欢蓝、红、白三种颜色，英国国旗便是由这三种颜色构成的。

(2) 语言禁忌：与英国人交谈时，忌谈皇室及其成员，尤其是女王、王位继承及北爱尔兰独立问题，因为英国人非常拥戴君主制和王室；他们还忌讳被称作英国人（English）。

(3) 数字禁忌：英国人讨厌数字 3、13 及星期五，一般不在这些日子举办活动。

(4) 花卉禁忌：英国人忌讳百合花和菊花，喜爱玫瑰花，但是不包括黄玫瑰，因为依据习俗，黄玫瑰代表亲友分离。

(5) 动物禁忌：英国人比较厌恶孔雀、猫头鹰、大象、黑色的猫。

(6) 动作禁忌：英国人觉得当众打喷嚏是很不礼貌的行为，还忌讳在屋子里撑伞、从梯子下走过、打手背朝外的"V"形手势，这种手势在他们看来是蔑视别人的一种挑衅行为。

(7) 馈赠禁忌：在礼物挑选方面，服饰、香水、肥皂、百合花等不宜当作礼物赠送，英国人认为礼物不必追求价格昂贵，他们更注重其纪念意义。

(8) 物品禁忌：英国人忌系带纹的领带。因为带纹的领带被认为是军队或学生校服领带的仿制品。

案例 12.5

"失礼"的百合花

中国星海贸易公司与英国菲利普进出口公司就贸易合作达成了初步共识。为了尽快签约，菲利普进出口公司派谈判代表到星海贸易公司进行深度洽谈。

为尽地主之谊，在正式洽谈开始之前，星海贸易公司为英国谈判代表举办了一场招待会，并且给每位英方来访代表准备了小礼物。晚宴刚开始，星海贸易公司的石经理便安排人将准备好的小礼物分发给英方谈判代表。按照英方习俗，收礼方习惯当场拆开礼盒展示礼物。当英方客人拆开礼盒后，看到的是印有英方公司 L 徽标的签字笔，徽标是由百合花拼接而成的。星海贸易公司谈判代表认为徽标设计非常精美，心想对方一定会喜欢为他们精心定制的礼物，于是静待对方致谢。不料，英方客人看到礼物后，脸色骤变，并愤然离席。

案例来源：http://www.oh100.com/peixun/shangwuliyi/311481.html.

星海贸易公司的经理本来想独具匠心地制作对方公司的徽标，以表达中方公司对英方公司的重视和认可，但中方代表因事前未能了解白色的百合花在英国寓意死亡这一习俗，结果弄巧成拙。因此，商务人员不能低估由不同文化习俗禁忌带来的合作风险。

2. 德国的商务礼俗禁忌

（1）颜色禁忌：德国人厌恶红色和黑色，他们认为红色比较色情，黑色又显得悲哀深沉。

（2）语言禁忌：德国人忌会谈时闲聊，认为这是浪费时间；称呼时，忌直呼其名，最好加上对方的职称头衔；禁止询问二战或是有关希特勒的问题。

（3）花卉禁忌：德国人认为郁金香是无情之花，因此忌送郁金香给德国人。

（4）服饰禁忌：德国人严谨，非常注重服饰的整洁性，西装必配领带，忌花里胡哨的衣服；男士不宜剃光头，光头是"新纳粹分子"的象征。

（5）馈赠禁忌：向德国人赠送礼物时，谈判人员不宜选择刀、剑、剪刀、餐刀和餐叉，以褐色、白色、黑色的包装纸和彩带包装、捆扎礼物也是不允许的。

3. 法国的商务礼俗禁忌

（1）颜色禁忌：法国人忌讳黄色、墨绿色，偏爱蓝色、粉红色。

（2）语言禁忌：法国人非常注重隐私，避讳谈论与家庭、个人生活、薪资待遇、政治倾向等相关的话题。

（3）数字禁忌：与美国、加拿大、英国相似，法国人也忌讳数字 13 和星期五。

（4）花卉禁忌：法国人讨厌康乃馨、杜鹃花、菊花及黄色的花，康乃馨和菊花被认为会给人带来厄运，而黄色的花代表不忠诚。

（5）图案禁忌：在考虑商标图案时，忌用核桃花和杜鹃花。

（6）动作禁忌：初次见面时，不宜送礼；接受礼物不能现场拆封查看；男士忌送女士香水,容易惹人非议。

(7)馈赠禁忌:送礼物时,忌讳带有仙鹤图案的,因为法国人认为仙鹤是愚蠢的意象表征,亦不要赠送核桃,有不吉利的寓意。

4. 意大利的商务礼俗禁忌

(1)颜色禁忌:意大利人最讨厌紫色,偏爱绿、蓝、灰、黄色。

(2)动作禁忌:在与意大利人交往时,不要用食指触碰对方的额头,这会被视为骂对方愚笨、傻瓜;他们也不喜欢人用食指正面指着自己,会视其为挑衅;交谈时,避免目光盯视,因为容易引起误会;见面握手时忌交叉握手。

(3)数字禁忌:意大利人忌讳数字13和星期五。

(4)图案禁忌:与美国人相同,意大利人对仕女图案、十字花图案也比较厌恶。

(5)馈赠禁忌:在送礼给意大利人时,最好不要选手帕,因为他们认为手帕是用来擦眼泪的,是有悲伤寓意的物品;此外,意大利人把菊花定义为丧花,因此忌送菊花给意大利人。

5. 荷兰的商务礼俗禁忌

(1)语言禁忌:在与荷兰人交谈时,忌谈物价和纳粹;闲聊时,可以探讨体育和旅行,评论栽种的鲜花及收藏的艺术品,但是要回避政治话题。

(2)动作禁忌:荷兰人非常重视肖像权,未经允许对其拍照是不礼貌的行为。

(3)饮食禁忌:荷兰人不喜欢动物的内脏等肉食,在备餐时需要注意;荷兰人喝咖啡时,忌讳一杯倒满,以杯子的2/3容量为宜。

(三)拉美地区的商务礼俗禁忌

1. 巴西的商务礼俗禁忌

(1)颜色禁忌:巴西人与意大利人一样,厌恶紫色,因为紫色代表死亡。

(2)语言禁忌:巴西人一般用葡萄牙语交流,英语也可行,但他们忌讳西班牙语,他们不喜欢别人夸赞阿根廷的球队。

(3)数字禁忌:巴西人也不喜欢13和星期五。

(4)动作禁忌:OK的手势在一些国家表示"好的、了解",但巴西人认为该手势有挑衅冒犯之意,他们一般竖起大拇指表示"好的"。

(5)饮食禁忌:巴西人讨厌各种形状奇怪的水产品以及使用两栖动物的肉调制的饭菜,不喜欢牛油制作的点心,偏爱肉食,如牛肉等。

2. 墨西哥的商务礼俗禁忌

(1)颜色禁忌:墨西哥人忌红色、紫色和黄色。

(2)语言禁忌:在与墨西哥人交流时,尤其是在正式会谈和书信沟通场合,最好使用西班牙语。

(3) 数字禁忌：由于信奉天主教，墨西哥人普遍忌讳13和星期五。

(4) 花卉禁忌：墨西哥人讨厌红色、紫色和黄色的花，比较喜欢大丽菊和仙人掌，白色的花因为被认为可以驱邪，也比较受墨西哥人的偏爱。

(5) 动作禁忌：在使用手势时，切勿掌心下划比高度，在墨西哥这一动作有侮辱人的含义；不同地域的墨西哥人禁忌不同，如墨西哥恰姆拉人忌讳拍照、奴雷谷人忌讳一进屋就脱帽、阿斯特克人忌讳饮酒。

(6) 图案禁忌：墨西哥人十分忌讳蝙蝠图案，因为蝙蝠在他们眼中是吸血鬼的象征，但他们很喜欢骷髅图案，认为骷髅象征公平。

（四）亚洲地区的商务礼俗禁忌

1. 日本的商务礼俗禁忌

(1) 颜色禁忌：日本人不喜欢绿色，认为绿色有不吉祥的意思；同时，厌恶紫色，因为在日本，紫色寓意哀伤。

(2) 语言禁忌：日本人比较忌讳薪资待遇、年龄、婚姻等隐私性话题。

(3) 数字禁忌：日本人不喜欢4、9、14、19等一切带有4和9的数字，因为在日语中，4、9与死、苦的发音接近。

(4) 花卉禁忌：日本人讨厌荷花、山茶花、仙客来及淡黄色、白色的花。

(5) 动作禁忌：在拍合影时，日本人不喜欢站在中间。

(6) 图案禁忌：日本人厌恶带狐狸和獾图案的物品，他们偏爱用松、竹作为装饰图案。

(7) 馈赠禁忌：日本人探亲访友、参加宴请时，盛行送礼，但他们忌讳送梳子，因为梳子与死发音相近。

(8) 饮食禁忌：日本人不吃猪的内脏和肥肉，且吃饭时喜欢鼓励客人多吃；忌讳将筷子放置于餐盘之上。

2. 韩国的商务礼俗禁忌

(1) 数字禁忌：由于谐音问题，韩国人讨厌数字4和13。

(2) 语言禁忌：节庆期间要说吉利话；男子不要询问女子的年龄、婚姻状况。

(3) 动作禁忌："以右为尊"的观念使韩国人忌讳用左手接受礼物；就餐时忌讳双腿随意岔开；他们忌讳在高空和高层建筑上拍照。

(4) 馈赠禁忌：在给韩国人挑选礼物时，不要选择产地为日本的物品。

本章小结

国际商务礼仪是指人们在国际商务活动中必须共同遵守的惯例、准则和礼仪规范。国际商务礼仪要以坚持国家利益至上、求同存异、诚实守信和不卑不亢等基本原则为前提。具体而言，商务人员应掌握国际商务接待礼仪、国际商务出访礼仪及主要国家（地区）的商务礼仪习俗禁忌。

首先,商务人员要遵循国际商务接待中的身份对等、礼宾次序、友好礼貌、平等交往和严格保密等原则,熟悉国际商务接待过程中的礼仪及相关注意事项。

其次,了解国际商务出访基本原则、出访准备过程、出访不同地点的礼仪要求及需要注意的事项。

最后,在国际商务活动中,谈判人员要避免触犯不同国家或地区在颜色、语言、数字、馈赠、行为举止和饮食等方面的习俗禁忌。

总之,商务人员只有遵循国际商务接待、出访等活动中的礼仪,充分了解交往对象所在国的文化习俗,避免触犯对方禁忌,才能为个人、公司甚至国家树立良好的国际形象。

本章关键术语

国际商务礼仪基本原则　国家利益至上　求同存异　不宜先为　入乡随俗　国际商务接待礼仪　身份对等原则　礼宾次序原则　出访礼仪　有约在先　礼仪习俗禁忌

名 言 分 享

1. "国尚礼则国昌,家尚礼则家大,身有礼则身修,心有礼则心泰。"
——颜元

2. "丰而不余一言,约而不失一辞。"
——韩愈

3. "礼仪是在他的一切别种美德之上加上一层藻饰,使它们对他具有效用,去为他获得一切和他接近的人的尊重与好感。"
——约翰·洛克

4. "世界上最廉价,而且能得到最大收益的一项物质就是礼节。"
——拿破仑·希尔(Napoleon Hill)

巩固练习

扫描此码　自学自测

一、简答题

1. 简述商务谈判人员必须遵守的国际商务接待礼仪。
2. 在国际商务出访前,谈判人员需要做哪些准备工作?
3. 商务谈判人员在与欧美国家的人谈判时要注意哪些禁忌?

二、案例分析题

1. 为何签约无望

中美两家贸易公司欲进行商业合作,在经过一系列谈判后,美方对于中方所提出的合作方案十分感兴趣,双方即将步入签订合约的阶段。在签约前夕,美方负责人史密斯邀请中方负责人林经理赴美考察。在林经理考察期间,史密斯邀请林经理到自己家里做客,林经理爽快答应。

林经理满怀期待地准时到达了约定地点。一见到史密斯,林经理便关切地问候:"史密斯先生,您的脸色看起来不太好呀,是不是因为要接待我而没休息好呢?"美方负责人只是摇摇头,以微笑回应林经理的问候。林经理继续问道:"您是不是身体不舒服呢?"史密斯勉强应答:"我很好!"随后在史密斯领林经理参观自己的住所时,林经理好奇地问:"您的房子如此宽敞,装修也极佳,应该花费不少钱吧?"这次,史密斯仍未直接作答,只是摇摇头、耸耸肩,显得很尴尬。

在此次会谈中,史密斯只字不提签约之事。于是林经理在离开他家之前,试探性地问史密斯何时签约。史密斯回答说还要再仔细考虑合同中的具体条款。待林经理结束此次出访回国后不久,史密斯的助理给他发邮件婉拒签约。

案例来源:http://www.ruiwen.com/liyichangshi/1361694.html。

根据案例回答以下问题:

(1) 中美两家贸易公司签约失败的原因是什么?
(2) 怎样才能使国际商务出访富有成效?

2. 视频案例:《亲爱的翻译官》中的商务接待片段

【背景介绍】 法语系女硕士生乔菲经过考核之后成功被高翻院录取为实习生,在导师程家阳的指导下,经过重重考验成长为高级翻译。加布木雕展在上海掀开文化周序幕,加布王子出席该木雕展,但是在未告知中方的情况下,加布王子比约定的时间早一小时来到木雕展。原定的文化部领导因为时间冲突无法到场,改由外事办程主任会见加布王子,程家阳和乔菲负责此次活动的翻译与接待工作。

扫描二维码,观看《亲爱的翻译官》中的商务接待片段,并完成以下任务:

(1) 4~6人为一组,分别扮演中方代表与加布代表,模拟双方的会谈场景。
(2) 根据视频,结合自身模拟会谈体验,谈谈在国际商务活动中需要注意哪些事项。

课后拓展

模拟国际商务接待与出访

模拟情景:

比亚迪股份有限公司(简称"比亚迪")是由王传福于1995年2月创立的,总部位于广东省深圳市。公司现有员工超过 22 万人,业务横跨汽车、轨道交通、新能源和电子四大产业,在香港和深圳两地上市,营业收入和市值均超过千亿元。比亚迪致力于用技术创新促进人类社会的可持续发展,助力实现"碳达峰、碳中和"目标。2015 年,比亚迪荣获联合国成立 70 年来首个针对新能源行业的奖项——"联合国特别能源奖"。2016 年,比亚迪荣获"扎耶德未来能源奖"大型企业奖。2017 年,比亚迪蝉联《财富》杂志 2017 年度"最受赞赏的中国公司",居第五名,位列汽车行业榜首。2020 年,比亚迪成为 2020BrandZ 最具价值中国品牌 100 强上榜车企,连续 6 年蝉联汽车行业最具价值中国品牌冠军。截至 2023 年 12 月,比亚迪 2023 年累计销量 302.44 万辆,同比增长 62.3%,超额完成了 300 万辆的年度销量目标。

2024 年 1 月 25 日,乌兹别克斯坦共和国总统沙夫卡特·米尔济约耶夫率代表团在访问中国期间莅临比亚迪全球总部,并与比亚迪集团董事长兼总裁王传福一起连线举行比亚迪乌兹别克斯坦工厂生产启动仪式,共同见证首车——宋 PLUS DM-i 投产下线。

请根据案例情景,完成下列任务:

(1) 6~10 人为一组,分别扮演主方比亚迪及客方乌兹别克斯坦代表,进行商务接待与出访模拟活动,时间控制在 30 分钟以内,在模拟活动中需运用在本章所学的相关知识。

(2) 分别请扮演主方代表和客方代表的同学分享本次商务接待与出访模拟活动的体会,并结合此次体验谈谈在国际商务接待、出访中应遵循哪些礼仪。

参 考 文 献

[1] BENEDICT R. The chrysanthemum and the sword: patterns of Japanese culture[J]. Revista Mexicana De Sociología,1946,16(3):516.

[2] BLACKIE M. Devesh Roy, P. K. Joshi, Raj Chandra (eds): International trade and food security: pulses for nutrition in India: changing patterns from farm to fork[J]. Food Security,2019:1-2.

[3] BURKHOLZ R, SCHWEITZER F. International crop trade networks: the impact of shocks and cascades[J]. Environmental Research Letters,2019,14(11):114013.

[4] CURETEANU R S,RUSU S, ISAC F L. Organization's management views regarding mass communication[J]. Agricultural Management/Lucrari Stiintifice Seria I, Management Agricol, 2011,13(2):112.

[5] DE MOOR A,WEIGAND H. Business negotiation support: theory and practice[J]. International Negotiation,2004,9(1):31-57.

[6] DIGHTON D T R,HERZ R H. Photoelectric Exposure Meter for Industrial Radiography[J]. Journal of Scientific Instruments,1949,26(12):404.

[7] GILLHAM E J. Photoelectric Polarimeter Using the Faraday Effect[J]. Nature,1956,(178):1412-1413.

[8] GRAHAM J L. Brazilian, Japanese, and American business negotiations [J]. Journal of International Business Studies,1983,14(1):47-61.

[9] HEMMERT M. The International Organization of Technology Acquisition Activities: A Comparative Study of Japanese and German High-Tech Business Units[M]//Asia and Europe in the New Global System. London: Palgrave Macmillan,2003:74-93.

[10] JACKSON A. Imagining Japan: The Victorian Perception and Acquisition of Japanese Culture [J]. Journal of Design History,1992,5(4):245-256.

[11] KVARATSKHELI Y K, SVIDERSKY M F. Development of HIGHTECH for Power Industry of the Future-Solar Photoelectric Power[J]. Casopís Lékar Ceskych,2004,111(29):678-679.

[12] LEE S,BRETT J,JI H P. East Asians' Social Heterogeneity: Differences in Norms among Chinese,Japanese,and Korean Negotiators[J]. Negotiation Journal,2012,28(4):429-452.

[13] LOMBARDO G A. International business negotiation: automobiles and ships[J]. Cross Cultural Management: An International Journal,2013,16(1):102-113.

[14] PARK Y,KIM Y,KANG I. On the design of knowledge management system for R&D organization: integration of process management and contents management [M]//Knowledge Management: Current Issues and Challenges. Hershey: IGI Global,2003:147-154.

[15] PELECKIS K,PELECKIENĖ V, PELECKIS K J. International Business Negotiations: Innovation,Negotiation Team, Preparation [J]. Procedia-Social and Behavioral Sciences, 2014, (117):64-73.

[16] POSNER M V. International Trade and Technical Change[J]. Oxford Economic Papers, 1961, 13(3):323-341.

[17] SALACIOUS J W. Intercultural Negotiation in International Business [J]. Group Decision & Negotiation,1999,8(3):217-236.

[18] SALACUSE J W. Teaching international business negotiation: Reflections on three decades of experience[J]. International Negotiation,2010,15(2):187-228.

[19] SHI X,WESTWOOD R I. International Business Negotiation in the Chinese Context[M]//Management and Organizations in the Chinese Context. London：Palgrave Macmillan,2000：185-221.

[20] STEINHOFF P G,TANAKA K. Women Managers in Japan[J]. International Studies of Management & Organization,1986,16(3-4)：108-132.

[21] STRAND J R,TUMAN J P. Foreign Aid and Voting Behavior in an International Organization：The Case of Japan and the International Whaling Commission[J]. Foreign Policy Analysis,2012,8(4)：409-430.

[22] SUNDSTROM R J,STATON I J B,SCHULTZ G D,et al. SNA：Current requirements and direction[J]. Ibm Systems Journal,1987,26(1)：13-36.

[23] TONNEAU D. Management tools and organization as key factors towards quality care：reflections from experience[J]. International Journal for Quality in Health Care,1997,9(3)：201-205.

[24] WEISS S. International Business Negotiation in a Globalizing World：Reflections on the Contributions and Future of a (Sub) Field[J]. International Negotiation,2006,11(2)：287-316.

[25] WEYERBROCK S,XIA T. Technical trade barriers in US/Europe agricultural trade[J]. Agribusiness,2010,16(2)：235-251.

[26] ZAGHLOUL A R M,ABOUL-ZAHAB E. Pre-breakdown photoelectric monitoring of AC gaps[J]. IEEE Transactions on Industry Applications,1989,25(2)：230-233.

[27] 巴里·莫德.国际商务谈判：原理与实务[M].北京：中国人民大学出版社,2016.

[28] 白远.国际商务谈判：理论、案例分析与实践：英文[M].北京：中国人民大学出版社,2002.

[29] 包坤.商务英语专业外贸函电写作错误实例分析与建议[J].新闻世界,2014(1)：174-175.

[30] 兵法权谋与经济竞争——谈判篇(一)[J].建筑,1994(11)：41.

[31] 蔡弘志.商务谈判地点的选择对谈判影响的研究[J].商场现代化,2012(33)：117.

[32] 曹家瑞.第六讲：技术贸易项目的谈判与合同(上)[J].外国经济与管理,1985(7)：37-39.

[33] 曾虹,吴荣林.提升外贸函电谈判能力的策略分析——以嘉兴市拓美进出口有限公司为例[J].知识经济,2015(22)：69.

[34] 陈虹.日本人的性格特点及商务谈判中应注意的事项[J].国际市场,2014(5)：74-75.

[35] 陈剑平,徐伟军.跨文化沟通与管理浅析[J].经济论坛,2005(13)：111-112.

[36] 陈昆福.孙子兵法与现代商战论[M].杭州：浙江人民出版社,2007.

[37] 陈立明.浅论中国古代谋略文化[J].山东社会科学,1998(4)：50-52.

[38] 陈其俊.兵法与竞争术的又一部力作——简评《毛泽东兵法与企业竞争艺术》[J].出版发行研究,1995(S1)：71-72.

[39] 程骏骏,苏勇,吴展.国际商务谈判中的关系行为调适过程研究[J].亚太经济,2014(1)：46-52.

[40] 程瑞强.孙子兵法商战思想的妙用——工程项目实践中的对外谈判策略[J].施工企业管理,2010(5)：82-83.

[41] 代桂勇.商务谈判[M].北京：北京理工大学出版社,2014.

[42] 戴瑞亮.浅议国际商务谈判人员应具备的素质[J].中国商贸,2010(4)：183-184.

[43] 单文盛.浅析即时通讯软件业的现状和发展[J].中国高新技术企业,2009(11)：77-79.

[44] 丁永仙.国际商务谈判中利益冲突的预防和解决[J].山西财经大学学报,2007(s2)：83.

[45] 樊建廷,干勤.商务谈判[M].大连：东北财经大学出版社,2015.

[46] 方其.商务谈判：理论、技巧、案例[M].北京：中国人民大学出版社,2011.

[47] 冯光明,冯靖雯,余峰.商务谈判——理论、实务与技巧[M].北京：清华大学出版社,2015.

[48] 冯社浩.谈判中的欲擒故纵策略[J].经理人,2015(10)：100-101.

[49] 龚荒.商务谈判与沟通[M].北京：人民邮电出版社,2014.

[50] 韩乐江,王心泉.商务谈判[M].北京:北京邮电大学出版社,2011.
[51] 何爱华.商务谈判中的法律适用[J].社会科学家,2005(s1):188-189.
[52] 胡伟,胡军,张琳杰.沟通交流与口才[M].北京:清华大学出版社,2013.
[53] 黄敏.具有文化特色的日本商务谈判方式[J].决策探索,1995(6):41.
[54] 姜栽植.中国谈判文化[M].北京:中央民族大学出版社,2010.
[55] 金晶晶.电子商务微信营销探讨[J].合作经济与科技,2015(2):72-73.
[56] 金依明,杜海玲,等.商务谈判实务[M].北京:清华大学出版社,2010.
[57] (美)康妮·布鲁克.购并霸业:时代华纳总裁史蒂夫·罗斯传[M].北京:华夏出版社,2001.
[58] 孔彤.谈判桌上的《孙子兵法》[J].商业文化,1994(00):26-28+31.
[59] 李健.电子商务谈判中的信息过程[J].现代情报,2004(10):193-194+198.
[60] 李爽,刘萍,杨辉.商务谈判[M].北京:人民邮电出版社,2017.
[61] 李艳娥.商务谈判中的"望闻问切"[J].经营管理者,2001(8):41-42.
[62] 林胜强.《孙子兵法》与谈判艺术[J].齐鲁学刊,1993(3):34-37.
[63] 林晓华,王俊超.商务谈判理论与实务[M].北京:人民邮电出版社,2016.
[64] 刘春生.国际商务谈判[M].北京:对外经济贸易大学出版社,2013.
[65] 刘宏,白桦.国际商务谈判[M].大连:东北财经大学出版社,2009.
[66] 刘宏.国际商务谈判[M].大连:东北财经大学出版社,2009.
[67] 刘慧珍.国际商务谈判中的跨文化现象[J].生产力研究,2012(11):93-94+110.
[68] 刘建青,钱英霞,高荣涛.如何做好商务谈判前的准备工作[J].商场现代化,2007(20):7.
[69] 刘俊.谈判[M].北京:中国民主法制出版社,2019.
[70] 刘莉,苏振东.国际商务谈判[M].北京:清华大学出版社,2014.
[71] 刘文广,张晓明.商务谈判[M].北京:高等教育出版社,2001.
[72] 刘园,王倩,王妍,等.国际商务谈判:第4版[M].北京:对外经济贸易大学出版社,2012.
[73] 刘园.国际商务谈判:第5版[M].北京:对外经济贸易大学出版社,2016.
[74] 卢秋萍.外贸英文函电的处理策略研究[J].电子商务,2012(8):87-89.
[75] 马春紫.国际商务谈判与礼仪[M].北京:北京理工大学出版社,2017.
[76] 庞辉,赵亚南,纪红.国际商务谈判[M].北京:清华大学出版社,2016.
[77] 彭庆武.商务谈判:理论与实务[M].北京:北京交通大学出版社,2014.
[78] 乔明洁.中日跨文化商务谈判策略研究[D].北京:北京理工大学,2016.
[79] 秦金,金凤.实例浅析商务谈判中兵法谋略的运用[J].中国商贸,2010(20):222-223.
[80] 邱天河.语用策略在国际商务谈判中的运用[J].外语与外语教学,2000(4):40-42.
[81] 阮燕雅.电子商务环境下商务谈判的探究[J].现代商业,2008(9):253-254.
[82] 塞利奇.国际商务谈判[M].北京:中国人民大学出版社,2014.
[83] 祖能.分个橙子学问大[J].课外阅读,2009(3):59.
[84] 唐星汉."互联网+"时代国际商务谈判教改的创新与实践[J].知识经济,2017(3):34-35.
[85] 万玉兰.商务谈判礼仪中的形象塑造与语言技巧探讨[J].企业经济,2006(10):71-72.
[86] 王淙,丁晶.国际商务谈判[M].北京:对外经济贸易大学出版社,2013.
[87] 王建明.商务谈判实战经验和技巧[M].北京:机械工业出版社,2011.
[88] 王立非,张斐瑞.国际商务谈判的互动话语理论基础与研究现状[J].山东外语教学,2015,36(6):11-20.
[89] 王立影.浅谈微信营销优势及发展前景[J].中国证券期货,2013(9):262-263.
[90] 王曦.商务谈判的艺术与策略技巧[J].中国电子商务,2013(5):251.
[91] 王星远.国际商务谈判课程双语教学研究[J].教书育人(高教论坛),2014(5):61-62.

[92]　王永红,张丽萍,刘莹.论谈判的基本特征[J].行政论坛,1998(2):62-63.
[93]　卫平.国际商务谈判中的平等与互利[J].科技进步与对策,2000(2):101-102.
[94]　吴晓红.气氛营造对商务英语谈判的影响——以开局阶段为例[J].长沙大学学报,2016,30(3):98-100.
[95]　武更彬.兵法权谋与经济竞争——谈判篇(二)[J].建筑,1994(12):37.
[96]　武更彬.兵法权谋与经济竞争谈判篇(三)[J].建筑,1995(1):35.
[97]　席庆高.商务谈判[M].成都:电子科技大学出版社,2013.
[98]　肖剑.孙子兵法和商务谈判策略及技巧[J].湖南大学学报(社会科学版),2000(S3):155-159.
[99]　谢樊正,谢及.谋略思维[M].上海:上海科学技术文献出版社,2004.
[100]　熊丽娟.外贸函电写作的若干原则[J].湘潭师范学院学报:社会科学版,2006,28(6):111-112.
[101]　徐翠,伍宏健.商务谈判前期信息准备工作研究[J].现代商贸工业,2017(16):63-64.
[102]　亚伯拉罕·哈罗德·马斯洛.动机与人格[M].北京:北京燕山出版社,2013.
[103]　晏劲松.商务谈判中的"How and Where"策略[J].区域经济评论,2008(2):20-21.
[104]　杨念梅.国际技术贸易教程[M].北京:北京航空航天大学出版社,1995.
[105]　杨文慧.入世后中国商人商务谈判文化适应现象分析[J].国际经贸探索,2004(4):56-59.
[106]　杨晓慧,严旭.中日文化差异对商务谈判的影响及对策[J].商场现代化,2008(26):178-179.
[107]　杨先举.经济竞争与《孙子兵法》[J].管理世界,1993(2):214-217.
[108]　殷向洲.国际商务谈判理论与实务[M].北京:清华大学出版社,2011.
[109]　余丰.试论国际商务谈判中的文化差异与沟通[J].经济师,2013(9):74-75.
[110]　张留成.商务谈判[M].武汉:武汉理工大学出版社,2011.
[111]　张平,李学荣.国际贸易实务[M].南京:南京大学出版社,2012.
[112]　张强.商务谈判学[M].北京:中国人民大学出版社,2017.
[113]　张森年.兵家哲学:《孙子兵法》决策原则分析[J].学海,2002(1):53-57.
[114]　张守刚.国际商务谈判中原则式谈判的应用[J].对外经贸实务,2016(2):65-68.
[115]　张守刚.商务沟通与谈判[M].北京:人民邮电出版社,2010.
[116]　张晓琪,杨一雪,王颖.浅析国际商务谈判的三十六计策略[J].现代商业,2010(30):281.
[117]　张志祥.兵法谋略与现代商战[J].滨州学院学报,2008,24(5):45-64.
[118]　张周瑞.从跨文化视角看国际商务谈判中的文化差异[J].兰州文理学院学报(社会科学版),2014,30(3):115-118.
[119]　张文忠.孙子兵法与商战谋略[J].南开经济研究,1997(5):68-75.
[120]　张曦凤.国际商务谈判中价格形成的博弈研究[J].上海经济研究,2008(8):104-110.
[121]　张志学,王敏,韩玉兰.谈判者的参照点和换位思考对谈判过程和谈判结果的影响[J].管理世界,2006(1):83-95.
[122]　赵芳,吴玮,韩晓燕.国际商务谈判中的跨文化障碍及应对策略[J].河北经贸大学学报,2013,34(4):96-99.
[123]　张立玉,王红卫.实用商务英语谈判:策略与技巧[M].北京:北京理工大学出版社,2004.
[124]　赵可金.网络外交的兴起:机制与趋势[J].世界经济与政治,2011(5):112-126.
[125]　赵晓亮,崔新峰.网络视频会议系统的概念、技术要求和优势[J].数字技术与应用,2010(4):11-12.
[126]　钟飞.浅谈外贸函电写作技巧[J].哈尔滨职业技术学院学报,2012(2):108-109.
[127]　钟生根.新媒体背景下国际商务谈判策略选择[J].江苏商论,2015(1):47-51.

[128]　周新平,彭志忠,刘燕玲.《孙子兵法》和商务谈判谋略[J].中国人力资源开发,1997(1):23-25.
[129]　周忠兴.商务谈判原理与技巧[M].南京:东南大学出版社,2003.
[130]　邹开军.试论商务谈判成功的评价标准[J].湖北大学学报(哲学社会科学版),2005,32(4):435-437.
[131]　左小平.国际商务谈判中的文化因素[J].商业研究,2005(6):23-25.

教师服务

感谢您选用清华大学出版社的教材！为了更好地服务教学，我们为授课教师提供本书的教学辅助资源，以及本学科重点教材信息。请您扫码获取。

▶▶ 教辅获取

本书教辅资源，授课教师扫码获取

▶▶ 样书赠送

国际经济与贸易类重点教材，教师扫码获取样书

清华大学出版社

E-mail：tupfuwu@163.com
电话：010-83470332 / 83470142
地址：北京市海淀区双清路学研大厦 B 座 509
网址：https://www.tup.com.cn/
传真：8610-83470107
邮编：100084